U0691819

朱利芳 ◎ 著

海宁市政协教科卫体与
文化文史学习委员会
编

远行
单士厘传

中国文史出版社

图书在版编目（CIP）数据

　　远行：单士厘传 / 朱利芳著；海宁市政协教科卫
体与文化文史学习委员会编 . -- 北京：中国文史出版社，
2024. 12. -- ISBN 978-7-5205-4960-8

　　Ⅰ . K825.6

　　中国国家版本馆 CIP 数据核字第 20248YA834 号

责任编辑： 方云虎
封面题字： 陈　浩
封面设计： 方舟正佳

出版发行：中国文史出版社

社　　址：北京市海淀区西八里庄路69号　　　邮编：100142

电　　话：010-81136630

印　　装：廊坊市海涛印刷有限公司

经　　销：全国新华书店

开　　本：710毫米×1000毫米　　　1/16

印　　张：24.25

字　　数：380千字

版　　次：2025年5月北京第1版

印　　次：2025年5月第1次印刷

定　　价：89.00元

文史版图书，版权所有，侵权必究。

《远行：单士厘传》编辑委员会

主　任：周红霞

副主任：魏国强　孙踏海

成　员：张伟锋　樊海雄　陈慧毓　卢明华
　　　　朱利芳　刘培良　虞坤林　姚静夫

顾　问：魏国强

主　编：张伟锋

副主编：卢明华　刘培良

编　辑：虞坤林　姚静夫

序

文化关乎国本、国运。国家之魂，文以铸之。

习近平总书记指出："中华民族在几千年历史中创造和延续的中华优秀传统文化，是中华民族的根和魂。"泱泱中华，历史何其悠久，文明何其博大，穿越历史烟尘，跨越高山大河，我们当向前远行，这就是我们的自信之基、力量之源。

一百多年前，第一批睁眼看世界的先贤之中，有一位从海宁走出的奇女子单士厘。她怀抱着华夏文化的深厚积淀，以外交使节夫人身份跟随丈夫跨出国门，当裹着小脚的东方女子感受异域的风土人情和神话传说，看到工业革命和近代科技的日新月异，这一刻，她真正从深闺走向了世界。

读万卷书，行万里路。随着她的远行，日本、西伯利亚的自然与人文风貌，古希腊、古罗马精彩纷呈的文学、艺术、雕塑、建筑展示，以及托尔斯泰、马可·波罗等杰出名人的思想和成就……都在她笔下，仿佛化成一座座灯塔，促使或激发时人觉醒与自省，在迷雾中指引着先驱者思想遨游的方向。于是，单士厘之《癸卯旅行记》《归潜记》被誉为"启蒙时期的中国女子对西方社会文化的观察"，为时人找东西方文明之差距、寻奋起直追之方法打开了一个"窗口"，铺设了一步"台阶"。这是单士厘对时代的巨大贡献，由此亦列入近代中国走向世界的先驱人物行列，"超出侪辈远甚，足以卓然自立"。

　　市政协委员、文史研究员朱利芳，积极承接了市政协教科卫体与文化文史学习委的文史研究课题，历经数年查阅史料、实地走访、咨询交流，精益求精完成《远行：单士厘传》一书，为推进海宁名人文化研究作出了细致而富有成效的工作。此书通过对单士厘的家庭背景、生命经历、著述情况的研究，从多个维度展示其一生笔耕不辍、开风气之先，介绍域外文艺与文明的开拓之功；亦浓墨重彩地展示了她延续闺秀诗学传统，潜心三十年编成中国第一部断代女子艺文志，保存中华传统文化的贡献。此书不仅记录了单士厘一个人远行之所见所闻、所思所感，更是沿着她的前进步伐，呈现了百年前的中国知识女性走向远方的历史性时刻。

　　唯有知古鉴今，才能继往开来。中华文明作为世界上唯一绵延不断且以国家形态发展至今的伟大文明，"在新的起点上继续推动文化繁荣、建设文化强国、建设中华民族现代文明，是我们在新时代新的文化使命。"海宁正在打造国际品质潮城，以开放包容、勇立潮头的姿态走向未来。单士厘这位在本地出生、成长，并终身与海宁保持密切联系的著名人物，可以为我们厚植文化根脉，促进文明交流互鉴，激活本土文化的"一池春水"，为进一步推动潮城文化复兴提供新的参照或启示。

　　是为序。

海宁市政协主席

2024年12月

目录

小引

　　她是100多年前的中国女子，诞生于书香门第。

　　她是单士厘，身上有萧山单家和海宁许家的血脉及文化滋润，在海宁出生，受教育成长，嫁到湖州乌程钱家。

　　她的丈夫钱恂是晚清著名外交家，钱恂之弟钱玄同是著名的文字学家、新文学运动的闯将；她的兄弟单不庵乃北大教授和图书馆主任、一代朴学大师和考据大家。但单士厘的名字，并没有湮没在这些星光熠熠的人物间。

　　她随丈夫走出国门，足迹遍及亚非欧三大洲，凭自己的才华和作品成为中国历史上第一位目注全球的女作家，其域外游记《癸卯旅行记》《归潜记》等多部著作记载入史册。

　　她才华横溢，酬唱应和不断，诗稿结集出版，受学者高度赞誉。她著述丰富，以数十年的功力潜心编纂成《清闺秀正始再续集》《清闺秀艺文略》《清闺秀言行录》，为才女立传，让2000多位清代女作家的名字没有被时间的尘埃掩盖。

　　单士厘热爱生活，喜欢旅行，重视教育，亲自课子教孙，培育后代，译有专门的教育学著作。除了自己的儿子钱稻孙、钱稻孙以及他们的子女，钱玄同及其子钱秉雄、钱三强等均受其惠泽。

　　除去她身上慈母、妻子的标签，作为思想丰富的作家和诗人，她更值得关注。我希望能够通过这部传记作品，让人看到在那个新旧时代交替，现代风气未开之时，一位小脚女子因远行激发的生命活力，并由此而散发出复杂又独特的光芒。心有明灯，方能领略文化和思想的力量，以及精神世界之于人生的价值。

一、絮飘三径湿　梅绽一林添

上善若水，水利万物。

中国大地上奔流不息的长江黄河，被称为母亲河。在锦绣江南，有一条大江蜿蜒穿越富春山的重峦叠嶂，奔涌东流，直至汇入烟波浩渺、浪涛滚滚的杭州湾，这条江因为曲折而成名"浙"，又称之江，浙江因这条母亲河而得名。

大河在浙江下游杭州段被称为钱塘江。钱塘江最早见名于《山海经》，因流经古钱塘县（今杭州市）而得名，是吴越文化的主要发源地之一。东南形胜，三吴都会，钱塘自古繁华。钱塘江不仅滋养了两岸大地，更孕育出天下奇观钱江潮。

江河奔流，潮起潮落，钱塘两岸风华。

钱塘江一路西奔，在历史上先后有三个入海的海门，由南往北分别是南大门、中小门、北大门。赭山、龛山（坎山，即航坞山）两山间为南大门，宽约三十里；禅机、河庄两山间为中小门，宽约八里；河庄山北、盐官城海塘之南，称北大门，宽约三十里。

当钱塘江由南大门入海时，海宁与萧山以南大门为界，旧时即为海与江的分界线。虽然之后因为钱塘江改道，海宁不再是临海之县，但萧山与海宁始终隔江对望，人文相亲，同饮一江水。

（一）幼年蒙难　避难湘坞

富庶繁华的江南风光绝佳，文化昌盛，名士辈出，人才俊秀。若说浙江人文之胜，如春天里的灿烂风景，那么诗书传家的名门望族就是这片土地上蔚为壮观的森林，大树成林，枝繁叶茂。许多名门大族间声气互通，联系紧密，嫁女娶妇互为姻亲，守望相助，携手共进，在星光绚烂中绵延着文化的火种。

萧山与海宁人文相亲，单家就是其中一个典型的代表。

萧山西河单氏与海宁结姻亲，从第十五世单焕开始"密度"增加。单焕原名福堂，一字桂山，号芗畦，在道光二十年（1840）庚子恩科乡试中式第92名举人，曾选任知县，例授文林郎，著有《七经精义》《国策国语节要》《禹贡粹语》《国语国策精华录》。这位学识渊博的学者，在《萧山县志稿》有记载，而《海宁州志稿》的条目更为详细，将他作为海宁寓贤列入，更明确记载："为海昌张氏馆甥，故居城中最久，辛酉之乱，复徙硖，次年冬卒。"[①]馆甥即女婿的古称。单焕娶了海宁张氏为妻，张氏系嘉庆丙子科举人张承福长女。张承福担任过桐乡县教谕，但任职未久因丁母忧而归，回家不多时即病逝。

单焕与张氏结婚之后，在海宁居住时间很长，生下的两个儿子均为饱学之士。长子单恩溥，据《萧山西河单氏家谱》记载："道光丁酉年七月二十九日亥时生于海昌外家张氏。"即

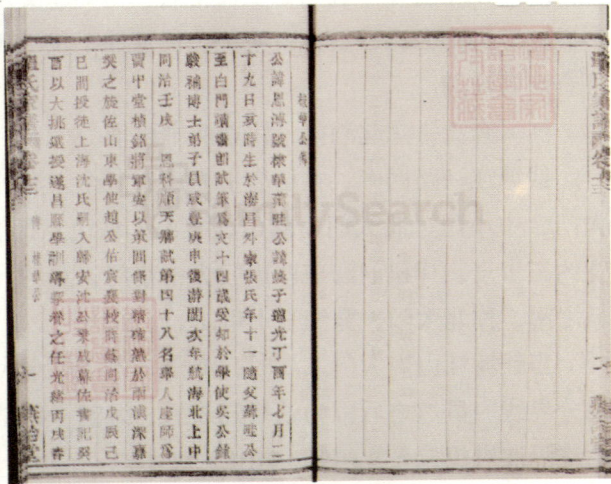

单氏家谱书影

---

① 钟妙明：《萧山历代登科录》，西泠印社出版社，2023年版，第293页。

1837年出生于海宁的外婆家。单恩溥幼禀异质，11岁随父至白门读书，即试笔为文。14岁受知于学使吴钟骏，补诸生，15岁时就能默写《十三经》而不出错，从此文名大作，是同治壬戌（1862）恩科举人。次子单恩培亦出生于海宁。

在婚姻上，两个儿子都延续了父亲的选择方向，均娶了海宁籍的夫人。长子单恩溥娶了海宁许氏，次子单恩培娶了海宁张氏。可以说，单家与海宁的亲情网随着联姻越织越密。

单焕为长子选定的媳妇，出自海宁城历史上最悠久、最古老的望族之一，其海宁始迁祖可追溯至晋代。据《海宁许氏历代宗谱》记载，晋代许叛为避战乱，全家从高阳郡（今河北省高阳县）迁徙盐官，距今已有1600余年。许氏家族名人辈出，海宁历史上366名进士中，许氏占30多人，曾任康熙朝礼部尚书的许汝霖即其中之一。与单焕结为亲家的，就是许汝霖的五世孙许光清。许光清初名洪乔，继名丙鸿，字云堂，号心如，是一名贡生。他终身爱书，喜昆曲，好书画，与李善兰等结诗社，他的儿子许仁沐所编的《硖川词续钞》中收录了许光清的《踏莎行》《醉桃源》等词作，大多为朋友题画所作，可见其与诗友们的交流频繁。

单恩溥娶了海宁许仁林，清咸丰八年农历五月二十九日，也就是1858年7月9日，单士厘降生于这个诗书之家。从她的小名"蕊珠"就可得知，父母对她的诞生充满喜悦，如掌珠般疼爱。

因外祖许光清常年患病，需要照顾，许仁林天天往来侍奉，怀孕期间也不例外。单士厘就在海宁出生了，她与硖川这块土地的深缘来自割不断的亲情。海宁不仅有她的外公外婆，连她父亲的外祖家也在此地，祖父单焕亦常居于潮城。

一条钱塘江，奔腾着千年的历史，两岸人间烟火在这方诗意的土地上延续。

不过，单士厘幼年的平静生活很快被打破。毫无征兆地，单士厘家人如风中秋叶，水上浮萍，和江南成千上万无辜的百姓一起被卷入中国近代史上最具杀伤力的农民起义，时代的惊涛骇浪瞬间扑来。

太平天国战火燃到了富庶的江南。经过多次战役的洗劫，许多繁华城镇、名胜古迹、官府衙署、平民茅舍都遭到了严重的破坏。整个浙江省的人口也从战前的 3100 万下降到了战后的 1500 万，有超过半数的人口损失在了这场空前的浩劫之中，可见劫难之深重。

咸丰十年（1860）二月初，浙江寒冷异常，凄风苦雨，冰雪雷电交加。听闻战火将近，杭州城内的官员和百姓惊慌失措，扶老携幼纷纷逃难。当时清代学者程秉钊在《记事珠》中记录下了居民流离失所的情形："是役也，事起仓卒，故惊惶之状倍越寻常，计死于践踏者半，死于江涛者十之二，死于困顿者十之一，而安稳渡江者则仅十之四耳。"

潮城也难逃灾厄，太平天国战乱期间，从现存的《管庭芬日记》《花溪日记》等记载来看，海宁遭受的灾难极为深重，百姓生活之困苦程度前所未有。太平军所到之处，从长安、盐官、斜桥、郭店、硖石、新仓直到袁花等几大重镇，几乎毫无悬念地满地狼藉，刀兵火厄之下，繁盛之市半为瓦砾之场，满目凄凉，惨不忍睹。

单家和当时的普通百姓一样，通过打听各路消息，然后来回逃难避险，第一选择往往是躲到各自的亲戚家。平民的记忆里没有两军对垒的战略意图，没有部队的行军路线和主帅将领的功过是非，甚至没有战争受难的具体日期，只有逃难的苦，只有颠沛流离和骨肉离散。当时才两周岁的单士厘懵懂无知，陡遇危厄，命悬一线，直到懂事后从亲人的口中得知曾经的可怕。那场兵乱之惨烈肯定是她的长辈们反复诉说的，因此她将这次"性命悠关"的遇险，当成了漫长人生之旅的开端，并且让自己牢记——生命刚刚开始的孩童，若不是母亲用爱拼尽全力守护，命运的狂风将彻底摧毁她。

战争是残酷无情的，留存在女性记忆里的战争遭遇似乎永远只有担惊受怕，衣食无着，到处奔波，朝不保夕，甚至生离死别，是无限期的苦难。

逃难伊始，她就有家人间接地死于这场战乱。避难乡里之时，她的外祖父许光清不幸患了痢疾，乡野缺医少药，受尽磨难悲惨去世。家里还来不及安葬老人，战事又绵延而至。1860 年农历八月初一，海宁长安被攻破后，太平军紧接着攻陷海宁城，乡间亦不能安居。许仁林只好带着单士厘和自己的母亲陈太恭人避住到萧山。当时单士厘的祖父单焕带着次子单恩培在福建佐幕；数月后，她的父亲单恩溥亦赴宁波教书，家里只有妇孺。后来，单士厘在《懿范闻见录》中记述了自己童年亲身经历的惊险过程，以长辈们多角度的"口述历史"还原了那些悲惨的日子。

　　咸丰十一年（1861）秋，在江南，太平军和清军仍是激战正酣，忠王李秀成久围杭州不下，谋划先剪省城枝叶，于是遣陆顺德部由桐庐侧向进攻。农历九月十六日与清师战于富阳和尚店，夺富春江上炮船，渡江，克临浦镇，次日（公历10月20日）克萧山。

　　因萧山知县投降献城，陡现危急时刻，众人突然听说贼兵将至，仓皇避至后园池中，后宅院的面积不大，许仁林一边搀扶着因患病身体僵直行走不便的亲娘，一边招呼婢女抱紧年幼的单士厘。老弱妇孺聚在一起，战战兢兢地坐在浅浅的池水里，做好了最坏的打算。单士厘的祖母张太安人心急忙慌地走到小池边，一不小心就扑进水里，差点没顶。这时，一双年轻的手有力地托住了她，急急扶起，轻声在她耳边说："妈，咱们先看看情况再说吧，如果贼真来了，万不得已再投水保节也不晚。"

　　在突如其来的灾难面前，这个还能保持头脑清醒的青年女子，正是张太安人的女儿单萱，也就是单士厘的亲姑姑，当时年仅19岁。

　　他们的家宅位于萧山城厢街道西门内的西河下，离萧山麓城墙界不远。傍晚，当前院门外人声渐渐消停，寂静随着夜色而来，单家派婢女出外探视，才知大部队已走远。经商量，大家都觉得此地不宜久留，再说那一段的城墙不甚高，于是有人提议借邻居家的梯子，趁黑夜翻过城墙逃命，大家马上表示赞同。

　　单家一门女眷启动的逃亡之旅，开始并不顺利。

　　他们联合萧山本地的十余人一起趁夜色翻城而出，约好去往湘坞。这中间出现了两桩事情，都要许仁林做出艰难的决定。首先是母亲陈太恭人随众人翻越城墙时掉下跌倒，头部受伤。众人认为一位小脚老太带着重伤，不可能徒步走完全程；第二件则事关单士厘，同行者害怕小女孩在途中惊啼连累大伙儿，为保全起见，屡次劝她放弃。

　　一老一小的命运，都在单士厘年轻的母亲手里。幸好，许仁林坚持。

　　看她不听劝，大家各自先行逃命。慢慢地，众人行远。许仁林与小姑单萱两个年轻女子，带着家中婢女扶老携幼艰苦赶路。夜黑路危，老母亲陈氏又不小心失足落水，此时，同行者已远，身边只有几个体力不支的女子，无力将老人拉上来。那光景真是喊也不敢喊，救也无法救。老天大概是看到了她的痛苦，正在此时，恰有一壮士路过，许仁林见有人前来，立刻拦路，连连叩首求助。幸好此人仗义施救，一把将老人拉上岸，也不多话，马上离开。许太恭人将这奇遇当成上天的恩赐。后来，每每说起此事，总会对着小单士厘感叹："如果不是神佛垂佑，哪里还有我和你的活路啊！"

夜深徒步，对这批养在深闺的小脚妇人来说，自然极为艰苦，幸好历经险境考验，最终安全步行到了离城十二里地的湘坞，她们才缓了一口气。

她们借住的老魏家，是替单家看坟的，也就是所谓的"坟亲"。因为帮主人照管祖先坟墓，情重如亲戚，遇上过年过节也是会往来的。

尽管如此，留在偏僻之地当"难民"，仍是一件提心吊胆的事。他们老幼同居，住在陋屋斗室，还要担心战火是否会延及此地，可谓度日如年，每天都备受煎熬。天色破晓，黎明一到，因为担心贼人过境，大家早早吃过饭就上山避难。老者止步于半山丛林间，许仁林与单萱则登上山巅，两个年轻女子面对着深渊约定：倘若见到贼子，即结伴投崖，了断自己生命也不受辱。

靠着这份宁死不屈的志气，日子也就坚持下来了。幸好贼人未到湘坞，就这样，平安度过了两个月，但粮食吃紧就在眼前。为了保证老小有粥可食，姑嫂两人自忍饥寒以糠粞果腹。那场雪下得大呀，三天三夜，厚厚的数尺之深，这个冬天的饥寒交迫，为单士厘的生命涂上了不可磨灭的悲凉底色。

在那个苦难的时代被战火蹂躏，被命运拨弄着，何止萧山单家。

1861年，太平天国的军队从萧山进取绍兴时，近代著名画家任伯年家惨遭破坏，不得不离家逃难。任伯年的父亲就死于逃难的路上，任伯年也身陷军中。这些旧事，任伯年的儿子任堇叔在《题任伯年画任淞云像》上有这样一段血泪文字："赭军陷浙，窜越州时，先王母已殂。乃迫先处士使趣行，已独留守。继而赭军至，乃诡丐者，服金钏口口，先期逃免，求庇诸暨包村，村居形势，包立身奉五斗米道，屡创赭军，遐尼塵至。先王父有女甥嫁村民，颇任以财，故往依之，中途遇害卒。难平，先处士求其尸，不获。女甥之夫识其淡巴菰烟具，为志其处，道往果得之。口钏宛然，作两龙相纠文，犹先王父手泽也。孙男堇敬识。"

任伯年与亲人生离死别，逃难离开故乡，从而客居沪上。同样是书画大家的赵之谦也在这场巨大的灾难中家破人亡，从此自号悲庵。受战乱而影响的人家何止千万，单家亦因此遭受到了大冲击，从而离开萧山祖居。按张劭能先生所写的《单不庵》一文中所指：太平天国义军攻占钱塘府时，遂从妻迁居硖石。据他认为，单家在钱塘府被太平军攻陷时举家迁至海宁，从而在硖石定居的。

单士厘亲撰的《懿范闻见录》亦可印证。从萧山湘坞避难所出发到硖石，还是单萱提议的。当时，在山里一起避难的其他人见局面相对安定，就开始陆续离开，正好也有回海宁的，陈太恭人就想着结伴回硖石。19岁的单萱姑娘坚持认为山间绝非久安之所，身边缺钱，由她做主向同在山里避难的郑家借了路费，搭船回到硖石，借住于许宅。过了没几个月，就听说湘坞为官兵所蹂躏，扰害民间尤甚于贼。

一个正确的决定，不仅解除了家人的性命之忧，更由此翻开了单家生活的新篇章。

单士厘，就这样回到了硖石镇紫微山下，定居海宁。

（二）举家迁居　硖川山水

硖石镇，位于海宁东北隅，两山耸峙，一水中流，百姓依水而居。

至今还在流传硖石"两山夹一水"的地貌出自秦始皇之手。据说他在巡幸东南至硖石地界，发现此地的山，蜿蜒起伏，紫气升腾，认为有"王气"。为断东南王气，便发囚徒十万，将一座大山生生地挖出一道峡谷，断其龙脉而弭其王气。硖石的东西两山由此诞生了，因此硖石古称峡山，又称峡谷，从两山中间流过的水被人称为市河。在"今市河大虹桥下，两岸山根犹露，相传秦始皇凿处也"。[①]

有山有水的地方，总会显得有灵气。

市河之东的山，当地人称东山，又名沈山、审山。这座高53丈，周长7里的山，青壁深幽，树木苍翠，在平原上显得气势不凡。河西之山，俗称为西山，流传着顾况与白居易师生的故事，白居易登此山曾写下《登西山望硖石

---

① 李圭：《海宁州志稿》卷2"山川"，1992年铅印本，第9页。

市河

湖》一诗，抒发"犹忆长安论诗句，至今惆怅读书台"的感受。两山一水的地貌在杭嘉湖平原上显得如此特别，明代诗人李圭在游历硖石后，"白描式"写诗赞叹："两点峨眉天外耸，双了螺髻望中迷。平分积翠如云卧，对蹙空青映日低。"①

秦时开凿市河，沟通长水河与洛塘河，北面百顷鹃湖与南边千顷硖石湖相连，错综复杂的水系，形成了典型的江南水乡地貌。在这块土地上，勤劳智慧的海宁人创造出独特的硖川人文景观。尤其自唐代始，随着中国经济文化中心的逐步南移，杭、嘉、湖一带渐为东南赫赫有名的人文渊薮，海宁愈显生机勃勃，人才辈出。据统计，自唐朝至清末，海宁高中进士者共366人，其中唐代3人、宋代74人、元代3人、明代101人、清代185人。在这些进士中，有状元1人、榜眼3人、探花1人。清末至民国时期，海宁更是出了不少为世界瞩目的"高层次人才"，此是后话。

依山傍水、充满灵气的硖石镇，迎来了萧山单家定居。

硖石繁华，尤其到了清代，更是江南三大米市之一。水网密布，河道交通纵横，市河两岸民居聚集，有深宅大院，亦有普通人家，烟火气十足。许家的德星堂就在西南河畔。单家来硖石所选的宅子，离许家不远。1983年版的《海宁县地名志》记载，单家就在今水月亭路南至洛塘河一段，老地名"石路街"，曾名石路上。后为石路街居民委员会驻地。志书记录，旧时为桑地，许氏族人始居于此，因宅前铺设石板路，故曾有小地名"石路上"。后向北延伸至景云桥，遂有南石路、北石路之分。新中国成立后更名石路街。北起干河街路，南至洛塘河岸，长323米、宽3米，混凝土路面。两侧为民

---

① 李圭：《海宁州志稿》卷2 "山川"，1992年铅印本，第9～10页。

宅，设有海宁县防疫站、海宁中医院、海宁布厂。原海宁建筑公司宿舍处，民初称"忆霓里"，相传我国近代女旅行家单士厘故居在此街，宅已不存。①

另有资料显示更细，单家在硖石镇赵家汇尤家厅购置了房屋，安顿下来。②

其实海宁的单家亲戚实在不少，单士厘的祖母是海宁人，外祖母家就在硖石，他们住得很近，平时亲眷走动密切。在单士厘的印象里，她的祖母和外祖母都非常传统，有智慧，海宁女子勤劳又大气的品质在她们身上充分体现。这些女性长辈以身作则，潜移默化，将传统道德运用在日常生活中，对她的影响深远。

祖母张太安人是一个非常勤俭又很讲道理的人，随父亲饱读诗书，嫁到萧山单家，除了跟随丈夫宦游，有不少时间留在硖石娘家。虽然单焕是举人，但日子过得并不宽裕，"岁入不满百金，赖太安人经营缔构，安贫习劳，始成吾家"③。因为祖父在官场不愿意同流合污，仕途发展并不顺，终年忙碌却收入不高。单焕安于清贫的生活，坚持自己的操守，不屑于蝇营狗苟。每当遇到同事有"灰色收入"，他总是推却不受。也有好心人曾劝其不必如此另类："你不拿，也只是白白便宜了他人，何苦如此固执？"他却再三说明不是为了博个好名声，只因读了圣贤书，自己的心里难过收受不义之财这一关。可是，缺钱的日子并不好过，每当面临家事左支右绌时，他唯独对妻子抱歉。但同样出身书香门第的张氏，从不抱怨丈夫，反而安慰丈夫说："谁人不想要富贵？可若取不义之财，与盗贼有啥区别呢？"这位贤妻良母安贫若素，遇难事，就把家里的东西送去典当行抵押换钱，暂时应付过了难关再说，等略有宽裕即刻赎回，从不轻易向人借钱。单士厘的祖母长寿，一直活到84岁，始终勤勤恳恳，做事亲力亲为，年近古稀还在纺纱织布。她总是对儿孙说："饱食无所事，则易生骄奢不足之心。苟萌此心念，便堕入烦恼狱中。试看世上自食其力者，必无妄想。一家和睦，以饱暖为满足。若富贵之家人人自私，反无安乐真趣，由于太逸也。"④单士厘始终都记得这句话，并一生奉行。祖母以自己的行为作榜样，让孙女养成刻苦自律、不骄不奢的

① 海宁县地名办公室编：《浙江省海宁县地名志》，1985年版（内部发行），第63～64页。
② 杜继东：《蒋百里传》，中华书局，2018年版，第22页。
③ 单士厘：《单士厘文集·懿范闻见录》，中国文史出版社，2022年版，第499页。
④ 单士厘：《单士厘文集·懿范闻见录》，中国文史出版社，2022年版，第499～500页。

性格，受益终身。

单士厘外婆陈太恭人则是一个禀性温和的人，她乐善好施，信佛心慈，终年不杀生。每遇祭祀或需要宴请客人，就去市集上购买已宰杀的现成货。单士厘经常见到外祖母笑眯眯的脸，温和善良，一副好脾气。夏日里即便蚊蝇在眼前飞来飞去，也不扑杀，顶多就是用手挥去，转过头和颜悦色地对单士厘说："微生之物亦求食耳，罪不致死。"①外婆的慈悲心肠留给她极深的印象。还有一件事，更是令单士厘终生难忘。有位隔壁的小孩到家里行窃，偷了一个锡瓶出门，正巧被外婆撞见了，那小偷惊慌失措扑倒在地，磕头不止。外婆见四周没人，并没有厉声斥责搞出大声响，亦没有报警见官，而是好言讲道理，并悄悄对他说："这个瓶子就给你了，以后千万勿要去拿别人家的东西。"这名小孩感激涕零，连连叩首，从此改邪归正。外婆的仁慈善良，在硖石街上远近闻名。还有一个故事也可以印证：硖石有一位姓朱的妇人，因老公为还赌债欲将其发卖，在紧急关头，就抱着儿子奔到许家来求助，声称她不愿改嫁，如果得不到援助，宁愿自尽。因朱姓妇人的长辈曾是许家兄弟的老师，所以陈太恭人马上与自己的姒娌商量，决定拿出各自的首饰去当铺，将典当款赠予朱姓妇人，让她把卖身券毁去。为了让她宽心，好事做到底，最终继续供养接济母子俩，直到孩子成人。

这样的家教当然会培养出好孩子。

单士厘的母亲许仁林在22岁那年嫁到单家。她既是孝女，亦是贤妻。割股救父、孝敬婆母，以孝贤闻名而列入《海宁州志稿》孝女榜，堪称将中华传统孝道做到了极致。《海宁州志稿》的《许孝女传》记载，她的父亲许光清平时体弱多病，后来又胁下患疽。当时单家侨居在海宁，许仁林天天往来侍奉，即便是怀孕期间也没有丝毫懈怠，分娩之后亦是如此。她甚至按照当地的偏方，以余下的乳水浸地黄给父亲治病。在咸丰十年1860，偕父母避兵祸于乡村之际，父患痢疾生命垂危，她日夜泣祷，也没能减缓父亲的病情，竟然走入暗室引刀割臂肉和药以进。奈何老父仍不治身亡，许仁林悲伤得不能自已，呼天号泣不能止，乃至昏厥四五次。她的母亲陈太恭人素有喘症，后又兼鼓胀，身僵直，不能自由行动，这位孝顺的女儿扶持摩抑，不离

---

① 单士厘：《单士厘文集·懿范闻见录》，中国文史出版社，2022年版，第500页。

左右五六年，从不以久病而有倦怠，始终如一地孝顺父母，虽然已嫁人仍如在家一般，被人颂扬称道。

单士厘后来在《懿范闻见录》中记述了自己这位"生有至性"的母亲的孝行，这极有可能是她亲眼所见的场景——老外婆陈太恭人，因右目失明行动不便，每当发哮喘，母亲总是半夜起来上前服侍，"推挪扶持，谨进汤药食物。至黎明，喘定能卧，始悄然退，日以为常"。[1]最难得的是"日以为常"这四个字，俗话说"久病床前无孝子"，这位孝顺的女儿简直是用自己的生命在行孝啊！可惜，再孝的女

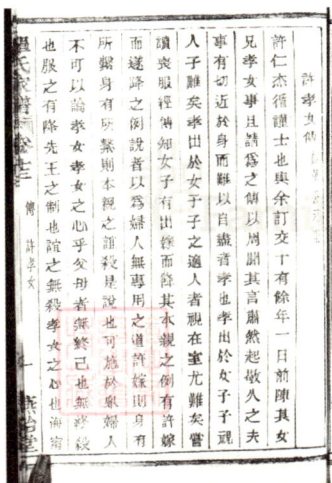

单氏家谱中许孝女传

儿也留不住母亲的病躯，当陈太恭人去世时，她竟"哀毁失音浃旬"——面临至亲逝世，悲伤过度引发了失声，一度哑了十余天。许仁林不仅孝顺自家父母，也同样孝敬婆母。嫁到单家之后勤俭安贫，除了亲手烹制食物孝敬婆母，还手制衣物。她有一双巧手，善做女红，自布衣至裘服，样样都能行。这位名字里带着"仁"字的海宁女儿心存慈悲，看到邻居家虐待婢女，甚至拿出自己陪嫁的首饰赎了丫鬟，给她自由身。这俨然继承了她母亲的仁慈风范。

她的书中，还记录了这样一件颇具时代特色的事。

单士厘的父母只生育了她这个亲生女儿，人到中年仍然膝下无子，所谓"不孝有三，无后为大"，许仁林考虑到单家的香火后继无人，曾多次劝丈夫纳妾。但这位"性严整，寡言笑"的单夫子是这样回答妻子的："如无子，姬妾环侍，亦仍失望。何况吾清心少欲，死必为神，何用胤嗣？"[2]翻译为现代白话的意思大概是：贤妻啊，我命中无子的话，即便身边姬妾成群，终究还是会失望的。何况本人素来喜欢道家学说，清心少欲，修身养性，自此以往死后必定列入神仙行列，何必执着地惦记着那点人间烟火呢？

---

① 单士厘：《单士厘文集·懿范闻见录》，中国文史出版社，2022年版，第501页。
② 单士厘：《单士厘文集·懿范闻见录》，中国文史出版社，2022年版，第501页。

从现有的记载看，单恩溥学问好，有个性，朋友圈里交往的海宁人极多，其中与海宁著名的收藏家蒋光煦就是莫逆之交。

蒋光煦，号雅山，后改号生沐，晚号放庵居士，是江南有名的藏书家和古董收藏家，世居硖石，交友广泛，喜读史书，勤于校勘，能诗能文，兼长书画，世称"东湖先生"。他收藏之广泛和丰富，从其藏室名"商瓤周鼎秦镜汉甓之斋"即可略见一斑。蒋光煦的好友管庭芬说他"勤于搜访，年逾弱冠，古董家即不敢以燕石相欺"[①]。就是这位大收藏家，曾聘请单恩溥到别下斋讲课。蒋光煦藏书室有"别下斋""拜经楼"等多处，历年积藏的图书达四五万卷，其中不少是珍本善本。单恩溥与蒋光煦日夕相对，切磋学问，吟诗拍曲，欣赏古玩书画。可惜，太平军的到来使得这个江南著名的藏书之家受到了毁灭性的打击。蒋氏巨量的古玩书画藏品毁于战火，蒋光煦实在难以接受，一气之下殒命。但单家与蒋家的友情仍将继续，翻开新篇章的是下一代的单不庵与蒋百里，此亦为后话。

源于避战乱等原因，单家到硖石定居的时间应为1861年左右。

到硖石的第二年冬季，祖父单焕就走到了生命尽头。这位道光庚子年的举人，渊懿敦厚，被时人誉为"今之君子人也"。作为海宁女婿，他与潮城极为有缘，在海宁居住时间久，两个儿子都生于海宁。当走入暮年，又举家迁来硖川，最终把人生的句号画在了两山一水间。在逝世前的一个晚上，他梦见自己前去拜谒陆九渊，与象山先生谈道论理，十分和谐欢愉。他醒来后将这个好梦告诉了家人，明白自己将归道山，面临死亡非常坦然。从他留在《硖川诗续钞》中的这首《残牡丹和韵》的诗中，可见其对生死的态度：

富贵花残尚动人，庄严不比转蓬身。东皇宠眷何曾替，小劫荣枯未是真。一点香花留胜果，数枝绿叶斗丰神。春来依旧舒红艳，蜂蝶纷纷会有因。[②]

正如诗中所言"一点香花留胜果"，祖父在硖川仙逝，单士厘人生之旅从海宁开始。

---

① 管庭芬：《别下斋书画录·序》，民国文学山房木活字印本，蒋光煦编（出版年不详）。
② （清）许仁沐等续辑：《硖川诗续钞》卷十五"单焕"条，清光绪十八年（1892）刻本。

带她远行的是父亲单恩溥。同治元年（1862）单恩溥被选为遂昌教谕，这次带着家眷上任。中举之后，他没有在仕途青云直上。而是选择与教育有关的职业，履历里曾任江南机器局广方言馆的中文教习，出任过多地的县学教育官员。作者最新发现的史料有载，他还在京师同文馆担任过中文教习，但具体任职时间段不明。

因为要去遂昌，当时只有4周岁的单士厘第一次跟着父母远行，同去的还有祖母张太安人。在遂昌这段时间里，她母亲因惦记着硖石娘家，不时回到海宁探亲，从浙南到浙北来回"旅行"的路上，存有她的少女时光。

诗与远方，总有一个在路上。单士厘所受的诗教，倒也印证了这句话。

单恩溥长年从事教育，对学生非常严格，也留下了较好的官声。当看到女儿一天天长大，懂事聪慧，灵性十足，尤其感到欣慰。

单士厘的《侍祖慈母氏游妙高山》一诗，可算是她最早的旅行记录——随父在遂昌时与祖母和母亲一起游妙高山的场景，全诗写得轻松愉悦：

重闱欣履和，爱此韶华妍。命驾陟崇冈，行行修且阻。鸟鸣格杰声，峰转蜿蜒路。竹梢露危栏，迎人野花舞。松涛作鼓吹，轻袂临风举。瀹茗酌清泉，隔溪响樵斧。岩回绝嚣竟，云日淡容与。杰阁侍登临，闲亭共延伫。俯看城市小，屋舍鱼鳞聚。众山环其下，历历青可数。仰视暮鸦翻，出没烟深处。蓝舆缓缓归，夕照低平楚。却顾翠微横，但闻塔铃语。①

遂昌妙高山岩壑拔峭，山幽色秀，千山竞秀，万卉争妍。在少女眼中，此地云遮雾绕，峰回路转，鸟鸣修竹，有古寺清泉，野花幽香，伴松涛阵阵。站在绝岩边轻袂临风，俯瞰山下如鱼鳞般聚拢的屋舍，青山如障，不觉时间流逝，但见夕阳照着平原，慢慢地斜到山的那边，点点暮鸦消失在云烟深处，回首远眺，翠微苍苍，清脆的塔铃声似乎还在轻声低语。

生命旅程漫长而丰富，这是她此生远行之始，初见山水的眼睛里有欢喜，诗情溢于笔端。

---

① 单士厘：《单士厘文集·受兹室诗存》，中国文史出版社，2022年版，第11页。

　　山里生活其实非常艰苦，缺衣少食，交通不便，蔬果鱼虾绝少，食物单调而简陋，远不如江南富庶之乡。幸好单家人习惯俭朴的生活，当家主母每天煮饭洗衣，在山乡没有裁缝的日子里，家人所有的衣物都是许氏夫人一针一线亲手制作。年近古稀的祖母张太安人，更将勤劳节俭的海宁女子风格保持了终生。虽然已气力渐衰，还时常当户做"织女"，唧唧复唧唧的机杼声是这户读书人家的日常乐声。当大家劝老祖母得空多休息，她淡淡地解释无非是借纺织消遣漫长的时光而已。单士厘懂得，祖母在以身作则教育后辈，一衣一食来之不易，能够自食其力，吃饱穿暖，平安健康，远胜于身处富贵却自私自利的家庭。

　　简单朴素的生活，才是人间值得。长辈们的言传身教，给予单士厘最朴实也是最厚重的生命教育，让她早早感受到善良与智慧的力量。世界上自食其力辛勤劳作之人，多实干，少妄想，家庭和睦，即为幸福。日后她将这些吉光片羽轻轻拾起，化为笔底的文字，使得我们在百年后尚能在《懿范闻见录》里，可以望见那些充满智慧光辉的女性身影。

　　遂昌学署处于万山之中，不仅生活条件艰苦，荒山野岭间还有猛兽出没。单士厘要适应这样的环境，也渐渐养成了她大胆而细心的性格，平时与邻居交往，听闻此地的一些传说和故事，便好奇地将这些故事写入诗里。如《听遂昌老妪说虎》，绘声绘色地描写了山间寒冬的清冷，积雪千里，冰雪覆盖时，老虎下山破屋而入，到农舍里吃牛食羊，并扰及村市，惊倒儿童的场景，叙事清晰，诗风流畅，是她早期诗歌里反映现实生活颇为有趣的一首：

　　茅屋枕荒山，邻远虎则迩。居人早闭关，惴惴恒无已。编竹护篱藩，列桩树荆枳。中宵闻吼声，月黑悲风起。木叶随萧萧，声若不逾咫。隆冬寒凛冽，积雪皓千里。窟穴压层冰，於菟失归止。咆哮震山谷，毁栅食牛豕。当路屹崇墉，一蹴破如纸。眈眈双目炯，林暗灯光似。虽未伤村氓，颇复惊童稚。昔闻故老言，有虎尝入市。邑侯祷于神，灭虎虎自死。借问侯为谁？临川汤若士。①

_____

① 单士厘：《单士厘文集·受兹室诗存》，中国文史出版社，2022年版，第11页。

虽然山居寂寞艰苦，但那段日子，承载着单士厘无忧无虑的年少时光，岁月寂静，温柔流淌。山地荒寒，却有亲情的暖絮绕着她，最美的光阴往往最留不住，"回思随宦平昌日，绕屋松涛午梦酣。"和亲生父母在一起的日子，于她而言太短暂，极珍贵。

她的亲生母亲许仁林因积劳成疾，于光绪五年（1879）己卯年的腊八，在丈夫任职的遂昌学署内撒手人寰，卒年不过45岁。婆婆为此痛哭不已，连连哀叹："我失去了这样贤惠的媳妇，哪里再去寻这样的好女子啊！"

许氏家谱书影，许仁林与许仁沐

第二年，许仁林的弟弟许仁沐在礼部应试时，将姐姐的事讲给在京海宁官员听，大家听得感动不已，连连赞叹。于是她的孝行被上报到都察院，奉旨旌表为孝女。

（三）硖石启蒙　舅父为师

生母去世后，单士厘回到硖石，这里还有舅舅的护佑。

舅舅许仁沐对姐姐感情非常深，在大姐去世之后给予这位外甥女更多的照顾。以亲情的慰藉温暖她的生活，更了不起的是继续以教育启迪她的智性，这才是更深沉的爱。

封建时代对女子的教育，多为培养一个贤妻良母，恭顺长辈，管理家务为主，吟诗作文却并非女儿家的正经事。掌握烹饪女红等生活技能，远超思想见识的重要。千百年来"女子无才便是德"似乎成为铁律。但单士厘降生于一个文化世家，亲人们对女子教育还比较重视。尤其在舅舅眼里，这位外甥女有悟性有才华，值得好好培养。所以，单士厘在几十年后仍感叹"不能见母幸见舅"，早年所受的良好教育正是她一生好运的起点。

许氏故居位于硖石原东南河街56号，大墙门内有三进建筑，每进五楹，较著名的有藏书楼、尚书厅、迟春阁等。正厅内悬挂着康熙亲笔题字"清慎勤"的御赐匾额。墙门口穿街有道路直通市河，河边（大荡对面）筑有大石埠为船泊码头，石埠还有一对石狮矗立左右，再往前还竖着旗杆石。这里的一草一木一砖一石，单士厘从小就便熟识。

她自幼受诗文熏陶，父亲为女儿筑好基础，之后又能够随知识广博的舅舅读书，真是幸运。单家虽然世代清贫，而书籍不少。她常在诗中称"家世余黄卷"，从小在中华文化的土

单士厘到舅家必经的南石路

壤里深深地扎根，大家闺秀之底气就在诗书芬芳里涵养出来的。单家、许家都是书香世家，尤其是许家崇文重教，后代律己甚严，爱读书成风，这一切得益于高祖许汝霖订下的严格家规。

许汝霖，字时庵，号且然，是唐代名将许远第三十一世孙。康熙二十一年（1682）考取进士，殿试二甲，历任翰林院编修、江南学政、工部侍郎、礼部尚书等职。作为清代著名的清官能吏，他为官三十年，清正廉明，政绩丰厚。康熙帝为褒奖其功绩，御制"清慎勤"匾额钦赐予他，并赞其"无小过""可称完人"。许汝霖著述甚多，其中《德星堂文集》八卷、《河工集》一卷、《诗集》五卷被收录进《四库全书》，另有与宋荦合编的三十二卷《国朝三家文钞》传世。康熙五十年（1711）许汝霖辞官回归故里，在家乡设馆讲学。他为官廉，治学严，理家有方，一部《德星堂家订》为自己的家族定下了严规。家规全篇共2617字，开篇即"学贵治生，谊先敦本，维风厉行，宁俭毋奢"的宗旨。切入修身励志、持家治学的核心要义，认定教子治家就要从日常礼节开始做起。他从宴会、着装、嫁娶、凶丧、安葬、祭祀等六个方面，对后代子孙定规矩、立标准，将俭、孝、廉的家训思想贯穿始终。对

许家来说，《德星堂家订》是传承清白家风，保持书香传统的"密钥"。单士厘母亲、舅舅的言传身教，使得单士厘从小对许氏家规耳濡目染。

许家子弟遵循着老祖宗定下的规矩，以俭为贵，以孝为本，重清廉家风。例如家族宴会"燕窝、鱼翅之类，概从禁绝"，穿衣尽可"旧衣楚楚"，嫁娶应"一切从简""总宜简约"，这些为人处世的礼仪标准，不仅落在许家人身上，甚至许家女儿嫁到夫家，也须自觉遵守，"传前人之清白，不坠家声"，如此才有了《海宁州志稿》对单士厘母亲许仁林的记载："其归单也，持家勤事，舅姑顺。相夫以义……"

2007年，海宁硖石北关桥附近出土了一块刻有"双龙戏珠"图案的石头，上面隐约可见"礼部尚书许""康熙五十三年"等字样。经专家考证，这块汉白玉的"康熙盘龙石碑"是清代礼部尚书许汝霖告老还乡后，民众为纪念其重修硖石北关桥而凿刻的。数百年来，许家的家庭、家教、家风一直为当地人所传颂，海宁老百姓曾集资建造"三不朽"祠于硖石东山麓，记下了晚年许汝霖在家乡义办学堂、重修桥梁的好事善事。

许家子孙贤者多，是硖石有数的"好人家"。这与许家的家风家训有很大关系，将教育子女作为家中大事，把对子孙的教导转化于日常生活的礼仪规矩之中，让孩子们从小就注重修正言论、约束行为、培养勤勉的作风，养成良好的习惯，从而做到静以修身、俭以养德，志勤相随、德行相联，立志成为有用之才，为家增辉，为国争光。这种家风，也直接影响到单士厘日后对教育的重视。

尤其值得一提的是，许家对女儿的教育也颇为重视，并不因性别而忽略，因此德慧双修的才女频出。如单士厘母亲的姑妈许渊，就有诗稿传世，入编《硖川诗续抄》，其中《渔舟》一诗文笔清丽，意象阔达。

水面孤浮一叶舟，夜深渔笛弄船头。唤回风雨三湘梦，惊起烟波万里秋。云外雁鸣红蓼岸，溪前蛟舞白蘋洲。短篷吹火儿孙闹，曲罢潺湲空浪流。①

单士厘之舅许仁沐是许汝霖的六世孙。原名仁杰，字公梁，又字子涵，

---

① （清）许仁沐等续辑：《硖川诗续钞》卷十二"许渊"条，清光绪十八年（1892）刻本。

号东槫，又号壬伯，一生著述颇丰，治学态度严谨，厚实勤奋，著作有《景陆粹编》《杭郡诗续辑》《人谱》等十余种。这位同治四年（1865）举人，历任分水、建德、常山等县教谕，光绪十四年（1888）任平湖县教谕。他热心于教育事业，在硖石恢复东山书院，创办双山讲舍，并办育婴堂两所，悉心收养被弃婴儿。他对乡邦文献极为重视，和蒋志坚等人合编的《硖川诗续钞》收集了海宁籍的诗人作品，其中有羊敦叔的《辰初冬南旋壬伯招宴于双山讲舍集同人赋诗即席拈得明字》，徐雅樵的《双山讲舍落成纪事》等，可印证双山书院的历史及许仁沐在海宁文教界的影响。[1]

单士厘和舅父的感情从小亲密。舅舅对她的爱若慈母，而又恪守严师之责，外甥女称之"母慈师严"。从她留下的诗句里可以发现，在闺中涉猎子史，玩习文辞，与舅舅关系密切。她从垂髫之年就跟着舅舅读书，碰到不懂的字就追着问，而舅舅极其欣赏她的好学，谆谆教诲，不厌其烦。与喜欢喝酒，爱写狂草，追随道家学说的父亲之"顺其自然法"所不同的，是舅舅温和又坚定的教育方式。等她年纪稍长，舅舅令她诵读家族长辈的诗文，如许渊的诗，并安排"读后感"等命题作文考考她。幸好，她总是能够出色地完成"小作文"。

"苔痕上阶绿，草色入帘青。谈笑有鸿儒，往来无白丁。"文化家庭的浓厚书香在庭院里弥漫，善教且深爱她的舅父，加上硖川文化良好的熏陶，单士厘的文学修养迅速提高，爱好也慢慢扩大到历史地理等领域。能诗能文，品性温良，知识拓展的视野和格局，辽阔的远方世界开始向她展露出强大的吸引力，虽然身在硖川，但站在这方土地上，她踮起脚尖眺望更遥远之处，握紧书卷，提起手中的笔，思考、想象、不断提升，并由此养成了终身学习的好习惯。也许，只有找到了人生的锚点，才能在漫漫长旅中悠游自在，充分享受文化"深度游"。

在她暮年自己手定的《受兹室诗稿》中收录了一首题为《舅氏命题捧砚图》的诗作，还原了一个生动而精彩的家教场景——家史浓缩进那块珍贵的砚台，一种文化精神站在时空的交汇点上，向她款款而来。通过这块砚台的来历，她知道了祖辈的荣耀，看到了烽火遍地时父亲接受的家族使命，砚台随着父亲千里而行，不离不弃，从江南到中原再到北方，为了千金一诺，宁

---

[1]（清）许仁沐等续辑：《硖川诗续钞》卷十五，清光绪十八年（1892）刻本，第14页。

可失去众多的珍贵书籍图册，散尽家财，父亲守护的这份人间的珍重情谊，也永远进入了她的文化生命。单士厘早期所作的这首长诗，体现了她的才华，也记录了两个文化家族的珍贵渊源，且移录于此：

> 拳拳片石荆山剖，闻说先朝赐耆宿。奕叶珍藏爱护深，尚书清望高山斗。
> 忆昔红巾遍地来，东南半壁非吾有。此时只恐劫灰埋，珍重曾交吾父手。
> 间关齐鲁陟幽燕，千里携归诺不负。从教图籍付沦胥，唯有石交真耐久。
> 依然鸲眼注清泉，不磷不缁守吾守。传经述德为知心，岂但云梦吞八九。
> 有时酒酣得佳句，天惊石破龙蛇走。有时草圣学张颠，醉墨淋漓更濡首。
> 赖有传神顾虎头，应留韵事千秋后。貌出坡仙海鹤姿，不将笠屐惊鸡狗。
> 悠悠忍读渭阳诗，嗟我廿年失慈母。披图仿佛缅音容，不能见母幸见舅。（明太祖云：外甥见舅如见母。）
> 垂髫问字惯追随，提撕敢忘谆谆口。愿贡芜词冀续貂，此砚此图同不朽。[1]

这方砚台是许家的传家宝，更是家史教育的"好道具"。诗中有大量的信息在叙述家族教育对于文化传承的重要。砚台来历并不简单，是御赐之物，为许家先祖许汝霖所有。后传到许仁沐之父许光清手中，外祖当年也曾在蒋光煦别下斋驻馆多年，喜欢金石，工书篆隶并为之校刊《别下斋丛书》，著有《瓦当文类考》七卷。在著书校刊之余，这方砚台伴随着他度过了书斋的日日夜夜。而对单士厘来说，砚台珍贵，不仅体现了母系祖先的荣耀，更承载着单、许两家非同寻常的交情。在战火离乱之时，许光清把砚台交与女婿保管，而单恩溥竟能在乱世中越过重重关隘，千山万水重信守诺，不负所托而把砚台完璧归赵。砚台验证了人品的贵重，见证了守护的传奇。战乱散失了无数珍贵的文献，这方砚台还有幸在书桌上守护一泓清泉，堪称奇迹。

单士厘在诗中活灵活现地描写出了一位个性十足的父亲。估计她眼前的画颇为传神，可联想到那位爱在酒醉后写诗，狂草酣畅、泼墨淋漓的"坡仙"风采。她感怀着自己的身世，庆幸舅舅对她爱之如宝，特别引注了明太祖的话"外甥见舅如见母"，血缘至亲啊！单家因逃避战乱来到海宁定居，

---

[1] 单士厘：《单士厘文集·受兹室诗存》，中国文史出版社，2022年版，第24页。

被亲情环绕滋养，文化血脉也从湘湖流到洛塘，这股潺潺不绝的细流让单士厘接住了，成为照耀她一生的幸运之光。

碛石地处杭州与上海之间，得江南之灵秀，历史积淀深厚，地理环境优越，物流交易频繁，素为大米、丝绸、茶叶等物的集散地。这座浙西重镇的交通极为方便，既可走水路，又可行陆路。得天独厚的人文地理决定了海宁人，眼光始终向着远方。

单士厘的父亲、舅父均在外担任教谕等职，辗转各地从事文化教育工作。他们打开的眼界和格局亦令家族后辈受益，孩子随行就是其中之一。单士厘的《受兹室诗稿》留存着几首少女时期的诗作，记录了家庭旅行的快乐瞬间，也展现出江南书香世家的独特人文景观。舅父对单士厘青眼有加，多次带着她出门游历。《游当湖弄珠楼恭步舅氏原韵》应该是许仁沐担任平湖教谕时，带着亲人一起旅行时单士厘所作。共游当湖，走上楼阁观湖山秀色，与闺中伴侣和亲人们畅览胜地，对青春少女来说简直如一次盛大的"嘉年华"，她在心里向往苏子的千古赤壁游之境。面对千里晴川，大河蜿蜒，想到潮乡与浦江溆水一水共生，都通向未知的宽阔的远方，单士厘在那一刻简直快活如神仙。

楼阁分明蜃气浮，湖烟山翠一帘收。暂邀仙侣红闺伴，快拟坡公赤壁游。浦溆潮生通沪渎，川原势衍便车舟。何当乘月携壶往，佳趣应封不夜侯。[1]

旅行和读书让她的视野和学养增广增厚。诗行之间流露出这位闺阁才女的卓识与豪情，逸情横生，境界阔大，令人刮目相看。

（四）继母进门　温柔以待

单家两兄弟久居海宁，合住一处，单士厘的母亲因病去世后，她的父亲

---

[1] 单士厘：《单士厘文集·受兹室诗存》，中国文史出版社，2022年版，第12页。

单恩溥决定再娶。她的继母，也将迎进硖石的家宅。家里也需要一个女主人来管理，总不能让单士厘常到舅舅家蹭饭吧。

听闻将有继母进门，单士厘的心中千回百转。从她留下的诗作看，少女的忐忑不安是显而易见的。她日夜祈盼继母是个慈祥而善良的人，像女娲补天一般，让单家重现完整。但迎亲当天，花轿进门，不由得记起了因操劳过度而早早去世的母亲，悲从中来，找到一个无人的地方偷偷落下伤心的泪，还担心因自己沉寂徘徊的悲戚之容影响到父亲，转身还得以笑脸相迎。但没想到，走到转角处，传来了父亲的一声叹息。父女俩都有相同的心迹，却无法在人前言说。这声悲叹和低回的复杂情感，直到多年后才进入她的诗行，还原了一个丰富复杂的人性瞬间。

单恩溥的继室费氏夫人也是浙江人，来自新市古镇。

新市镇是浙江省湖州市德清县下辖镇，是江南七大古镇之一的中国历史文化名镇。东去30公里，便是乌镇和西塘，往北30公里外，有南浔与周庄、同里。相比这些江南古镇，新市古镇并不逊色。新市始建于308年，商贸文化可上溯到两晋时期，辐射地域可到日本及南洋诸国，尤其是丝绸贸易兴旺，是中国古代丝绸之路的发源地之一。

从新市嫁到海宁的费氏夫人，是一位性情平和、与人为善的能干女子。识文断字，还有一手好女红，对继女关爱有加，很快便以实际行动赢得了单

德清新市一景

家人的尊重和接纳。单士厘曾以诗记下这位继母宁肯亏欠自己，当掉钗环也要为女儿添衣的举动，使她深深地感恩这份难得的母爱。她记得费氏夫人凭刺绣的本事补贴家用，记得她能够绣精致的双面绣，记得她喜爱读闲书，淑良娴静的继母来到硖川，让单家重现完整祥和的家庭氛围，所以她对继母非常尊重，即便在出嫁后也来往频繁，非常亲密。

单士厘的少女时代沉浸在书香里，依恋着亲情，悠游于文史经典。白日何短短，转眼到了女大当嫁的时候，但始终没有找到合适的夫婿。也许是由于长辈钟爱，择偶甚严，也许是单士厘对自己的"另一半"有着特殊的期许。她曾在诗中透露，自己向父母要求终身不嫁，一辈子只当单家的女儿。总之，单士厘成了硖石镇上无可争议的大龄女子。

按照当时浙地风俗，女子一过20，上门提亲的媒人就少了。对于年长待字的闺女，不研究贻误的原因，凡是年逾二十就是"老大姑娘"。若要挽人做媒就只好屈配填房，要想做原配，也许就乏人问津了。

没有资料显示为何单士厘如此晚婚，也许，她只是静静地等待着良人的到来。

在她所写《秋尽蕙兰重开》诗里，我们可以觅到这位身处闺阁的少女之心境——"秀质岂随凡卉尽"，她的自我肯定与宁缺毋滥是"清极无风香自来"，人生的青春岁月携带着远古飘来的诗意芬芳，心灵有期待，双眸望向远方。

美人迟暮忆骚词，香草能回造化姿。九畹忽看芽更苗，两开竟与菊同时。
寒深凝露珠犹泫，清极无风香自吹。秀质岂随凡卉尽，素心相对静偏宜。[1]

一颗素心，对未来的期许竟如此安静。

甲申年（1884）的立夏日，天气清和，单士厘还娴静地待在家里。江南的夏季是从立夏开始的，吃时鲜，用大秤称人，本地习俗里有着远古丰饶的记忆。正如这首浙地立夏儿歌所唱："薄切猪肉蒜泥浇，青梅白糖与樱桃。海蛳甲鱼健脚笋，咸蛋米苋乌饭糕。"立夏时节的吃食丰富且有特色。海蛳是尖脚小螺蛳，健脚笋大概就是细长的野笋，据说吃了对夏天时的腿脚有好处。单士厘喜欢这样的季节，生活是人间烟火，伴着诗情涌动。硖石镇的老

---

[1] 单士厘：《单士厘文集·受兹室诗存》，中国文史出版社，2022年版，第18页。

宅前有热闹的街市，旁有池港湖泊，听雨后池塘的蛙叫声，看风过帘幕时的燕双飞，夏日迟迟，她提笔写诗即说自己"世味酸咸我未谙"，回想最多的是随着父母在遂昌的日子——无心无事的午睡，有松涛阵阵，绿荫绕屋。那时候，亲生母亲许氏夫人还在，可见女儿是想亲娘了：

> 春残景物最堪思，天气清和首夏时。百啭流莺如恨别，三眠杨柳倦低垂。
> 青山淡冶花初谢，芳草芊绵碧自滋。栏外几枝红芍药，怜他何事号将离？
> 世味酸咸我未谙，诗情合向静中参。尝新又见登场麦，骤暖偏宜上箔蚕。
> 雨过池塘蛙阁阁，风微帘幕燕喃喃。回思随宦平昌日，绕屋松涛午梦酣。[①]

可没料到的是，端午一过，命运的转折马上来临，长辈们为她选好了夫君。

人生真是难以预料，很多事需要回头看才能明白命运的安排。缘分如此奇妙，嫁得早，不如嫁得好，上苍对她的眷顾也由这段婚姻开始显现。

若能回首，她大概会感念长辈对她婚姻的"挑剔"，感谢自己"宁缺毋滥"的坚持，26岁的她终于选到了一位佳婿，这在当时女子十五六岁即结婚成家的时代，如此晚婚并不常见，幸而良好的家教带给她丰厚的知识储备，成为她最好的嫁妆。

从小生活在文人雅士围绕的环境中，使得她在闺阁之中饱受文化熏陶，也促成了她日后很快接受了自由、解放、文明的新思想，并以此打造属于自己的人生。严格的儒家教育令她始终不忘传统，时刻以遵守妇道、孝敬长辈、相夫教子、勤俭持家等道德约束自己，走在古老文明转型期，她的身上呈现出丰富而复杂的生命姿态。

单士厘懂得感恩，舅父许仁沐对她的教育和发自内心的慈爱，是她始终感念的恩德。许仁沐所倡导的笃实勤奋的学风，更带给她深深的影响。

1899年，许仁沐逝世，终年57岁。她含着热泪前往海宁奔丧，回程时忆起种种往事，想到舅舅去世已经过了百日，天人已隔。她永远无法再向舅

---

① 单士厘：《单士厘文集·受兹室诗存》，中国文史出版社，2022年版，第18页。

舅请教诗文，也无法再跟舅舅撒个娇，只想着舅父留下的多部著作除《景陆粹编》《人谐》《杭部诗续辑》三辑已付刊，尚还有未刊者十余种，何时才能让这些诗文传世。哀伤亲人的离去，莫大的痛苦无疑是此生再也无法酬谢大恩大德，逝者已矣，生者犹须向前。舟行于河，不由得惊心于时间的无情流逝，《江行感念舅氏许壬伯先生》一诗在船上写就，止不住泪流满面：

更谁屈指念行舟，卅载深慈竟莫酬。放眼湖山还似昔，惊心岁月逝如流。渭阳琼瑰惟余泪，著作琳琅姓氏留。此日舵楼增感痛，回车何必过西州。①

生命情感的能量，以文化为载体，自有传承。

单士厘挚诚地怀念着那些虽然消逝了的，但照亮过她生命的人。那些来自血脉深处的温暖余光，在漫长的岁月里持续地给予，如一条大河，奔腾不息。

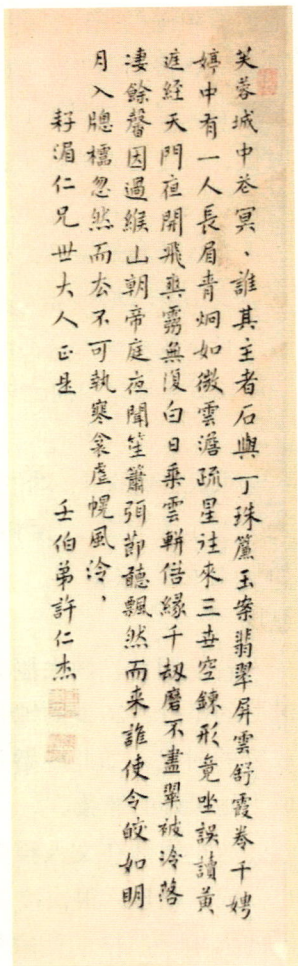

许仁杰的书法

---

① 单士厘：《单士厘文集·受兹室诗存》，中国文史出版社，2022年版，第25页。

二、女子有远行　辞亲心戚戚

能够让许仁沐等长辈放心把单士厘嫁给他为妻的钱恂，处于同讲一口江南吴侬软语之湖州，同样出自书香门第。文化相通，门第相当，是传统的择偶标准，即便今天看来，也能筑起婚姻和谐之基。

湖州处于江南腹地，北连苏、锡、常，南接杭、嘉，是江南这块长期的经济文化高地上的重要区域，历代为人文渊薮。以进士而论，明清两代，湖州（仅包括乌程、归安，不含其他属县）共出进士444名，在浙江仅次于杭州、宁波、绍兴，在全国也是位列于前。清代湖州共出状元6人，多于杭州（5人）、嘉兴（5人）而冠浙江全省。在全国，是数一数二的出挑。

（一）吴兴钱氏　文化家族

单士厘从海宁出发，嫁给吴兴钱恂，由此从一个文化家族进入了另一个文化家族。

钱家的命运，也是因为重教育而改变，最大一次进阶就在钱恂的父亲和伯父经苦读中举。1921年钱恂在撰写《吴兴钱氏家乘》时，依据其伯父钱振伦的说法："钱氏受姓老彭，至吴越建国而始，大江以南子孙繁衍类皆为后人。我家世业农，为浙湖乌程籍，理当为旁支。"他确认了自己前辈农民出身，只把家族的世系追溯到明末清初的奉川公。

鲍山村的场基浜

钱家世居湖州城南方向鲍山脚下的鲍山村。鲍山村滨临东苕溪，可以远眺道场山多宝塔。旧时出行的主要交通工具为船。为了出行方便，有一条从东苕溪引水来的场基浜。这里和海宁硖川相似，水系发达，场基浜延伸到鲍山村的河浜，原先称邹家浜。自钱家发达后就改为姓"钱"，称作钱家浜。"鲍山者确有此山，在湖州之南门外，实为先世六世祖发祥之地，历经五世祖、高祖、曾祖，皆宅居该山，以渔田耕稼为业，逮先祖始为士而离该山而至郡城。故鲍山中至今尚有一钱家浜，先世故墓皆在该浜之中。"这段话是钱恂之弟钱玄同在1937年9月给老友周作人的信中之言。

诚如钱恂、钱玄同所言，世居鲍山的钱家之前并不显赫。先祖出自农耕之家，常为生计发愁。钱家的第一个转折，始于钱恂的曾祖父钱允凤。乾隆年间，钱允凤在原配邹氏去世后，离开鲍山，入赘湖州城内南街的李家。进城后的钱允凤，生财有道，渐渐站稳了脚跟，并纳了姜张氏。钱允凤让与李氏生的儿子延续李家香火，精心培养侧室张氏生的儿子广泰，设法在儿子广泰科考时改回了钱姓。

钱广泰，又名港舣，讳孚威，就是钱恂、钱玄同的祖父。他有志向，爱读书，据《吴兴钱氏家乘》收录的《钱港舣墓志铭》记载，他"委身于学，少苦无书，冥思孤往，辄有所会，既昏而发愤，弃俗务，读书道场山之归云庵"。在道场山的归云庵里发愤读书的钱广泰给钱家带来了改变阶层的曙光。他虽然没能中举，只取了个邑诸生的生员资格，但也跻身地方士林。他继续培养儿子读书，两个儿子钱振伦和钱振常不负所望，出色地完成了科举考试，先后中举，使得钱家成为官宦之家，地位骤升。

钱家祖屋和祖坟旁边有一池塘，吴地俗称"荡"。这个"荡"在钱恂于1921年编定的《吴兴钱氏家乘》中也有记载。钱家的这口池塘形如砚台，与道场山上的多宝塔遥相呼应。鲍山村人传说，当年风水先生对这一池塘交口称赞。多宝塔形似如椽大笔，加上这口形如砚台的"荡"，"笔""砚"合力，保佑钱家文运昌盛。笔者曾去寻访钱家祖屋，这个安静的湖州乡村所萌发的这支钱姓家族，不仅造就了吴兴钱氏一门的辉煌，也使海宁姑娘单士厘因嫁入钱氏而走进新的生命时空。在寻访的过程中，我们意外在村庄河埠头发现了重要文物——清道光年间的钱氏墓碑。当地钱姓村民沿河浜为大家介绍钱氏老宅的历史，一路前行，看过钱家浜现状，听过村民口中的钱家事，来到与钱家浜、东苕溪相通的河荡边。按钱恂所编的家乘记载，钱家浜不仅有钱家第四世钱允凤和夫人们的合葬墓，还有钱家第三世的钱国华与夫人蒋氏的合葬墓。

潮起潮落，沧海桑田。现在这些墓均已难觅踪迹，连后来的因子孙发达而追封所立的碑均无从查寻。村庄阡陌纵横，河边绿树掩映，逾百年的大香樟斜伸过水岸，亲密地依恋着清清的河水。河埠头有几层临水石阶，其中最靠近水的台阶上有一块高超过2米，宽60～70厘米的石碑，碑上隐约有字，引起了大家的注意。同行的钱菁老师看到"道光二十一年"的字样马上激动起来，走下台阶用水打湿"躺平"的石碑，抹去碑上的泥和灰，几行字逐渐清晰地显现出来，主要文字大致可读，后经文史专家查找史籍资料考证，碑上所刻的文字是：

皇清例赠儒林郎先考允凤公

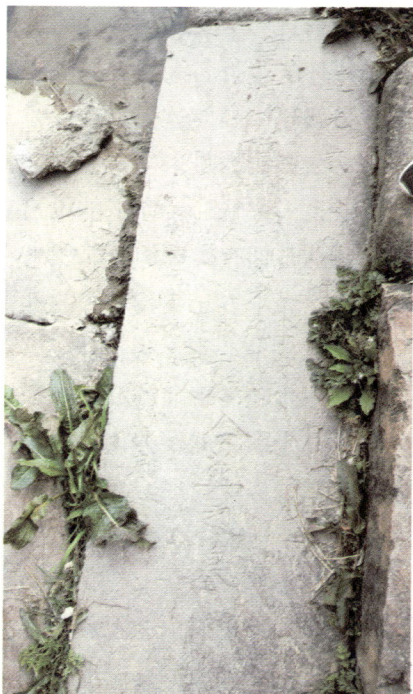

河边钱氏墓碑

安人先姚邹李张安人 合葬之墓
男广乾泰孙福元福循福昌福宗福攸福茨福贞奉祀

历经上百年的沧桑，石碑上的字迹清晰度下降，显出漶漫的神情，但关键几个字仍能当场交代此碑的主人和立碑者的信息，是钱恂、钱玄同的曾祖——钱允凤之墓碑无疑。世居鲍山的钱家并不显赫，即便是后世子孙发达也仍旧非常低调，这从墓碑的石质、刻字、做工等细节均可看出端倪。此行发现了隐在河埠的钱氏墓碑确是有缘，意外，且有惊喜。

吴兴钱氏开始"发家"真正的标志性事件是1838年钱振伦中进士，此后，钱家才真正具备成为显赫的文化家族的资格。钱广泰的两个儿子都非常出色。长子钱振伦、次子钱振常先后中举，而钱恂的伯父钱振伦科考成功，对于钱家来说尤其重要。在钱广泰的祖父那一代，举家还曾为衣食发愁，钱广泰的父亲甚至还因为贫穷而入赘。但因为科考成功，钱氏家族进入全新的文化知识平台和社会关系平台。在百余年中，钱氏家族随时代而变迁，代代有闻人，且均与文化相关联。近代更是诞生了钱恂、钱玄同、钱三强、钱稻孙、钱仲联等著名人物，一个典型的文化家族由此崛起。

虽然科举没使这个家族优秀子弟博得高官厚禄，但为这个家族人才辈出而有持久影响力带来了文化资源。这份资源，不仅能够提高家族成员的知识层次，也极大畅通了向上的渠道，甚至不断拓展延伸人际网络，由此使阶层的不断跃升拥有实现的可能。

如道光十五年（1835）的乙未恩科乡试，钱振伦中举人，主考正是以后成其岳丈的翁心存。道光十八年（1838），钱振伦戊戌恩科中进士，22岁的他走上一生功名事业的高峰。翁心存对这位青年俊才肯定是青眼有加，所以能在十几年后听闻钱振伦的原配夫人去世，便将心爱的女儿端恩嫁给钱振伦作为继室，当然让翁心存没想到的是这位门生加女婿，居然会同他翻脸，此是后话。但与翁家联姻，对于钱家来说无疑获得了更广阔的人脉，地位陡升。

虽然翁婿不睦，但翁钱两家情谊仍在继续，以至后代仍可以保持"携手"姿态，打造出一个家族累世联姻的案例——钱振伦的第三个女儿钱云辉嫁给了常熟俞大文的儿子俞钟銮。俞钟銮是光绪二十三年的举人，他的母亲正是翁端恩的姐姐翁寿珠。翁家姐妹联姻，钱振伦的这个女儿实际上是嫁给了自己的表哥，这桩婚姻使翁、钱两家的关系又进了一步。翁钱联姻的第三桩婚姻是钱云辉侄孙女、钱恂单士厘的孙女钱亚新嫁给了后来任过同济大学校长的翁氏后人翁之龙。姻缘姻缘，有婚姻作缘，系起了不同姓氏的文化家族的手，令家族成员也由此受益。

通过秦晋之好，翁家的人脉资源自然惠及钱家。

生于道光五年（1825）的钱振常比哥哥小9岁，大哥钱振伦就是他的授业师。虽然钱振常的科举之路较其兄而言没有那么一帆风顺，他考入湖州府学庭补廪生后，举试屡次不中，只好捐纳了一个候选训导，无奈花了钱却没得实惠，长期只有候没得选，于是不得不开始外出游幕，做师爷。钱振伦说其弟"振常以郡廪生候选训导，咸丰癸丑（1853）后，家益贫，客游四方"。钱恂后来也讲到其父曾在江苏、广东、长沙佐幕。1867年底，张之洞出任湖北学政，钱振常曾在其幕中。看来命运也早在为钱恂进入张之洞的幕府埋下伏笔。

钱振常直到40多岁才终于实现夙愿，在同治十年（1871）考取进士，授礼部主事。同一科中名人众多，瞿鸿禨、劳乃宣、张佩纶的名字在晚清掷地有声，有不小的政治文化影响力。当然，还有一位"名人"也值得一提——因"科场案"落狱的鲁迅祖父周福清出自同榜，他们的孙辈日后将在京师成为同事和朋友，这也是文化资源和人脉延展的案例。

钱振常进入仕途，也自然得到亲戚人脉之助。他初到京师时的住所就是翁同龢帮忙找的。中进士后，时常与在京的翁同龢往还晤谈，就其所在的礼部情况和翁"通风"，从相关记载可以发现，这种交往还算热络，有时是钱振常赴翁寓拜翁，有时是翁同龢出城访钱。亲戚之情连着人脉，有提携有帮助，"帝师"翁同龢对姐姐一家的关心，并不因姐夫的脾气而有大改变。同治七年，翁回籍归葬父兄，他特意到清河看望二姊，并索要了钱振伦的四六文刻本。①光绪五年（1879），钱振常去世，《翁同龢日记》二月初八的日记所记如下："今日笙仙来告知仑仙姊丈竟于正月十一日逝去，惊愕无措，吾姊将奈何耶！仑仙于元日得病，小水不通，继而通之频数不止，遂不起。"②

---

① 《翁同龢日记》，陈义杰整理，中华书局，1998年版，第658页，四六文刻本当是钱振伦的《示朴斋骈体文》。

② 《翁同龢日记》，陈义杰整理，中华书局，1998年版，第1405页。

这种对亲人的关心出自血缘天性，此后，翁同龢对钱振常乃至钱恂也都多有照顾。

科考没有大哥的顺，与其兄长相类似的倒是中进士后的仕途不顺。钱振常十年京曹一直未得升迁。性格耿介的他，于官场上的种种逢迎颇不顺眼，最终还是和兄长一样选择了当先生，这也是许多官场不得意的文人所走的路。他在光绪八年（1882）辞官南下，从此以教书为业，游走于江浙等地，曾掌绍兴龙山书院、常州乐仪书院，倒也教出了一批优秀的学子，其中最有名的要数蔡元培。钱在龙山书院当山长，蔡元培曾在此读书，蔡元培后来写《自写年谱》时提到："我的八股文是用经、子中古字义古句法凑成的，（龙山书院）钱先生很赏识。"

吴兴钱家与海宁有缘。

钱振常的夫人姚佩玖就是海宁人，他们的婚姻早在童年就已注定。1830年，他们的父亲姚师濂与钱广泰在杭州的一旅馆中偶遇，彼此一言投契，便将5岁的儿子与2岁的女儿定下了娃娃亲。1844年，姚家依诺将16岁的姚佩玖嫁至钱家，钱恂即是姚氏所生。父母幼年定亲的戏剧性的一幕，被钱恂日后编辑《吴兴钱氏家乘》记载下来。人生如逆旅，姻缘的奇妙往往就这样体现在那一瞬间——在异乡的旅舍之中因"讲得拢"，彼此感觉"对路"，竟然就结成了儿女亲家，要说姻缘前定，此时也真非戏说。

钱振常职场之路坎坷，四出游幕，为生活打拼之时，夫人姚佩玖就在家中独力支撑。在儿子眼里，母亲"性庄而和，动合义理，尤勤于织作"，出身诗书耕读之家的姚氏不单是勤劳贤惠，也非常重视儿女的教育，亲自教授孩子"四书"、《毛诗》，"持家勤俭，俾无内顾忧"。最令钱振常感动的还是夫人温柔知礼，几乎符合了传统型贤妻良母的所有要求。孝顺婆母，亲自侍疾，衣不解带，事无巨细必躬亲，从不假手婢媪，三年始终如一。当婆母在生命最后阶段为病痛所苦之时，姚氏夫人通宵达旦为婆婆抚摩，辛劳至极，也因此伏下病根。这位海宁姑娘的孝顺与单士厘的母亲何其相似！当咸丰末年钱家避乱迁往广东，钱振常在幕府无暇顾及家事，且经济拮据，全凭姚夫人辛苦营家，赡养老人抚育幼儿。那时，她还日夜思念着战火笼罩下的家乡海宁，惦记着父母家人是否平安。烽烟四起，家书受阻，姚夫人忧思过度，加上扶病治家，日夜憔悴，精力亏损，于同治三年（1864）农历六月十二日突然谢世，年仅 37 岁。撇下了两个年少的孩子——女儿 15 岁，儿子钱恂 12 岁。

钱家与海宁的缘分，并未因姚夫人的去世而断绝。也许还是因为姚氏的潮乡"基因"，在钱恂的原配董氏去世后，钱家为钱恂挑选继室夫人时，又把目光放到了海宁的书香门第。

单士厘就这样与吴兴钱家结缘。1884 年，闺中待字 26 年的单士厘从硖川出发，沿着运河来到湖州，嫁给了比她年长 5 岁的钱恂。这门婚姻对双方来说，无疑是天作之合，钱恂得到了一位包容大度、善于持家且兰心蕙质的大家闺秀；"大龄"女青年单士厘则遇到了一位赏识她才华的夫婿，并由此进入了一个在近代中国有文化影响度的大家族。

钱恂生于清咸丰三年癸丑十二月十二日卯时，其时在旧历年底，公历已进入 1854 年，所以他的公历生日应为 1854 年 1 月 10 日。

钱恂非常聪明，自幼受诗书传家的氛围陶冶。母亲国学启蒙，父祖严厉督教，他广涉文史，经学功底扎实，同治八年（1869）就入了归安县学，时年只有 15 岁。弱冠即中秀才，一鸣惊人，但此后的科举之路不顺，屡试不中，只得跟随其父亲游幕，钱振常居京官时，钱恂随侍在父亲身边，后捐纳贡生借以入仕。其早年的经历，颇与其父相似。

但时代之风已在慢慢转向。钱恂未能科举中第，有很大原因在于他开始转移关注点，目光投射到书斋外的世界。而他的岁月故事，将在大历史里与单士厘一起写就。

生逢国家内忧外患、民族旦夕危亡的变局乱世，古老神州面对着因为工业革命而迅速发展的世界，是向前敞开迎接变化还是继续闭关锁国？钱恂和当时许多年轻人一样，都感受到巨大的压力，不得不举目环顾周边。这批知识分子头脑清醒，具有强烈的忧患意识，并不囿于古书和斗室，而是向往远方，正视世界发展潮流。钱恂对于经世致用之学十分热衷，尤其喜好边疆地理，思想开明，视野宽阔。并非一味研读"四书""五经"，沉溺八股制式的他，广收博览，兼收并蓄，锐意求新。

结婚不久，单士厘就知道自己得遇良人。她很快意识到了钱恂之优秀，虽然丈夫并非现代意义上的好先生，他的个性如其父一般，耿介，好直言，有脾气，固执己见，颇有狂狷名士之风。

因生活所需，钱恂游幕在外，不得不离开家乡，离开新婚不久的妻子。
单士厘眼前面临的是，如何管理一个大家庭的难题。

（二）媳妇当家　接续斯文

单士厘嫁入钱家，公爹钱振常终于松了一口气，他对这个长媳非常满意。

因从小受到良好的家教，单士厘举止大方，言行有度，从姚氏夫人的家乡海宁挑来的这位女子，果然是个懂事的好姑娘。不论是出自对儿媳妇的教育，还是源于对妻子止不住的怀念，抑或面对了同样是来自浙江海宁女子，钱振常时不时向新媳妇谈论亡妻姚氏的贤孝，说到情动时就呜咽难言，泪流满面。他甚至拿出了他自己母亲、钱恂的祖母费太夫人生病时所着的袄衣，让单士厘好好收藏，并要求将此衣物作为家教的"物证"传示子孙，以纪念姚氏夫人侍疾时为婆母解忧而不顾自己性命的那份抚摩不停的情意。

面对这位重情重义的文化老人，单士厘当然明白这个举止中蕴含着以孝传家之意，因念着夫人姚佩玖的恩情，钱振常在原配去世多年后都没有续弦，亲自抚育一双儿女，直到迎来长媳才将家庭重担交予她掌管。

作为钱振常的嫡长子妇，单士厘进门不久就要主持家政，成为钱府"内当家""一把手"。

初接手大家庭的事务，她着实有些惶恐，钱家虽是文化家族，但经济积淀不深厚，加上以教书为生，收入并不宽裕。到了夫家，执掌时常"入不敷出"的家事，实在有难度。于是，海宁的娘家人就成了她有力的依靠、坚强的后盾。她常给父母写信，一边表达自己的思念之情，一边随时请教。独立处置家事，要不失礼，又不逾矩，家庭杂务的诸多范例、人情世故的往来规矩都需要懂得，且有效实践，真有一个过程。在她出嫁后不久，多封写给父母亲的信中，请示零碎的细节小事的处置，一方面显示出对父母的信任依赖，一方面也透露出新媳妇持家的不自信。特别是这一段最后的那句话更是令人感怀：

此间家政尚简，惟无旧章可循，又鲜君、姑、妯娌禀商，以是为难然。譬如做官，既经接印，不能不任事，只好随时操习耳。三舅公初六日曾来看女，适炳婆婆亦来，房中无坐处，遂匆匆别去，付四官见仪二小洋。昨又差人下信送女野鸭、酥糖、广橘等。长者所赐只得全领，然须还礼，恐姑母处亦尚有赐，岁杪应如何答献？又堂上处除夕应献岁烛等否？女向来诸事禀命而行，自己实无主意，诸祈二亲酌示，遵行不胜叩祷……寂处思家，人情恒事，女则滋味新尝也。①

过年过节，就是对新任家长的考试。春节、端午、中秋，这些重大节日亲友要互赠礼物，亲戚间的礼尚往来如何有分寸，还有节日的家祭、祭祀等诸多礼仪安排怎样才得当，都在考验着单士厘的"知识储备"。用她的话说，好像是新任官员接了官印就得负责任。且从信中透露出的信息可以清楚地看到，当时钱家的经济并不宽裕，居所是狭小的。因为有亲戚来做客，竟然房中无座处。

钱振常离开绍兴龙山书院、常州乐仪书院之后，来苏州书院当山长，因此领着家人在苏州居住。

初住的慕家花园处的房屋颇大，可是租金甚贵，所以迁往不远处的盛家浜。盛家浜地处胥门内大街区块，是古姑苏城的繁华所在，亦是寸土寸金之地。钱振伦与钱振常虽然高中进士，但两兄弟并不喜欢走仕途之路，最终都选择成为当书院山长的

苏州盛家浜小巷一角

① 单士厘：《单士厘文集·致父母信第12封》，中国文史出版社，2022年版，第542页。

"教职"。虽然充为书院之长，与官宦人家仍然是无法相比。居苏州，教师家庭自然租不起高门大宅，只能租住市井小屋，以"身居陋室，惟吾德馨"为自嘲。

单士厘在家里长辈的指点下，很快进入新角色，"家政尚简"，一切都能够应付。但她静下来就会想家。婆家与娘家，虽然都是家，角色却完全不同。初尝为人妇的滋味，桩桩件件无不提醒着她已转换成当家人的身份。

一年之中，冬季的节日最多，节日多意味着家事繁。以农业为主的社会，秋收之后人们可以得到较长时间的休息，既享受丰收成果，也会用各种方式娱乐。长长的冬季，节日最集中的就是十二月。单士厘马上就要迎来婚后的第一个春节，过年就是大考啊。

过年有很多准备工作，采购年货，准备祭祀，特别是还要为家人备新衣。有钱的人家，买来衣料让裁缝制衣制鞋，平常人家就需要主妇自己亲手制作。还有过年自用或者送礼的物品，做孩子时，只知道过年有得吃各种糕点瓜果，却不知这一切的准备都需要当家人操劳。除了准备桂圆、荔枝、核桃、枣子、长生果等名称寓意吉祥的果类，有能力的在家里还要做酱鸭、咸肉、火腿、皮蛋等过年咸鲜，自制过年食品，如粽子、糕饼、瓜子等。然后根据关系的远近准备礼物，如火腿、酱鸭、猪油年糕、福橘、青鱼干等特产。送礼与收礼都有规矩，送去的礼，亲友一般只收一二样，随着退回的礼品，总附有一张名片，上书"谨领一色（二色），余珍璧谢"，并且马上也要送去恰当的回礼。如果长者所赐则全领，就更需恭敬还礼，一点也不能有差池，否则会被人笑话。

除了亲友间礼尚往来，过年还须大扫除，干干净净迎新年。普通人家没有用人，洗帐子、被褥等都得亲自动手，把家里清洁之后，安排做粽子、打年糕，然后是送灶神。海宁一般是十二月二十三送灶神，吴地则是二十四送灶神。仪式感是少不得的，要上供，送灶神菩萨上天，考究的人家还要请到僧尼来主持送灶仪式，念经拜祭之后，要将主人姓名填上，以便玉皇大帝知道是哪家灶神来汇报，然后到年初二夜再供一次接灶神回来。大年二十六要请财神。二十九始，要供各路神仙的画像了。这些画像叫"神像"。每个像前要供香烛、食品。到了大年夜，在供桌上放上鸡、鸭、鱼、肉、水果、糕点，然后各房男女老少都要来厅上拜祭。拜了三次之后就烧锡箔送祖。之后，是吃年夜饭，对了，年夜饭必须有鱼，这是最后上的一道菜，但不吃，象征年年有余。吃了年夜饭，家人围炉团坐，小儿嬉戏，通宵不眠，就是所谓的"守岁"。单士厘在钱家过的第一个春节，是忙碌又紧张的。幸亏之前在娘家时就一直帮着料理家务，心中有谱。即便是这样，等到自己全权处理府中事务时也并不轻松，还得经常请教才不致出差错闹笑话。

很快，她就适应当家主妇这一角色。每天操劳柴米油盐，夜深人静时，对故乡和亲人的思念，夹杂着新的人生况味涌上心头，正如她信中所言"寂处思家，人情恒事，女则滋味新尝也"。她盼望着回到海宁与亲人说说心里话，盼望重回自由自在的女儿生活。一水通航，那些弯弯的小河在邀请她。盛家浜的屋边就是小河，通着运河，也通向太湖，乘上小舟回娘家是极为方便的，那条倚着巷子的河流带给她最大的安慰和挂念——钱恂从这里坐船离开，也从这里上岸回家。她数着日子，安排好家事，也从这个埠头搭乘小船沿着河流一路回家，到硖石与父母相聚，短暂的休息总会抚平内心毛躁，故乡让身心安顿。那时，她尚未生育，但前室董夫人所生的两个女儿先后从寄养人家到身边。面对这两位失去亲娘的小姑娘，她以一颗慈母之心厚待，以至于两个女儿对她非常依恋，她每次回娘家时都依依不舍。

月圆时节，往往是女儿归宁之时。单士厘回海宁娘家省亲，而她的继母费氏夫人也回新市娘家，且在新市驻留的时间也不短。女儿回娘家，既是个体生命旅途上的一次次亲密的深呼吸，也增添着亲人之间的"黏稠度"，每一趟来来回回，都是人生旅程的小章节。单士厘喜欢写信，很多信在船上就开始写，既要报平安，也回应处理各种事项，书简里保留了百年前的人情往来，传递着人情的稠密疏离。

眼前这封穿越过岁月留存至今的家信，令人非常感慨，信应该是她回海宁探亲时所写，有她奉祖母之命请继母早日回家的委婉告示，也有种种诸如裁衣、备食、洒扫庭除、安排接送等家庭细节，落落大方，周到细致。从信中看，钱家在催她回苏州，单家在催费氏夫人回海宁，而丈夫钱恂正在参加新一轮的科考，父亲单恩溥已在嘉兴谋事未能经常回硖。当时单士厘的祖母张太安人尚在，看来她也有理由常回家，年老的祖母需要她的照顾。

母亲大人膝下敬禀者:

昨接外祖大人赐谕并缎旗、月饼等,伏谂壹是,仰蒙慈意周详,赏锡稠叠,无任感荷。女婿于廿三日赴杭,往来不便,须出闹后再来萧也。前奉命购备考食,业已遵办,兹三元饼再当转寄。女之夏衣已于前日竣事,纱料尚多一尺,命裁作长料,他日可镶挽袖也。近日祖母稍有不适,动辄畏寒,此恐高年气血渐衰之故,幸胃口不甚减,惟日盼母亲回家,命笔嘱母亲中秋前务必归来。伏祈婉告外祖父母大人,即行择吉早示归期,庶免重闹焦念也。届时当命小毛至何处埠头伺候,亦祈示悉为祷。今年热甚,女幸未搬至楼上,而母亲房中已于月初时令张妈打扫干净,即此可征阖家翘盼之久矣。祖母云前嘱母亲来时购带茶食等,现且从缓,此刻无须买也。廿一日接君舅致父亲信,拟接女重阳前回苏,其信当日寄,遂不知父亲究于何时归家也。乞念。将离在即,还祈早整归装,以慰孺慕,不胜叩祷。[①]

从她现存的书信看,她回娘家的频次还挺高,新媳妇带着姑苏的点心、特产和药品来到海宁,带回潮城亲人的馈赠和亲情。出嫁不久的那些时光,她的身份好像还只是单家女儿,仿佛还在硖石当"管家姑娘",安排着娘家的种种琐事。为此,她不辞辛劳往返于苏州与海宁之间,一次次水上短途旅行充实了岁月,也见证了一位旧式女子的惆怅与感伤,她不时在旅途中写诗写信,记录人生细节,回顾往事从前。有相会就又有离别,她将离情别绪纳入诗中,这首《抒怀》就是其中代表:

女子有远行,辞亲心戚戚。暂归依膝下,日久还成别。父母送临歧,重闹伫以泣。丁宁复丁宁,未语先鸣咽。惟鸟有慈鸟,飞鸣觅粿粒;惟羊能跪乳,亦解酬罔极。人今何不如? 愧彼角与翼。[②]

行走于江南的春日,杂花生树,细雨迷蒙,诗意泛上心头。李业嗣所作的《秀州女子》诗有云:"暮雨梨花,年年寒食;麦饭一盂,父母之侧。"不

① 单士厘:《单士厘文集·致父母信第2封》,中国文史出版社,2022年版,第535页。
② 单士厘:《单士厘文集·受兹室诗存》,中国文史出版社,2022年版,第19页。

由她想到从前也曾希望一辈子依在父母膝下，但人生就是如此奇妙，她顺着一湾碧水看两岸风光，不经意就转一个弯。穿梭在运河水流间，她的身份由女儿转换为人妻，生命就是一场场远行吧，沿途的风光与内心呼应着，嘉兴双塔、南湖烟雨楼、秀州，眼前这些地名标示着生命的纪念，悸动之余，她又提笔写下《秀州道中》这首诗：

双塔亭亭俯碧流，楼名烟雨是耶不？梨花寒食违初愿，惭愧轻航过秀州。①

那些苏州到海宁的频繁穿梭，很大一部分来自对娘家亲人的牵挂，以及丈夫不在身边的自由，单士厘时时想念着远在越地的丈夫，那些以前在古诗文中读到的轻愁和深思都浮现在眼前，盈盈一水间，脉脉不得语。又是一年寒冬至，单士厘从硖石回苏州。当雪花纷飞在舟中，落在水面上转眼不见，她的诗情流淌着思念，定格了青春旅途中最惆怅的遥望：

六出纷飞整复斜，因风触额误梅花。天公玉戏为谁设？似惜离人正忆家。
东风扑面作春寒，徒倚篷窗一望宽。几点遥峰云际露，模糊犹作越山看。②

这首题为《乙酉人日舟中望雪》的诗写于1885年大年初七，似乎遥遥呼应着隋朝诗人薛道衡的《人日思归》的主题"入春才七日，离家已二年。人归落雁后，思发在花前"。所以，单士厘才会把雪花当成了梅花，听着雪落下的声音，想着春天近了，那位离家多日的先生也到了回家的日子。展读此诗，真不由得想计算一下思念的分量，孤独的旅途之上需要多浓的相思，才能让舟船劳顿倚窗远望的人，将几抹云间微露的远峰当成了越山。

与单士厘新婚不久的钱恂，正随薛福成在宁波当他的幕后助手。

薛福成和钱恂家族的关联，早在1853年就有端倪，当时薛福成偕四弟福保同应童子试，两人本已无希望，是主试的学使李联琇在"遗卷"中将薛氏兄弟双双圈定，同补县学生，薛福成为此对李联琇感恩终身，而李联琇正

---

① 单士厘：《单士厘文集·受兹室诗存》，中国文史出版社，2022年版，第20页。
② 单士厘：《单士厘文集·受兹室诗存》，中国文史出版社，2022年版，第19页。

是钱振伦的妹夫。

薛福成是晚清时代的一位著名政治人物，他与曾国藩门徒黎庶昌、张裕钊、吴汝纶合称为"曾门四弟子"，且为李鸿章做过十年幕僚。这位江苏无锡人出身书香门第、官宦之家，是晚清时代的著名外交家、洋务运动的主要领导者之一。洋务运动是近代中国最早出现的自强运动，也是中国现代化的最初尝试，在思想文化层面的影响就是打开了国人的眼界，强化了国人的危机意识，使中国人第一次在事实面前承认自己落后，从而奋起直追，学习西方，意图赶超世界。薛福成不仅见识卓越，而且非常具有实干精神。光绪年间，薛福成捐献自己的俸禄维修天一阁，编《天一阁见存书目》。这是他任宁绍台道，在宁波任上约五年时间里办成的三件大事之一。薛在宁波的"三大功绩"分别是积极参与中法镇海之役的筹防和指挥、在府署后创办书院和藏书楼及重编《天一阁见存书目》。

钱恂仕途的起步与薛福成关系密切，薛对其影响和提携，堪称钱的"贵人"。

人生几十年不长也不短，但关键时刻的几步路可以决定生命的走向。钱恂人生的重要一步就是进入薛福成门下，正是随从薛的历练，使他眼界宽广，能力提升。当然，钱恂能为薛道台所看重的，也是才华。在薛福成幕府期间，其修养见识受到了赏识，所以重编《天一阁见存书目》这一文化工程，钱恂受命主办。

天一阁是中国著名的私家藏书楼。在明嘉靖四十年至四十五年（1561—1566），兵部右侍郎范钦回到故乡宁波之后，创建了天一阁藏书楼。这座藏书文化重镇，对于浙地文脉乃至中华文化来说意义非凡。但传统木结构房屋，地处潮湿的江南，受到风雨侵袭、虫蛀鼠咬、建材老化等影响，传承千载而金身不坏是绝难做到的。保养与维护，就是人与时间的赛跑。为了护佑书籍，一代代人付出持之以恒的努力，天一阁数百年的藏书文化传承堪称史诗级的大片。而钱恂，就有幸在这部大片里出演过一个角色。《天一阁见存书目》是继阮目之后的又一重要书目，它反映了经过鸦片战争、太平天国两次兵燹之后的天一阁的藏书情况，著录详细，在天一阁编目史上具有不可替代的承上启下的作用。

在钱恂整理校对天一阁藏书的过程里，与海宁的文教界人士也保持着相当的联系。作者在翻阅史料时，意外发现《硖川诗续钞》卷十五的吴敦，曾写过一首题为《钱恂邀同人九日范氏天一阁登高率成二律》的诗。从诗中可知，钱恂在重阳时节邀请了当时在双山讲舍的老师们一起"结伴寻秋旧草堂"，写诗的吴敦是咸丰年间的举人，也是海宁藏书大家吴兔床的孙辈，当时系宁波府的教授，他们在"庭多古树蒸云气，地近明湖漾月光"[①]的书香之地登高赋诗，翻阅先贤留下的手泽珍品，实为一次深具文化含量的雅集。双山讲舍，不仅是单士厘的舅父许仁沐主办的学堂，单士厘之父单恩溥也在其中担任主讲，那里聚集着许多优秀的硖川文人，是海宁的一处文化精神高地。

站在时空的交集点上重读前人的诗词，字里行间接受到了雅集承载的历史信息。

此时，钱恂的人生正在步入重要转折点。他在薛幕主要经历了两个时期：第一个时期从薛福成1883年任浙江宁绍台道开始，中途经历中法战争，钱恂一直随侍左右。这期间帮助薛整理宁波天一阁藏书，编成《天一阁见存书目》，并据海关图册编成《光绪通商综纂表》和《中外交涉类要表》，从文化、历史领域渐渐转向经济、外交，渐以知舆地，知外交而著称。第二个时期从1889年薛福成被任命为出使英、法、意、比四国大臣开始，钱恂以随员随行，开始深入了解欧洲各国政治、地理、经济情况，政治经验和外交知识储备进入新层次。

1883年，钱恂入薛幕，职业开始画出向上的曲线；1884年，娶单士厘，家庭也开始欣欣向荣，人丁兴旺。钱恂之父钱振常在其子女各有嫁娶之后纳妾周氏，这位生于1852年的四川姑娘，比钱振常小27岁。

但在海宁，单家却迎来了大的变故。

单士厘的叔父单恩培去世了。单恩培人生坎坷，原聘的妻是绍兴蔡氏，守贞殉难而亡。闻讯后，他悲泣数日之余，不愿别娶。十年后，单恩培在母亲的劝说下，娶海宁张氏为妻，在硖石生有一子一女，儿子单不庵，女儿单韫珠。但单士厘这位叔父天性孤介，怀才不遇，困于秋试二十余年，因愤郁成肺病，于1885年农历九月十八日去世。单士厘祖母张太安人受不了晚年丧媳又丧子的打击，也于1886年离开了人间。这年春天，单恩溥因母亲病

---

① （清）许仁沐等续辑：《硖川诗续钞》卷十五"吴敦"条，清光绪十八年（1892）刻本。

逝而丁忧回乡，应邀在海宁双山讲舍作主讲人，并接受宁波胡太守之聘校阅孝廉堂课卷评定文字等事，所以他与宁绍道台薛福成亦有交往。

单士厘对祖母感情很深，自幼在慈怀长大，深受教诲。当她出嫁后在家信中屡屡提及年事已高的老祖母，"远离膝下，负罪良深"。

很快，时间到了1887年，钱家马上将迎来两位新生儿。1887年9月12日，35岁的周氏为钱振常生下一个男孩，即后来著名的北大教授钱玄同。那一年钱振常已经62岁了，实属晚年得子。

在同年12月5日，单士厘也诞下一名男孩，即钱恂的长子钱稻孙。因此，钱玄同比自己的兄长钱恂小33岁，与侄儿同岁，钱稻孙仅比叔叔小了三个月。钱家屋里一下子多了两个同龄的孩子。这一年，吴兴钱氏还有一件事值得记下：钱振伦之子钱幼楞东渡日本留学。他是中国最早留日的一批学生之一，可惜后来因病不得不提早回国，但家中培养出了一位优秀的儿子，即我国著名的文史学家钱仲联。

钱玄同与钱稻孙先后在苏州降生，是钱家的一件大事。那时钱恂担任薛福成幕僚，在濒临东海的宁波迎着海上吹来的劲风，单士厘则在太湖畔的姑苏城里持家育子。

丈夫在外，妻子守家。

单士厘已入住苏州大石头巷，那是钱家到苏州租住的第三处居所。

钱家租房的第一处位于古吴路北面，东出养育巷的慕家花园区块。这个

慕家花园区域现景

区块原为乐圃坊巷，是宋代朱长文（乐圃先生）所营之花圃。元末归张适，构乐圃林馆，明万历中归申时行，构造适圃，至其孙申继，改为蘧园，申衙前蒋宅有飞雪泉，毕氏的毕园、汪氏的耕荫义庄，均为乐圃遗址。人称慕家花园，是因为清康熙时江苏布政使慕天颜建园于此，巷以园名。边上的古吴路，是明清时吴县县衙所在地，故又名吴县前，海宁人沈锡华曾任清同治年间的吴县知县，官声极好。从宋至今，随着时间的迁移，慕家花园几易其主，遗迹星散于附近建筑中。为寻觅单士厘在苏州的踪迹，作者穿行在慕家花园区域找寻旧时遗痕，在慕家花园11号的儿童医院住院部聆听老石舫与旧池塘的对话，正值初春，一阵微风吹过，亭畔玉兰花瓣轻落，不远处的太湖石还隐在角落里，沉默不语。

慕家花园历史遗存

钱家因租金较贵，不久又迁入位于胥门内大街的盛家浜。盛家浜与慕家花园相距不远，同样位于姑苏核心地带，东出游马坡巷，西出剪金桥巷，中段南侧支巷称小粉弄。边上的剪金桥巷曾有东岳二圣庙。旧时姑苏风俗，三月二十八东岳大帝生日，市民多去二圣庙祭祀，也是城里非常繁华的地段。估计因为此地租金太高，钱家无力租住高门大户，但又因租房实在太小，连亲戚来家都没有接待的地方。加上前后的窗子不通风，害得钱振常的鼻炎复发，于是不得不再找新的居所。

等他们找到大石头巷的一处屋子，才在此地安家多年。

在这条332米长、3.5～6.5米宽的巷子里，有高宅大户，更多是挤挤挨挨的平民院落。两边竖起的墙并不高，不声不响地隔出了门墙里面的生活。

单士厘租居的房子应该不大也不小，可以容纳钱振常与周氏夫人，单士厘和两个新生儿，家里雇了仆佣做杂务。主妇单士厘还是整天在家里忙碌，外面的世界离她有点远。大石头巷，传说旧时因有陨石而得名。宋代该巷东口立有牌坊，名平权坊。东出人民路，西至东美巷，与柳巷相对。边上的养育巷130号为基督教使徒堂，是苏州最早的基督教堂之一，创建于清同治十一年（1872）。作者曾去寻访过这条闹中取静的街巷，大石头巷交通方便，离十梓街不远。穿过十梓街、十全街，就是苏州文庙，边上即著名的沧浪亭。单士厘当然无法预知，20多年后，又一位海宁青年将到沧浪亭边徘徊，他的名字叫作王国维。时间再走过一段，王国维的名字也会出现在钱玄同、钱稻孙的书信日记里，他们的时空都将因文化而相遇，这一点真是历史的迷人之处。

大石头巷的租房因居于闹市，小巷门挨门，三教九流杂处，钱振常对家人的要求极为严格，甚至规定不许出门，怕孩子沾染了坏习气。据钱玄同回忆："家严教法极严，不许出外与市井群儿嬉，故在家中嬉戏者，惟兄子稻孙、穟孙耳。家君以苏俗多无赖市井，乃学坏之地，故禁不使出门，自幼至先君见背之年总是这样。"[1]所以单士厘的儿子与小叔钱玄同就成了天然玩伴。

丈夫宦游在外，单士厘与家人保持密切联系的主要方式是通信。

有了孩子，来来去去总归没有一个人自由，但维系家庭关系，互通亲人消息，写信是实用也是最经济便当的手段。隔着百年的时光回望，也幸而有她的家书，那个时代的人间烟火被折叠保存，随我们在翻阅之时悠悠

大石头巷公用古井

---

① 钱玄同：《钱玄同文集》（第6卷），中国人民大学出版社，1999年版，第311页。

而至。我们可以得知，这段时间诞生在碛石的单不庵，也就是她信中所称的"伯宽弟"（她的叔父单恩培之子）也渐渐长大，能够提笔给姐姐写信，随信寄来的临帖作品越来越进步，令她颇感宽慰。家里男子地位重要，儿郎有出息就能光大门楣。同时也可得知，苏州有她的不少亲戚，过年走动甚是频繁，从这封写于元宵时节的家信里，可以读到单士厘那些絮絮叨叨里的人情往来，百年前的世俗礼节重现，反映出大家庭主妇的劳碌，更显出一位孝女对亲人的牵挂，非常生动有趣，信末落款处的"外孙女"即是她的继女。

初五日附上一禀谅邀慈鉴，初九日接奉手谕，伏稔慈躬双泰深慰孺慕。饴弟来帖，写得甚好。常熟涟弟亦有帖来，近颇上紧读书，但愿他日颉颃齐上，为两家光大门庭也。大人今岁少酬应，新正似可养息，惟太岑寂矣。厨房只两妪，其一又是生手，过年诸事度母亲、叔母必更操劳。悬像若在西厅似较近便，今年叔像附于先代，抑另供一桌。姑丈岁杪寄赠十元深可感也。女于初六日往新桥巷拜年，韩妈带四官坐一轿，仆人随去，晚膳后始归，曾谒先姑母遗容，惜目近视，不能细睹，只增凄感耳。舅公安健，十二日曾来此，前寄三姑母酱蹄，本购得素茶食四匣，因箧小不能装，遂易此。二亲为加年糕甚好，不知三姑母近常来否？心境如何？喜伯伯已痊愈否？闻年前吐血，究竟精神若何？千万勿作损病医治。炳婆婆前日遣一妪来，馈酱肉、年糕等数黄篮。女概璧还，赠以年敬一洋，似觉过厚。弟闵其高年，且推祖母爱也。此间岁首颇少酬应。翁大人十二日赴常熟拜年，往回需七八日。每年十七日落像。今兹俟女婿归来展谒须至二十外矣。每早供点心，旦夕爇香烛礼拜。自初三以后又未尝作享也，近甚清静。女婿前信说初九日自甬启行，未得续函不稔果否，曾嘱笔请二亲大人安。前寄上椒敬廿元，是堂上所授意者，请大人无须掷还，但乞致君舅函中提及。又寄竹箧时记得附《香荫楼草》一册，亦祈来信及之。女窃揣如此辄禀闻。来谕拟买棹来吴小住，不胜喜跃，若道署一席可成更妙。垂询观何等书，女到此两月，衣橱中又满矣，新买《西湖掌故》一部，大本六十四册，共八十种。堂上择其隽雅者，今阅看过十数册，昨为颍川借去矣。夜卧不甚迟，请纾慈廑。舅父信云今年志局已停，盼即得缺也。寄新市贺柬一纸，是否如此写法？倘檐不出，请勿寄。叩祷肃禀。恭叩

二亲大人礼安 伏维珍卫 叔母大人及弟妹均祉

女期蕊珠百叩 外孙女待叩①

展读信件，百年前的中华女性那种温婉极其动人——表扬年幼的兄弟，抬举亲戚家的，自家人的感觉真好。听说长辈新春出门较少，就安慰说少应酬可以将养身体，补了一句"惟太岑寂"，也是知冷暖的话。她细致到操心娘家内厨，春节忙碌作为主妇最是了解，得知娘家的厨房只有两名仆妇，还有一位是新手，所以对母亲和叔母的操劳颇为关注。由信中分析大致可以得知，她未嫁时，以往过大年，春节这些琐碎的程序礼仪应是由她操办为多，所以自然而然给家人出主意，依旧把娘家当成自家的姿态。信中讲到的春节期间亲戚往来的人情，拜年探亲随仪的，有送礼金的，有送酱蹄髈、茶食、年糕、酱肉等礼物的，都是江南人家过新年时的传统，至今读来还是亲切。而有些礼仪，现早已绝迹，如春节悬挂祖宗像的规矩，每早供点心，旦夕爇香烛礼拜。翻阅现存的单士厘信件里，这年春节提到她改变了每年正月十七落像的规矩，因要等钱恂回家拜谒，所以须到正月二十之外收起。可见钱恂在薛幕时期因公务繁忙或者路途受阻等，在宁波度过除夕夜的事也时有发生。但即便是这样，还是要等丈夫到家团圆之后，这过年才算是圆满。

信中讲到的翁大人，赴常熟拜年，应是帝师翁同龢，充分证明两家姻亲关系还在友好继续，联系后来钱恂在外交事业上的发展，关键时刻得到翁的关照，可作细节上的应和。

家信有来有往，但现在已无法读到碛石娘家人的复信。只是从她的信里有"垂询观何等书"这种互动，发现书香门第女子少不了智性的交流。就像今天发个微信要问一声：最近在读什么书啊？所以她在信末提到自己的衣柜满了，放满新买的那部《西湖掌故》大本版64册，共80种，已经看了10多册。联想到之前的信里，单士厘也提过为母亲挑选了供消遣的闲书送去等细节，可见她们之间往来的不只"落胃"的吃食，还有精神食粮。购买《西湖掌故》等史料性的读物系着她对文史的偏好，之后她能够在杭州与钱恂长诗唱和，赖有诗书学养的支撑。

那时，她与钱恂各处苏、浙两地，与丈夫过着聚少离多的日子。她抚育

---

① 单士厘：《单士厘文集·致父母信第15封》，中国文史出版社，2022年版，第544～545页。

儿女，操持家务，侍候公婆，在两地分居的岁月里静心等待着丈夫的事业转机。其子钱稻孙多年后在《钱恂生平事迹》中记载了父亲钱恂青年时期的数次重要机遇，记载了钱恂参与天一阁藏书的整理工作："甲申受业师嘉兴许文肃公奉使日本，邀与偕行，旋以许工丁艰中止。丙戌受宁波太守胡公练溪记室之聘，兼阅书院月课，复为宁绍台道薛公叔耘聘，校范氏天一阁藏书，校勘所得甚多，顾不肯炫示于人。"

这段话同样证明了钱恂在薛府之前，曾经有机会出洋，那是因为他的授业师许景澄。

许景澄是浙江嘉兴人，名癸身，字竹筠，是清末的政治家、外交家，系清政府派出的第一批驻外公使，在19世纪60年代到90年代的涉外事务中，占有重要的地位。这位同治七年进士，在光绪年间以二品顶戴出使日本国时，曾邀弟子钱恂同行，因故没成。钱恂还是在薛福成的身边，当时他已越来越预见到全球化的趋势之于中华这个古老帝国的巨大影响，希望在这个风雨飘摇的时代为国家做事，因此特别重视外交、政治经济及史地类学问。

时间在向前走。在家事和亲情往来间，单士厘的日子过得很忙碌而充实。她也常带着年幼的孩子回娘家，还是走水路，从苏州放船过来，就像专车接送。

一水连襟，江南运河的旅程上，有诗意，也有意外。一次冬季省亲归途中，她就遇到了冰封。从农历十二月初一动身，经过一天的水路才到嘉兴，初三顶风开船夜泊王江泾，而初四早上启行时，河上所结之冰越来越成为前进障碍。初五那天，小舟被冰胶住，无法通行，"往来舟楫皆断，窗外雪花飞舞"。这时，她的眼里就不再只有诗情画意，而是在担心明日行路难，她甚至联想起"三舅公昔年回家度岁，舟行一月之久"，真怕是"此次殆将步其后尘矣"。但身边天真烂漫的儿子却是开心跳跃，欢喜之极，天寒地冻也无法让孩子畏惧，真是赤子之心。初六起身一看，篷背上积雪已有寸许，江上停着数百艘难以启航的船，都在等着天气暖和一点。幸好傍晚时分天气渐渐暖和，雪开始融化，才有了初七顺利抵达吴门。星夜归航，只见华灯初上，正是团圆时光，这次归途的艰难，留在她十二月初九的家信里，女儿可以尽情地诉说给双亲听，而因为她的迟归，她的公公钱振常原本要回老家湖州的行程只能延展至年后了。当然，她因从丈夫来信得知父亲单恩溥已到宁波，不知道何时到萧山过年，便将有关的人情往来请示父亲如何处置——"前月望后在平湖曾寄一禀，并舅舅书一册，书片二纸，度蒙慈鉴。接女婿信知大人赴甬，未稔何日回萧，府考想尚未。陈家姑娘是否来萧，抑新婿随往中州耶？琴姑出阁，女应送礼否？祈裁酌或乞代送三四百支……君舅本拟乘原船作苕上之行，一切皆已部署，因女归迟，天又寒冷，年前为日无几，只好展至明年矣。女及外孙男女均健适，请慈怀勿念也。"①

己丑年（1889）快过去了，单士厘已近而立之年。岁末年初，家庭主妇总会被琐事填满，春节过年的种种礼仪需要操劳。姑苏城的巷里巷外响起了爆竹声声，主妇在家里家外忙忙碌碌。客居苏州，单士厘还是按湖州风俗过年，她照例供起了先代的神像，让孩子们"拜真"，以蔬果菜肴作供。当一切安静下来，看到桌上过年菜肴里面"茨菇"（茨菇音同"慈姑"）这道菜，她不由得想起了娘家亲人。烛影摇红，心海按捺不住泛起的惆怅，有诗情，更多了人间滋味。

> 爆竹声声隔院传，屠苏先饮忆当年。人间卅载风灯瞥，回首重闱独泫然。
> 团聚华堂肃拜真，爷瞻非复我天伦。茨菇吉语翻增感，不迨调羹愧荐芹。②

她用两首《己丑除夕》记录了那个难忘的30岁的除夕夜。最挂念的还是远行的夫婿，那个可以和她讨论诗文、谈论时政、拓宽她眼界和心量的人，被她称为"同心人"，将渡海出洋。

到达不了的地方，是天涯。

> 春倦浑抛针线，养疴静掩窗纱。欲问书中疑义，同心人远天涯。③

日子在一天天的思念里过去，钱恂将行向更远的天涯。

---

① 单士厘：《单士厘文集·致父母信第17封》，中国文史出版社，2022年版，第547～548页。
② 单士厘：《单士厘文集·受兹室诗存》，中国文史出版社，2022年版，第23页。
③ 单士厘：《单士厘文集·受兹室诗存》，中国文史出版社，2022年版，第20页。

（三）钱恂出洋　思念漫长

光绪十五年（1889）五月，因出使英国、法国、意大利、比利时四国公使的刘瑞芬三年任满，朝廷对薛福成赏二品顶戴，以三品京堂候补的身份担任出使英、法、意、比四国大臣。

中国正遭遇世界格局的巨变，而打开国门的方式是痛苦的。在坚船利炮的威迫下，沉睡巨眼无奈睁开，放眼望去，寰宇之内，列强虎视眈眈。两次鸦片战争之后，中国人逐步改变了对西方的态度，携着文明的包袱开启了面向全球的近代外交。根据《北京条约》的规定，清政府同意了各大国在北京设立常驻使馆，相应也承诺尽快在各大国首都设立自己的公使馆。

这是中国与世界交往的真正开始，尽管这并非一个愉快的开始。

朝贡体制和宗藩体制对中国来说渐成遥远的过往，经历了太长的蹉跎和摇摆，中国开始睁眼看世界，其结果是最早的一批人，一抬眼就看到了华夏与世界的差距。当中国不再是局部开放，而是逐步加大放开力度之后，外交体制也开始了演变的进程。清廷先是顺应外国要求成立了专门处理外交事务的各国总理事务衙门，继而在外交礼仪、外交体制上逐步与世界"接轨"。

钱恂就是薛福成使团中的一员，这是他第一次出国，职业外交生涯由此开始计算。

但当时，出使国外并不是什么美差肥差，外交使臣往往没有什么好结局。1876年代表朝廷出使西方的郭嵩焘，就遭到了国内顽固势力的攻击和诽谤，说他"未能事人，焉能事鬼"，质疑他离开父母之邦的企图。而郭精心撰写的《使西纪程》没有得到真正的响应，反而最终被朝廷下旨毁版，这部以日记形式记录"郭大使"对西欧诸国观感的日记，提出了民主的概念，讲到在国家管理问题上人民也有参与的权利，并在书中披露了西方政治、经济、文化等领域优于大清帝国这一事实，触动了封建官僚集团的神经，在保守派群起而攻之的状况下，郭嵩焘最后落得一个罢官回乡，郁郁而终。

这样的结果并非孤例，出使法国的曾纪泽主持与俄国的修约谈判，收回了伊犁，但最后同样免职回国，以致曾纪泽一腔热血，无处挥洒寝食难安。

　　所以薛福成此行，也同样艰难。但因知晓外交对国家民族的重要性，明知危途，也绝不畏缩不前。薛福成在进行了充分的准备后，带着妻子和第二个女儿，以及一众随行人员于光绪十六年（1890）1月31日晚上8时登上"伊拉瓦底"号轮船，2月1日早晨8时大船驶出上海港口。

　　此次外交活动涉及四个国家，前后时间长，诸多考察参与者非常著名，也锻炼出一批之后在近代中国外交史上的实干家，钱恂作为其中一员自然收获多多。在薛福成的《出使英法意比四国日记》里，钱恂被冠以"直隶候补县丞"的身份，与之同行的黄遵宪、许珏等人也各有头衔。与钱同住一船舱的举人胡惟德，还将与钱恂今后的职业外交生涯继续交互，单士厘与胡夫人将在俄罗斯成为好友，这当然是后话。

　　船出吴淞口南行，在浙江境可望见舟山群岛诸岛屿，经过镇海口见两山对峙，在风浪里颠簸，不少人晕船而吐。过福建泉州、汕头，即到香港，大家都好奇那个被英国人占据的"东方明珠"现在变成了什么模样——看到洋楼攒倚山岭如蜂窝，听闻已有上环中环下环之名，其内大街被叫作"维多利亚"，香港已成商业贸易"巨埠"，大家不禁感慨万分。

　　这次越洋之行旅途漫长，他们一路上访察外洋各埠情形。回到船舱之中，对所见所闻一边议论一边推敲，继而进行反思——世界之大，天外有天，中国只是地球的一部分！寰球考察伊始，中国固有的以中华为世界中心的偏狭地理观念就被打破了，大家都开始认同在一个地球上，共处万国相通之世，国家要发展，经济要繁荣，需要学习西方，不可闭关独治。考察中国香港，以及新加坡的发展，他们认为得益于促进商务贸易，更清醒地意识到中国传统之中把"商"列为"四民"之末、视作残民之业的思维已经落后于现代文明。这一路的考察与探讨，对随团青年来说，无疑是打开了一扇窗，海洋之风吹过，直观外面的世界，对照是如此明显，学会以国际格局来思考问题，对于外交人才来说是何等重要。钱恂在一路上，也把自己的所见所闻写信回国，当时的他也许并没有意识到这些信息对于妻子的重要性。

　　漂洋过海到达巴黎后，再由巴黎而至伦敦，到布鲁塞尔，越年再越罗马。薛福成将这趟出使记录在《出使英法义经四国日记》中："述事之外务，恢新义兼网旧闻，凡瀛环之形势，西学之源流，洋情之变幻，军械之更新，思议所及，往往稍述一二。"① 52万字的出使日记，在清末新政时期，被列为"新政应试必读"的参考书，对清末的政治改革产生了巨大的影响。

这群中国人幸运地拥有那个时代看得最远的视阈，身处其中，钱恂获益良多。这趟历时一年四个月的外交之行，让他看到了世界之大，学会了审时观变，并深刻影响了今后的人生走向，他将作为晚清外交使臣的身份留在中国近代史上。

钱恂开启外交之旅，也为单士厘走出国门成为撰写世界旅行日记的中国女性"第一人"奠定基础。只是当丈夫远渡重洋"放眼世界"之时，姑苏城里的单士厘并没有意识到钱恂此行与自己生命行程的关联度，她仍然在苏州街巷里蜗居，在锅碗灶台间忙碌，在弄堂与井台边穿行。窗外的春花开了又开，再次怀孕的她带着对丈夫越来越浓的思念，在穿针引线之时，总会抬头望过瓦檐，天被屋檐分割成长方形，天空那么遥远。

1890年5月26日她又诞下了一个男孩，钱恂的次子钱稻孙出生。

那一年，钱玄同在父亲的教导下开始"书签粘壁，指使识字"。因钱恂考取秀才后一直没有考中举人，钱振常始终耿耿于怀，所以他对稚子寄予厚望，督责甚严。而单士厘则在操持家务和抚育新生儿之余，亲自教长子识字。母亲的启蒙教育，竟赢得公公钱振常的刮目相看，她的教育成果也得到了钱振常这位举子的认可，他在与朋友的书信中对这位儿媳赞赏有加："长孙稻孙，九岁毕四子书，授《毛诗》。次孙稻孙，六岁诵《小学韵语》之类。皆母授也。"②

钱恂随薛福成出使，开启的外交生涯在继续。

1891年后，沙俄不断在帕米尔地区"蚕食"，这既侵犯了中国主权，也与英国在阿富汗地区的利益发生冲突，产生了三国关于帕米尔地区的外交争端。当时负责交涉的中方代表即驻俄公使许景澄。钱恂奉恩师之命赴帕米尔一带查勘边界地形，并参与整理边界地形图。其间，钱恂参考了多种中外地图，与德国人金楷理合作了《帕米尔图说》。随后又继续撰写《中俄界约校

---

① （清）薛福成：《出使英法义经四国日记》清末民初文献丛刊，朝华出版社，2017年版，第7页。
② 缪荃孙：《艺风堂友朋书札·钱振常致缪荃孙函》，上海古籍出版社，1980年版，下册第759页。

注》（七卷），对东起图门江口，西至帕米尔的中俄界约与交界图，参考俄、满、汉界约文献进行了详细考订。在他看来，中外交涉以俄国为第一强邻，而中俄交涉又以界务为第一要义。可以说，钱恂在此次外交活动再度显现出对边疆地理的丰富认知和外交才干。许景澄在《致总理衙门总办函》中对钱恂评价颇高："该员素长考据，近于西人各图说，颇能尽心钩索，萧何得秦图，具知天下扼塞，固不在身历其地也。"①

出洋三年期满，1892年钱恂由捐纳同知循例保升知府分省补用。光绪十九年（1893），四川布政使龚照瑗接替薛福成出使英、法、意、比，因钱恂熟悉洋情声名在外，加上亲戚翁同龢大力推荐而被奏留继续当差。翁同龢日记曾载有"与念劬（钱恂）谈泰西事，有识见，与舆地讲求有素，可用也。访龚仰蘧（龚照瑗）星使，以念劬属之"。以当时的翁氏家世，不仅学问冠绝班行，两充帝师，名望极高，亲自出面荐举钱恂，龚照瑗实难不照办。不久，钱恂随龚大使出使欧洲。

钱恂再度出国，单士厘仍居于苏州。大石头巷子深深，古井边洗菜做饭，听竹摇风起，直到星月初上。清辉消暑，明月如许，劳碌了一天，清静如此难得。外面世界带来的百感交集渐渐消停，安静地听凭她悠然坠入诗意的境界。

> 薄暮长空霁，凉飔暑未深。十旬劳梦寐，千里忆同心。
> 近月云生彩，当风竹解吟。玉阶虫唧唧，偏尔识离襟。
> 小雨收残暑，严城动暮笳。虫声催月上，人意怅天涯。
> 脉脉银河浅，迢迢莲漏赊。徘徊忘夜永，香雾湿轻纱。②

明月千里寄相思。浸润在传统文化里长大的单士厘自小对月亮情有独钟，用她的话说是"由来爱明月，对月辄心喜"。不仅因为清辉消暑，更是这轮皓月可以寄托思念，劳碌了一天，清静下来的时光是如此清幽难得，令她浑然忘却日间的疲乏。小院流萤绕，深檐蝙蝠飞。当手中的团扇慢下来，

---

① 范铁权：《钱恂生平史事述论》，《河北大学学报》2010年第6期，第81页。
② 单士厘：《单士厘文集·受兹室诗存》，中国文史出版社，2022年版，第23页。

清风徐徐入室，月光皎洁。"关河别思深，迢迢忆千里。"①那才是属于她的姑苏私人时光。

在钱恂出国期间，单士厘在苏州与海宁之间来回，只是她马上要遭遇与父亲的诀别。

单恩溥在辛卯年（1891）春，被选授为嘉兴县学教谕，七月即履新任职。他主持修整文庙，被公认为有功于学。《硖川诗续钞》中收录过他的《题张氏清仪阁图为仪甫作》《偕戴同卿游石门洞赋此纪之》两首长诗，可见他与海宁始终保持着"热度"。且因嘉兴距离双山不远，他到嘉兴上任后仍在双山讲舍主讲了二年，才以精力不济辞了教职。可惜的是，他离开双山讲坛不过一年，就因病卒于任上，甲午年（1894）九月二十二日去世，享年58岁。

多年之后，当单士厘随夫漂洋过海，在日本看到一处山名叫作"亲不知"，蓦然忆及九泉之下的父亲，不由提笔写下："忆昔趋庭学咏诗，松涛流水沁吟思。只今重结烟霞梦，乐境翻悲亲不知。"②眼前古雅的松涛流水，让她回忆起昔日的庭教之乐，跟随父亲学着咏诗的往事涌上心间，面对着烟霞美景，身处乐境却突然有悲伤袭来。"亲不知"一语双关，既指山名，更指向某种特定的情愫。血缘亲情永远流动于心海，是漫长旅行途中的能量站，也是一种永恒的标记，让人不论身处何方，照样也会记得起自己的来时路。

（四）武汉时光　痛失继女

随着钱恂知西学、晓泰西事的名声越来越大，光绪二十一年（1895），钱恂被张之洞提前调请回国，成为张的洋务文案。自此，钱振常父子两代均拥有了进入张之洞幕府的经历。

---

① 单士厘：《单士厘文集·受兹室诗存》，中国文史出版社，2022年版，第23页。
② 单士厘：《受兹室诗稿·偕夫子游箱根（初见电车）》，湖南文艺出版社，1986年版，第23页。

入张幕，这是钱恂事业生涯中的第二个关键阶段。

他是由张之洞电调，从法兰西直接回国的。[①]光绪二十一年闰五月二十七日，甲午战争结束后，张之洞上奏诸事，其中言及战争期间所调钱恂、朱滋泽、刘祖桂、联豫等人。称言："江南交涉事务极为殷繁，营务筹防亦难懈弛。兼营分应，在在需才。查有分省补用知府钱恂，学精才敏，洋务博通。尤能研究中外商务，历经出使德国大臣许景澄、出使英国大臣龚照瑗调充参赞。现经臣电商龚照瑗，咨调回华……"[②]

张之洞是近代中国洋务新政的代表性人物。

1889年11月25日，武汉已是深秋，粤秀轮在江海航行了近一个月抵达武汉，张之洞在湖北巡抚奎斌率领的各大衙门官员的迎接下，踏上了武昌的土地。

出生于1837年秋天的张之洞来到武昌府做总督时，已经52岁，他在一生政治经验最成熟的岁月来到武汉，这个潜力无限的场地便成为人生的收功之地。张之洞督鄂十九年，他成就了武汉，而武汉也成就了张之洞。

张之洞对于武汉可谓是功绩累累：在武汉开办了炼铁厂，为武汉成为中国最大的工业基地作了最初的奠定；在武汉主持修建了芦汉铁路即后来的京汉铁路，使武汉成为九省通衢之城；在武汉开办了中国第一家兵工厂，"汉阳造"曾经是中国最为著名的武器；在武汉大修堤防，扩大了城市规模；在武汉大办教育，使得武昌的办学之风一时兴起，今日武昌因了当年的雄厚根基而成为大学林立之地。教育带动着科技的发达和思想的进步，给这座城市提供强大的发展动力。

钱恂到达武汉的时候，张之洞已经在此地深耕6年。急需人才的香帅，一切能够帮助他实现理想的助力，他都在争取。钱恂也将在湘楚之地展开人生事业的另一番风景。

[①] 张之洞致电清朝驻英驻法公使龚照瑗："致伦敦龚钦差：南洋洋务需人，拟调尊处委员钱恂，请速饬回华。至感。洞。有。"（光绪二十一年二月二十六日寅刻发，《张之洞电稿乙编》，第36册，所藏档号：甲182–68）龚次日复电："巴黎龚钦差来电：有电调钱恂，遵饬回华。三月内启程。瑗。感。（光绪二十一年二月二十七日未刻发，二十八日申刻到，《张之洞存各处来电》，乙未第7册，所藏档号：甲183–131）。

[②] 上奏时间据《张文襄公养疏未刊稿》第2函，所藏档号：甲182–398；又见《张之洞全集》，第3册，第273页。

钱恂先后被委以湖北自强学堂提调、湖北武备学堂提调、湖北枪炮局提调等职，参与湖北洋务外交活动，成为张之洞的亲信幕僚。多年的洋务实践，钱恂的干实事能力进一步提升，有主见，能实际操办，从日本在沙市设领事馆一事，即可以看出他的才干。

中日《马关条约》签订后，条约规定重庆、沙市、苏州、杭州为通商口岸，沙市隶属湖北。1895 年 9 月，钱恂受张之洞委派，拜见沙市地方要员刘庆汾等人，了解日本进占的现状。之后，钱恂向张之洞汇报情况，并就日本人设领事馆的问题屡次通过电报商讨。起初，钱恂主张官地建楼，然后出租给日本人，张之洞对这个方案不以为然，理由是："官地建楼出租殊不便，久假不归，两处占地，将为之何？断断不宜，应留作官局之用。"钱恂回电："惟恂所以创租屋一说者，正为杜两处占地起见。附近无屋可租，倭计必出于私租地或购地自建，我无权租，转成久假。若官建华式楼屋暂出租，载明两年为限，屋归局用，则久假两占之弊可免。"经过钱恂的一再劝说和据理力争，张之洞改变了自己的看法，同意了他的意见，只是强调"须与切实订明，商定后，彼盖有公署，即将官地之屋退还，万不可允以三年之期，并须言明至久不得过两年为要"。日本人在沙市设领事馆问题最终得以妥善解决，钱恂功不可没。①

1896 年 11 月，44 岁的钱恂进入由张之洞设立的湖北武备学堂，出任提调，主管学堂的行政工作，考核经费，约束学生，整饬学堂风气。

虽然钱恂从异国回到中华，但久处荆楚之地，夫妻远离，各居一方，牵肠挂肚。每逢佳节，思念更甚，鸿雁往来，转眼又迎来新年。1896 年，客居苏州的单士厘写下了《丙申除夕》寄予夫君，以表思情：

卷地北风寒，惊心岁又阑。仍闻喧腊鼓，未解颂椒盘。
矍铄高堂健，嬉戏稚子欢。遥怜游宦客，谁与话团圆。②

当爆竹声声、烛摇红影时，立春悄然而至。暖阳与小雨交错，春润万物时分，看到那些新花和垂杨，她又想到了"同心人"，夫妻俩结婚之后聚少离

---

① 范铁权：《钱恂生平史事述论》，《河北大学学报》2010 年第 6 期，第 82 页。
② 单士厘：《单士厘文集·受兹室诗存》，中国文史出版社，2022 年版，第 23 页。

多，真是"垂杨不管离人恨，又向东风长嫩芽"。但单士厘与默然接受命运的弱女子不同，她始终在争取和丈夫一起，哪怕跋山涉水，哪怕不远万里。

次年，她终于和丈夫达成一致，携子女赴楚，到武汉与钱恂会合。

这应该是单士厘第一次离开江南，怀着团圆之念前往陌生的楚地，人生的远行拉开了大幕，并一开始就呈现出文化之旅的意味。

诞生在钱塘江畔，潮起潮落见证了她的青春；嫁到太湖之滨，寒来暑往带走了青春时光。现在她从江浙之地出发，走进长江，往荆楚大地前进。在旅途上所见的实景与昔日所阅诗文里的记载，两两相对，互相印证，在时空交集点上激发出最佳的生命体验。她以一双自信的文化之眼迎接新世界，见识辽阔的天与地。

还是走水路，从小船换到大船，从钱塘江到长江，她的人生向着广阔而行。

在大江大河行进，是激动人心之旅。长江对中华文明有着无与伦比的滋养和哺育，这条"亚洲第一长河"是史诗级的大地诗篇。发源于"世界屋脊"青藏高原的唐古拉山脉，纵横数千里，源远流长，流域面积达180万平方公里，约占中国陆地面积的1/5。在这样宽阔的地理单元行进，思绪远接千古。大江流域人文荟萃，这条长长的水路上，有多少中华民族的诗歌记忆在川流不息，有多少惊心动魄的故事在史河里流淌。不管是《诗经》，还是汉乐府，更有唐诗、宋词、元曲……无数诗文都在拥抱长江。在长河上行进，以诗歌之名来阅读这条大江，可以充分感受到个人和中华绵长文脉产生着某种神秘的联结。

在安徽境内，单士厘见到被历代诗家学人吟颂为"长江绝岛、中流砥柱"的小孤山。孤峰独耸，屹立江心，周围大约一里，海拔78米，又被誉为"长江天柱""江上蓬莱"。小孤山原是江中石屿，开始形成于两百万年前第四纪冰川时期。它孤峰独峙，三面环水，直插江心，气势险峻，巨石悬立奇峭，大有"障百川于千里，纳群山于足下"之势。据说海潮至此不复往上，故又有"海门山"和"海门第一关"之美称。此山别名小孤矶，高不过百米，周不过里许，然其形特异，如一出水芙蓉，孤峰耸立。山虽小却志傲群山，上锁金焦，下阻千浪，故引得历代诗人学者青睐，留下无数脍炙人口的诗。中唐诗坛领袖人物，海宁人顾况曾有诗云："古庙枫林江水边，寒鸦接饭雁横天。大孤山远小孤出，月照洞庭归客船。"

单士厘当然早就听说过这块风水宝地，诗词歌赋掠过，兵火数度经过，更有美丽传说来过。船过此境，又听闻因小孤与小姑同音，小孤山又与江西省彭泽县的彭郎矶隔江相望，于是"小孤"变为"小姑"，对岸的彭浪矶成了"彭郎"，生发出小姑与彭郎相爱的传说，千古不改的爱情向往给此山增添了神秘的文学色彩。由此出现在她眼中的已不仅仅是一江水一座山，更是无数的悲欢离合，交杂着时代的历史巨流。在长江波涛里前行，于舟中遥望小孤山，得知山顶还有彭刚直公祠，记起彭公有诗句曾说"小姑前年嫁彭郎"，因而她也诗兴勃发，提笔赋诗：

大江日夜自汤汤，谁忆当年作战场。黛色螺痕春欲笔，小姑何幸嫁彭郎。①

那时，她身边也站着一位年方二八的少女。钱恂长女（前室董氏夫人所出）钱蕴辉，与她一起去湖北。

这位生于1871年的钱家女儿，在生母去世后寄养在同乡李慈筠家，直到单士厘嫁给钱恂才回到自己家中。面对13岁的继女，单士厘自然会联想到自己的身世，她也经历过生母早逝，深知失去亲娘对于女儿心灵的伤害。所以，她善待幼年失恃的小女，用宽厚仁慈给予深情安慰。她的善意也得到了两位继女的回报。她们与单士厘感情极好，连每次单士厘回海宁娘家，都要流泪相送，希望能够长久地留在她的怀抱里。所以此次出远门，她带上了这位继女，毕竟小女子也到了可以谈婚论嫁的年纪。

单士厘来到了武汉。厚厚的武汉史，久远得甚至要从千年以前开始阅读。

武汉三镇分别是武昌、汉口和汉阳。武昌在夏商时期即有较大的居民点，及至汉末，已成商镇。汉阳呢，它建城的历史比武昌更早，只是它拥有"汉阳"这个名字要稍晚一点，到了唐宋时代，它的市镇便已呈繁华之态。在530多年前，也就是明代成化年间，汉水作了最后的一次改道。它把出水口选择在了龟山北麓一片开阔的地带。当汉水把汉阳从中劈开，它将大片土地活生生地自然剥离成一块新地域，双城夹江的格局因了它这突如其来的介入，变成了三镇鼎立。从此一个崭新的城镇出现在汉水口北岸，这便是汉口。

① 单士厘：《单士厘文集·受兹室诗存》，中国文史出版社，2022年版，第25页。

但"三镇鼎立"之势在当时还没有真正形成。明朝晚期，汉阳在汉口设立巡检司。这个巡检司守在汉水南岸，即汉阳那边办公，官员们只偶尔划条船过汉口来瞧瞧。到明代更晚一些时候，巡检司才搬来汉口。1861年，汉口开放后，城市扩大，外交事务日增，清政府设汉黄德道台于汉口，而汉口仍然隶属汉阳，并无自己独立建制。直到张之洞就任湖广总督十年后的1898年，奏准划出汉口1000多平方公里的地盘，成立夏口厅。从此，汉口的行政建制方与汉阳平起平坐。而江城的三镇鼎立到此时才名正言顺、名副其实。正是那一年，钱恂将接受张之洞的任命去往日本，所以单士厘在武汉时间并不长。

单士厘于11月16日到达湖北武汉时，已是深秋时节。钱恂尚在外办公事，他被张之洞又任命为枪炮局提调，与同样来自浙江的候补知府刘祖桂，一起负责枪炮局的扩充制造，增添机器等事务。幸好，一行人诸事顺利。三天后在武昌水陆街的寓所里，钱恂赶回来与妻儿会合，全家团聚。

到了湖北，虽然一切都是新鲜的。但单士厘第一件事，还是马上写信报平安，并在当地买了铜盆、手炉等物，加上楚地特产鱼面二包，托江裕轮船的船员带回上海，再寄到海宁硖石镇。那时正值兄弟单不庵大婚，作为姐姐她还送去一只西洋小银表和表链做礼物，附上信件给母亲和叔母，体贴地关照两位长辈办喜事的过程中注重休息，不要太过劳累。这位贴心的女儿，甚至没有忘记娘家的小堂妹托她带的几张绣花样纸，也一起放在小木匣里捎去。由于要到湖北安家，所以作为女儿的单士厘无法相帮操劳硖石娘家的大事，她心中是有些歉意的。

只是要在武汉开始新生活，钱家更迫切需要这位女主人安排。日子一天天过去，单士厘与家人开始适应异地的生活。

荆楚地貌、风景风俗与江南殊为不同，奇山异水和文化积淀让她惊奇，人生是需要远行的，走出熟悉的环境，走向宽阔的远方。世间的山山水水不仅具备地理意义，更是一种文化意象，带来不同的生命体验与审美体验。屈原生活的地方、杜甫走过的地方、李白放歌的地方，诗路的无限风光向她走来。她发现，即使处在生命最孤寂最失意之时，诗人来到此地，从心灵深处流出的诗歌带着开阔的向度，也许就是历经跋涉，才能生发出对命运、对时间、对历史的生命咏叹，成就千古绝唱。纸上的文字带着个体独特的感悟，弥足珍贵又具有瞬间的永恒意义，引领她跃出日常生活，进入古老文明的诗意空间。

而在武汉，她的生活不仅有诗书里的"过去时间"，也有现实中的"现代时间"——这里是古老中国接受西方文明冲击的最早之地。古典与现代交织的时空经纬在她的面前纵横，她不得不直视当下。西方人的物质文明、生活方式以及文化习惯，随着舰船火炮等武力凶猛地撞开了长江边的这座古老城市，也带来了巨大的变化。

1861年3月，汉口正式开埠通商，汉口英租界也在该月同时划定。

当时的汉口闹市和民房几乎都集中在汉水岸边。那里货栈云集，作坊密布，店铺错落，而开阔平整的长江北岸却仍是了无人迹，荒野一片。英国人在为自己的租界选址时，撇开了热闹的汉水地带，就选择在长江北岸。

随着英租界的开辟，诸列强逐渐进入这座中国腹地城市。20多年后，德国人于1895年10月、俄国人于1896年5月、法国人于1896年6月、日本人于1898年7月，也都分别划出了他们的租界区域。五大租界将长江南起的江汉路，顺江流而下，北至黄埔路，长达七八里的沿岸地盘全部占据，面积达数千亩。此外，还有十个未辟租界的国家在汉口设有领事馆。在长江的岸边，风格与本土完全不同的建筑群起来了，高楼大厦快速地矗立在了长江边上。花园和草地、马路和洋房、赛马场和跳舞厅，以及电灯电话、脚踏车自来水、汽车洒水车、煤气自鸣钟，诸如此类现代日常生活中不可缺少的生活娱乐设施和物品，都出现在了长江北岸。

沿长江的租界区经过精心规划和设计，与旧城的对比是极为鲜明的。面对干净漂亮、物质文明、生活精致的西方文明集中展示，许多国人都深受刺激，有钱人几乎都搬入舒适的租界居住，与租界相邻的华界地盘也迅速地繁荣起来。当年的日本驻汉领事小野幸吉写了一本名为《汉口》的书。他在书中说："汉口今为清国要港第二……使视察者艳称为东洋之芝加哥。"几乎同时，美国的一本叫《竖琴》的杂志上也刊出名为《中国芝加哥》的文章，其中写道："汉口在全国商品市场上所处的地位，可与芝加哥在美国的地位媲美。"

当单士厘来到了有"东方芝加哥"之称的汉口，这个城市的新气象扑面而至，在这个适应期，她逐渐接收现代文明的生活方式，使得随后跟着丈夫走出国门并不显得"乡里乡气"地跟不上趟，反而迅速融入。作者认为，能够快速地习惯在国外的生活，除了她优秀的学习能力，也与她到武汉的这段生活分不开，这短短的过渡期仿佛是越洋轮船的一段跳板，使单士厘毫不畏惧走向远方。

她看到了不可逆转的巨大变迁，也不能不联想起这片土地与历史最深切的牵连。武汉三镇，曾是中华诗歌长河里的明珠，从这里舀一瓢水，就有几行诗。单士厘延续着心灵与风景的对话，四季风物，世间冷暖——"流波落叶渺天涯，妆阁吟秋兴倍加。"生命如同一场远行，当她启程之后，就在远方和故乡之间广博见闻，遥相吟唱，隔着无尽流动之河，和曾经的闺密唱和，与异乡的花草倾诉，历史与现实在她眼前展开新的链接。她看到"滇云楚树动归思，帘外花开尚未知"①，也看到"西风晓院叶初飞，燕子蹁跹旧全非"②，在月华如水照窗或晓日初升之时，她动情凝望，诗绪纷飞：

> 白云停层冈，游子忆故乡。秋风日以深，草木日以黄。
> 鸣雁向南来，雍雍自成行。嗟我鲜昆弟，何以慰高堂。
> 白云风卷舒，我心随飞扬。安得假鸿翼，致之吾亲旁。③

托身荆楚，她通过诗心一次次回望着家乡。一杯酒、一片雪、一痕远山，都让她念起家乡。季节变换，云卷云舒，草木摇落，大雁南飞，思乡的惆怅不期而至，唯有以诗寄情，这首《白云》见证她不倦的思念。最惦念的当然是远在浙江的亲人。故园的风景现在怎样？老屋那枝绮窗之外的老梅可开出了新花？老父母年岁渐长，实在令她放心不下。她远在武汉鞭长莫及，无法承欢父母膝下，也只能遥祝安好，"想象寒梅绮窗外，疏枝绛萼自婆娑"。④梅枝疏影横斜之间留住游子的祝福。

对单士厘来说，人生就是如此吧，一边有思念的缺憾，一边是团圆的美满。她来到武汉，钱恂一家算才真正团圆。到湖北之后，钱恂、单士厘还完成了一件大事——为大女儿钱蕴辉挑选了归安的徐昭宣作为"上门女婿"，从此女儿可随他们一起生活。次女钱润辉，不久后也觅得佳婿，嫁与仁和的董恂士。当时，钱家的两位女婿都跟随着钱恂。

① 单士厘：《单士厘文集·受兹室诗存》，中国文史出版社，2022年版，第15页。
② 单士厘：《单士厘文集·受兹室诗存》，中国文史出版社，2022年版，第9页。
③ 单士厘：《单士厘文集·受兹室诗存》，中国文史出版社，2022年版，第21页。
④ 单士厘：《单士厘文集·受兹室诗存》，中国文史出版社，2022年版，第22页。

钱蕴辉结婚不久就生下一个男孩，家人都非常喜悦，苦尽甘来，好景就在眼前，单士厘称"珠还合浦庆宜家，尤喜蓝田玉有芽"，她怜惜这位继女，所以幸福着她的幸福。

有了家安定而强大的支撑，钱恂的才能稳定发挥，越来越受到重视。

他在湖北自强学堂提调任内，协助学堂总办蔡锡勇修筑校舍，聘请师资，厘定章程，筹措经费，编写教材，管教学生等，任劳任怨，尽职尽责，积累大量实际办事经验，也表现出极强的才干，成为张之洞麾下一员大将。蔡锡勇去世后，由钱恂全面负责自强学堂的工作。

自强学堂，是著名的武汉大学之前身。

这是张之洞在1893年与谭嗣同的父亲谭继洵一起开办的学堂之一，改变了中式书院传统，依照西方教育模式，采取按需开课方式，入学要担保和考试，是武汉的第一个专业学堂。学堂初设方言、格致、算学、商务四门。1896年之后，算学馆移入两湖书院，格致、商务因无合适教材而停开，仅留方言一门，开设英、法、俄、德文四科，后又增设日语科。每科学额30名。有意思的是，这个西式学堂带有强烈的民族主义色彩，它明文规定学生不准抽洋烟，毕业后，不得为洋人做事，否则将追赔学费。

由自强学堂始，经过数年演变，从方言学堂到武昌高等师范、武昌师范大学、武昌大学、武昌中山大学。1927年大革命失败后，武昌中山大学被盘踞在汉的新桂系军阀摧毁；1928年，武汉大学重生。钱恂的名字也留在武大源流最早的水滴里。

在寄居武汉的平静日子里，单士厘没想到竟会迎来与继女钱蕴辉的永诀。这位钱恂的长女，小名德莹，幼年失去亲娘，好不容易过上了难得的团聚日子，不料幸福竟如此短暂。1899年6月，钱蕴辉因病去

现在的武汉大学

世，年仅28岁。没多久，她的幼子竟然也夭折了。妻与子相继而亡，丈夫徐昭宣受到巨大打击，无法接受残酷的命运，想着要殉情而去，最终被大家苦苦劝住了。单士厘连作四首诗，纪念这位苦命的钱姑娘，《五月十二日悼长女德莹并序》字字挚情，深含着人生难以驱走的忧伤。

> 兰因絮果岂无缘？聚首红窗十四年。最是令人断肠处，遗雏随母入黄泉。
> 念尔垂髫失恃时，三年强作寄生枝。客儿洒尽思亲泪，脉脉幽怀若个知？
> 珠还合浦庆宜家，尤喜蓝田玉有芽。才得趋庭偿宿愿，忍教蕙质委尘沙！
> 由来天性至多情，知否爷娘唤女声？反为情深忘不得，累他夫婿欲倾生。[①]

在武汉，钱恂的职场生涯，因为追随张之洞而渐入佳境。他实际办事经验在增进，也结交了一批当时的精英人物，和钱恂终身保持友谊的汪康年、夏曾佑等人应均于此时定交。

由于深谙外洋情形，善办中外交涉，钱恂深得香帅赞赏。在光绪二十一年十二月，由张之洞保举，他获军机处记名。光绪二十四年六月初一日（1898年7月19日），张之洞保举使才，钱恂再次榜上有名，评价颇高：

> 该员中学淹通，西学切实，识力既臻坚卓，才智尤为开敏。历充欧洲各国出使大臣随员、参赞，于俄、德、英、法、奥、荷、义、瑞、埃及、土耳其各国，俱经游历，博访深思。凡政治、律例、学校、兵制、工商、铁路，靡不研究精详，晓其利弊，不同口耳游谈，洵为今日讲求洋务最为出色有用之才。[②]

光绪帝于6月14日收到此折，发电旨：命钱来京“预备召见”。

正是这样有力的保荐，钱恂被列入了外交人才名单。7月28日，作为张之洞的特使，钱恂以湖北补用知府的身份，被光绪帝召见，这也是他唯一一次面见清朝皇帝的经历。光绪帝向他了解张之洞对设立议政局的看法。

---

① 单士厘：《单士厘文集·受兹室诗存》，中国文史出版社，2022年版，第41页。
② 苑书义：《张之洞全集》第2册，河北人民出版社，1998年版，第1317页。

当时正值清廷的百日维新。自1898年6月11日光绪帝开始实施变法，其主要内容有：改革政府机构，裁撤冗官，任用维新人士；鼓励私人兴办工矿企业；开办新式学堂吸引人才，翻译西方书籍，传播新思想；创办报刊，开放言论；训练新式陆军海军，同时规定，科举考试废除八股文，取消多余的衙门和无用的官职等。

变法是激进而剧烈的，朝野震动，各方利益都被卷入其中。钱恂在风云激变、动荡不安之时来到京城，周游在政治场探听多方消息，传递北京的密情。他通过电报与张之洞报告帝都的情况，那段时间，两者之间电报往来频繁，许多细节非常值得玩味，也是维新运动历史研究者非常看重的一段史料。现在他们之间的"电信"，被保留在张之洞的生平资料里，这段急风骤雨的改革和政治人物错综复杂的博弈被历史封存。

钱恂在北京云谲波诡的朝野政治之间穿梭，单士厘在武汉伴着儿女为他担心。而在浙江，钱恂之父钱振常即将走向生命的终点。

这位博学的同治年进士于光绪八年（1882）辞官南下后，从此远离政治。钱振常思想虽然也不免受时代的影响，但总体上算得上是个完整的旧学中人。据钱玄同的回忆，父亲晚年居于苏州，喜复古制，"每当春秋祭先及祭神之时，自洁俎豆笾筐等以祭"。1898年去世前两个月，"日书数纸，皆言后事——衰麻之制、棺衾之饰"。当时客居苏州，钱振常"目睹吴下风俗之不古，纵不能即复士礼制度，而终不可徇俗，故自定身后之事"，对吴地的人心不古、丧礼上不伦不类的风俗等非常不满，所以对自己的后事应如何遵循古制操办得体，交代得十分仔细。

也许是天意，恰在政变最关键的时候，钱振常走到了人生的尽头，钱恂不得不放下手边的事情离京回家奔丧，也由此避开了可能遭遇的政治灾难。

钱家在鲍山的祖坟地在钱允凤入赘湖州城内后，没能保住，几经易手，祖坟已平，到光绪时属朱姓人家，见钱家发达，便想卖个好价钱。光绪十五年（1889）、十八年（1892）、二十二年（1896），钱振常先后从朱氏手中买入祖坟及周围土地，其中最后一次计用洋银200元买入良田四坪、桑地一块。与此同时，钱振常还在乌程的华物桥为自己自营生坊，明确希望死后即葬此。在后来钱恂所著的《吴兴钱氏家乘》中收载了乌程地方乡民承揽照管此坟地的契文，有的是以坟地附近的六分桑地每岁所出作为管坟费，有的是直接给钱生息。

钱振常晚年体弱多病，仍把给幼儿钱玄同授课作为大事。因感觉得到自己时日不多，所以每逢亲戚来做客，就会生发感慨，甚至有"托孤"之举。但谁也没想到，最后的告别会来得如此之快。

1898年秋，农历八月初一，钱振常突然上吐下泻，并发高烧，次日寅时去世，终年74岁。得知消息后，单士厘从湖北赶回苏州，而钱恂赶到时已是农历八月二十，见不到父亲最后一面令他悲痛万分，大叹"此终天之恨，百死莫追"。按照父亲生前的要求，丧服丧礼悉数按"古制"操办，无暇顾及其余。

而在北京，一场巨变已然发生。1898年9月21日慈禧太后等发动"戊戌政变"，光绪帝被囚，康有为、梁启超分别逃往法国和日本，谭嗣同等"戊戌六君子"被杀，历时103天的变法失败。

办完父亲的丧事，在家休整了一段时间后，钱恂带着单士厘、钱玄同等家人回到湖北。

"戊戌变法"带来的浪潮并未平息，民众对清政府的愤恨被激起，推动知识分子由维新向革命转化。"维新运动"失败后，支持孙中山革命的人增多了，不少对清政府抱有幻想的知识分子转变为革命党人。"戊戌变法"推动了中国的思想解放运动，激起了新一轮向西方寻求救国真理的热潮，更多的年轻人出国，更多的西方学说被译介到中国，中国的思想界更为活跃。新式文化事业勃兴，国内出现办学热、创办新式报刊热、出版新书热。有学者甚至认为，"戊戌变法"就是"五四新文化运动"的前奏。

就在这样的大背景下，湖北学生日本留学潮开始了。

光绪二十五年（1899），钱恂受张之洞委托，任湖北留日学生监督。次年，又兼充浙江留日学生监督，这次出国他带上了家人。单士厘也因此机缘走出华夏，成就自己的首次出国远行。

三、千里集寸眸　收罗可云博

　　单士厘出生不久即遭遇内乱，太平天国的战火几乎令她蒙受灭顶之灾。举家迁到硖石，得益于亲人的护佑渐渐长成，择佳婿而嫁，入钱家辛苦经营，日子开始好转，经历了清亡之前的"回光返照"期。

　　清朝由盛而衰，由强转弱，鸦片战争败绩之后，日趋衰退没落，走向崩溃覆亡的趋势已不可逆转，剧烈的转折即将到来。当历史走到甲午，前几十年的发展成果近乎归零，许多有识之士痛定思痛，期待古老中国重新出发，因此改良与变革渐次展开，维新变法、新政、共和，这些紧凑的大动作，好似时代剧按下的快进键，这艘巨轮仿佛驶入大历史的长江三峡，浊浪逐天。很快，中国知识分子的眼光从西方又转向东方，开始了追随日本的学习时期。宏大的历史叙事在进程中增加了无数的内在紧张与曲折，然而回眸一顾，似乎又还在出发的不远处。

　　1898年6月11日，清廷颁发新政诏书，宣布创办京师大学堂，政治改革自教育领域开始。改革旧有的科举制度是当时的社会共识，在张之洞与刘坤一的联衔会奏的变法三折中，张之洞力主将兴学堂废科举作为第一折，以为此乃中国摆脱贫弱走向富强走向世界的关键。

　　保邦治国，没有人才是不行的，中国想由衰转盛，重现辉煌，就需要从人才培养开始。在张之洞等人的设想里，奖励国外游学也是重要一环，他们建议朝廷逐步放开学生出洋留学的限制，鼓励学生赴东西洋学习近代科学和各种专门知识，并尽快制定学成回国人员的使用政策。

　　新政开始之后，江南、四川和湖北等地的督抚主动在自己的职权范围内选派学生出洋留学，根据不完全统计，至1907年，留日学生总数就有15000人之多。

"三千年未有之巨变"，正在慢慢地拉开大幕。留学潮开始卷起来。

（一）举家留学　初到东洋

1899年，钱恂到日本担任湖北留学生监督。这一任命的背景，是两国关系发生了文明交流史上前所未有的重大变化。

甲午战争之后，无论封疆大吏还是社会名流，均开始意识到国外留学的重要，莘莘学子愤于朝政之腐败、国家之落后，决心远涉重洋，探求救国之道。日本的权贵显要为示好中国，也在清廷和各封疆大吏处游说，要求派学生到日本学习。在各方势力的运作下，中国于1896年春夏之交向日本派遣了第一批留学生，共13人，他们是唐宝锷、朱忠光、胡宗瀛、吕烈辉、吕烈煌、金维新、刘麟、韩筹南等，年龄从18岁到32岁，由总理衙门通过考试选派。风气一开，就有官费或自费的学生陆续前往日本，但真正形成规模前往日本留学的还是在1898年之后。

对于中日之间"师生"关系的这一变化，日本人是颇为得意的。

此前千百年间，中国一直是日本人不敢平视的"天朝上国"，历朝历代也是日本人前往中国求学，在政治、经济、文化、宗教等诸多方面，中国都是输出国。尤其是唐代，日本留学生在中国求学，有的还在朝廷里做官。即便明代有倭寇在东南沿海一带滋事，但对于中华文化，日本人依然钦羡。

然而随着西方工业革命起，在英、法、美、俄等国的坚船利炮的威逼下，中国和日本先后打开了国门，东方文明如何应对西方文明的挑战，成为摆在东亚各国面前迫切需要解决的难题。

古老中国因循守旧和故步自封，日本审时度势及时调整治国方略，双方形成了鲜明的对比。日本明治维新之后，对内改革政治、整顿经济，对外学习西方、派遣留学生，短短数十年就跑在了前面。甲午战争之后，中国日益重视对日本的研究，留学生日渐增多，日本文部省专门学务局长兼东京帝国大学教授上田万年在1898年8月20日出版的《太阳》杂志上发表《关于清朝留学生》的长文，其中有这样一段话：

> 中国这个衰老帝国，过去昏昏欲睡，奄奄一息，自从甲午一役以来，益为世界列强侵凌所苦，如今觉醒过来，渐知排外守旧主义之非，朝野上下，奋发图强，广设学校，大办报纸杂志，改革制度，登用人才，欲以此早日完成中兴大业。今日清朝派遣留学生来我国，最先虽或因我国公使领事劝诱所致，然实亦气运所使然……清朝于四五年前，仍对我轻侮厌恶，今一朝反省，则对我敬礼有加，且以其人才委托我国教育，我国应如何觉悟反省一己之重任？①

中国人赴日留学以湖北、湖南两省的学生最多，这当然与湖广总督张之洞提倡和支持留学有关。他在1898年3月所著的《劝学篇》，对选择留学之地有这样的观点："至游学之国，西洋不如东洋。一、路近省费，可多遣。一、去华近，易考察。一、东文近于中文，易通晓。一、西书甚繁，凡西学不切要者，东人已删节而酌改之。中东情势风俗相近，易仿行，事半功倍，无过于此。"②在他看来，作为中国的近邻，赴日留学路途不远，来往方便，费用较小，且可学的内容不少。从现有资料分析，张对于留日所持观点，颇受钱恂的影响。

晚清的中国，山河破碎，满目疮痍。甲午海战的硝烟远未散去，《辛丑条约》又迎面痛击，器物救国、制度救国的幻想都已破灭。路在何方？中华民族还能不能自立于世界民族之林，系时代之叩问。在这一背景下，经过明治维新后猛然崛起、又是一衣带水的日本，自然成为很多中国学子的留学首选之地。许多有志青年怀揣一抔家乡泥土，挥别故里，踏上了去往异国的轮船甲板。日本方面为满足中国留学之潮，快速反应，也做了不少工作，如设立弘文书院，专收中国留学生，根据留学生的不同情况，举办短期速成科

---

① ［日］实藤惠秀著，谭汝谦、林启彦译，《中国人留学日本史》，生活·读书·新知三联书店，1983年版，第2页。

② 张之洞《劝学篇·外篇》"游学第二"，陈山榜《张之洞劝学篇评注》，大连出版社，1990年版，第99页。

等。当时留日学生中，以学师范、学法政居多，其次是学军事，学自然科学的最少。

钱恂不仅力主赴日留学，而且亲自践行。钱家的阵容很是强大，钱恂及胞弟钱玄同、妻子单士厘及两子钱稻孙、钱稷孙，女婿董恂士以及儿媳包丰保先后留学日本，可谓"送合门子女入彼学校之创举"①。单士厘亦言：全家留学，且女学生游学东瀛"以吾家为第一人"②，对清末留学东洋的潮流的确起到了示范作用。

单士厘第一次出国即是前往日本，她的背后有劲风，也有暗流。

在封建礼教仍然森严的时代，能够从"大门不出，二门不迈"的"闺范"中迈出步来，走向世界，她无疑是极为幸运的，这自然得益于丈夫的开明和胸襟。钱恂有着多年的域外经历，对西方世界形成了自己的认知，思想开明，对妻子也十分看重。当条件成熟，顺理成章地携妻带子走出国门，且在之后十余年时间里辗转各国，始终与妻子相依相伴，这为她能够一跃成为站在时代前沿的知识女性，奠定了基础。当然，自小打下的深厚国学功底，好学善学的人生态度，开放包容的心胸襟怀，再加上能够走出国门目注全球，诸多因缘齐集，方能真正成就一代才女。之后几年的远行，不仅使她迅速成长，也对钱恂的事业有了更多的帮助和影响。

在当时，单士厘的文名居然早于其人抵达日本。1899年6月16日的东京《朝日新闻》的一个专栏，有一条新闻："昨十六日山城丸乘上等女客钱恂太守夫人，东京闻此妇人能诗书"③，可见当时钱恂及单士厘已有相当的知名度和关注度。

钱恂此行作为张之洞派去的湖北留日学生的督学，平时主要管理湖北留学生的相关事宜，负责湖北留日学生的管理、规约留日生的言行。这是钱恂脱离幕府具体工作，独立应对外交事务的开始。虽然是专项型的外交事务，但具体开展之时，他还承担着张之洞"师日"的中间人，或者也可说是香帅在日本的代表。从钱恂年谱中发现，他常穿梭于日本外务省、陆军省、参谋本部，探示日本对华态度，多次与日本人就湖北的练兵、译

① （清）宋恕著，胡珠生编：《宋恕集·推荐国文学堂监督人选禀》，中华书局，1993年版，第401页。
② （清）钱单士厘：《癸卯旅行记》，长沙岳麓书社，1985年版，第701页。
③ 高木理久夫：《钱恂年谱》，1899年条目。

书、设厂、聘请洋员等事宜进行商谈。张之洞对他颇为倚重，在义和团事件发生后，在八国联军侵华，事态恶化之时，以及议定《辛丑条约》的节骨眼上，张之洞都曾致电钱恂，要求收集各方的议论及情报，并听取他的意见。比如钱恂来自日本的消息，实际上就是张之洞策划东南互保的重要决策信息。① 而在日本，钱恂要为湖北留学生筹划，为香帅办事，在缺少翻译人才之时，单士厘发挥自己的好学本领，开始自学日语，希望为夫君解忧。

由于身份特殊，钱恂的交往范围大为扩展，受新潮流的影响也在加剧，思想不断发生变化，日趋激进。他的女婿董恂士进入早稻田大学政治科之后，1902年与叶澜等人在日本组建东京青年会，"以民族主义为宗旨，留日各省学生革命集团以此会为最众"。② 同年成立的中国留学生会馆，由清驻日公使蔡钧为会馆总长，钱恂为会馆副长。由此，也可见钱恂在各系人物中的影响力。受同乡汪康年、夏曾佑等人的影响，他对留日学生的爱国举动持比较开明的态度。于是，单士厘对政治的兴趣也开始增加，阅读报刊，与人交往，经常参加相关活动，眼界迅速打开。

这一时期的留学生，日后很多成长为政治舞台上指点江山的要人，如中国留学生会馆的工作人员包括蔡锷、范源濂、吴禄贞、曹汝霖等，就是民国时期军政方面的风云人物。钱恂任湖北留日学生监督，影响在扩大，钱家驻地成为热度较高的"打卡地"，诸多留日学生和赴日考察人员常来常往，其中也有一些较为激进的自由知识分子及革命党人。据冯自由的回忆资料称："己亥夏间，钱恂任留学生监督，梁启超办《清议报》，均有书共约章赴日，章应其请，先后寄寓横滨《清议报》及东京钱寓、梁寓，由梁介绍，始认识孙中山于横滨旅次，谈论排满方略，极为相得。"③ 他的文章还透露，钱恂在日期间，经孙中山介绍，正式加入兴中会。可以看出，钱恂在观念上趋新，且加之对清廷腐败现象不满，与以思想激进著称的章炳麟、孙中山等人来往，已是不争的事实。钱恂思想也有一个变化的过程，从维新到革命，有时事的刺激，亦因环境的变更。他与汪康年私交甚密，在与汪的书信中时有流

---

① 邱巍：《吴兴钱家：近代学术文化家族的断裂与传承》，浙江大学出版社，2009年版，第77页。
② 同上。
③ 冯自由：《革命逸史》第3集，中华书局，1981年版，第19页。

露内心的真实想法，尤其谈到"庚子之变"对他的刺激极为长久，甚至在归国很久之后，晚年的钱恂还悉心搜集中外人士的记录，编成了《金盖樵话》以为殷鉴。紧跟在丈夫身边，单士厘自然而然地更加关心政治经济和文化，学习把眼光放到国际关系上。

从1899年随夫赴日直到1903年离日赴俄，单士厘在日本的时间前后达四五年。自1902年，在张之洞将钱恂改任湖北筹办处及交涉事务委员之后，要求他每半年回湖北一次，因此，单士厘也有数度回国与亲人短聚。这封落款时间为11月13日，自东京发回硖石的信，就是单士厘刚从上海回到日本，抵达之后向家人报告的近况——

在沪动身之前曾寄禀及外祖大人寿幛，又汇丰息金（附有账）皆由硖转寄，不知何时可到。女于前月十五安抵日本，女婿、外孙均健。现在仍寓芝区三田，如有手谕，请照去年地址写法必可寄到……稻、穮都在学堂，外孙媳在古田歌子即做家政学之人所设学堂，名为帝国妇人协会。近来我中国来学女子共有七人，均在其中……二外孙女住在东京，为女照料穮孙衣屐等，及家中所留器具衣物又各处通信。至银钱出纳，则托姚文敷表叔（伊现在日本为江南游学生监督，即今年送女来硖者），是以虽然远行，诸事可以放心也。①

从其中内容基本可以肯定，信写于1902年，因讲到明春将偕夫去往俄罗斯，并称有三年光景，家中诸人均需布置停当等等，说明之前回去也有安排再出国的事宜。信中提到了几个值得注意的细节：一是她在10月15日从上海乘船，那时继母还在新市娘家为父亲做寿，她则为"外祖大人"寄去了寿幛等贺礼；二是她已经能够通过银行进行资金操作；三是她与丈夫、儿子儿媳，还有女儿女婿也在日本。这位助她管理日常生活琐事的女儿，应是钱恂与原配所出的二女儿钱润辉，也就是董恂士之妻；四是在下田歌子（她译为古田歌子）的学校里除了她的儿媳包丰保，还有7位中国女学生。当时入日本女校学习的包丰保是近代中国最早一批留日的女学生。她出自湖州名门，其祖父包虎臣为晚清著名书画家，她的兄长包承善、包蝶衣也以书画闻

---

① 单士厘：《单士厘文集·致父母信第29封》，中国文史出版社，2022年版，第557页。

名。她与钱稻孙订婚时尚年幼，1883年出生的她比钱稻孙年长4岁，随钱恂到日本时约17岁。

另外，在信中提到了姚文敷为她管理财务的事。姚为当时的江南游学生监督，被她称为"表叔"，是近代海宁的另一位传奇人物。

所以，单士厘尽可以让父母"诸事可以放心也"，这状态与她刚到日本时完全不同。初次出国不通日文，她曾有一段颇为迷茫的日子，时常遗憾无法与人沟通，"欲留鸿爪印，愧未解东文"。语言岂能禁锢一颗渴望交流的灵魂？她从零开始，发愤自学日语，除了勤奋和天赋，我好奇的是，这位年过四十的小脚女子是如何学习日文的，谁是她的日文教师？

也许是入日本学校读书后的儿子儿媳能够胜任"小老师"，1902年钱稻孙从庆应义塾小学毕业升入成城学校，打通了语言关。也许是她日常交往的日本女友，也许还可以加上一些平日需要打交道的商户人家。好学善学的成果，是单士厘逐渐解决了语言障碍，适应异国他乡的生活，以至于后来能够自豪地宣称"视东国如乡井"①。她甚至更跨出一步——走出家庭步入社会，在无译员的时代担任起丈夫的翻译，跟随出访，在各地游历，进而展开与日本著名的教育家下田歌子等新闻人物的交往，这在当时绝对是先锋的举动，在她做来却是自然而然，并无刻意做作。

大概是学会日文带来的自信，单士厘开始挑战翻译日本著作。她所涉猎最多的部分还是自己平时喜爱的诗文和关注的教育著作，除此之外，也有意识地选择一些地理历史类的作品。如福岛安正的《单骑远征录》等，这其中固然少不了丈夫钱恂的影响，也可能是平日交游所需。环境的改变和人际交往圈的拓展，让她关注的内容在政治、经济、文化诸领域向深拓展，这在当时的妇女界极为罕见。单士厘的学养和见识不断增加，固然有所受教育的底气，更有一种强大的精神力量支持她向前。

在人生长旅上，好奇心与勇于探索的精神给予的能量，支撑她越过重洋，直抵远方。

---

① 单士厘：《单士厘文集·癸卯旅行记自序》，中国文史出版社，2022年版，第118页。

（二）山川名胜　长诗纪游

对于单士厘来说，日本生活打开了人生漫长旅行的精彩一页。从她留下的诗文可以发现，夫妇俩几乎每年都会走访扶桑的风景名胜，长途旅行有时一年一次，有时一年数次，短途游更是随兴所起，随时进行。旅途之中，她以诗抒怀，不少精彩的五言七言古体诗，不仅记录了他们的行踪，更为我们描绘出百年前的日本风情。

百年何匆匆，人生一逆旅。对文化的认识，单士厘用行走去深度阅读。

她向来喜欢旅行，从前在闺房里对着古书"神游"，而今得益于钱恂的外交官身份，她能够常与亲人朋友一起外出。现实是丰富的，是随时变更的，眼前的风光属于每一个体，她在时空里旅行，而历史感则让她凭着思想独立于人群，可以穿越时间，走得更远。当今人在阅读她留下的诗词文章时，通过接收文字背后的诸多信息，一扇扇门，吱呀一声打开了，一个很大的世界展现在眼前。也许，单士厘当初并没有有意识地为后代说清楚那个世界，但是走进去，可以发现有更深的东西在。

每个人都有着自己看世界的眼光和角度。在单士厘的旅行途中，山川草木和大自然的一切，交织着人间感情，美通过眼睛汇入她的笔尖，性情在其中体现。她喜欢将旅行与生命体验结合在一起，邀朋友聚会或受到邀请，共享人间美好。春花秋月杜鹃夏，冬雪皑皑寒意加。她细腻地记下了经过的四季，记下了自己到过的日本名胜古迹和当地的风土人情，记下了此时此地的心境。如她来到日本著名的日光山看红叶，"霞烘霜染轻千卉"的绮丽画面让她渴望"欲画秋容着色山"（《日光山红叶》）；在《游塔之泽宿福住楼之临溪阁》记录了她登楼远望，奔腾的溪流朝夕不停地喧响，在幽静的山里——"泉温堪却疾，酒洌不辞醲"。①泡温泉、喝日本酒的体验在她的笔下流泻，一句"不辞醲"真当是豪情。

除了对风景和生活的白描式抒情，她风格独具，更多的是出自内心对历史人文的深层思考。因她在景色里看到的，绝不只当下，还有昨天，以及未来。

---

① 单士厘：《单士厘文集·受兹室诗存》，中国文史出版社，2022年版，第27页。

　　庚子年（1900）四月十八的黎明，撼枕的波涛惊醒了单士厘。当推开舟中窗户，地点已切换到神户，她与丈夫来到此地，一起登上六甲山，山光迎面，新翠欲滴，令人欣然意惬。游罢下山，岑楼小酌，在中国人较为集居的街市上听到熟悉的乡音，她恍如回到神州。俯瞰大阪湾下的海景，平静宜人，金波万点光射眸，短暂的几分钟灿烂过后，太阳就渐渐流入海中，波浪带着光涌到站在岸边眺望者的脚下，最迷人的晚霞就出现了。海上的船在金光里闪烁，海岸周围，无论山，无论沙，无论房，无论树木和人，就连那横卧在岸上的鱼篓、散落的稻草，也都仿佛如火一般地燃烧。

　　在这风平浪静的傍晚，观赏着壮观的海上落日，庄严与肃穆，神秘与奇妙都涌入心底。如同承蒙神光的普照，使骨肉之躯融化进大自然之中，灵性地展示在永恒的彼岸，单士厘想起了御风飘飘的列子、化蝶飞舞的庄周，神仙的故事代代流传，哲学的瞬间灵光偶现。站在东洋海边，传说中秦始皇为追求长生不老，令徐福带三千子弟渡海求仙方的故事自然浮现眼前，她继而联想到今天从中国负笈留学的学生，他们所背负全新的使命。当眼前的太阳落下，苍宇从金黄色变成朱红色，又变成熏黑的桦木色，最后是深蓝色。一颗孤星在渐渐暗下去的海滩上空眨眼，相约明朝的日出。

　　这一切，单士厘用她的妙笔录进了诗中。这首题为《庚子四月十八日舟泊神户》的诗写得汪洋恣肆，将眼前的场景化入中华传统文化的故事传说，仿佛在历史与艺术的长河里一路行进，读之令人神往，且移录于此：

　　去年来神州，船窗遥见山中楼。危栏缥缈倚天际，此中合贮神仙俦。恰当风利不得泊，欲往未能心烦忧。今兹夫婿偕重游，东方千骑居上头。绿波潋滟迎鹢首，春旗杨柳共悠悠。山灵有约似相迓，风伯不忍吹回舟。轻舠一叶登彼岸，相将胜侣同探幽。山光迎面翠欲滴，忻然意惬心先投。故人乍逢差几许，浑忘异域来逴陬。双环迎门殷笑语，愧予未解难为酬。闲庭罗列饶卉木，花香人影相夷犹。岑楼小酌背山麓，乡音入耳人烟稠。忽讶吾行归故国，又疑蜃气为幻浮。俯观海面浴落日，金波万点光射眸。御风飘飘传列子，化蝶栩栩夸庄周。昔闻秦皇学长生，长生未得亡沙丘。三千赤子竟安在？徐福姓氏今犹留。何似我皇真好道，文学政事旁罗搜。诸生负笈远登涉，不辞跨海师承求。要使蓁莪椷朴供廊庙，岂徒烟霞景物奚囊收！①

　　旅行不只看世界，也是在经历着世界。说走就走的旅行，可谓人生最华美的奢侈，也有着光华璀璨的自由。据日本研究学者指出，钱恂、单士厘当年从船停泊处登上神户小镇浏览，带着湖北留学生同行，在日式酒馆举行酒宴，这种考察式的游学已载入了中日两国的文化交流史。更有意思的是，著名的日本"国民作家"夏目漱石也在同一年去英国留学，且也在神户下船休息。他们之间虽然行进的方向并不一致，可是日本海的风不分彼此地吹着远行之人，"诸生负笈远登涉，不辞跨海师承求"，每位学生都背负着一个遥远的生活。

　　在日本旅行，他们是认真的。单士厘会专门买地图提前做好功课，然后按图索骥去寻访胜迹，与今日之"研学游"如出一辙。裹着一双小脚的单士厘豪情万丈，拿着登山杖竟然可以直至山巅。毫不畏惧山高路险，这点令钱玄同也惊叹不已，数次在日记里提及大嫂的健步壮行，以及自己无奈的"放弃"，青年的他也许不理解大嫂对旅行的深爱，从小小闺房里出来，走到自然中看大山大水，简直其乐无穷。何况与夫携手同游，潇洒会心之处，甚至不必等风来。"谁识同游乐？襟怀自洒然。孟光输此境，徐福忆当年。"②她直言自己的幸福生活比举案齐眉的孟光还胜一等。

　　夫妻俩爱好相似度极高，不仅喜欢自然风光，也爱文物古迹。每到一地不愿错过历史遗迹。在单士厘的诗文记载中，他们曾来到位于日本神奈川县镰仓市的鹤冈八幡宫，瞻仰六百五十年前的大铜佛，走进八幡宫宝物贮藏所，看那里保存着的七百年前的镰仓幕府之文物。八幡宫舞殿是奉纳舞乐和举办神前婚礼的场所，宫殿里供奉着主祭神八幡三神：应神天皇、比卖神、神功皇后等，游客可以在主殿祈福。沿着从鹤冈八幡宫笔直延伸的若宫大路走去，西侧就是南北走向的小町街，街上有售卖纳豆等地方特产的食品店，还有镰仓雕刻等工艺品店。道路两边种植樱花树和杜鹃花，每到春天，游人如织。但这些花树缠不住单士厘夫妇的脚步，他们更喜欢在有历史陈迹之景

---

① 单士厘：《单士厘文集·受兹室诗存》，中国文史出版社，2022年版，第26页。
② 单士厘：《单士厘文集·受兹室诗存》，中国文史出版社，2022年版，第28页。

致里徘徊。在壮丽的三桥馆，在清寒的十井泉边流连，畅想着源氏在几百年前的风云，日本幕府政权从此地发迹。在贵族时代地位很低的武士登上了历史舞台，这样的风云际会，这样的兴废感叹，才是属于他们的话题与诗意。单士厘最爱和丈夫一起在清新舒爽的空气里探幽，看高树参天，海浪排空，浊涛翻滚浮于天际，暮色苍茫，寒鸦飞破尘烟，直待明月松间照彻泉水，才兴尽而归。

在文化里远行是没有尽头的，那些难言的寂静瞬间令人流连忘返，当即将告别之时也要用诗留下那时芬芳：

自春徂夏又秋凉，谁识楼居趣味长？撼枕涛声惊梦寐，卷帘山翠湿衣裳。风帆遥指横须贺，汽笛时闻逗子冈。最喜杂花庭际遍，四时不断总芬芳。[①]

1900年秋，有津田老者约钱恂偕单士厘同游金泽及横须贺。从单士厘的诗作推测，学者普遍认定这位津田老者就是日本著名的农学家津田仙，他是近代日本农业教育的始祖，主持创办了《农业杂志》，并从事经营优良种苗的进出口事务。邀请钱恂出游的那一年，他已63岁，长须飘飘，真应得上"老者"之称。

金泽市处于日本海一侧，数次免于战火侵袭，保留着大量古迹，是日本著名的旅游城市。被称为日本"三大名园"之一的兼六园就位于金泽。由于适度多雨的天气以及冬季丰富的降雪使得金泽特产丰富，大米、米酒、甜食等闻名于日本全国。且从江户时代起，金泽就有"天下书府"之称，有着重视教育、爱护学生的传统，是日本海沿岸著名的文化教育城市。

这是一座被两条河流贯穿的城市，其中的犀川据说是一条活泼的男性之河，而浅野川则是温情脉脉的女性之河，市区被白山市国家公园和能登半岛国家公园包围，优美的天然景致使得整个城市充满了诗情画意。金泽有许多艺术家和工匠，手工艺水平达到相当高的境界。五彩缤纷的九谷陶器、朴实的大樋陶器、优雅的金泽漆器、灿烂的金泽、独特的金泽桐木工艺有特殊的

---

① 单士厘：《单士厘文集·受兹室诗存》，中国文史出版社，2022年版，第34页，诗题为《留别镰仓寓楼》。

手绘，加贺友禅丝绸、加贺象嵌、加贺刺绣、加贺鱼飞、彩结、金泽神坛都是金泽的特色。绵长的人文传统，伴着古老的建筑物静静地伫立，造就了一座迷人的古典城镇。单士厘再次写下了长诗记录这次难忘的旅行。

　　老翁真隐者，特订游山约。金泽横须贺，风景殊不恶。愿言与子偕，出郊践宿诺。同行有女士，学校秉师铎。东语杂华言，居然通酬酢。汽车倏已迈，所见迅而略。再乘油壁车，济胜佐其弱。联蹁过山洞，有如蛇赴壑。豁然更开朗，天地何寥廓！气暖绝冰雪，民勤事工作。得覆便为庐，可耕无不凿。松涛响相答，麦浪翠交错。槎桠老干梅，向阳吐红萼。峰转路平坦，依稀旧城郭。想见百年前，诸侯盛藩幕。云烟过眼非，往事堪征索。登高览八景，一一入帘箔。千里集寸眸，收罗可云博。海波极天际，湖水环山脚。沙堤湖海间，横亘如略彴。万瓦接鳞鳞，群聚成村落。炊烟疑蜃楼，夕照见高阁。有岛峙波中，离立呈崖崿。吾邦小姑山，灵秀差相若。下山复泛舟，遥指横须泊。扬帆渡中流，有禽小如鹊。老翁言是鸥，忘机辞缯缴。不堪鸡鹜争，聊向沙洲托。达人戒牺牲，志士甘薇蕨。此语感人意，可怜屹干雀。不及海上鸥，飞翔生处乐。高骞得自由，低亦无戈擭。澄波似镜平，风微烟漠漠。一径汽车归，上岸兴辞各。灯火灿繁星，寒村起更析。兹游惬素心，欲记惭绵薄。转眼失清景，追思已如昨。嗟予疏绘事，空对屠门嚼。东作未耘籽，秋成安望获？譬犹覆杯水，未旱已先涸。寄语深闺侣，疗俗急需药。幼学当斯纪。良时再来莫。人生自少长，苦被人事缚。翩翩将雏燕，徒羡云霄鹤。妇子任嘻嘻，家人终嗃嗃。作诗谢山灵，山灵应大噱。①

　　展读这首长诗，恍若跟着她的脚步一起徜徉，风光奔来眼底，眸底收罗万千景象。驱车前行，峰回路转，看到现今犹存的旧城址，想象着百年前的盛况，均为过眼云烟。幸好此地存有旧时文库，跨越古今的对话还可时时进行。

　　她在诗中写到与之同行的女士，即津田梅子，两人用日本话和中国话进行交流，居然也能一路说个不停。津田梅子是津田仙的女儿，当时才36岁，

---

① 单士厘：《单士厘文集·受兹室诗存》，中国文史出版社，2022年版，第29页，诗题为《庚子秋津田老者约夫子偕予同游金泽及横须贺》。

比单士厘年纪略小。但这位津田梅子
绝对是日本近代教育史上的传奇人
物——她是日本第一批女留学生，8
岁不到即赴欧美求学。当陪同单士厘
游览金泽时，她刚从美国二次留学归
来，创办"女子英学塾"，为普及女
子教育而积极行动。这个学校在她身
后发展成津田塾大学。虽然津田梅子
有不少追求者，但这位津田塾大学的
创始人一生未婚，她的肖像印在日本
新版5000日元纸币上。

津田梅子

作为日本女子教育的实践先驱者，且为女子教育奉献终生的人，与爱好
教育、出身教育世家的单士厘自然会有许多共同的话题。她极为欣赏这位刚
结识的优秀女性，所以将其名字写入了自己书中，让后人循此得知一百多年
前这位海宁女儿之异国交游，朋友圈里还有这样一位日本教育界的风云人物。

当车行于道路上，两边的树木匆匆掠过，再乘上当地的小车，像蛇进丘
壑般地进了异国景区。眼前豁然开朗，天地寥廓。往前看，层层梯田，万千
气象，土地利用率极高，她却发现贫民只能栖息在岩穴，过着原始农耕的
生活。一路上行，站到山头的一览亭上，听松涛在风中作响，看远处麦浪滚
滚，还有几枝老梅吐艳，分明是一幅绝妙的乡村风景图。登高望远，海波连
天，湖水环绕在山脚处，沙堤湖海之间，有些许小点，那是村落群聚之地。
又见炊烟袅袅升起，高阁留在夕照中，暮色随即笼罩大地。洪波之中有山岛
耸峙，与她在长江中遇到的"小姑山"有几分相似，灵秀蕴集。

山景游过，再下湖泛舟，津田仙指着远处的横须贺介绍乡邦文化之时，
只见船帆扬起处，有小飞禽快速掠过。津田老人介绍说，那就是鸥鸟。鸥鸟
忘机，不与鸡鹜相争，只寄身于沙洲。在这番诗意的景色面前，单士厘自
然联想到了人与人的差异，有人不肯牺牲，有人却愿意奉献，家雀怎与海鸥
相比呢，天空有高举的自由、飞翔的快乐。在如镜平波里航行，轻风淡烟澄
波，她的思绪飞得很远。灯火如繁星的他乡，旅行所激起的涟漪始终荡漾在
心间。单士厘为自己不精绘画而遗憾，她无法将所见清影付诸纸上。

　　小脚女子走出了闺门，看到的世界无处不令她惊奇，不管是美好的风景，还是与本国相异的风俗，抑或是身边学者的论述，都在启发她的思想。她听到过英国人的论调，说19世纪为妇女世界，那么现在已看到20世纪的曙光，中国妇女怎能不奋起呢？春天不耕耘，秋天哪来的收获？她不由得想到那些徘徊在深闺的姐妹，在大好年华就要做应该做的事情，才能不负韶华，不让光阴似水流。可是人生苦短，琐事缠身，她反观自己，感叹像领着雏鸟的燕子，在羡慕着云霄间遨游的仙鹤。

　　落花人独立，微雨燕双飞。行进在异国旅行途中，她并非浮光掠影地走过，更没有单纯地沉醉于胜迹里。旅行与生活激发出的独立思考能力，完善着她的人生观。在行走之中看世界，就是以自己的眼睛来观察，以自己的心灵来感受，最终发现自己与世界的关联。

　　因此，她在风景里生发感怀，在思考中继续前行，在对比中有所发现。

　　有一回，她与钱恂在旅途中偶遇一群日本孩子，在车中听着天真的孩童们自由自在地歌唱，清音嘹亮。她感动之余马上反思中国的教育——

　　天籁纯然出自由，清音嘹呖发童讴。中华孩稚生何厄，埋首芸窗学楚囚！①

　　单士厘联想到了儿童的天性热爱自由，唱歌玩耍，自然的游戏都利于孩子们健康成长。但这样的情景在中华大地极为罕见，更多的是埋首书斋苦读，实在是埋没天性之举。我无法肯定在那一瞬间，她是否想到钱玄同，那位与她的长子同岁的小郎——她亲眼见到钱振常"书签粘壁，指使识字"，在阴暗的老屋里，将幼小的钱玄同关在家中逼着读古书，每天不完成背诵任务不能睡觉。因为站立太久，以至于不到傍晚，腿就僵直，硬生生把稚嫩的双腿站坏了，以致一生都怕走路，几乎不敢跑跳，直接影响了健康。与受现代教育的学生相比，这是何等鲜明的对照。在诗中，她甚至将这些埋头读书的稚童比为"楚囚"，可见其教育观在日本的游历过程中得到了刷新。

　　远行不仅开启新视界，也在扩大着行者的胸襟，所谓见多识广，无非如

---

① 单士厘：《单士厘文集·受兹室诗存》，中国文史出版社，2022年版，第27页，诗题为《汽车中闻儿童唱歌》。

此。在一次全家旅行的过程中，初见电车的单士厘兴奋无比。从前慢，只知有马车，小脚女子竟然有幸从古老的生活里走出来，直接遇见现代化的场景，她便以《偕夫子游箱根（初见电车）》为题连写四首诗。[①]旧时的文化印记和眼前的新事物快速强烈地对比，她的眼前出现了宋代诗人戴栩的随鹿过溪场景："电掣汽蒸安且速，毋劳挽鹿过前溪。"[②]这种艺术的对比，寓意古雅又色彩斑斓，是一个时代发展的印记在个体生命里的独特映照。

当然，异国游子也时不时忆及故乡和亲人。如她在游箱根时，入住箱根汤本的万翠楼，这里有着与中华江南相似的风景。想到当年初学诗时，面对松涛流水苦苦思索佳句，如今身处烟霞梦境，却引发了深深乡愁，甚至感觉"相偕莫道初探胜，山翠遥迎似故人"[③]。她的梦，在过去与现实之间游荡，密织出生命的斑斓色泽和独特纹理。

箱根位于神奈川县西南部，距东京不远，是日本著名的风景区，重山环抱的温泉之乡、疗养胜地。约在40万年前这里还是一处烟柱冲天、熔岩四溅的火山口，而现在却是翠峰环拱，溪流潺潺的"国立公园"。那次到箱根，钱恂一家人都同行前往，钱玄同还是第一回出国，首次见识到了日本男女同浴风俗。钱玄同在日记里记载，他当时患皮肤病已半年多，浑身发痒时十分难受。大哥钱恂告诉他，泡温泉可以治此病，于是兴奋地连泡了三次温泉，此后每日数浴，加上医学上的对症治疗，等回国时，已经基本痊愈。

1900年对中国来说，是风雨飘摇的惨痛之年。"扶清灭洋"的义和团运动爆发，钱恂的授业师许景澄遇害，这位生于浙江嘉兴的同治年间的进士，是北京大学历任校长中唯一一位被砍头于菜市口的校长，也是为钱恂开启外交生涯的铺路之人。当时钱恂还在日本，闻讯惊痛不已。随后八国联军进入北京，枪炮声交织出中国近代史上血泪相和的耻辱记忆。

那一年，他的两个儿子钱稻孙和钱稷孙进入庆应义塾小学就读。钱玄同回到苏州后，随母亲周氏生活在一起，开始学作试帖诗，并爱上了读小说。1902年3月，因为堂兄钱幼楞的继配夫人金氏难产而亡，钱玄同母子搬至张

---

① 宋代诗人戴栩《白鹤寺作》："子晋昔游处，平台片石成。寺名犹记鹤，松响却疑笙。岩壁飞双瀑，金沙照一泓。野人岂仙伴，随鹿过溪行。"

② 单士厘：《单士厘文集·受兹室诗存》，中国文史出版社，2022年版，第29页。

③ 同上。

思良巷居住，两家彼此有个照应。钱恂在1902年回国到湖州扫墓时得知幼弟的学习现状，认为他应该扩充新知识，就送给钱玄同《世界地理》《万国历史》《国家学》《法学通论》4种新学方面的书，希望他拓展学习领域，多关心新的学问。时隔半年不到，钱玄同的母亲周氏因患急痧于8月13日去世，此时距钱振常去世刚过4年，钱玄同扶柩回湖州安葬了母亲。当时太湖流域的风俗，男孩长到虚龄16岁，摆过"罗汉酒"，就算成人了。父母双亡的钱玄同，算是可以自己当家做主的成人了。他不再遵循父亲拟定的古制，而是按照苏州习俗，主办了母亲的丧事。

大哥大嫂及时承担起对幼弟的教育责任，希望通过安排他的学业，使他学有所成，立身有本。钱恂积极为兄弟筹划留学，多次去信让他前往日本，但年少的钱玄同没有积极回应。"母故之后，兄来信嘱作东游，馁而不前。"[1]一个"馁"字，道出了少年的担心和对前途的迷茫。他从苏州回到故乡湖州，寄居在李垲家。李垲，字松筠，为钱恂与钱玄同的曾祖钱允凤的孙子，是钱玄同同祖异姓的叔叔。因当时李家有与钱玄同年纪相仿的孩子，湖州于少年钱玄同而言更具吸引力，至于到日本留学，对于他来说还是有点遥远。

怕幼弟留在湖州荒废了学业，大哥大嫂多次去信催促钱玄同去上海读书。1903年12月，钱玄同考取了苏氏民立中学堂，准备赴上海读书。不久，改到南洋中学就读。钱恂一直在规划幼弟的学业路线，单士厘全力配合。即便钱玄同留在国内，单士厘经常与他通信，亲切地称之为"小郎"，交流国内外的最新消息，勉励他积极上进。

（三）日本生活　广闻增识

1903年，正逢日本举办博览会。

钱恂因为有日本外务省招待，得到了优待券，因此带着家人前往大阪参观博览会。这次难忘的经历，单士厘写进了《癸卯旅行记》。她的癸卯旅行

---

[1] 余连祥：《钱玄同年谱》，浙江大学出版社，2021年版，第18页。

因为文字的详细记录和大量的史料而被归拢收藏在近代史的人文园地里，百年后仍然散发着独特的光芒。

她笔下的博览会，有丰富庞杂的内容、充盈有趣的细节，思想火花不时闪现。这样的视角变化，源自生命格局的拓宽。1899年走出国门之后，单士厘以国际眼光看待事物，发现问题，并自觉地寻找答案，闪耀出思想者的魅力，令人不禁想到了也是在那个癸卯年发表的《老残游记》里的一句话："眼前路，都是从过去的路生出来的。"

单士厘的远行之路向前伸展、延长。

这是日本第五回国内博览会，在她看来已是极繁华的局面。但见过世面的丈夫告诉她，这仍不能与万国博览会相比拟，他当年参观法国巴黎的万国博览会之后，向单士厘详细介绍过世界博览会之盛大，曾在她的心里激起巨大的涟漪，身不能至而心向往之。

现在单士厘也来参加博览会，她开始了自己的记录。"会场地凡十万余坪。其中万二千余坪为建筑之馆舍"——12000坪的建筑共分10个馆，分别为工艺馆、教育馆、农业馆、林业馆、水产馆、机械馆、通运馆、美术馆、台湾馆、参考馆。她像一名专业记者那样，动用自己的眼睛认真观察所有展馆，对每个馆的内容均有记载，或详或略，几乎没有"漏网之鱼"。从旅行记录文字中可以看出，她所聚焦的所关注的重点领域集中在教育、艺术、制造业等，随着眼睛如摄像机般清晰地掠过博览会现场，眼前的事物一一被照亮。通过东西方的跨界对比和时间顺序的先后对照，新发现在产生，新见识在获得，甚至还有新的观点展示，这充分说明，她旅行之"观看"，已从单纯观光转向深入考察。

走进的第一个馆是工艺馆，被她称为此次博览会的"主中之主"。因为是最重要的展览，"栋宇连亘，品物充轫，较他馆为盛，无一非本国人工所成"。①

文字的记录可以人云亦云，也可以别出心裁，给予新的定义。单士厘一改以往对这种展览冠以"赛珍"或"赛奇"之名，而以"工艺"称之，证明了她已经习惯用平和的现代视角来观察事物。

这是日本五年一次的盛会，举办方为了能与之前的博览会进行对比，列

---

① 单士厘：《单士厘文集·癸卯旅行记》，中国文史出版社，2022年版，第120页。

出的许多精工制造之物，展示日本各行各业的发展，所有的展览品还附有图画、模型、解说书等，使参观者可以对日本工艺的发展状况了然于胸，科技进步程度也一览无遗。单士厘的记录留存了这位知识女性走出国门观察博览会的多元视角。她特别重视使用对比法，一是东西方的对比，一是日本前后时期对比，时刻不忘记对照中华现状并进行深层思考，均有自己的新发现。在向西方学习的过程里，日本坚定地发展国内的制造业，从而提振经济实力。当单士厘走进机械馆参观，看到馆内所陈列之物，都是日本自造，她明确地意识到日本的现代化程度已遥遥领先于华夏，机械制造的发展，工业进步程度之大更是令她震撼。"取法西国，而无一西国品。"眼前有许多精工制造之物，她仔细观察图画、模型、解说书等说明，与之前的博览会相比较，对日本进步程度、工艺的发达状况了然于胸。日本制造业的范式，学自西方，却已完全应用在生产中，展示在现实里，这个一衣带水的小小岛国的学习力让人惊讶。在通运馆内参观汽车、汽船、电线等展览，单士厘深刻感受到，日本追赶工业文明的急促步伐，通过博览会展示了一国的科技生产力，从模仿到创造的自主创新。

日本的现代化程度已遥遥领先于周边国家，在单士厘看来，这得益于重视教育。故而在参观博览会的教育专馆时，特别感慨："日本之所以立于今日世界，由免亡而跻于列强者，惟有教育故。"

她出身的单家、许家以及所嫁的钱家都是教育世家，从小受中华传统文化滋养，好学博识，养成了终身自我教育的习惯。加上交游广阔，又受到维新变法以来的教育新思想影响，故而特别重视教育问题。她认为，教育对于一个国家和民族的重要怎么强调也不为过："始信国所由立在人，人所由立在教育。有教必有育，育亦即出于教，所谓德育、智育、体育者尽之矣。"① 你看，百年前的"小脚女子"拥有教育理念之超前，对教育的认识之高度，她推崇的德、智、体三者并重，极具现代感。

虽然没有受过现代学堂教育，但单士厘家学渊源，特别是随夫到日本之后，丈夫管理留学生，要与学校打交道，与教育界人士来往。自家有几位正在读书的"学龄童"，她必须得走进学校接触教师。学会日文后，时常与教育

---

① 单士厘：《单士厘文集·癸卯旅行记》，中国文史出版社，2022年版，第120页。

界人士密切沟通，与亲友深入探讨教育问题，耳濡目染、深思熟虑，自己动手翻译教育著作，使这位知识女性对教育理解更为深入。她认识到小学、中学教育对于人一生成长的重要性，认为10岁上下这几年是最为重要，因而要特别重视对小学、中学，也就是基础教育阶段的孩子的"教"与"育"。对比中国教育模式，尤其赞同日本学校基础教育内容"不过尚精深，不过劳脑力"。

博览会的教育馆是她重点关注的，记录描述最为详尽。馆中陈列有关教育方面的各种物品，各公立、私立学校的种种教育用具，她都细细过目，发现教育馆展览物品以医学一门尤多，这也证明当时日本向西方学习科技教育的新领域。展览方的安排，别具匠心，陈列着可以供参观者进行前后比较的物品，便于详尽地考察日本教育三十年来的进步和发展程度。在细心地观察教育馆中陈列的文部和各公立私立学校之种种教育用品与各种新学术需用器械之后，她自然又联想到日本重视基础教育的科学性，有必要对小学、中学，也就是学校基础教育阶段深入加以研究，回想和对比中华的传统教育，她实在是有话要说：

中国向以古学教人，近悟其不切用而翻然改图，官私学堂，大率必有英文或东文一门之功课。试思本国文尚未教授，何能遽授外国文？无论其不成也，即成，亦安用此无数之通外国文者为哉？要之教育之意，乃是为本国培育国民，并非为政府储备人才，故男女并重，且孩童无不先本母教。故论教育根本，女尤倍重于男。中国近今亦论教育矣，但多从人才一边着想，而尚未注重国民，故谈女子教者犹少；即男子教育，亦不过令多才多艺，大之备政府指使，小之为自谋生计，可叹！况无国民，安得有人才？无国民，且不成一社会！中国前途，晨鸡未唱，观彼教育馆，不胜感慨。①

这段文字的精彩之处，就在于单士厘对于中国教育的深刻反思。

正如胡戈·狄泽林克所说："每一种他者形象的形成同时伴随着自我形象的形成。"在亲眼见识到日本教育的丰硕成果后，单士厘时常想到中国的教育现状，认为"中国向以古学教人，近悟其不切用而翻然改图，官私学

---

① 单士厘：《单士厘文集·癸卯旅行记》，中国文史出版社，2022年版，第121页。

堂，大率必有英文或东文一门之功课"，对于这样的做法，她不敢苟同。试想中国文化尚未进行合理教育，又怎能舍本逐末，先去学习外国文化。她考虑更多的是——孩子成长阶段吸收的知识结构，对于终身成长的重要性。

这是非常有远见的一种观点，中国要走向世界，不能闭关锁国。但是对于传统文化绝不能轻易抛弃，尤其是对孩子的教育结构更要引起重视。因为她认定的教育之意，是为国家培养国民，非只给政府储备人才。

也就在癸卯年，青年王国维的经典性论文《论教育之宗旨》横空出世，振聋发聩地提出了现代教育理想："在使人为完全之人物而已"——完全之人物不可不备真美善之三德，欲达此理想，于是教育之事起。教育之事亦分为三部：智育、德育（意育）、美育（情育）是也。"与王国维对教育全面深刻的考量相比，单士厘的思考显得感性而具体。她从女性视角出发，认定教育应男女并重，在那个时代同样具有先进性。数千年来，中国对于女子教育的忽略，是落后愚昧的。不仅于数以亿计的中国妇女来说是悲哀的，更对未来中国的发展大不利。因为母亲对于孩子的成长至关重要，对幼儿的教育承担着责任，所以她旗帜鲜明地提倡"母教"，呼吁重视女子教育，这样的观点同样力重千钧。

通过博览会的参观，加上之前对教育的思考，单士厘很敏锐地看到中国正在进行的所谓现代教育改革的不足与缺失。对于过度重视实用性，不注重国民性，尤其对女子教育研究少，重视不够，是最令她感伤的。即便是男子教育，也是以技术性为主，大到政府所用的，小到为自谋生计的，对深层次的可持续发展的教育研究缺乏制度性设计，这对于一个民族的发展而言，实为可悲。她发出了"况无国民，安得有人才？无国民，且不成一社会！"的浩叹，深深地为中国教育的前途曙光未现而惆怅。

他们走进农业馆、水产馆参观，这里涉及植物及畜牧渔业。她从农业馆看到了日本人对于农业，特别是现代管理的精细和科学的重视，"即如米之一种，每匣仅装合许，凡数千百匣，盖别其为何地所产与何种肥料所培"。① 她发现了一个细节，也就是展览会开始才一日，这些粮种就为一人尽购而得。但根据惯例，即便是已经买下的展品仍要留待展会结束才能取去，充分

---

① 单士厘：《单士厘文集·癸卯旅行记》，中国文史出版社，2022年版，第121页。

体现出展示的意味。日本是个岛国，鱼类丰富，捕鱼又是日本所擅长的。走在水产馆，单士厘发现这个国家注重细节真是到了极致，看到那些在水产馆陈列着的鱼鲜、海苔等品类，展示的捕鱼法和渔具，随时随地随不同的鱼类而异，分门别类极为细致。这位浙江姑娘曾听到过丈夫说起宁波渔具也为欧美国家所称赞，感叹不知何时我国可以有这样的博览会平台来展示。

单士厘在美术馆徜徉许久，馆内展示的绘画、刺绣、雕刻、抟塑之类艺术品琳琅满目，尤其以绣品为多。但她发现，其余各馆展品售卖生意较为兴隆，而独独这个馆内售卖交易并不多，难道是因为艺术品价值比较昂贵，还是日本风俗崇尚俭朴呢？她边走边思考，突然看到了一个精彩的绣品，画面上有一头小鹿踯于草石间，初看并无彩色，不过白黑青三种色彩渲染浓淡而已，却低调耐看，在光线的照射下闪烁着油画般的色泽。一看展陈说明，讲到这幅作品所用的绣线多至160余种，她恍然大悟：绘影绘声的绝技，不外乎先分析色调，再用浅浅深深的烘托而令光彩溢出。一旦有了光影效果，形象就会活灵活现，耐人寻味。

在这里，单士厘敏锐地发现了日本在织造方面的科研进步。

她马上联想到之前在东京工业学校，曾有机会参观日本的现代纺织技术。看到他们在染织这一科目，从分析色彩开始着手，以科技为引领，兼以继承传统的审美，做出的成品美丽夺目，而体现在绣品上难度尤其高。从一幅小小的绣品，想到新技术在传承传统工艺上的巨大作用，从日本学校的现代工艺技术发展，对比古老中国丝绣织物的博大精深，是否也应该向现代科技学习呢？这是她在参观之后发出的思考之声。希望中国丝绸纺织业也能奋起直追，与时俱进，她的意味深长深具时代价值。

单士厘所生活的海宁、湖州、苏州等地，均是产丝之地，拥有悠久的种桑养蚕传统，尤其是浙江更是我国蚕丝生产的重要地区。明清时期，"天下丝绸之供，皆在东南，而蚕桑之盛，唯此一区"。①进入近代，蚕丝作为主要的经济特产，产量高居全国首位。在海宁境内，"西乡耐旱，多旱禾木棉，东乡土泽多晚稻，西乡鱼池利重，赋与田等，东乡潴水而赋轻。西乡兼丝绵

---

① （清）爱新觉罗·玄烨：《桑赋·序》。

绢席，东乡则专于绸布"。①在江南长大的单士厘无疑对蚕丝织物是非常感兴趣的，她的祖母终身纺织，母亲能制各类衣物，继母更会苏绣绝艺双面绣。单士厘对丝织工艺品的敏锐感受，有家庭背景的影响，更反映出时代的新动向。随着西方各国蚕丝科学技术的改进，人造丝的问世，尤其是邻国日本的后来居上，中国的蚕丝业遇到前所未有的挑战。在古老的蚕业由传统手工业向机器工业过渡的时期，以推广蚕丝新知识、新技术为主导的蚕丝改良运动应运而生。浙江蚕丝改良发轫于1897年，兴办蚕业教育先声夺人。在中国丝绸近代发展史上，无论是推广新法制种，倡导新法育蚕，还是着手改良土丝，都在保守与革新的斗争中向前。

单士厘来到日本后，就曾对蚕丝新技术产生过浓厚兴趣，在多封家信中透露出她曾经专门前往专门的蚕业技校学习，在给小叔钱玄同的信中，提到让其在主办的《湖州白话报》上作宣传，希望唤醒民众重视蚕桑的科技等等。可惜没有资料显示，她后来是否继续过相关的研究。当古老中国进入觉醒时代，出现过一批深具远见卓识的中国女子，她们为了振兴传统丝织业，

浙江省立女子蚕业讲习所缫丝

① （清）许三礼：康熙：《海宁县志》卷二《方域志·土产》。

东渡日本学习技术，使存续了几千年的中华丝织业焕发出新的光彩。这些优秀女性为使中国丝织品在国际上更具竞争力，努力将中国的蚕丝业提升到国际水准，贡献了一生的心力而无怨无悔，值得我们永远铭记。

在日本的国内博览会出现了中国台湾馆，无疑令单士厘感觉百味杂陈。看到台湾各种物产，以及各类的工作用具陈列其中，尤其台湾出产的草席、樟脑、蔗糖、海盐，数量多，质量好，新近发明的有用之物颇多。她在文中指出，若以这样的发展速度再过二三十年，台湾必将成为日本的一大敛财之源。而台湾恰恰是中国的一部分啊，有些话，她如鲠在喉。随手记录下的考察文字，折射出一段不堪回首的中国近代史，其中某些细节，值得深思。

日本举办博览会，也有着为以后举办万国博览会打基础的深意。因此，此次博览会上专门设有一个参考馆，陈列外国物品。可惜馆内却鲜有西方展览品。单士厘大胆猜想其中原因，也许是发展程度远超日本的国家，并不情愿送物品到这个工业刚起步的"幼稚之日本"来展览，因此目前所看到其中陈列的西方物品，无非是日本商人从西方买来，或者是西方商人正在横滨贩售之物而已。但在这里，单士厘竟然也发现了"中国出品"。

这一届博览会的中国展览品，以湖北的最多，四川次之，各设有一个小的区域，陈列物品数十种。人工制品与天然物产并陈，只在意实际效果，不在于竞珍赛奇。单士厘认为，这倒也与博览会的主旨相合。因为参加展会，一般要预先向展会国政府定下若干区域。湖北因有预订顺利展出，这也许和钱恂在日本帮助筹划有关。其他的省如果事先功夫没做好，就不一定拿得到展位。山东物品和两江之物推迟了些时候到达日本时，因没有陈列之地，所以很多东西尚未打开包装，只是堆在一边。福建物品列于台湾馆的旁边，现还在就有关展览事宜进行谈判中。参观之余，单士厘也听闻这次博览会中国各省派遣候补道一二人，各自负责本省的参展之事，还另有一定数量的游览官，连中国政府也派勋贵人士来参观展会。但对于以这样的考察名义而来日本的贵族官宦，她内心也犯些小嘀咕，所以在日记里写下了这样一句话："他日诸巨公归国，不知有何报告，能阐明会意否？"

参观整个博览会，单士厘发现每个馆的陈饰各有特点，所有摊点展会的装饰点缀，千姿百态无一相同，根据所陈列物品布置氛围，各具特色。如陈列绣品，其装饰即有绣屏、彩幛；走进林业馆各门，多用木材嵌合；农业馆各门，常有疏篱瓜蔓展陈，一番田园风光质朴景象。还有一个糖品室，门口就陈列出一丈多高的巨大甘蔗 10 多个，以作展览的门厅"广告"，十分有趣。钱恂告诉夫人，这里的一切布置和配合，都参照了世界博览会的规格，相似度极高，可见日本人办事的一丝不苟。

除了展览，博览会上还设有休憩之所和游戏娱乐场所，以方便游客。

她印象最深的，是一家"牛奶模范店"，根据店内的推介解说，这家店就是想以廉价而精美之食品为示范，向国人推广科学卫生以及营养均衡。待客的食品，除了牛肉、鸡肉、羊肉之外并无其他菜肴，除牛奶、麦酒外无其他饮料。关键是选材、烹饪，与器皿桌椅，无一不讲究卫生与清洁。有客人到店，每一份都是相同：牛乳一杯、菜肴三品，糖及乳脂相佐，价格仅 35 钱。全面营养和卫生习惯对于一个民族的健康之重要性不言而喻，也是迈向现代文明的尺度，"一饮食之微，用意周挚如此"。[①]邻国对于科学饮食重视，食品健康深入研究和推广，不能不令单士厘触生感叹。

她还记录下博览会上的农业畜牧场、为研究各种体操及自转车等事的体育会、培植花果及园庭栽树的模范植物场等细节，特别提到了植物场里所展示的，竟以平常所见的品种为多，不见珍贵的花卉，并详细标明种植之法，如何培养得何种结果，道理浅易而实用。在她的旅行记录中，这样的观察随处可见，对日本博览会的平民风格，极为赞赏。

她甚至还关心医疗所，设想每天有一二万人聚会交流的场所，哪能没有突发的伤病呢？所以博览会的别院红十字会也成了她关注的重点。

钱恂曾跟妻子谈起过，早年他在克里米亚等地参观俄英法战争遗迹，当地还保存着俄国皇后亲手治疗伤病所用物品，如药瓶纱布等。单士厘亦从各种资料里了解到，西方各国的君主皇后亲身参与或者注重推动红十字会服务，日本皇后亦是如此。单士厘私底下认为，红十字会以妇女为多，是因为女子心细而慈祥，尤其适宜治疗伤病。她认真地参观博览会的别院红十字会，看到陈列展品皆为治疗所用，如刀具、护伤衣布等类，每件物品均洁益求洁，便益求便。医疗卫生，使用便捷，当然是很重要，但她竟然关注到了一个非常特殊的点——这届博览会的医疗展品特别注重军事用途，如对伤员

---

① 单士厘：《单士厘文集·癸卯旅行记》，中国文史出版社，2022 年版，第 123 页。

的紧急治疗、伤病员搬运之法，成为重头戏。要知道，这是1903年的博览会，距中日甲午战争发生未满十年；而再过一年，也就是1904年，日俄战争又将爆发。日本对于军事医疗的重视，才是意味深长的细节。

这一届的博览会热闹异常，参观者络绎不绝。单士厘听说，明治十年，进入博览会参观的仅30多人，这一届已增至17.5万多人，可见博览会在日本的影响增速之快。

3月20日，大雨连绵，整整下了一天，单士厘不愿放弃难得的机会，带着儿媳等人冒雨游博览会。那日因下雨游人稀少，他们穿梭在各个展馆里从容细观，在博览会上吃过晚饭方才归寓所休息。回到寓所之后，单士厘对儿媳包丰保说了一大段话，这段话被完整地保留在她的《癸卯旅行记》里。全引如下："中国妇女本罕出门，更无论冒大雨而步行于稠人广众之场。予因告子妇曰：'今日之行专为拓开知识起见。虽踟蹰雨中，不为越礼，况尔侍舅姑而行乎？但归东京后，当恪守校规，无轻出。予谓论妇德究以中国为胜，所恨无学耳。东国人能守妇德，又益以学，是以可贵。凤闻尔君勇言论，知西方妇女，固不乏德操，但逾闲者究多。在酬酢场中，谈论风采，琴画歌舞，亦何尝不表出优美；然表面优美，而内部反是，何足取乎？近今论者，事事诋东而誉西，于妇道亦然，尔慎勿为其所惑可也。'"①

这可以说是单士厘以身作则进行"女教"的经典场面。

她告诉儿媳不要因为拘于古礼而放弃拓展知识的机会，但基本规矩还是要守护。因为当时流行的教育理论和观点，多有诋毁东方而称誉西方的倾向，这是单士厘所不能苟同的。在她的心目中认定——中国的道德更高，因为中国妇女的最高道德标准就是内外兼修，表面的优美必须要和内在之充实一致。她写入书中的这段话，在现代观念里表现出保守和传统的一面，但细细回想，何尝没有因东方文明的浸润而表现出的文化自信呢？

次日，即横滨的日本邮船经过神户驶向上海之日，单士厘将与丈夫由大阪向神户登舟前往，她决定让儿媳妇独自乘汽车回东京。

"弱女子千里独行，虽在外国，亦颇悬心。"这个瞬间虽然早已过去了100多年，如今看来仍是惊心动魄的一场分别。在女子足不出户的时代，在

---

① 单士厘：《单士厘文集·癸卯旅行记》，中国文史出版社，2022年版，第126页。

信息交通非常闭塞的年代，单士厘越过重洋开启国际旅行，她的儿子儿媳都年纪轻轻就做了留学生。包丰保其时也只有十七八岁的年纪，让这位青春女孩独自行走也是颇具胆量的。当然，单士厘这位婆婆还是非常负责任的，她事先了解到汽车内有女子同行，拜托照顾，且又安排了先期相识的时任东京校中女干事竹子君，按时在新桥停车场相迎。一切安排妥当后，她放下母亲的忧虑，分道而驰，奔赴自己的新旅程。

因为在她心中，两个儿子一媳妇一女婿，分隶四校留学，能够受现代教育，在学习中进步，正是他们的幸福；而对于自己来说，这次远行"得一览欧洲情状，以与日本相比较，亦一乐事"。[1]她相信，女人的生命境界是逐渐培养出来的。有阅历、有担当，方才有格局。

因为从进入日本开始，单士厘就一步步地扩大了朋友圈。

她来到日本主要是照顾钱恂及家庭，但随着子女入学读书，加上外交需要，丈夫的朋友圈也逐渐向她"开放"。除了家庭的"一亩三分地"，外面的世界风起云涌，她不习惯的以及不理解的事物开始出现，带给她复杂的感受，也由此刺激她"走出去"，离开舒适区走入一个陌生的世界。

结交异国朋友，是她在日本时期练就的新本领。

单士厘的"外交"，除了生活上的交流，所借重的多为闺阁文化的传统内容，身处汉语文化影响圈，她的"腹有诗书气自华"，在与众多日本新女性的交往中表现尤其明显。其"日本诸女友"圈子，包括了华族女校的校长下田歌子、爱住女学校校长小具贞子、创立津田塾大学的津田梅子等优秀女子，多为有一定社会影响力的知识女性，而能与这些人物结交，靠的就是她多年的文化积淀。因为品质相当，思维碰撞，彼此尊重，情谊渐生。

原名平尾鉐的下田歌子，是日本的一位传奇人物，当时被日本奉为女性楷模，曾被选任为两位皇族公主的老师。作为日本女子教育最主要的推动者，她所创办并主持的实践女学校，清末时期在东亚的影响极大，中国就有200多名女留学生就读于此校，对我国近代女子教育的启蒙，以及培养妇女界的精英都产生过影响。

下田歌子1854年出生，比单士厘大4岁。据说自幼学习"四书""五经"

---

[1] 单士厘：《单士厘文集·癸卯旅行记》，中国文史出版社，2022年版，第119页。

等汉文经典，5岁会作俳句，6岁能写和歌，7岁可作汉诗，是个小神童。日本明治维新以后，18岁的平尾鉎前往东京投奔父亲。不久，即入日本皇宫做宫廷女侍。才貌出众，能文善歌的她，很快得到昭宪皇后赏识，并得赐"歌子"之名，在宫内步步高升，由此结识伊藤博文、山县有朋、土方久元等政府高官。8年后，她嫁给东京的士族下田猛雄，自此名"下田歌子"。但她并没有借由婚姻而进入平顺期，反而因为丈夫早逝，生活陷入困顿。

她的励志传奇则刚刚开始。1881年，在首相伊藤博文等政府高官的援助下，下田歌子创办了桃夭女塾，开始从事女子学校教育活动，主要招收士族出身的政要人物的妻女学习日本传统文化，渐渐成为国内著名的教育家。1885年，华族女子学校成立时，下田歌子作为筹建人之一，以"年俸千元"的高薪被破格聘任为该学校的干事兼教授，桃夭女塾也被并入其中。次年，她升任学监，统管学校的教务，同时兼任家政课、修身课的教授，地位仅次于校长。1893年至1895年，下田歌子获得海外考察教育的机会。在英国皇室附设学校生活过一段时期，并受到英国维多利亚女王的接见。后又考察了法、德、意、瑞士、美国等欧美国家上流社会女子的教育情况。当她认识到，大众妇女的教育才是"国家隆盛之基"之后，教育思想及活动方向发生了巨大转变，这位教育"名家"开始走向教育"大家"。

下田歌子回国不久，华族女子学校并入学习院，她升任"学习院女学部"部长，继续负责日本贵族女子教育。1898年，她牵头组建"帝国妇女协会"并出任会长。面向全国妇女，特别是中层以下的大众女性，以提高新时代日本妇人教养和自觉为目标，从教育、文学、工艺、商业和社会救济等方面开展工作。次年，下田歌子成功开设实践女学校及女子工艺学校，并兼任两校校长，在日本各府县陆续建立了协会支部和附属工艺学校，不断推进平民女子教育。八年后，下田歌子将实践女子学校与女子工艺学校合二为一，保留实践女子学校的校名，同时增设附属幼儿园、高等专科部家政科和技艺科。之后又增设了高等女学部、实科高等女学部，并在高等专科部中增加了国文科。她一生著述颇丰，涵盖了家政学、修身、女训、历史、文学等很多领域。

单士厘到日本之时，下田歌子的教育事业正开始腾飞。

相识后，声气相投，性情相近，单士厘即与下田歌子订交，十分认同她的教育理念，对实践女子学校教育目标"传授修身齐家所必需的实学，培养贤妻良母"非常赞赏。女子实践学校，是下田歌子主要的事业，学校开设国文、历史、家政、技艺等科目，学制5年。她终其一生倾注大量的心血来扩大学校规模，1901年单士厘将儿媳送入下田歌子主持的实践女校，包丰保成为此校首批中国留学生。这所学校为中国的女子现代教育推波助澜，培养了一批优秀的中国留学生，其中就有秋瑾这样的杰出女性。

下田歌子

与下田歌子等教育界人士的交往，让单士厘更加关注女性教育，并且开始尝试翻译近代教育书籍。1902年，她翻译的下田歌子所著的经典教科书《家政学》正式出版。作为日本近代女子教育史上比较系统清晰地阐述出自己教育理念的首位女教育家，下田歌子明确提出——女子教育的根本目的在于培养适应国家发展需要的"完美的妇女"，其"完美的妇女"的标准包括有爱国心、身为国民的品德、一定的知识技能、健康的体格。《家政学》就是其教育理念的集中体现。这是一部培养女子管理家务内政能力的著作。上卷包括总论、家内卫生、家事经济、饮食、衣服、住居等内容，下卷包括小儿教育、家庭教育、养老、看病、交际、避难、婢仆使役等，系统性地介绍了与家政管理相关的许多浅近的科学知识和操作方法，具有很强的实践性。

单士厘成为这部著名教育学作品的首位中国翻译家，也由此成为后人眼中倡导近代中国女子教育、启迪妇女国民意识之先进人物。尽管当时她并没有做开路先锋的想法，却也实实在在地站在了时代的风口。

无独有偶，同年11月，康有为门徒汤钊也翻译了下田歌子的《家政学》，1903年，曾国藩第六女曾纪芬也翻译此书，并先后出版。在1902年5月到1903年5月，下田歌子的《家政学》在中国先后出现3个译本，从一部日本女子学校的教科书成为中国第一个学前教育法规中官方推荐的书目。单士厘译本是最早的，名为《新编家政学》，被出版界称为中国"女学之嚆矢"，上海图书馆有藏。

　　单士厘与下田歌子的交往，从家长层面、外交层面，进入了人文领域。以诗交友，以文会友的过程，提升了日语水平，锻炼了交往能力，也使得她渐渐迈进学者领域，开始了文化领域里的一场场远行。

　　从外打破的是压力，内在生长的是动力。女子的成长，需要教育，更需要自我提高。从海宁小城出发，敢于走向世界放眼全球的勇气就在于她所拥有的文化自信。在邻国，她感受到了现代文明的光芒，也希望通过自己的微薄之力，令广大中华女性早日觉醒，所以她不时在诗中发出"寄语深闺侣，疗俗急需药，劢学当斯纪，良时再来莫"①的呼喊。这种时不我待的觉醒意识，让她成为女子教育倡导的先驱。而站在这个立足点上，我们也更能理解她日后坚守中华文化阵地、坚守自我期许的终身实践。

　　《受兹室诗稿》收录了她写给下田歌子的留别诗——

　　六载交情几溯洄，一家幸福荷栽培。扶持世教垂名作，传播徽音愧译才。全国精神基女学，邻邦风气赖君开。骊歌又唱阳关曲，海上三山首重回。②

　　这首丙午年秋天所作的离别之诗，单士厘自注了往年与下田歌子的交往，如长媳留学于下田歌子的女校，自己翻译《家政学》等事，并高度赞叹"女学"的重要性。她的诗集里，还有不少阐发了自己对教育的感悟，如《赠别大鸟夫人》一诗就再次强调重视"母亲教育"对于一个国家的重要性：

　　共种同洲岂泛常，相逢异域倍情长。多君劝学交能慎，愧我无才拙自藏。惜别惊心闻折柳，旧游回首忆扶桑。石麟雏凤真堪美，国势强由母教长。③

　　在日本生活期间，单士厘对教育的关注不仅在于翻译专门的教育书籍，并开始撰写相关的教育文章，发表于国内相关杂志，亦在近代著名的刊物《浙江潮》上发表自己的诗歌。

　　《浙江潮》是浙江留日学生出版的文理综合性月刊，清光绪二十九年正

---

① 单士厘：《单士厘文集·受兹室诗存》，中国文史出版社，2022年版，第30页。
② 单士厘：《单士厘文集·受兹室诗存》，中国文史出版社，2022年版，第44页。
③ 同上。

月二十日（1903年2月17日）创刊于日本东京。共出12期，每期60余页，编辑兼发行者有董恂士、孙翼中、蒋方震、马君武等浙江留学生。该刊以"输入文明""发其雄心""养其气魄"与"汹涌革命潮"之主旨，设有社说、论说、学说、大势、记事、杂录、小说、文苑、谈丛、时评、韦伯、调查会稿、浙江文献录、图画等栏目，持论激烈，宣传排满、批判改良、鼓吹"革命造反"，积极宣传西方政治学说。创刊之后，风靡国内，每册印刷数目多达5000册以上。由中国留日学生浙江同乡会主办，是清末中国留日学生各省同乡会所办的革命报刊中影响最大的一份。特别是海宁人蒋方震所撰的发刊词情文并茂，传阅广泛，影响深远。蒋方震即是单士厘口中的"蒋百里弟"，在日本留学时与钱家多有往来。钱恂曾以笔名发表文章，单士厘创作的诗歌也以闺名"蕊珠"刊登于这本青年人的杂志上，既有夫唱妇随式的应和，也体现出她古典与现代交融的特性。

驻日本几年时间，她在文化上的主要贡献除了诗歌创作，就是翻译。她先后翻译了《家政学》（下田歌子著）、《家之宜育儿简谈》《女子教育论》（永江正直著）三部有关女性教育的书。总体上，这些书籍中所呈现的女性角色定位，仍大致不出传统范围，仅在《家政学》中增加了关于女性社会交往的内容，持家、育儿仍是女性主要的任务。如英国的詹姆斯·托马森在演讲中宣传"英国淑女"（British Fair）的责任：井然有序的家庭最能得男人欢心；运用顺从的智慧，谦恭的技巧，以及每一种温柔的、规避忧虑的技艺，来唤起美德，增进福祉，甚至化苦为乐，并缓解人生中的所有劳累。这便是女性的高尚和颂歌。

她的教育观迎着时代的新风，但没有超越时代。

如果要在戊戌与辛亥的女性运动中划出一个分界线的话，单士厘应当属于戊戌一侧的，她的女性角色意识更具有国民身份下的贤妻良母式的特征，终其一生都未见其对于女权乃至"五四"以后的女性解放表现出多大的兴趣。但这种夹在历史缝隙里所生成的生命形态，真切而又贴近现实，接续着传统的道德观。时代环境、内在素养和外交官眷属身份的结合，使单士厘有幸成为走出国门和"风化乡里"的女性先驱。但那个大变革时代的速度太快了，单士厘这一代女性很快就会显得落伍，越到后来，她身上传统的因素就会越明显。

但这一点也不能减少她贡献给那个时代的价值。

单士厘走向远方的同时，以自己的文字所留存的文化元素、史料信息，非常珍贵。且从女性视角出发的观察与记录，尤其难得。她在日本期间结交的各界人士并不在少数，这固然与钱恂的身份有关，也与个人的学识素养相关联。她的人格魅力不仅牢牢地将钱家和单家团结在一起，也春风化雨似的惠及亲朋好友。人到中年，生命里各种情感的交织和人际交往，也极大地丰富了生命体验，看她留日期间写下的《竹枝词》，如同一幅幅东洋浮世绘，形象地再现出百年前日本的各种生活场景，且将16首《竹枝词》，移录于此：

新纪新年岁月新，声声世话听芳邻；团圆何幸超尘埃，瀛海风光第一春。
比户旗翻旭日新，松枝翠柏接街邻；御芽出度家家祝，饮罢屠苏满座春。
乙女衣装粲粲新，共抛羽子约亲邻；无端桃颊呈雅点，广袖频遮半面春。
稚子风筝巧样新，力微线短落诸邻；遨游快及松之内，学校明朝桃李春。
趁凉侵晓出玄关，雨户初开烟霭间；邻右相逢称御早，垣根深处数朝颜。
番头勤谨女中娇，旅馆精廉御客招；贿料重添茶代厚，内仪挨拶折纤腰。
盐烧盛皿佐茶汤，谁识东餐隽味长；竹箸双连新未剖，钉盘尚有御香香。
广告牌高书今日，岁时伏腊古风留；酒家台所勿忙碁，驰走争夸料理优。
雏祭相传三月三，低鬟少女祝喃喃；市廛到处人形列，品样今年廉价参。
阶段箪笥道具齐，雏形细小手堪提；敷陈下女殿勤语，娘样将来古典稽。
生花斜插胆瓶香，挂物中悬书满床；十叠已堪夸广室，临窗尚有一间张。
大书檐额喜多床，理发师谱各国长；华式欧风皆上手，只嫌坊主唤羌羌。
木作头御号大工，千坪奕止辟三弓；屋敷砖石储材广，建筑先书普请中。
地震无端举国谣，三阶不稳二阶摇；夕方依旧成螺吹，报纸宣传马鹿骚。
雨雨风风景物淋，素人下宿旅愁侵；连朝心配家乡甚，休咎须将活断寻。
追追凉气暑全无，皆样康强萌丈夫；大好机嫌均不变，一家顶戴佛神吴。[1]

当时的日本经过明治维新，西风东渐，一切气象与尚处于封建王朝统治下的古老中国差异甚大。单士厘来到异国他乡，虽然立即感受到不一样的习惯

---

[1] 单士厘：《单士厘文集·受兹室诗存》，中国文史出版社，2022年版，第35页。

风气，只是传统节气还保留着古风，不得不令人联想到唐宋对东洋文化的影响：如过年过节时的日本，彩旗飘飞，日本女子盛装出行，满面春色的脸上涂着胭脂红点，和服广袖遮面而过的动人瞬间；稚子玩风筝，因线短而落于邻家的寻常小事；或是餐馆里的小景和馆外高挂的广告，三月三的古老节日氛围，寻常家居的插花挂画等等，在她的诗里呈现斑斓的色泽。眼中所见的日本理发师、木工师傅、旅馆老板，成就了她的日本生活图景之生动与鲜活。这些日常慢慢地进入她的生活，最终荡漾出文化交汇所激发的涟漪。

钱恂自加入兴中会之后，非常关注并同情留日学生的爱国举动，他曾以"太公"笔名在浙籍留日学生刊物《浙江潮》上发表了《海上逸史》两篇，分别为《葛玛航行印度事》《陆治斯南极探险事》，用小说叙事的手法，激励民众奋发图强、齐心爱国。但钱恂的举动也遭到湖北守旧人士的非议，连张之洞也一再向他发出警语："闻阁下在东与诸生言因持论喜通达时势者，诸生不免误会，失其宗旨。近来诸生行止议论多有悖谬，于是此间众论多归咎于阁下，傅慈祥临刑时大言曰：'我为钱监督所误。'又阁下致善后局信函面写'南清湖北省'字样，见者骇然，群议大哗，并归咎于鄙人，务望格外谨慎，勿为好奇之谈，勿为愤激之语，以免流弊。万一被人指摘，阁下固受其累，且从此出洋学生之路绝矣。千万采纳，并即电复。"[1]钱恂则我行我素，不以为然，与张之洞的思想分歧越来越大，南辕北辙且渐行渐远的局面就在眼前。1901年，他自请辞职。之后，由张之洞改派为湖北筹办处交涉事务委员。

1903年春天，胡惟德出使俄国，这位曾与钱恂一起随薛福成出使英、法、意、比四国的吴兴老乡，奏调钱恂为参赞。于是，钱恂与张之洞的交集画上句号，开始了新的外交官生涯。

3月15日黎明，春雨霏霏，犹有薄寒。钱恂、单士厘一行正式启程出发，留两子一妇一女婿三外孙于日本。她没有与孩子们依依惜别，反而把祝福别在襟上，登船远航。通过旅行见闻进行文化意义上的对比，打开国际视野，亲眼见识远方的精彩，她对未知的探索充满兴奋。

家国故土，不只纸上阅读；万里长路，尤需实地穿越。

在远行中记录光阴的故事，镌刻思想的深邃。对于未知的目的地，永远

---

① 苑书义：《张之洞全集》第10册，河北人民出版社，1998年版，第8317页。

怀有好奇和向往，是她一贯的作风。

单士厘一行经过了新桥、神户间，即所谓东海道。长路向着她而敞开，之前她曾经三度经过，但均为晚上出发清晨到达，对路上风景未得尽情领略。而此次虽然细雨敲窗视线模糊，终究比暗夜明亮许多，扶桑山野间的风光宜人。自山北驿至御殿场驿，一路穿过隧道不少，经过急湍和峻岭，翠柏苍松迎面而来，她仿佛又走在20多年前的括苍古道上。

括苍古道曾是浙西南山区一条交通要道，历史可追溯至汉唐时期，自南宋以降，括苍古道就是括（丽水）瓯（温州）赴省城的通京大道，十里崎岖半里平，一峰才送一峰还，群山叠嶂，溪水湍急，古道沟通了东南沿海几省的交通。唐代大诗人李白等都在此走过，并留下了千古传唱的诗句。单士厘还记得明朝陈子龙如此描写古道"百折桃花隘，雄关已近天。山川沉灏气，闽越辨苍烟。梯壁成阡陌，披云得市廛"，苍凉险拔，沉郁在心，单士厘默默回想，对着日本山川忆念中国的故土。

经过琵琶湖之南，入西京近郊，看到乡村夹道田畴，农夫正从事耕作，一种田园乐境悠然出现在眼前。等到他们抵达大阪，在环龙旅馆入住歇息停当已是夜晚。"自新桥至大阪，路程是356日本里，以日本一里抵中国六里算，这一段路大概近60里，也就是30公里左右。"单士厘心里默算着行程。

因钱恂手里有外交官的专属优待券，可以游东京、名古屋、西京等地。但行色匆匆，还是错过了东京、名古屋等地，等到了西京，时间允许安排的情况下，他们可不想再轻易错过著名的日本京都。1903年3月18日，一行人特地乘汽车前往西京游览，西京与东京相对，曾为都城。八年后，海宁王国维随罗振玉东渡扶桑，就寄居于此地。西京四面皆山，旧称山城国。其地风景幽胜，气候适中，"小楼一楹，仅堪容膝，而纤尘不染，席地凭几，悠然古风。窗外山光岚气，朝晖夕阴，奇瑰不可名状。绕屋则溪流如带，日夜潺浸。"1911年住在王国维先生隔壁的罗振常之女罗庄笔下，西京堪称"世外桃源"。

单士厘一行乘车进入京都，街道宽广而洁净，民风淳朴。仰首见到山色郁翠，随处有清澈溪流。下汽车，乘电车，抵离宫（御所）门前。缓步入苑，松柏梅柳，夹道欢迎，古树临池，寂静庄严。靠近古老的建筑，身临其境地感受历史沉淀的气息，她感觉到周边的植物都带着古老的节律在呼吸，仿佛在吟诵唐人早朝诗。一行人在广苑徘徊，正不知应从何门而入时，恰遇一个书生前来，他客气地询问"将欲何往？"单士厘趋前用日语告知他们想进入离宫参观。于是，他引导至入口处，钱恂马上拿出名片与优待券给管理离宫的官员，随即便带他们进入，并拿出签名簿请他们书写姓名。

单士厘知道日本援用西方的规矩，外交人员可以携妻子和子女游，所以大大方方地跟随进去了。

管理人员做导游，领着游览十余所宫殿，他们得以非常从容地在广洁古雅的宫中行走，宫殿建筑群有唐宋造型，钱恂一边走一边跟妻子感叹，这里与西方国家的宫殿，华美与质朴真有天渊之别。西方国家的宫殿，一石之嵌，一牖之雕，动辄以千万金相夸，陈列品无非珠钻珍奇。在扶桑生活多年，单士厘非常清楚日本人崇拜欧美，在技术上积极进取向西方列强学习，在生活中却务实，不尚炫耀。平时进入东京的市场，所售西方物品，也以图籍为多，工艺为多，不像上海所谓的洋行里尽是些高档钟表、戒指之类的奢侈品。这实在是鲜明的对比，夫妻俩边行边议论，想到那些从上海往日本旅游的人，往往以为日本"贫弱"，真真是不知日本人的用意！他们看到宫殿里的藻井屏隔，多为名人绘画，绘写着中国古圣贤像及事迹，起到见贤思齐的教化作用。走过离宫众多的殿室，单士厘独爱元旦受贺殿，认为这个区域的泉石花木最为古雅，点缀在广庭间幽趣独生，风景最佳，凭栏驻望，心旷神怡。

游毕宫殿而出，之前为他们指路的那位书生竟然还在门外等候，坚持邀请这些从中国来的客人随他去学校一游。那天，他所在学校正好休假，没有学生上课。这位老师引导客人们详尽观看了学校的一切，还特别给来宾们做了几种化学实验。单士厘也把这次独特的经历记了下来。

随后，他们前往游览金阁寺，这所本名鹿苑寺的西京名所。山水池石，楼榭花木，无一不是古风华式，寺中僧人也以古法烹茶。日本人好茶，单士厘并不陌生。坐在金阁寺中品味茶道，这寺内茶道的烹法饮法吸引了她的注意，回忆起昔日曾在爱住女学校校长小具贞子家见识过，知道现今日本女教中尚留此一种古派，手法颇为烦琐，联想到自己早年读过的唐宋笔记中吟咏的煎茶，大体与其相似，由此也可足见唐代遗风对日本茶道的影响。古寺品茶，时间过得特别快，等到他们出寺，天色已晚，来不及游二条离宫及本愿寺，便立刻乘上汽车返回大阪。

他们在车上购买了报纸，这个习惯养成已久，且因即将赴俄，所以还特别留意俄国的有关新闻。那天的报纸上，单士厘读到俄国皇帝尼古拉二世在先皇解放农奴纪念日之际，又颁布新的告谕，宣布允许信教自由，并相对扩大地方自治权，对救助农民亦有新规定，所以报章上一片称颂之词。单士厘把这段新闻翻译给钱恂，并记录下她在车上阅读之后的思考结论："俄于地方自治，颇非其政府所愿。徒以邻逼文明，非稍作门面语，何以自侪于列强？故以先所谓自治者，仍有名无实，此次重颁新谕，若官厅果愿奉行，岂非千百年来俄国中大革新乎？然远征近验，知其必不能也。"①今日读到她的见解，目光何等犀利。按当时禁忌，外交官员之家属不许"妄谈政事"，然而单士厘却敢于冲破禁圈展示自己的思想。固然有钱恂对她的宽容，更在于广闻博识带来的信心。

来自上海的孙实甫，在大阪经商有多年。对时局政治非常了解，又无旧习气，与钱恂甚是交好。3月19日，他带着夫人，邀单士厘等同乘汽车，游堺之水族馆。堺距大阪不远，水族馆也算是附属于博览会的一个展馆。单士厘随即在日记里记下了那天所见："水族百数十种，多畜于壁嵌，便人谛视。嵌法：穴壁注水，上覆玻璃以引光，内嵌玻璃以引人目。玻璃内流水汩汩，沙石荇草，各就其所畜水族之本性以为配置，俾游泳其中者，一如旧所习惯，以遂其生趣。巨大水族，别畜以水池水槽，各标其名与产地。予见所未见，目不暇给。"钱恂看到妻子在馆里看得入神，笑着说，巴黎水族馆的品类，尚不能有如此之多，这次你算是大开眼界了吧。对世界充满好奇的单士厘一边看一边跟先生聊着跟鱼类相关的话题，恰好遇到教师带着二三十名小学生前来游学。老师指着壁上所悬的挂图及文字向学生们讲解鱼类知识，学生们一边看着水里的鱼儿，一边听老师讲解陆地和海洋生物知识，对于这种感性认识与课本知识相印证的现场教学法，她甚为赞叹。

游罢水族馆，孙实甫伉俪设宴款待，为他们送行。堺地濒海，海鲜品种多样，在高楼看着海景大快朵颐，这顿海鲜大餐吃得印象深刻，等他们回到大阪已是晚上。

① 单士厘：《单士厘文集·癸卯旅行记》，中国文史出版社，2022年版，第125页。

3月20日，钱恂、单士厘来到神户登上了"西京丸"。时间未近正午，雨过天晴，太阳在海面上明晃晃的亮。

（四）海上遇难　有惊无险

对"西京丸"这艘船，单士厘并不陌生，"此舟予已再度乘矣"。

刚登船，他们就遇到了松方幸次郎，单士厘日记里备注了：松方正义之子。

松方正义是明治时期政治家、财政改革家，日本第4任、第6任首相（内阁总理大臣）。这位萨摩藩武士出身的明治九元老之一，精于马术、弓术和剑道。从1881年起主导日本财政达22年，他将公有企业卖给民间，创建中央银行，回收纸币，抑制通货膨胀，1898年更是借助甲午赔款将日本金融体系改造成金本位制。据说，他生有13个儿子、6个女儿，是19个孩子的父亲。

松方幸次郎生于1865年，长期游走在欧美，1896年成为日本造船企业川崎重工的第一任CEO。这位耶鲁大学法学博士，不仅是实业家、官二代，更是一位著名的收藏家，第一次世界大战期间就开始在欧洲大规模收购艺术品，数次访问欧洲，经常光顾美术馆，收藏了大量的艺术品，从绘画雕塑、家具到挂毯，藏品数量超过1万件，是当时全球最出色的私人收藏家之一。1959年法国政府以"创建一座由法国建筑师设计的美术馆"为条件向日本归还370件"松方藏品"，日本国立西洋美术馆因此动工修建。2016年7月17日，日本东京国立西洋美术馆成为日本国内第20项世界遗产（文化遗产16项、自然遗产4项），也是首项位于东京都内的世界文化遗产。这当然是后话。

当单士厘遇到松方幸次郎之时，他的身份是钱恂旧交，能识中文，一路上两人谈教育谈船舰建造等。因为钱恂与他的父亲也相识，许多政治经济类的话题也相继展开。在"西京丸"相遇，松方听闻钱恂将赴俄国，颇为惊讶。在男人们高谈阔论的时候，单士厘走上甲板，独自欣赏她最爱的海景。

傍晚10时越洋轮船经过的风景，是单士厘心头好。她爱这些奇异的夜晚，在这里，在这个用不着理解的，只需要感受的世界里，天空和海洋组成了最奇妙的搭档，变幻无穷。当温柔的、孤单的，始终慈悲地爱着她的月亮冉冉升起，幽深的世界笼罩一切。望着那如诗如画的海上景致，每次经过，总有不舍。读单士厘所写的这段话，优美简洁，数语寥寥，这段海上旅程，也应该收藏这位中国女子目不转睛地凝望吧："此一段海程，左右皆山，浓树扶疏，耕渔错落，为风景绝佳处。入夜，渔火隐现如繁星，尤称绝景。西人过此，每坐甲板上眺望不忍去。予八度经此，亦观览不厌。"①

在她的感觉里，似乎跟几千年前甚至一万年前一样，月亮在苍白的天幕上，穿梭在云间，惆怅又岑寂，远处的山影模糊，隐约如星的灯火带来人间的安慰。海水低低地在船下，神秘而悄无声息地摇晃着，无边的寂静如一种奥秘，这种奥秘有一部分也许是我们可以认识的，也有一部分永无可能解释，远行的吸引力亦在此间，去遇见未知，某种神秘。

3月22日下午抵马关，轮船停泊于此加煤，这是日本国内船舶往来加煤的最佳港口。在这个港口城市，数小时的等候时间，让单士厘思绪万千。

马关，单士厘称之为"下之关"。这个地名，对于中国来说，可谓是耻辱的代名词。

1894年，日本以朝鲜东学党起义、朝鲜政府向中国请兵为契机，派大军进入朝鲜，并挑起了中日甲午战争。中日两军在陆上、海上的多次战役，日军均占上风。其中清军在1894年9月平壤之战和黄海海战中的相继失利，更使战局急转直下，战场亦由境外转移到中国境内。1895年2月威海卫之战清军的失败，导致北洋水师全军覆灭，清廷无心恋战，日本则继续保持军事压力，大有海陆并进直捣京师之势。在这种情况下，中日两国坐到谈判桌上，开始了马关和谈。

1895年3月，李鸿章以头等全权大臣的名义，带着美国前任国务卿科士达为顾问，率100多名随员前往日本马关，与日本首相伊藤博文、外务大臣陆奥宗光进行谈判。3月19日，李鸿章抵达日本马关，住在接引寺（古代为朝鲜通信使的住所）。3月20日，双方在春帆楼会见，正式开启了和谈。

春帆楼，这座马关有名的日本料理旅馆，以烹调河豚闻名于世，就这样

① 单士厘：《单士厘文集·癸卯旅行记》，中国文史出版社，2022年版，第127页。

成为近代中日外交史上的一个重要坐标。

经过多轮谈判，1895年4月17日上午11时40分，李鸿章代表清政府与日本在马关春帆楼签订了丧权辱国的《马关条约》，其主要内容包括：中国承认朝鲜独立；割让台湾岛及其附属岛屿、澎湖列岛与辽东半岛给日本；赔偿日本2亿两白银；开放沙市、重庆、苏州、杭州为通商口岸；允许日本人在通商口岸开设工厂。当年5月8日，中日两国在山东烟台交换两国皇帝的批准书，条约正式生效。

这个历史事件，深刻地影响了中国人，无数有志之士被惊醒，由此探寻强我中华的道路。站在春帆楼前，单士厘想到去年自己曾乘汽车到过此地"曾一访乙未媾和之所谓春帆楼者，今时局更变矣！"①

时局更变，是因为世界局势在快速变化。

在《马关条约》签订6天后，俄罗斯帝国因日本占领辽东半岛，阻碍它向中国东北伸张势力，便联合法国和德国进行干涉，结果是日本决定放弃辽

春帆楼旧景

① 单士厘：《单士厘文集·癸卯旅行记》，中国文史出版社，2022年版，第127页。

东半岛，但要中国以白银3000万两将其"赎回"，史称"三国干涉还辽"。日本在甲午战争后一共勒索了中国2.3亿两白银，重创中国，也令国人从梦中惊醒。堂堂的天朝上国竟受制于蕞尔小国日本，真乃奇耻大辱。如果说，在甲午战争前只有极少数中国人能够感觉日本的巨大变化，那么战后，特别是《马关条约》的签订则让国人对日本有了全新的认识。

三国干涉还辽，使日本借由甲午战争获胜之机侵占满洲（中国东北）的企图遭到粉碎，俄国增强其在远东的势力，遏制了日本在东北及朝鲜的扩张。日本为了实现"大陆政策"的第二步（吞并朝鲜）和第三步（进军满蒙），重新整军备战，终在多年后发动对俄罗斯的战争。

但在战争飓风到来之前，生活还是平静的。从日本到俄国的旅程，人们并未感受到即将开始的日俄之战的阴云，海上旅行一切照常。

3月23日，单士厘的海上之旅遇到了惊险一幕。时已至深夜，梦中的人们忽然听闻船底发出巨大的声响，整个轮船都在摇晃。被惊醒的单士厘一看时间，大约距离午夜还有3个小时。旅客们被突如其来的巨响震惊，甲板上出现了杂沓的脚步声，睡眼惺忪、冻得瑟瑟发抖、惊惶不安地聚集到舱面室，七嘴八舌地议论起来。

凭着多年海行的经验，钱恂知道船体必有损伤，但轮船并没有减速，也没有停。桅杆上的灯依然射出亮光，又粗又短的烟囱里照样喷出一团团黑烟，低低地悬在半空中。钱恂披衣而起向外观望，不远处有山，而海波平静，他判断应该没有大事。果然到了凌晨5时半，船在长崎港口停泊下来，大家得知船底触岩受损后，水进入货舱。同船的四五个俄罗斯人以及十多位华人，都神色惊慌召唤渡船登陆。

宽大、闷热、空气混浊的饭厅内，人渐渐走空。钱恂到底是经历过风浪见过世面的人，当时并不为所动，单士厘亦随他安然坐在餐室等候。到了上午9时，轮船被合力曳入船坞，开始排除险情。

船坞，即船只停泊、修理之地，也是造船之所。这个船坞名"立神"，在长崎市的对岸。从船中望去可见石级层坡，高30余尺，是一个巨大的工程。长崎本就是港口冲要之地，不时有外国船入港求修缮，所以在长崎就有三个船坞。

等船体修复，船坞泻出中水，已是午后4时。单士厘等人仍在船中静候。

　　船处于坞中，如同在房间里静止一般，并无大碍，只是供水受到影响，生活非常不便，浴室、厕所等室都已关闭，这是令女人家最为难之事。坐在船上的感受也是蛮特别的——"斧斤之声，铮铮于船底，入夜篝火工作。"原来船长判断没有大损坏，还打算船修完马上驶行。等到入坞检查，方知受损处不小。于是由事务长前来告诉大家：准备换一条轮船渡海，已发电报给神户召船前来，大约在晚饭后，所召的船才能到达。于是单士厘等人决计在船上等候。

　　这段时间，钱恂的一位朋友得知他们因船受损而滞留在长崎，特别派人来迎接他们。这位名为李兰舟的上海人，是钱恂昔年在卢森堡的旧友，现任海参崴的商务委员，正在回国休假路上，恰巧也在长崎，于是钱恂跟着老友前往，在岸上留宿。当丈夫与李兰舟离船登岸，单士厘独坐在餐室，也没闲着，提笔给东京的几位女友写信，告诉她们自己历险之事：自别之后，短短几天，旅程上受了点惊吓，幸好船受损，人无恙。滞留期间，消息灵通的如实甫夫人等也专程发来电报慰问，可见夫人们彼此之间的关心，以及信息传递的畅通。回信写毕，她登上甲板，眺望远方，住在船上和岸上相比，真是另有一种景象。

　　第二天，单士厘在船上无事可做，跟着丈夫出港口，在长崎的街市散步，这里有一条所谓的"中国街"，里面有不少华人，但街景杂乱，并不值得流连。听说有规模的华商均不在此街。步行前往福岛馆吃饭，这个旅馆饭食精美，清洁卫生，给他们留下了很好的印象，于是就定了下月重回长崎的住馆之约。午后回到船上，船长过来聊天，这位60多岁的美国人，能讲日语，他为出了这样的事故而再三道歉，说自己担任船长30年无过失，今天发生这样的事，惭愧得无地自容，他的诚恳自责，让单士厘感觉这位西方老者品性敦实，行为可敬。

　　傍晚6时，神户招来之船到达长崎，决定次日早晨换乘驶行。

　　3月26日午饭前，大家开始换乘到"萨摩丸"轮船。"西京丸"的船长送到坞外直到乘客们都上船，不忍言别。而原船上的服务员，事务长以下至男女仆人也都换乘新轮继续服务。因换乘的"萨摩丸"舱位小，座位不适，单士厘就躺在舱室中。幸好，一路能与丈夫尽情畅聊还是挺愉快的。

　　单士厘记得这艘船，这是钱恂的堂弟钱幼楞东渡所乘之船，自丁酉年的冬天幼楞东渡，这一晃已经6年了。

幼楞东渡，是钱家的一件大事，开启了钱家人留学日本的先河。当时，钱恂安排将兄弟依托日本陆军少将神尾光臣而行（当时神尾任大佐）。"留学日本是我钱恂所创议，所以派幼楞弟为先导。"钱恂不无骄傲地说道："游学欧美难道不行吗？但是东西方相去甚远，将欧美文明直接输我国，是有难度的。不如借道日本，所以经我提议后，湖北学生留学日本最多。"

说起留学，钱恂总是滔滔不绝。在他的影响下，张之洞积极倡议向日本派遣留学生，说"出洋一年胜于读西洋书五年……西洋不如东洋"，为此还专门写了一篇《劝学篇》，列举到日本游学的好处。[①]

钱恂一直有这样的观点，中国文明要再创高峰，必得吸取世界文明的优秀文化。这也是当时眼界开阔的有识之士之共同愿望。多年之后，曾国藩提议创设游美留学生，沈葆桢建议英法留学生，大门打开，向强者学习，以能者为师，一代新风由此吹进来。

听闻丈夫的得意之情，单士厘不由地怼他："幼楞虽然因病而未在日本毕业，但论输入文明之功，其开端不在你，而在幼楞啊！"

钱恂笑着捋捋胡须，接受妻子善意的调侃。

因为遇险换船，他们的行程不得不改变。本来"西京丸"27日可以到上海，留2天时间休整，于30日仍乘"西京丸"返长崎，和"小仓丸"相衔接而驶向海参崴。现在既已延误，必须更改行程调整出行的日期。幸好，长崎、海参崴之间，日本邮船每二周一回，调整的时间不太长。

（五）短暂回乡　重启旅程

3月28日，大雨蒙蒙，钱恂、单士厘一行终于回到了上海。但由于这艘船的船长是第一次航中国，对吴淞口外水线不熟，又因雨大而视线不佳，所以频频停轮，直到午后3点才抵岸。钱幼楞早早在栈桥等候，见面后告诉嫂子："您的兄弟单不庵、表弟许可庄早已到了上海，等候为你们接风。"

---

① 曹春蓉：《甲午战争后张之洞高等教育思想探析》，《教育教学论坛》2013年第37期，第129～131页。

　　单士厘一双小脚，冒雨登岸，路上湿滑，颇感困难。于是就近在晋升客栈住下。这次行程本作长途旅行，沿途行程已事先确认，所以没有准备短途所需的被褥盥洗等日常用品。但船期既然已经耽误，不得不在上海多留数日，而中国客栈不给旅客提供这类用品，只好从同乡胡仲巽家中借用数件，又自购几样。单士厘感叹"一履本国，反多不便，令人失笑"。

　　3月29日，大雨沉沉不止，听闻这雨已下了好久，此地近两个月没有见到晴天，她不由得想起硖石，黄梅雨季时节也是阴雨连绵，闷热潮湿，令人不爽。地上一片泥泞，走路实在不便，让喜欢锻炼健行的她待在旅舍的小屋子里又实在难受。于是，叫了一顶轿子，趁这段时间有闲暇去访问了数家在上海的亲友，回到旅馆则趁机与兄弟们聚谈，查问他们的功课和学问。第二天，他们便迁往福兴客栈，较晋升客栈略微整洁。但在旅途上骤遇变化，人多事杂，钱恂对俗事纷至沓来颇为厌烦，且登船日期尚有几天，于是提议："不如我们带着诸位兄弟，驾舟找个偏僻的乡村，清闲数日，谈天说地，以避沪上之尘嚣。"

　　大家拍手叫好，欣然同意。

　　只是计划不如变化。第二天晨起，客栈里就有四位湖北学生前来拜谒钱恂，他们都是自强学堂的官派赴俄留学生。钱恂曾在自强学堂主持学务多时，俄文科又是根据他的提议所创设的，所以这些学生表示了强烈的意愿：要跟随"钱校长"一起赴俄。虽然因为职务调动，钱恂不再管理湖北留学生事宜，但看到几位初离乡井的学生在大上海人地生疏，何况远赴国外需要办理各种通关手续，对新手而言困难重重。加上这些学生言辞恳切，不由自主地就为他们出主意，想办法。钱恂"高参"让这4位学生先自行发电报给湖北当局，因为4月22日才有"伊势丸"轮船自长崎驶向海参崴，解释以本月14日由上海出发比较合适，把这个情况告知、请示之后，再确定行至日期等等。

　　一看到这个情况，单士厘马上知道钱恂又把事情揽上了身。这样的话，乡村清静行必然难成。猜想钱恂接下来必定要在沪上为这几位学生忙碌杂务，那她还不如利用这几天到硖石省亲。

　　机会难得，说走就走。

　　4月1日下午，她带着伯宽弟弟（单不庵）等人乘上小汽船直奔海宁。于次日下午2点到了硖石。紫微山下，市河流淌，她走进那幢自己生活了20

多年的老屋，熟悉的场景又现眼前。分别了数年，亲人相见分外热络，单士厘向长辈一一请安之后，絮絮而谈，家务事、新鲜事、人情风俗，话匣子一开就刹不住了，直到半夜才各自休息。

清晨的鸟鸣唤醒了游子，这一宿她睡得如此沉。醒来之后，起身望见东山的郁郁新霁，山光云影，不由得诗意升腾：

一雨几及旬，幽人茅屋赏。云气亘山腰，万壑淙淙响。雾景忽然开，历历见墟莽。山光青欲滴，黛色浮书幌。田畴亦既沾，禾麦看渐长。对此意欣欣，坐待月华上。①

熟悉的江南风光是如此令人陶醉，单士厘与家人继续长谈，将这段时间的国外见闻说给亲人听，家长里短的贴心话更是温暖，一说又是一整天。直到晚上，新月渐上树梢，她又带着婢女匆匆前往东南河的许家，舅舅早几年已经离开人世，但舅家的亲人还是要拜访问候的。

虽然两家相距不足三里，但步行，对缠足妇女来说并不容易。

除了小脚走路困难，深闺妇女出门用脚行走也是不受待见的，社会舆论认为这乃自降身份之举。单士厘深知传统封建势力的强大，对女子的束缚和禁锢已历千年，非她一人之力可以轻易打破。幸好硖川的两山一水间有宽容的空气。这块土地，向来得风气之先，颇有海纳百川的气概，对女子出门走路并不以为怪。单士厘由此养成了与传统闺妇不同的个性，用自己的双脚走路，对她来说反而是

硖石东山旧景

---

① 单士厘：《单士厘文集·受兹室诗存》，中国文史出版社，2022年版，第2页。

件骄傲的事。"乡党间尚不以予为非，故特以步行讽同里妇女。"从她日记里这句话看来，曾在同里有过被嘲笑的经历。内心强大如她，当然知道自己想要什么，并愿意为之不懈努力。她绝非固守成法之人，以脚步丈量外面的世界才是她的心愿。"中国妇女向以步行为艰，予幸不病此，当在东京，步行是常事。"辛丑年寓居日本镰仓，游建长寺还要攀树陟巅，赏金泽牡丹则绕行湖堰，常常二三十里路走下来不叫苦，连年纪和她儿子同年的小叔钱玄同都跟不上她的速度，对大嫂的游兴和"脚劲"佩服得不得了。

她越来越相信，特立独行的勇气才能唤醒生命的美丽绽放。

得知单士厘返乡，单不庵的两位朋友，想拜谒并请她谈谈日本女学的事。单士厘生长于教师之家，父亲、叔父、舅父在地方上有相当的文化影响力。她幼受庭训，聪颖过人，博学能文在硖川也小有名气，加上随夫宦游多年，尤其是出洋见过世面，更为难得，她从日本回到海宁省亲，是小镇上的新闻。

按封建时代的乡风旧规，妇女非至亲不相见。但单士厘作为外交官的夫人，时常接见外国客人，如果因为陈规陋习而不与本国青年相见，竭诚相告自己所知所闻，在她看来才是岂有此理。何况她对教育的话题特别感兴趣，内心更是觉得能与青年后学谈谈国外的见闻，不仅值得，而且有益。当晚便欣然与单不庵一起接见姓顾和姓金的两位海宁青年。

"女学之宜从女德始，而女德云者，初非一物不见，一事不知之谓。"单士厘的观点非常明晰，拥有良好德行的女子绝非闭门不知一事之人。她以自己的亲身经历从女学、女德谈起，认为弘扬女德首先要谈教育，并举例日本女子学校的教法说明现代女子教育在世界上的新发展。作为一位母亲，她十分推崇中华的母教。她认为，中国女学虽已灭绝，而女德尚在流传，如果善于教育，开发智力，以完全其德，当为地球无上之女教国。在她的心里，女子教育不只为女子本身的健全和发展，更是因为女性还担负着教育子孙的重任，正所谓"一个好女旺三代"，尤其是在科举时代，一个家族由举业成功而兴起和传延的背后，往往有不止一个含辛茹苦、灯下课子的母亲在支撑。"孟母教子"这样的故事也佐证着中华女性在家族传承、家风弘扬中的重要作用。要发挥贤妻良母的巨大能量，就要提升女性自身的道德水准和文化素养，这是源头之水，能量之始。大家族的闺秀传统，即单士厘眼中的"女教"的重要组成部分。她甚至认为"由女教以衍及子孙，即为地球无二之强国可也"。以前，她每每与钱恂谈到教育，都认同中国人尚不至遽绝者，无非是人人得以受到母教的缘故。尤其是那些人才辈出的名门世家，子弟何以能够长久兴旺，背后就有良好的家风，母爱的接续。所以，她向两位后辈传递的观念强调的是：母教是幼儿教育最重要的环节——"世禄之家，鲜克由礼，然五六岁时，必尚天良未泯，何也？母教故也。迨出就外傅而渐即浇漓，至应考试，得科第、登仕版，而日就于不可问。何也？离母远也。细想诚然。"①

这两名年轻人的名字现已无从考证，但这个场景里有几条信息是值得重视的。一是海宁人对于未知世界的好奇和强烈的求知欲，不会放过外部世界吹来的缕缕新风；二是证明了单氏在海宁硖石的影响力，兄弟单不庵也开始有自己的文化场域；三是单士厘的表现证明，远行不仅打开了这位女子的视野和心胸，行动上也开始具备了学者风范。

单士厘是一个非常有爱的女子，与家人怀有诚挚的真感情，此次即将出国，有几天时间回一趟娘家，拜会长辈，感受亲情，住在娘家老屋的日子并不多，却是如此得体。只是远行之期已定，不容她继续流连在家乡。她的继母、叔母、弟妹等人，均以她即将返沪而惆怅，想到即将要开始二万里远游，离别之愁绪油然而生。带着亲人的祝福和不舍，她于5日乘着汽船离开海宁，表弟许可庄送她前行，次日抵达上海。果然不出所料，钱恂已答允携湖北学生四人同行。

接下来的几天，单士厘忙着拜访在沪上的女友，既有国内朋友，也有数位日本女友。一旦有空，她就忙着写信发往各处，行将远别，言事言情均不能少，这是单士厘作为一名知识女性的社交本能，也是抒发情感排遣焦虑的好方法。因关注女子教育，所以在上海短暂停留时，她还专程去务本女塾访问，与学校的管理人员和教师交流。

务本女塾是上海第一所女子学堂。创办人吴馨，字畹久，号怀疚（怀久），祖籍安徽歙县，曾在上海为官，他奉"母命"办起了这所学校，以"修明女教，开通风气"为宗旨。1902年是他"迁校"之时，把原家塾从上海老城厢的西仓桥迁至花园弄，租屋当学舍，办起了女塾，并公开招生。当

① 单士厘：《单士厘文集·癸卯旅行记》，中国文史出版社，2022年版，第130～131页。

时在校任舍监的是其夫人葛尚平，并由她的挚友、南洋中学校长王植善（字培孙）的夫人沈竹书出任学监。单士厘在她的日记中有写道："去岁旅居租界，曾访城内务本女学堂主人之吴怀疚夫人，及日本女教师河原操子氏。马车驱城外，步半里至学堂，道秽人杂，几不可耐。"可见初创时女子学堂之不易。

考察女子教育，实践现代教育理念，她对丈夫钱恂的"国之所立在人，人之所立在教育"的观点非常信服。"有教必有育，育亦即出于教。"所以中国教育应该改革传统，赋予塑造培育国民的新使命，她深刻认识到妇女觉醒和解放对于一个国家的重要性，女性个体的觉醒，首先应该是以国民的身份而觉醒。

但这种觉醒并不与传统的女性价值相冲突，而应该是协调的，单士厘始终坚持并以身践行。她自认为"知女学"，并以"风化乡里"为己任，有合适的机会就向身边女性"谈卫生""戒缠足"，体现了与传统相继承的一面。她跟那个时代的先行者站在一起，顺应着时代的大浪潮，却也带有自己个性化成长的痕迹。

钱恂这段时间忙着为湖北四生做留学前的准备：汇款、分析公私情况、划算数目，这些事情都极为琐碎。放到现在，若一个家庭有孩子出国留学，往往都会请专业的代理公司分担劳务，即便如此，主办此事的家长仍觉繁难。何况百年前，留学还是非常稀罕的事。单士厘看到丈夫为学生们忙前忙后，分身无暇，深以为苦，因为当时中国的钱币还不统一，有些是生银块，有些是外国银货，也有出自不同地方的中国银圆，而且重量不均，湖北自造的银圆不能在上海通用，要经过换算，层层折蚀，且还要换成日本币与俄币两种外币作为旅行途中的备用金，过程种种实在是琐碎之极。联想到钱恂之前每一次出国都要带二三十个学生，这些杂事都要亲自忙前忙后地操劳，她深深地体会到了丈夫这些年做事太不容易了。

过了一天，之前在长崎相遇的李兰舟回到上海，又在沪上的家中设宴，请钱恂和单士厘前往。其实李兰舟请单士厘到他的家里，除了联络感情，另有目的和用心——李兰舟的母亲是位传统的老式妇人，一门心思延续旧传统，惦记着要为小孙女缠足，听不进别人的意见。身为孝子，他不想与母亲冲突；但作为接触过先进思想的洋务人员，他又难以从命。缠足对于女子一生的影响至深，所以他想请单士厘这位见过世面的外交官夫人出场，谈谈外面的世界变化，劝劝思想僵化的老娘。

　　当天的家宴，李兰舟的母亲李太夫人率两女、一外孙女亲自接待。觥筹交错、举杯停箸之际，女子之间的话题就开始延展。单士厘以亲身经历力陈缠足之弊端，认为应该及早戒除缠足之风，还女儿一双天足，何况现在国门已经打开，女子也应该走出去看看世界，若仍缠小脚，苦了小女儿不说，也跟不上时代的潮流。她的现身说法，有理有据，在场的妇女都有共鸣，"一双小脚一缸泪"，席间的成年女子都联想起各自身受的痛苦，从心里认同了她的观点。李兰舟借机提及中国的女教和女德到了必须改良之时。他当然知道单士厘在研究女学，所以更想借机鼓励自己的姐妹接受文明之新学。于是，单士厘现场再次宣扬她的"女子教育观"，由世族家庭和书香门第的"闺秀传统"开始生发，指出女子接受教育除了自我成长之外，还有助家族兴旺的作用，她甚至认为女子的道德水准之所以要与教育程度一起提升，是为了整个中国的国民素质能够更上一层楼。

　　李兰舟也是清末外交界的一位传奇人物。单士厘早就从丈夫口中得知他的名字，是一位博学多识且精明能干的人才。10年之前，钱恂从俄罗斯归来，行囊中携有李兰舟所绘制的铁路图表，听闻他由西伯利亚陆路归国时，铁路尚未建好，万里长途，只靠着三匹老马拉着简陋的车在冰天雪地里奔驰，"较缪君祐孙之仅至伊尔库茨克者过之，盖中国一人而已。"[1]她在自己的旅行记里提到的这一笔，记录了一段几乎被现在遗忘的历史。

　　她提到的缪祐孙，是光绪十二年（1886）进士，曾作为总理衙门外国游历员被派往俄国。1887年，他自海路经中国香港，以及新加坡至意大利热那亚，转乘火车经德国柏林前往圣彼得堡，用时一个多月到达，之后俄罗斯境内周游两年。最为著名的一段经历则是在1889年，他从陆路经恰克图归国。往返十万余里，途经水陆、历时冬夏，翻越险阻、克服酷暑与严寒，"亲履观览山川险要、政治得失、帑藏盈绌、兵力厚薄、物产饶歉、户口众寡、俗习美疵"，详细记录了俄国海军、陆军、兵制、炮台、铁路、隧道及领土扩张等情况，以日间游览探索、夜间考证与翻译俄国著作，作成《俄游汇编》，虽然取得成果不小，但也因此不幸患了腿疾。单士厘对这些早期出国并以一己之力，开拓国人眼界之人非常敬佩，了解他们的传奇经历，也通读过相关

---

① 单士厘：《单士厘文集·癸卯旅行记》，中国文史出版社，2022年版，第132页。

的文献资料，所以能在《癸卯旅行记》中写到。她为这次跨国旅行作了充分的知识储备，使远行呈现出厚度和纵深感。

当时钱恂以缪祐孙这位著名外交官的履历来证明李兰舟的优秀。虽然李像流星一样划过天际，并没有多少人看到过黑夜里他的光华，但同时代的钱恂捕捉到了那道光，灵魂相近的人总是能够互相欣赏。李兰舟也对钱恂非常尊重，即便是在异国短暂停留，获悉因舟船意外的留滞也要联系相见，可见彼此间的惺惺相惜。当然，他们之间的交集也有互相携助之时，如前一次钱恂自海上乘船归国，比李兰舟早半年，在军机大臣李鸿章向钱恂咨询俄罗斯外交事务的人才时，钱特意提到李兰舟。那时李兰舟尚在归国途中，李鸿章听了介绍，嘱咐钱恂发函电，令李尽快赴天津，自此李兰舟的名字列入了朝廷外交人才的备选名单。

单士厘从李家回到客栈，与丈夫聊天之时，钱恂又说起另一件关于李兰舟的事。那是1895年李曾递条陈给朝廷，直言对俄国与中国通铁路的六种方案的意见建议，当时他有这样的国际眼光，朝中却没有响应，根本不会采纳这样的"微言"，真是可惜，机会错过了就是错过了。对于李兰舟这样熟悉外交事务、饱读诗书又有真知灼见的能干之士，钱恂是很看重的，而对清朝廷中的贵族对边疆事务的"短视"行为，他不仅在与老友通信时忍不住"吐槽"，也会在与妻子闲聊时谈及。可见单士厘在钱恂心目中的地位，夫妇之间无话不说，竟如见识相当的友朋。

在临上船的那个晚上，单士厘一边整理行装，一边与丈夫说话，"竟夕碌碌"。

4月11日上午7点，准备出国的越洋轮"弘济丸"招呼客人相继登船，等到钱恂来来往往安排好几个学生上船，已是9点钟。这艘船与昔年单士厘所乘之"博爱丸"相差不多，也是红十字会的姊妹船。10时许，钱、单两家亲友在港口挥着手依依送别，轮船拉响汽笛，离岸驶向远方，她又开始新的旅程。

经过两天的海上行，船抵长崎港。单士厘对这个港口城市并不陌生，每次到日本，几乎都要经过此地。船泊岸，但见山翠空蒙，圆月在水，不由心境旷然，如逢故人。上月订好的福岛馆已派人前来迎迓。

之前，单士厘每每听说钱恂带着若干人来日本，从神户或横滨登陆，大量的行李过税关时手续虽烦，幸好已得外务省知照，故事事简易。她也未亲见海关的程序，此次共有10人登陆，但只有她一人通晓日本语言，且因未先通告外务省，不得不由她亲自陪同入关。行囊四十余件，一一运入验场，等待检视，只有标好"入许"二字，才得携带出场。同行的数十位旅客，数百件物品，不免混杂，幸好日本海关人员比较和气，旅客也很自律，没有人插队，也无人喧嚷，现场总体还算是有序。

单士厘不由得想起上海所谓洋关。首先是没有专门的验场，关务人员在栈桥上，随意择人拦阻而验之，遇上雨雪天亦是如此。既不尽阻，亦不尽验，真真使人不知如何是好。从事海关事务的都是西方人，语言不通，又沾染了不良的习气，旅客困苦可想而知。

入住福岛馆，一切安排妥当，她在饭后带着诸位学生往劝工场各自购买旅行用物。所谓劝工场即较大规模的商店。此地除民间日常所需用品外，大多是当地产品及畅销商品。以单士厘的经验，商场里的畅销产品，如果不是通商之地则主要供本国人用，在通商口岸则是为外国人提供更多。如横滨是通商要地，为英美船常过之处，所以商场物品多投英美人的嗜好。长崎也是通商口岸，为俄国兵、商船常集之处，所以商场物品多倾向俄国人所好。

不料接下来竟连逢风雨。住在屋舍之内，单士厘不免又惦记着留在日本就学的四个孩子。钱家的留学生几乎是"独立完全之自费生"，一切选学校，筹学费，悉悉往来都由钱恂一人在操办。就从这几天看，丈夫终日忙碌，无非为学事、钱事及家事操劳，不时与东京函电交往。单士厘心疼丈夫辛劳之余，不禁感叹古老中国之现代教育的滞后，如果能在自己国家接受高等教育多好啊！"予因本国无一处可以就学，不得不令子女辈寄学他邦，不胜慨叹。"[1]

令单士厘感叹的还有，因风雨受阻原定计划无法实施。

本想趁着候船之机，到长崎附近的熊本去旅行，一览当地名胜，特别想亲自试试非常有名的沙中温泉，顺便去看望日本女友柳原氏，"岂知如此闲暇，不能如愿，知游福非可轻得"。的确，在旅行途中的天气因素影响巨大，设想的行程无法实现，让她望着窗外惆怅不已。

4月18日，单士厘在旅行日记里提到了徐显民，在上海委托钱恂将他的侄子带到日本留学。初出国门，百事皆难，钱恂接到朋友的委托，但自己又即将赴俄，所以在认真考虑盘算之后，他为这位年轻的中国留学生做好留学

---

[1] 单士厘：《单士厘文集·癸卯旅行记》，中国文史出版社，2022年版，第134页。

规划，再挑选合适人选为"小徐"办理相关手续，计划将他送至大阪，然后再由钱恂之友孙实甫送往东京。所有的一切细节最终实施还需要一个"托得落"的办事员，想来想去，钱恂决定拜托宁波人张济庆代劳。张先生在邮船会社做事，并无中国官场习气，办事认真，为人诚恳，可堪托付。

值得一提的是这位徐显民，系钱恂之父钱振常在绍兴龙山书院的学生，而更大的缘分经由钱恂之手建起。数番交往之后，1904年冬，钱恂做主为弟弟钱玄同定亲，求娶徐显民之女徐婠贞。徐婠贞的祖父徐树兰是光绪二年（1876）的举人，曾任兵部郎中、知府等职，在绍兴建了一个很著名的藏书楼——古越藏书楼。蔡元培在1886—1900年曾在此校书四年之久。自此，这位绍兴著名的藏书家就成了钱玄同的岳父家，钱徐两家结为姻亲，两家人的后代人才辈出，成为佳话。

听说开往海参崴的越洋之舟是"伊势丸"，这艘船的吨位仅1250吨，其中一等舱14位、二等舱8位。从神户出发，到抵达长崎只需两天。他们由会社发往神户的电报确定了船室座位，买下了一等4位、二等5位。单士厘在日记里记下了当时的票价：一等舱40元，二等舱25元。

旅途辛苦，诸事亦烦。单士厘这两天患了小病，颇不舒畅。看到爱妻心情不好，于是，钱恂想出用短途游的方法来"安慰"喜欢旅行的夫人。午后，趁着天气不错，带着她外出散步，本想登山，走了没多久，居然看见边上有层层坡道高耸，蜿蜒向上的古道仿佛是一种邀请，经询问，得知上面有天满寺。于是两人便来了兴致，携手登上层楼，在茶室小憩，只见春日残樱犹在枝头，深深浅浅的芳藤倒垂，环境极为雅致，景致令人忘俗。

单士厘以前听朋友谈过长崎有一种美食，名为"鸡锅"，甚是有名。桌案正中有圆孔，孔中悬挂食物器皿，下面放置烧热的炭，桌上摆上一锅汤，炙烫鸡肉，由客人自己调味就食。单士厘又和钱恂说起典故——"括苍古道上，冬令时节，也有此食法。"

美食的诱惑就在眼前，怎能放过？

于是两人就在藤花下坐饮，一个土鸡煲吃好，缓步而归，出了一身汗，身上顿觉健爽。

4月15日，他们搭乘的"伊势丸"终于起航，驶向俄罗斯。

四、水作东西流　地别欧亚境

在漫长的历史上，中国旅行家写过一些亲身经历的游记。如东汉班勇的《西域风土记》，孙吴朱应的《扶南异物志》和康泰的《外国传》，唐代杜环的《经行记》以及玄奘《大唐西域记》等等。但数千年以降，国人旅行很少越出亚洲范围。

随着近现代的世界形势变化，交通工具改进，国际交流路径越来越广。但国门初开之时，能够自由出行的人并不多。

1903年3月15日至5月26日，单士厘从日本出发，经朝鲜，又回中国再舟行至东北进入俄罗斯。其时，钱恂以二等参赞的身份随驻俄公使胡惟德出使俄国，单士厘作为外交官的夫人同行，是极少数能够出国远行的中国女子。

这70余天的经历，成就了她的《癸卯旅行记》。这部旅行日记，是我国首部女子撰写的出洋旅行记，她对俄罗斯的记述，主要集中于《癸卯旅行记》的中卷和下卷。感谢单士厘以日记形式记录横跨欧亚的行程，打开她的独特旅行记忆，看120多年前，从海参崴经当时俄人管辖的中东铁路，过西伯利亚，直到圣彼得堡路途中的所见所闻，俄国诸多城市的社会图景得以再现。这是中国妇女最早望向世界的清亮目光，她所留下的女性走向世界过程中的一切经历和思考，具有跨时代的意义。

（一）途经朝鲜　闻见多思

4月20日，单士厘所乘的"伊势丸"于午前8时抵达朝鲜釜山港。

釜山港是位于朝鲜半岛最南端的港口城市，它东南濒临朝鲜海峡，西临洛东江，与日本对马岛相对峙，是一个天然的良港。

那天的雨虽然已经停止，但风劲，大家决定不登岸。此地有华商100余人，都是山东人，大多只是小商贩，在这里做点小生意。中国清政府在此设一领事官。单士厘看到釜山海关人员的服装竟然与中国相同，有点疑惑。钱恂告诉她，这是当年赫德所定，今天仍沿用旧制。

旅行多故事，但有些故事却透着心酸。这艘船的一、二等舱并不多，三等舱位的100多名乘客，其中有不少中国人。在这些人中间有4名浙江人、3名山东人，均只能讲中文，不通异国语言，又未购船票，且都把海参崴作为目的地。得知钱恂是外交官，其中3名山东人拿出2个金指环等物，请钱恂向船上的事务长作担保，船方勉强同意许可。而4名浙江人，竟然只能交一半的船票钱。依照日本船的惯例，到了第二个停靠的码头将让这些不购票的人登岸，而后不再允许他们上船。

于是，船停靠釜山港后，"伊势丸"的事务长鹤田氏带着这几个浙江人前往谒见中国领事官，但领事拒而不见。这四人又与在港口的100余名华商无一相识。船上既不允乘载，岸上又无可通财之物，在釜山海滨可怎么办，岂不要饿死在异国？他们遇到这样的境况急得不行，向钱恂求助，看到这群浙江老乡在异国他乡遭遇困境，钱恂也为之着急。看他们实在为难，最后决定自己贴钱为他们每人拿出十个银圆补齐半票。

票已补好，钱恂发问："为什么不准备好船钱，就匆忙出国？"

一位姓张的山东人解释，他本在海参崴开药店，经常往来于这条线上。这四个浙江人也都在那里做服务生意，亦屡有往来。自从俄国铁路公司的船在这条航线上开行后，凡是华人，往往不必先交船钱。船到岸后，可以让一个已买了船票的人先登岸，向相识的人借钱补交船票钱，便可登岸，所以不知日船与俄船的差别等等。

单士厘听到俄船的"新规矩",不由得想到——上船买票,是正理,日本船方的规矩符合市场规律。而俄国的船务却是如此这般允许"先上船后补票",日俄的生意手腕之不同,即此可见一斑。"然小利诱人最宜施之于中国"[①],这句话里有着她悲凉的清醒。

因风浪较大,本应4月20日晚起航的船,留泊于釜山港。次日,强风继续,船航出港口又折回,接下来四天因风雨,而继续留在港口,4月24日,本为"伊势丸"抵达海参崴之日,竟然仍滞留釜山。25日风平,上午8时出港口,满以为明日可抵元山。谁知午后2时,雨骤降,风骤劲,船小,推进器力弱,不能前进。通常每小时行进10迈,是日仅能行2迈。大海隆隆地轰鸣,压倒了骚动不安的睡意蒙眬的夜的一切声音,辽阔的、茫无际涯的大海显出了阴森森的样子,伴着无坚不摧的王者之气,从容不迫地轰鸣着。船上没有电灯,夜晚航行水天如墨,坐听浪打船舷声,似在进入危险丛生之地,令人毛骨悚然。

26日上午9时,风力仍未减。船长看到这样的情况决定不再冒险前进,又折回向釜山,这已是第三次出海被"劝退"。夜11时,"伊势丸"仍入釜山港停泊。

单士厘的这次跨国长途旅行,开始得并不顺利。行程一再受阻。"西京丸"之触岩,"伊势丸"之遇风,让她望洋兴叹:真不知何日可达圣彼得堡!

27日的早晨,船长说还要再看看天气,想必今日无法出港。既然出门在外,看天吃饭,单士厘索性放宽了心,与丈夫一起搭乘小船,登上釜山岸。看到不远处的山,长着高大茂密的树,得知此处乃是万余日本民众的群居地。这里有驻兵约一大队,设有领事、临时宪兵队、警察,也有学校、幼稚园、医院、邮电局(朝鲜有自己的邮递司、电报司)。一望而知为日本之殖民地,已实行殖民政策,且从事一切贸易工作的,皆为日本人。即便是渡船撑篙工亦日本人。

而朝鲜土人除运木石重物及极劳极拙之事外,并无他业。

单士厘见当地土人运送木头,长五六尺之大木头横负于背,喘息步行于市集街道,浑浑然,眼中似乎不知市街尚有他人他物,朝鲜孩童除了拾草芥

---

① 单士厘:《单士厘文集·癸卯旅行记》,中国文史出版社,2022年版,第136页。

弃物之外亦无余事。她向钱恂提出想深入朝鲜的乡间，察看当地的风土人情的提议，与丈夫一拍即合。于是，马上找好当地的向导，前往附近一村庄。船近村头放眼望去，村民都穿着宽衣博袖的朝鲜族衣服，白色的衣服已污成灰色，衔着烟管，倚靠着墙或坐或立，泥土和木板所筑的房屋低小，沿街售卖着烟草、草鞋及不洁之食物。食物盛放在铜制的器皿里，用勺子吃完后，即以此器洗脸，或作他用。同行的人在边上轻轻感叹，这一情景仿佛东北的农村。

船上雇用了十来个苦力从事搬运，工作完成后又以小舟载之而归。见他们行路入座，丝毫没有公德心。每遇到小舟因人多不能容纳时，日本人抓着朝鲜人的头发捺入舟底，那些人两手护发，竟然嘴角颤抖着而笑。这样的场景令单士厘心生悲凉，感慨"无教之民，其愚可叹，其受辱不知又可悲"。[1]

这一天，有一艘名"万国丸"的日本船从山东来，入釜山港口，也是午后驶向海参崴。那艘船上载有五六百名中国人。单士厘听闻船上的人说，每年公历4月后，从山东陆续前往海参崴的人就有三四万人。这些人并非都留在海参崴这个码头上，而是散布到中国东北及俄罗斯境内，以务工谋生，清政府并不知晓此事。自己国家外出务工人员的准确数字，即便是派往外埠的商员亦不能查知，俄罗斯官员也没有掌握确切人数，这些"涉外人员"的权益当然是无从谈起。

4月28日，"伊势丸"船加足了煤，添足了水，备好了充足食物，船长向大家承诺，如果遇到合适的好天气，午后即行。单士厘抬头看到一朵朵乌云间，忽明忽灭地闪烁着几颗淡蓝色的星星，天空在渐渐地廓清，相信这次肯定可以顺利出航。果然，大海波浪宁静，一夜稳渡。次日清晨走出舱门，海上航行，波平如镜，左岸的山顶尚是白雪皑皑，在蓝色的海平面的映衬下，风景令人心旷神怡，同舟的客人登上甲板眺望，无不欣快舒畅。有日本邮船会社的夫妇，带着一个出生才数月的婴儿，尚在哺乳期，连日来母子疲惫困顿，小儿哭啼，整天吵闹。当来到甲板上，阳光明亮，孩子开心起来，尽显活泼姿态，笑容可爱得让单士厘也忘却了连日旅途的不顺。

30日上午，船抵元山港。这个港口，人烟不及釜山之繁盛，但风景甚

---

[1] 单士厘：《单士厘文集·癸卯旅行记》，中国文史出版社，2022年版，第137页。

佳。关税与釜山的份例相当。有1600余名日本人在此，设有领事。

当地的邮船会社邀请钱恂登岸留字，单士厘也一起前往。会社的屋舍开间不大，社员三四人，已集中在一室中，除白木几椅外无他物。钱恂悄悄地对单士厘说，这里与中国招商局之华美相比，简直是天渊之别。

社员研墨舒纸，钱恂提笔作书二十余幅。在他书写的时候，边上站满了观望者，还有朝鲜人也立在窗外抻长了脖子、跷起脚观看，他们一边是看外国客人，一半也是看所书的文字，熟悉的汉字令人兴发同文之感。

单士厘敏感地发现，朝鲜人喜好书对联于门前，这一现象与中华文化的传播影响关联密切。可是她仔细观察楹联内容，从中发现了一些值得思考的问题。如有一联这样写道："人谁敢欺修身者，天不能穷力穑人。"她马上想到：如果把一切放给命运和老天，毫不理解物竞天择的道理，岂不是很可笑吗？另一联："烧薪烧灾去，汲水汲货来。"她则认为——若把幸福的追求朝向虚无之地，而不励精图治，会不会就此一步步走向困境绝地呢？

她的思考和反应，显出卓然不凡。受到"进化论"等现代文明观念的影响，她开始越过传统的中华文化去寻求答案，这种面对生命困境勇于竞争，不甘落后自强不息的态度，放到今天，仍然令人无法忽略其中显现的强悍内核。

5月1日早晨，船抵朝鲜的城津港。遥遥望见山麓有城址，古亭翼然，单士厘在猜想这是不是古城楼，因为这里曾经发生过著名的战役，载入史册，对东亚的影响至深。她观察发现，城津港的人气不如元山港，且因开港不久，所以贸易往来几乎为零。但她分析认为，此港口是日本人为了增加他们在朝鲜之势力而有意开辟，所谓贸易，无非只是挂个名而已。回想到船所经过的釜山、元山、城津港，除釜山有产米之外，其余一器一物，无不来自日本长崎，连所居之屋的用材都从日本运载过来，她得出的结论是：日本人对朝鲜不惜经营如此，令人心惊。

午后5时，轮船启航，预计次日即可抵达俄境之海参崴。

单士厘提笔记下了此行的里程："自长崎至釜山，海里百六十一。自釜山至元山三百零四，自元山至城津百三十，自城津至海参崴二百二十云。"[1]

---

[1] 单士厘：《单士厘文集·癸卯旅行记》，中国文史出版社，2022年版，第138页。

（二）在海参崴　痛心疾首

晓梦初醒，单士厘被晨光唤起。她从船舱抬头一看，但见彩霞旭日，在水中交映，远山如螺鬓耸起，波平如镜。她马上翻身而起，拿起准备好的望远镜，快步登上甲板，举目而望，只见一岛孤耸，灯塔高峙，心里不由得呼喊——海参崴，我来了。

这是1903年5月2日，一位江南女子踏上了这片遥远的土地。

海参崴，是中国历史上对这座城市的旧称，因近海产海参而得名。而这个本名现在只留于书册中，这座城市的名字一改再改，仿佛一种标记。在单士厘看来，俄罗斯人得地后必改名已成习惯，如海参崴的屡次改变就是例证，今又名"务拉的乌斯托克"①。她在日记里记载：这是咸丰十年所"赠"予俄国者，俄建为东方第一之重要军港，附设商港。令她更为愤慨的是，自光绪二十四年（1898）还"慨赠"辽东半岛与俄，旅顺大连湾成为俄人东方不冻之第一良港，而海参崴次之。

这是中国近代史上的一段痛苦记忆，1897年冬，德国军队强占胶州湾，沙俄舰队驶入旅顺湾，强租旅大，中国被列强瓜分的危险日益迫近，有识之士对于中国国土被外人侵占深感揪心，自此也引发了近代史上有名的"戊戌变法"。

关注中俄边疆问题的近代中国知识分子群体中，就有年轻的蒋百里，他在日本留学期间就曾写下多篇对于沙皇俄国的分析，对中国面临被列强瓜分之祸忧心忡忡，对蹂躏我国东三省的俄国侵略者抱有高度的警惕，甚至强调说："天下之大患在俄。"②

有意思的是，蒋百里写下评论沙皇俄国的时间，就在癸卯年。

船沿着岛屿的左边缓缓而行，进入金角港，但见炮台左右高下，参差而列。再进去，就看到依山列屋，三面环抱，市埠就在眼前。

---

① 务拉的乌斯托克，即今日的符拉迪沃斯托克。
② 飞生：《浙江潮·俄人之性质》第1期"各国内情"，1903年2月17日，第1页。

大船刚刚停泊，就有数百艘小舟竞相前来渡客。划船的人十有八九是中国人、朝鲜人，他们久寄在这个码头，岂有不知俄罗斯向来按惯例不许来客立刻登岸的吗？单士厘的疑问油然而生，随后她根据钱恂介绍的各国海关管理的情况进行比较，让我们看到沙皇俄国时期的管理水平——"环球各国，不论是何等人，不论来自何地，一概禁此，非有本国护照不许入境，惟有俄罗斯却是另有一番情景，禁止入境犹可言也，为未明其为何等人也。至禁止出境亦非准据不可则奇矣，犹可言也，为稽查国人他徙也。至禁人由此地徙往彼地，相隔二三十里，为时或仅十余日，亦非准据不可，则奇而又奇矣。"①

钱恂和单士厘本是外交人员，他们有驻俄的中国公使出具的照会，又由驻日之俄国公使签字，是最优等的护照。四位湖北学生，则由湖广总督出具的介绍，由驻汉口的俄领事签字。

其余人则由江海关道给凭证，由李兰舟代向驻沪之俄领事签字。自长崎来的人，亦可由驻崎之华领事给凭证，而由俄领事签字。总之非有凭据不可。然而，当她听闻当地港口的中国人有四五万之多，并不尽有护照，实在是觉得稀奇。俄罗斯官员曾严令检查，不但入境准据多半没有，即所课税之身纸（身份证件）亦互相换验，难以核实准确数字。按照俄罗斯的惯例，人无贵贱老幼，都需要一张"身纸"，按年缴税。若无此，苛罚之严不可思议。此"身纸"又时时索验费，华人之中有些人为了逃避检验费，干脆不用"身纸"而混进海参崴。

轮船停泊在海上，等待医官前来检疫。这是各国通例。俄罗斯在此一项却特别放宽，听说只有遇到机密事件想要阻止外国船入港口，才以有疫病为名，施其禁令。单士厘亲眼看到，医官3人驾艇前来，登上甲板后转一圈便回程，也不问船上是否有疫病，检疫制度的执行的确并不严格。

不一会儿，两个警察佩着长剑，腰里插着短铳，两个关役执铁刺和手封漆来验舱加封条。再过一刻，三位官员过来，还有一侍从捧着小箱站立。官员进入餐室坐下，与船长招呼了一下，即要酒，边饮边笑，竟要船长也一起喝酒。船长坚决辞却才准许不喝。侍役呈上箱子，退立在梯子旁。官员拿出箱中的印章，让船长把乘坐在上、中、下三舱的全体乘客请出来，手拿入

---

① 单士厘：《单士厘文集·癸卯旅行记》，中国文史出版社，2022年版，第139页。

口准据等待检验。在钱恂与单士厘的护照上，海关官员亲手负责加盖检验印章。随后把印章给船长，请他代劳，这个过程持续了很久很久才完结。

官员下去后，甲板上还有税官站立，舷梯旁也有关役守着，监视乘客运送自己的行囊登上渡舟。这批乘客马上将要遭遇最严的海关检查，而且还得花费一笔不小的钱——不论货物大小，都要出资20戈比。即便只有一杖、一雨披，都不能自己携带，必须出钱。当行李运至岸上，排列放置于一个坡地上，件件都要打开检查。遇到东方人尤其严格，几乎没有一个包裹不要求拆开看，即便如方寸小包也不放过，甚至棉质卧具也拆开检视，盆栽之花亦掀土验之。

"俄罗斯人拙于制造，一切精制多来自外国，这样严格检验是用来保卫自己的吧。"单士厘虽然有些不解，也想为此找到理由。

钱恂说："我昔日曾出游土耳其，土耳其的海关以严格著名，还不至如此。"

因为预先由驻俄公使向俄罗斯外交部发过电报让海关放行，钱恂等一行人特蒙外交优待，以小汽艇渡载上岸，且不验一物，令船上的乘客刮目相看。

海参崴港口，中国设一商务委员。商务委员所享权利不如领事官，日本曾想在此设领事，俄不允，于是降而设商务委员，中国随其后也设了商务委员，即李兰舟。

因李兰舟正好休假归国，由关寿彭代理相关事务，关是广东人，同利商号的主人，在此港做生意二十年了，办事很有经验。李兰舟托他派船前来相迎。商务署中还有李次山、黄朴臣也一起前来接应，关照极为周到诚挚。单士厘等一行9人，当晚便在商务署投宿。

进入俄国，单士厘开始用俄国的日历来记事，但她马上发现了一个问题。"今为俄之四月十九日。俄与各国同用太阳历，何以与各国又相差十三日（每月之十四日为各国次月之一日）？"[1]

钱恂回答了她的疑问，因为昔年他在俄罗斯时发现，俄历与各国差12天（每月之13日为各国次月1日）。现在相差了13天，是因为1900年各国不闰年（2月均为28天），而俄国实行闰年（2月有29日）。至于相差十余天，则因为各国所用日历乃是教主格里高利十三世（1572年时教主）所改

---

① 单士厘：《单士厘文集·癸卯旅行记》，中国文史出版社，2022年版，第141页。

的新历。俄罗斯既不尊崇新教，也就不用格里高利的新历，仍用其东正教的旧历。

格里高利历是公历的标准名称，是一种源自西方的历法。它先由意大利医生、天文学家、哲学家、年代学家阿洛伊修斯·里利乌斯与克拉乌等学者在儒略历的基础上加以改革，后由教皇格里高利十三世于1582年颁布。"公元"，即"公历纪元"，单士厘称之为"西元"。因为格里高利历的内容比较简洁，便于记忆，而且精度较高，与天时契合度较好，所以逐步为各国政府所采用。

单士厘关注纪年方式，是在出国之后。随夫赴日本生活多年，看到了世界新潮流，她发现："世界文明国，无不用格勒阳历，一岁之日有定数，一月之日有定数，岁整而月齐，于政治上得充分便利，关会计出入无论矣，凡学校，兵役、罪惩，均得齐一。"[1]于是，很快接受了格里高利历，也就是她所记的格勒阳历，"予知家事经济而已，自履日本，于家中会计用阳历，便得无穷便利"。这位家庭主妇便改用阳历计时，与世界接轨。她认为，日本明治维新之后改用公历，并非喜欢新异之物，而是为了政治和经济往来的需要。

关注历法与纪年的不同，从而发现各民族的文化差异，并且乐于寻找个中缘由，充分体现出她作为一名学者的与时俱进。采用阳历来进行自己的财务管理和家务管理，于她而言虽是为了便利，却不知在不经意间创造了一个划时代的举措，她这一出手就告别了专用"农历"的千年习惯，并在日记中首开中国与西历并行的方式。

这在今天看来，似乎是寻常之事，当时却是了不起的创举。

单士厘曾听闻丈夫转述张之洞的话："世人误以'改正朔'三字为易代之代名词，故相率讳言，不知此三代以前事耳。汉兴，承用秦历，代易矣，而正朔未改也。太初更历，正朔改矣，而代未易也。厥后凡易代仓皇之际，必无暇改正朔；而统一稍久，修明制度，则往往修历，本朝亦以康熙之盛始修历。然则改正朔与易代不相干，何讳之有？诚名论也。"[2]

---

[1] 单士厘：《单士厘文集·癸卯旅行记》，中国文史出版社，2022年版，第141页。
[2] 同上。

这是大人物以历史眼光看待历法纪年的观点，在那个时代，以清醒的头脑来对待历法问题，还需要大勇气。天文历法在中华传统文化里有着特殊而崇高的地位，有人甚至以改朝换代相提并论，简直如同一根高压线。使用公历还是本国旧历，表面上看起来是一个习惯问题，实则是关系到国际政治生活与文化交流的大问题。明治维新后，日本为方便国际交往率先改用公历，而清廷封建顽固派把"改正朔"视为改朝换代，坚持"道不变法亦不变"的陈腐观念，所以清政府始终不用公历。就在那个时代，那种氛围里，一名小脚女子竟然能在日记和家庭记事中奉行公历，虽自谦"予知家事经济而已"，但能见及于此，正表明她不凡的政治见识。

世界潮流浩浩荡荡向前，单士厘领风气之先，对于中华传统的态度体现出她的智慧。她身上当然有保守的一面，可是全盘否决并非就是先进。她的坚守，亦有爱。

她曾听钱恂说起中国驻外各使馆，在外事活动中只用对方国家的年份日历而不兼列中国纪年日历，单士厘对此并不认同。看到某些人学了几个月的西方文字，提笔写封短信第一行就写西历日月年，而不写自己国家的年份，她的内心甚至有鄙视，这位女子始终坚持中国的旧历亦不妨与西历并行，认为有利于保存传统的节庆风俗，至于和外国人进行交涉，则可以用到公历，方便交往，并无不妥。所以她总是在日记里先写自己国家的纪年日历，而兼注阳历。

单士厘的这份民族自信心，推动着她走向世界时既能接受新鲜事物，也不忘记华夏传统。百年后，她的文字成为史料，不仅方便阅读，更让我们看到这位女子超前的眼光和超强的整合运用能力。睿智使她拥有理解世界的逻辑思辨力，在某种方面也能达成了中西交往方式的内在统一。

5月3日，钱恂前往答谢关寿彭，并与他一起到俄税官长处，并拜托这位"东方总关长"向满洲里的税关用电报嘱放行。钱家的8件重物行李，由他漆铅封识后，可免开箱检视。因单士厘同往，税官夫人亦出来接见。

次日凌晨，单士厘与钱恂一起出门散步，沿着港口来到集市，了解当地的风土人情。远远望见了港口所泊的两艘巨大军舰，都是四个烟囱，但不知舰名，更不知舰船等级、有何等炮力。

作为一位知识渊博的学者，单士厘有强烈的求知欲，对政治经济军事知识都有所了解，决不认同女子的视界只限于家庭。面对眼前的海上巨物，她忆起去年横须贺举行的军舰入水仪式。仪式现场，日本仿照西方惯例请来各路男女嘉宾，她的儿媳包丰保因为是实践女校的学生，由女校长带领前往参观，听到军舰的制造和使用方法的介绍。回来之后，非常兴奋地给家人说起舰船的炮数、炮力、速率、船质等知识，令婆婆单士厘非常羡慕。要知道在那个时代，妇女可以走上军舰极罕见，她小小年纪就可以多方位见识最先进的海上军舰，这在百年前中国是无法想象的。在上海登船出国，曾屡次经过吴淞口，钱恂每每指着"海容""海圻"号对妻子说：这是中国新式军舰。可是连钱恂也无法登览，更不要说女流之辈有机会登上舰船。

夫妻俩边走边说，走了三里多路，来到了港口著名的纪念门。门与港口对峙着，是光绪十七年（1891）所建，沙俄现任皇帝尼古拉二世为太子时，在此地举行铁路开工仪式，建了纪念门，上面还挂着尼古拉肖像。钱恂深研中俄历史，认为俄国人打通西伯利亚铁路直到海参崴，正是战略需要，站在纪念门前，他对沙皇俄国对外扩张的野心感到深深忧虑。

纪念门边建有博物院，院子甚小，门亦未启，想来藏品无多，两人决定不进去参观。院外有一块高耸的石碑，却引起了他们的注意。遥遥望去，碑上有新镌的汉文，两人对此颇为惊奇，走近一看，内容居然是宁古塔副都统讷荫为庚子年占领塔城的俄将歌功颂德，碑阴还刻有俄文。帝国主义的侵略和封建专制的腐朽反动，竟然如此"相得益彰"。惊讶之余，单士厘全文抄录了庚子年间的这块"功德碑"，记录了无耻地向沙俄侵略军投降的宁古塔副都统讷荫的丑行，并且讽刺地说："讷荫满洲世仆，其忠顺服从，根于种性，见俄感俄，正其天德，但文字非其所长也，不知何地某人，为他捉刀此绮丽词章。"①此碑竟是讷荫由宁古塔翻山越岭送到此地，献于俄国将领迟怯苟夫，现被放置在博物院外。据单士厘书中记载，清朝驻此地的商务委员李兰舟见到此碑后认为放在海参崴极为不妥，是国民之大辱，曾经录下碑文寄到北京，但清政府居然沉默至今，没有回应。

午后，日本的代理贸易事务官铃木阳之助以及外务书记生佐佐木静来访，单士厘亦参与会见，为钱恂传译。次日，夫妇俩再次前往同利商行，访

---

① 单士厘：《单士厘文集·癸卯旅行记》，中国文史出版社，2022年版，第143页。

问关先生夫妇，并在商行购买了数件旅行用品。同利商行是这个港口的华商第一家，可惜所备的中国货品并不多。除广东产的数种商品之外，略有一些江浙织物，亦仅为在海参崴旅居的华人所用而已。其他十有八九是上海转来的所谓洋货，多为德国产品，其次就是日本产品。"中华产品不适用于外国人，真是这样吗？"她希望能够得知中国产品不能远销的原因，可不善粤语，需要关先生做翻译才能与关夫人对话。就在谈话中，她也了解到了不少有关海参崴的贸易情况。

这个港口，居民稀少，以从事渔猎生产为主，对货物需求量不大。虽然屯兵增官，商贩随之而来，为了招徕生意，也曾定为免税口岸。据说因为日本工艺进步速度太快，运入港口的日货天天增多，俄国人嫉恨之余就废除免税制度。李兰舟在此地，曾经提出华货免税的建议，也得到俄政府允诺。不料，日本借机提出希望援用此例，所以实施了不到四个月又废掉免税之令。关先生告诉单士厘："你们现在看到的同利商行所储的货物，还是免税期内所进的货，以后恐怕会因为税重无利而不得不减少商品。"

单士厘继续了解海参崴港口的食品贸易。

港口大米都来自日本。日本以自己国家所产的精米运销于美洲，其次运销往邻近，而自己本国则买进中国米。"卖到国外可得好价钱，而买入者廉价。"港口虽然濒海，但水淡不产盐，近海的渔业颇为发达，需要用盐渍保鲜，所以对盐的需求量很大。而所食的盐均由香港运来，其中一半为单士厘的家乡浙江所产的盐。钱恂曾参与中英商约条款的讨论，知道洋盐进口一事曾引起过争议。钱恂本来怀疑洋盐贵、华盐贱，断断没有运洋盐销入中华之地的事。那么进口盐的动议从何而来？才知道因香港积盐过多，想谋求销路而已（因为按约定，凡是货物自香港来的就算是洋货）。这年春季在上海，听闻德国商人想承揽运载淮盐出口，每年认领的额度颇为巨大。询问他们想运往何地，都说是运到满洲及俄国境内的各个城市。自从满洲境内突然增加百万俄兵和俄民，自然是对盐需求量增多。德商果然是生意嗅觉灵敏，"可惜我国的盐官惯于按旧例办事，不知道随机变更，白白流失商机"，钱恂不禁感叹清政府官僚体制的僵化，而俄国士兵和移民的增多，更是一个值得关注的动向。

虽然只是临时停留，但单士厘关心医疗的习惯依然，正如她在参观博览会的时候对医疗馆特别上心一样。她了解到，李兰舟曾劝华商在本地设立了一所医院，也得到俄国人允许，并答应以每年所征每人2卢布的医费，拨还供中华医院费用。但因入院治病需用西法，当时国人以中医为主，并不太接受西医，致使医院造好，真正的医疗活动却未能展开，真是可叹！

交流过程中令单士厘更为震惊的是，海参崴的治安环境之差。因强盗极多，俄国官员不愿意去管，所以盗贼的胆子越来越大，常常发生恶性杀人事件。即便是正常死亡，也有许多不堪人言之痛。据称此地华人死亡之后，除去少数有权有势的会正常办丧事，其余往往被弃置在偏僻之地，任由俄国人埋葬。"这真是没道理，为何会这样呢？"单士厘追问缘故，才知道俄国人规定若家里有人去世，非报官不可。报官之后，则必须要等候医官检验之后才准许殡葬。而一旦到了那时，医官就借口要解剖验证死因，如果想免去剖验的程序，非有高额行贿不可，所以普通百姓根本不敢轻易报丧。

单士厘每到一地，除了解当地的"医"食住行等日常，也会找当地人聊天，记录一些奇闻轶事。在《癸卯旅行记》里，专门记述过在俄罗斯的一位中国奇女子的故事。

这位名叫蔡林（音）的女性，是无锡人，通晓英、俄两国语言，当年60多岁，非常善于经营，积累了大量的财富。这个有故事的女子，先嫁给一位俄国人，俄国丈夫死后又嫁给姓张的中国人。据说她的资财一半是俄夫的遗产，一半由经营积累所得。蔡女士的特色不止于她的能干以及万贯家财，而是因为这位女富豪在此地很有"面子"，尤其在经济领域里的信用非常"值钱"，只需她一句话，就立马可以贷得数万金。但就是这样一位奇女子，却在回国后无法在家乡立足——蔡林曾带着她的全部资产回到中国，在国内受到当地官绅的联手欺压，看到自己半生辛苦积蓄即将不保，当机斩断故国情缘重新来到海参崴，自此决定不再归国。单士厘听到这段故事，不由为她唏嘘，更为中国传统文化"士农工商"的排列，对于商人的不尊重而叹息。

第二日，钱恂偕单士厘前往铃木夫妇处作礼节性的回访。在铃木引导下，他们参观了乌苏里的停车场。这个车站的停车场内，她又开始了与日本的对比，这样思辨型的观察模式几乎贯穿了整个漫长的旅程。

她发现，车站里停着各式车辆，由不同颜色区分不同等级。一等车涂着青色，二等车是褐色，三等车则为绿色。在日本，一等车为白色，二等车为青色，三等车为红色。但两国车站的差异，并非只有列车等级的颜色不同，这些只是各国的审美不同，并没有高下之别。她认为重要的是管理方式的差异，从中即可发现治理模式的不同。俄国人制定的规矩较日本为宽，所有人入站都可以先登车，上车前并无阻拦；而日本则严格规定没有票据不得入场，进站管理更为精准。

钱恂一行人即将离开海参崴，商务署内的李、黄两位好友连日都在帮忙办理乘车出行的杂事。他们一再提醒单士厘，在俄国旅行，安全性不能与其他国相比，且交界换车时最难，重要物件被窃是常事。

为让别人提高警惕，李先生说了一件他亲身经历的事。他的朋友刘仕熙，同为钱恂之友，常年住在哈尔滨，有次托人带往哈尔滨金银珠宝器物数件，大概价值五六百金，"离开海参崴港口时，我亲自去送行。等到了交界处，他一不留神就被人偷去了"。

"俄国盗贼很多，而官方又缉贼不力，失主无处诉苦，几个回合财物就归乌有之乡。自从经过此事后，每次车行至交界处，需要换车之时，即我最为朋友担忧之时啊。"李先生坦然说出内心的忧惧。

正因为害怕钱恂出行会遇到种种不便，所以他们正式拜托商务署中一位俄国勤务员邬先生相送一程。邬当时还在某东方学堂读书，通晓华语。据说这个学堂的程度大约与日本高等学校相等。俄国人允许学生在课业负担不重的情况下可以自谋生计，所以邬君得以在商务署兼职出勤，这几天为钱恂等人办乘坐汽车及行李的事，熟悉情况又聪明伶俐。李先生再三嘱咐邬君伴送他们等人到交界处，小邬欣然答应。单士厘想到日本规定在校学生不得勤工俭学，幸好俄国人没有这样的规定，才可以暂时辍学几天帮忙，看来一路上还可以跟他继续聊聊有关俄国的情况，真是一举两得。

午餐后，一行人启程。有八件大的行李存在海口税关，同利商行代取来，付给租赁费8卢布。在长崎，这些行李亦曾存在税关处，但那里不收租赁费，税关设了方便旅客存放大物之地，看来俄罗斯管理方式的确不同。商务署先向车站定了专车，站长也答应了，但只允许送至交界处。午餐出来，果然一辆专车已备好，一半座位为一等位，另一半为二等位，他们10名旅客同乘，不搭乘其他旅客，颇为安适。很快，车开出站台，从这条铁路可直达圣彼得堡。关、李、黄三位先生与他们挥手告别，看着窗外渐渐远去的景物。她记起曾看到过资料，光绪二十六年（1900）时，日本工学士田边朔郎经过此站台，记载这个车站之混杂简直不可名状，发车不依时刻，乘车不凭车票。从今天现状看，倒是已经去除了此等弊端。

仔细看看手里的车票，单士厘知道他们一行人所购的票，仅是乌苏里线及国境的东线。过国境西线，又得另购满洲东线之车票，票价较日本为贵，而且旅客携带物品的运费尤其高昂。华人所带的行李，本来相较西洋人为多，在日本一等位的车票可以有160斤的免费重量额度，而俄国铁路仅得30余斤而已（一普特）。如此长途旅行，30余斤之物岂能够用？单士厘心里嘀咕：大概俄国人本来就不愿为旅客谋便利，所以也不必奇怪。

这辆车有食堂，每餐有四个品种，售价1卢布，茶一杯售15戈比。

她在《癸卯旅行记》中，还详细记下了乌苏里线的站名和里程，这位细心的中国女子所留下的记录已成为宝贵史料，时至今日仍值得留存一观：

自此西驶，所历铁路线名，先列如下：

线　名	位　置	唯斯特[①]数（每一唯当中国二里）
乌苏里	海参崴、伯利间	717（今所行者仅102）
国境东	尼果赖司喀、柯乐特保甫间	91
满洲东	柯乐特保甫、哈尔滨间	536
满洲西	哈尔滨、满洲里间	907
国境西	满洲里、契丹司基间	340
后贝加尔	斯特列田、梅索瓦间	（今所行者仅1671）
贝加回岸	梅索瓦、伊尔库茨克间	292（今未成）
中西伯利	伊尔库茨克、鄂必间	1717
西西伯利	鄂必、车里雅宾间	1332
乌　拉	车里雅宾、兹拉特间	150
欧　俄	兹拉特、萨马拉间	791
	萨马拉、莫斯科间	1118
	莫斯科、彼得堡间	604

① 唯斯特，俄里。

（三）铁路线上　触目惊心

　　钟声叮当一响，火车头回应一声尖啸，懒洋洋地吐出团团蒸汽，被雨水冲刷得乌蒙蒙的车厢的四方窗户，一个接一个地远去了。坐在东方列车里的单士厘看着车站楼房在团团雾气中若隐若现地往后退，窗外是异域的天空、灰色的黎明。

　　此次远行正值"庚子事变"后，沙俄以"中东铁路公司"为大本营加紧侵略中国东北之际，单士厘乘火车进入"中东铁路公司"范围之后，所见一切，触目惊心，中国东北几乎成了俄国的殖民地。他们利用《中东铁路合同》的特权，任意侵占中国土地。在东北，仅"铁路用地"就占了13万余垧，而且还规定享有铁路沿线两侧30里以内的煤矿开采权和200平方里的林区采伐权。单士厘行进在铁路线上，看到沙俄的侵略恶迹，触目皆是。她在自己旅行日记里详细地记录了路上所见所闻，为今天留下一百多年前的珍贵历史图景。

　　列车向前行，左临海（阿穆尔湾）而右倚山，一路风景。行驶百余里地，抵达著名的站点，即是与满洲铁路的分歧点之大站，在东西方图册都有记载，这个站所在的城市若以当时俄国皇帝之名命名的，就是所谓"尼果赖司科"，而中国旧称为双城子。

　　双城子，其名源于明代的双城卫。以其东、西两城并存而得名，东城西城相距约4里。双城子位于乌苏里江中部，作为中国东北开发较早的城市，是连接伯力和海参崴两战略要地的枢纽。在俄罗斯摆脱蒙古统治后，17世纪中叶就开始扩张到西伯利亚，当时，中国领土包括外兴安岭一带地区，向东直至库页岛。17世纪下半叶，俄国雇佣兵哥萨克一再抢掠侵犯中国北方领土，中国军队在1650—1660年将侵占的雅克萨和窜犯松花江口一带的俄国哥萨克击退。1665年，俄国再次侵占雅克萨；1685—1686年，清朝的康熙皇帝下令清军分水陆两路进攻雅克萨，重创俄军，俄国要求和谈并缔结边界条约。中俄两国代表团在尼布楚举行谈判，1689年签订了《尼布楚条约》。但是俄国人仍在双城子东城以土筑城，图谋霸占此城，并伺机以此为据点继续侵略。1860年随着《中俄北京条约》的签订，腐败无能的清政府将江东的"不毛之地""让予"俄方"友邦"。中国边界向西移，由海边退到乌苏里江边，千年古镇"调整"给了俄罗斯。

与霸占远东其他中国城市一样，沙皇俄国大批地向此地移民，或许是邻近中国陆地边界的缘故，双城子移民的成分与其他城市不同，哥萨克一直是双城子的移民主体。

为了强化对这片土地的控制，沙俄加紧修筑铁路，1893年双城子与海参崴之间的铁路开通。1897年双城子与伯力之间的铁路开通。至此北起中国陆地东北端对面的伯力，南到海参崴的一道铁路防护网形成，而双城子则居于枢纽地位。单士厘坐着东方列车行进在这条年轻的铁路上，从小熟读中国历史的她，婚后又与丈夫经常讨论近代外交事务，特别是钱恂对中俄边疆地理颇有研究，所以她对这块土地上发生的事情也相当熟悉，因而在这一路上，两人心绪纷繁复杂，窗外的风景与内心的波澜交织在一起。

单士厘乘着列车到达双城子，得知这个城市名字又发生了改变①。又不再被称为"尼果赖司科"，自俄历这年的一月一日始，改用东方海军大将之名，名为"司柯里乐夫"②。"俄人割人土地，必易新名，欲使人无怀旧之感。今此地入俄手已四十余年矣，即铁路告成，亦已八年，而忽又改名，殆以乌满铁道分歧点，其名惹世界耳目，故易名以避之欤？"③

她对俄国人频频易名，一再表示自己的看法。

中午11点，车抵柯乐特倮甫站，这里华人称之为"五站"，是因为这个车站距双城子有五站，故得名，按她书中所写，这条铁路线上每一站的距离，大概是人乘马车行一日所能到的路程。

国境东线至此已到终点站，于是他们再购买满洲东线的车票（当时这里尚不能购直达满洲西线之车票），在站中换乘，照例不受关吏的检查。何况自东而西，是从俄国进入中华境内，其关权应在中国而不在俄。"然而今日的关权，竟是在俄不在华"，实在令人不可思议。所以当单士厘听闻不论自

---

① 1860年根据《中俄北京条约》成为俄国领土。1866年开埠，为纪念东正教圣尼古拉，城市被命名为尼古拉斯克；1898年设尼科利斯克—乌苏里斯基市；1935年改名伏罗希洛夫；1957年改今名乌苏里斯克。
② 司柯里乐夫，今名伏罗希洛夫。
③ 单士厘：《单士厘文集·癸卯旅行记》，中国文史出版社，2022年版，第148页。

西而东与自东而西，均要接受检查，非常难以接受。俄国自与日本交恶，对日货入俄境怀恨在心，同时也对日货进入中华境内颇为仇视，据说此举也是为了逼迫日本。可是，他们对俄货入华，又是另一番做法。

单士厘继续一路地观察，她的眼睛没有设限，她的头脑没有禁区。

他们走进车站的食堂稍事休憩，当走入一等座的休息室，大概是华人向来极少乘坐一等位的缘故吧，俄国侍者斜着眼睛瞄了他们很久。食堂里男女客人饮食正欢，声浪喧哗震耳，放眼一望，乘客以武官为多。单士厘走进餐厅，其中有一个妇人为她殷勤让座，虽然语言不通，对待这样的善意举动，她马上报以微笑和致谢。

"你看，这条铁路大概不曾准备华人乘一等座，所以一切的票据均无汉字。"单士厘与钱恂交流着新发现的细节，直言沙俄跟上国际规则还有一段距离。

等候了大概一个小时，邬先生前来引导他们登车。车厢里的座位并不宽裕，邬先生换乘之后还坚持再送他们一程，单士厘不好意思地推辞了一番，当他说出"未尽所受委托之义务"的理由，大家就顺水推舟地答应了。

到了"朴喀尼次那耶"这个站点，已深入满洲（中国东北）境内八俄里。翻译解释说过了交界处。从前面一站至这个站，皆是山路，要穿越过五个隧道，最深的隧道长达一百萨仁①（她细心地在日记里注明：一萨抵中国的六华尺余）。这条铁路线，车站总共分为五等，这个站为第二等大站。邬先生本来要求增加一个座位，却听到回馈只能增开一个套间，如此则浪费太多，于是邬先生就来商量，不如他就此返回海参崴。单士厘权衡之下，就答应了他。分别之际，想到邬一路上与钱恂谈及俄国商人不得自白贸易，俄国学生之不得自由读书的事情，不由得感叹俄国学生也不容易。

列车穿山越岭，于5月7日上午6时抵达马桥河站。

冒着寒气远望，只见山的南面，有俄国人聚居，稍远处则有华人村落。昔日的荒山聚成村市，想必源于这条铁路开通。列车继续行进，过穆林站，因这趟列车不设餐车，单士厘就下车去购买食物，但见车站左右都是木板搭成的简陋小屋，沸水待茶、炙肉团饵的都是俄国人，从事下等劳动的则有一

---

① 萨仁，即沙绳。

半是华人。

上午9时，列车又经过一站，晃过的站名显示是"带马沟"。车继续前行，又穿过四个长长的隧道，其中之一居然在黑暗的山体里开了四分钟，可见隧道之深。

中午时分，列车经过牡丹江，往南望就是宁古塔城。

清初，宁古塔成为流放人员"著名"接收地，很多大案以案犯流放宁古塔画上句号。如抗清名将郑成功之父郑芝龙、金圣叹、吴兆骞等名人或名人家属，清单之长，骇人听闻。"宁古塔"三个字引发的恐惧，常潜入高枕锦衾间的噩梦，令人身冒冷汗。

单士厘面对着跃入视线的宁古塔城，忽然想到了一件事、一个人。

事件往前追溯到顺治十一年（1654），是一场胜仗。当时俄国的哥萨克兵直抵宁古塔，为中国清朝的都统沙尔呼达所败，她依稀记得史书里记载这场战役的过程，这种荣光转瞬即逝，面对现状却不得不兴叹"往事不复可追矣"。

一个人，则是浙人吴兆骞，也就是著名的吴季子，清初诗人，吴江松陵镇（今属江苏省苏州市），与钱恂算是老乡。吴季子才华横溢，与华亭彭师度、宜兴陈维崧有"江左三凤凰"之号。因顺治十四年科场案，无辜遭累，遣戍宁古塔23年，幸得友人顾贞观恳求于纳兰性德，后经纳兰明珠出手营救，得以赎还。可惜，归后三年即亡。

吴季子在顺治十六年（1659）闰三月，自京师出塞，送这位诗人出关之作遍于天下，读书人都为他的经历深感悲哀，如著名诗人吴伟业的《悲歌赠吴季子》就极具代表性：

人生千里与万里，黯然销魂别而已。君独何为至于此，山非山兮水非水，生非生兮死非死。十三学经并学史，生在江南长纨绮，词赋翩翩众莫比，白璧青蝇见排诋！一朝束缚去，上书难自理。绝塞千山断行李，送吏泪不止，流人复何倚？彼尚愁不归，我行定已矣。八月龙沙雪花起，橐驼垂腰马没耳。白骨皑皑经战垒，黑河无船渡者几？前忧猛虎后狼兕，土穴偷生若蝼蚁。大鱼如山不见尾，张鬐为风沫为雨，日月倒行入海底，白昼相逢半人鬼。噫嘻乎悲哉！生男聪明慎勿喜，仓颉夜哭良有以，受患只从读书始。君不见，吴季子！

"山非山兮水非水，生非生兮死非死。"那是当时文人对宁古塔流放刻骨铭心的描述。而吴兆骞的回忆更加重了那份现实的悲凉——他于当年七月抵戍所宁古塔旧城（今黑龙江省海林市旧街），城内外仅300家，其地苦寒，重冰积雪，非复人间，至此者九死一生。他在家信《上父母书》中说："宁古寒苦天下所无，自春初到四月中旬，大风如雷鸣电击，咫尺皆迷，五月至七月阴雨接连，八月中旬即下大雪，九月初河水尽冻。雪才到地即成坚冰，一望千里皆茫茫白雪。"

单士厘在癸卯年的旅途上回忆起了吴兆骞，以及他所记录的宁古塔政事和民俗风情，说他所记"颇为详尽"，显然是详读过吴的诗文，实地行进更增进了对偏远之极的宁古塔的感受，一生能够走多少的远方？行走在边疆，纵深入异国，现实走读交杂着历史人文的冲击，感想不断袭来。突然间，她的脑海里又浮现海参崴的那块碑，两相对照不由感叹："而今亦时异势殊矣。南望增叹，不知撰碑之讷荫，尚在塔城否？"①

午后3时，列车经过横道河子，驻停稍久。本可以下车就食，只是雨雪霏霏，道路泥泞，只能草草购物充饥。单士厘回想今日一天之内，所见景色须臾多变，忽为山间平路，则左右山坡，时有杂花，略存春景；忽为上下山路，则怪石枯树，近逼车窗，还有那些被砍伐的被毁的树根，巉立铁道两侧。抬头远眺，群山连绵，山顶积雪如戴帽，眼光掠过道旁沙石间遍卧木材，涧流结有层冰，萦绕着一种阴迷气象。

这个节气，仍是寒意侵袭。望着眼前掠过的枯寂荒凉，令她不由得回忆起日本。那里还有钱家几位小留学生呢——这段时间被海洋围绕的岛国上，春日渐煦，鲤帜扬风，日本的男儿节快到了吧。日本风俗以五月初五为男儿节，家里有男孩子的，用帛或纸制成大鲤鱼，悬在树干之上。儿子多的人家，树上的鲤鱼就多，风里飘荡着大大小小的五彩"锦鲤"，非常悦目。当此时节，和风暖意俱来，菖蒲、踯躅次第开花，可以观赏到有五色花的日本菖蒲。此时在日本，走入山中犹有薄寒，春暮之色扑面而至，清溪转处树荫长，令人身心舒畅。她最爱于暮色浸润之时来到山上的旅舍，凭朱阁，倚碧窗。远望云开月朗，乔木筛影；近观长桥寂寞，溪流潺潺，

---

① 单士厘：《单士厘文集·癸卯旅行记》，中国文史出版社，2022年版，第150页。

倚枕观之，诗境即在眼前。

忆起往日景象，单士厘才想到自己似乎好久没有提笔写诗了。

5月8日，5时抵达阿什河站。这个地方本名阿勒楚喀，曾有清朝副都统驻于此地。单士厘因盥梳未毕，没有下车。但钱恂下去一看，回到车上对妻子说，此地除了俄国武官之外并没有看见其他人。稍过了会儿，即有嗻嗻的脚步声响起，武官数人登车而上，在车厢内脱帽解佩刀，瞪着他们看了很久，仿佛对华人乘坐一等车厢非常惊讶。其中一人，从他所穿的服制看，大概相当于日本中尉，竟然能说中文，询问钱恂去往何地。得知将前往圣彼得堡，他们的面色才渐渐平和。车经一站，钱恂以为是哈尔滨快到了。这名武官解释说："这里并非哈尔滨，乃是三家子。"三家子，这个地名，不见于列车站表，幸得此人见告。单士厘在日记里记上一笔，转眼向着窗外苍茫大地。

旅途漫长，思绪沉浮于心海间。人生匆匆，开放的记忆带来辽阔慰藉。

（四）哈尔滨城　老友重见

终于到达哈尔滨。

钱恂原本就想看一看这个被俄国人夸为"东方新都"的地方，之前得知李兰舟的弟弟李辑甫与旧友李佑轩，均在哈尔滨的铁路公司工作。所以早就向东道主拍去电报函告，不料两电竟还未到达，人却先到了。

他乡遇故人，钱恂与两位李先生握手言欢，受邀前往他们的寓所，单士厘见到了李辑甫夫人与贾文卿之夫人，异域逢到可以畅谈的女友，愉快超越了初期所料。主人殷勤待客，大家欢聚一堂言笑晏晏。贾夫人客气地把自己的卧室让给单士厘，是夜，她终于可以解衣就寝，自从离开长崎至今，还是第一夜睡得如此踏实。

5月9日，圣彼得堡的中国使馆给东方铁路公司的介绍书信寄到，钱恂就拿着介绍书去办理相关乘车的事宜。他与李佑轩一起前往访问铁路总监工代理、并执掌哈尔滨行政权的俄国人，此人名叫达尼尔。

达尼尔看过介绍书，很客气地说："贵客既由圣彼得堡总公司介绍而来，必当竭力周旋，使贵客免除旅行之苦，也是我的职责嘛。"他建议自哈尔滨乘车直达圣彼得堡，无须换乘，还可为他们准备一等座两间，每间可乘坐两位，且两室间有门，可开可闭。钱恂接着问到大件行李的运法，李佑轩在现场传译。达尼尔说这个尚未有定例，可由公司先命人送到满洲里站，交由次等的快车代运，既省钱又快速，大概是20日，不过比人迟一周到达而已，其运行李所需的证件请一位中文名叫作"李宝材"的俄人办理，他精通华语，可在满洲里当面交接。

达尼尔还为钱恂核算好种种车费行李费等价格。这时，钱恂提出列车直达圣彼得堡，是否可以在莫斯科下车，让他们游览一二天。"这辆长途车已为贵客准备了专用车厢，倘若中途下车，此车厢就不能售给他人，恐怕公司不能答应。"

钱恂回来告诉单士厘这个情况。"我们先前不是听说哈尔滨还没有直行车到达莫斯科，须在贝加尔湖畔换乘，今又得知可以直达圣彼得堡。这又是咋回事呢？"

"达尼尔是在铁路局高层，我们持有总公司之介绍前去，他所言当必无误。"

"那我们就直接电报告诉圣彼得堡使馆，告知抵达的日期吧。原本约人在莫斯科相迎，因为一车直达，就不必派人过来，只是可惜啊，莫斯科去不成了。"

夫妻俩还为列车直达目的地而无缘游览莫斯科深深叹惜。哪里知道事情接下来的发展竟然极富戏剧性，他们不仅没有错过莫斯科，还将在这条铁路线上历经种种"奇遇"。

黄、李两家人集体宴请为他们接风，单士厘与两位夫人非常聊得来，异国相逢，极为投缘。饭后相约一起步行，在她们的引导下游览所在的市街。两位夫人虽然无法做到像她那样健步，倒也能够自在地上街走路，已然不同于内地妇人"大门不出，二门不迈"的陈旧风气。

落日宏阔地降临在大地上，晚景苍茫，极目无际，亘古不变的黄沙在夕阳里显出远古气象。那些描绘塞外大漠孤烟、长河落日的诗句突然涌上单士厘的心头，壮阔景象在眼，孤独充斥胸襟。沧海一粟，人生真如白驹过隙。

在苍茫的大地上远行，见平生所未见，将自己的视野无限延伸，实是难得的际遇。

清末著名数学家海宁先贤李善兰在给《乘槎笔记》所写的序中，曾对老朋友斌椿有机会到欧洲大开眼界表示羡慕。他感慨地说："举天下之人，其足迹有不出一郡者矣，有不出一邑者矣，甚至有终身不出里巷者矣…… 中外限隔，例禁綦严。苟无使命，虽怀壮志，徒劳梦想耳。"这番话充分反映了当时愿意接受新思想、了解新事物的中国读书人眺望远方的心情。他们渴望着一个开放的社会，渴望着走向世界，这也是他们的"壮志"，而在当时，又确实是一种不容易实现的"梦想"。所以当走过千山万水，于苍茫之中看云飞云卷，在迎面而来的风沙里望着夕阳落在地平线上，那一瞬间的辉煌与寂寞收于眼底，单士厘直称是平生极为痛快之事。两年后，她的老乡王国维在海宁盐官钱塘江畔看见"天末同云黯四垂"时感受到"江湖寥落尔安归"，[①]那份沧桑落寞的心境，是否与她此刻的心绪也有几分暗合呢？

5月10日，钱恂带着同行的学生前往游览新哈尔滨城，新哈尔滨的土名叫秦家冈。有车站上所购的二等车票为证，车票写明秦家冈即此，而俄人定名为"诺威俬特"，意思为新城。地名承载着历史人文的信息，也是游子循着乡愁可以回家的路。单士厘意识到，从这些细节里可以窥见沙皇俄国经营远东的野心与谋略。

她所驻之地旧名哈尔滨，土名香坊，以前田姓者烧锅所在。五年前，俄国的铁路公司想占此地为中心起点，于是驱逐烧锅主而占有其地。单士厘发现，她与黄、李夫人所居的地方，尚是旧址，还有断垣可循。烧锅是满洲境上的一大生意。锅主必是家富资财，蓄有家丁佣人和牲畜，制高粱为酒，所出的酒名为烧酒。锅主为做烧酒的大生意，一般都会选择地段好而且地域较大的地方，筑起围墙，用以防范外人打劫。这样的锅庄仿佛是小的城池，院墙内还有街市，大家奉锅主为长，俨然有自治的风气。有些围墙圈住的面积竟达二三十里之广，比之江浙地方的小县城，也有过之而无不及。眼前的香坊，就是其中之一。听说这个香坊左边不远处，还有一个较次等的烧锅庄，在"庚子之乱"时被毁。大家在讨论地名时，认为秦家冈也有可能是先为秦

---

① 王国维：《王国维词集·浣溪沙》，上海古籍出版社，2016年版，第170页。

家所有，所以冈以秦名，但可惜无从查考了。

俄国公司既占香坊为起点，开始的设想大概也就是从这片香坊之地经营城市集镇。他们发现这地方地势高而干燥，濒江却没有水患，尤其所处的地理环境极为重要，于是从秦家冈开始规划建设都市。现在划入地界内的有132平方里，已建石屋300所，还在继续兴建，所建的兵营已可容4000人，仍在继续扩张。单士厘想到哈尔滨这个地方"扼满蒙之正中，濒松花之大水，洵为无上之要区。既已数百年荒弃，则俄人度地经营，亦势所必至之事……"①她的猜想里，沙俄有将此地作为东方之彼得堡的可能性。

在那个时候，哈尔滨的确是沙皇俄国在远东进行侵略扩张的重要据点。新哈尔滨为各国人所注目，认为是俄国人新定之东方大都会。单士厘发现了不少问题。比方说到了此地，连租车也非用俄名不可，因为车夫皆为俄国人。铁路公司的人告诉钱恂说：俄国人在哈尔滨购地时，完全以自己的意志而规划，不顾本地人的意愿；以自己的意想给价，而不问原来的主人，全然以势力强占。更为恶劣的是那些鱼肉百姓的清廷官员。如世代在满洲任职的恩祥，恃着他家世代为官的势焰横霸一方，自打俄国人来此，更增嚣张，竟然霸占附近百姓的土地，卖给俄国人而获取差价。比如傅家店附近有约万户民居，主要是靠铁路谋食的华人在此居住，恩祥以一家独大的势力霸占了傅家店，俄国人利用他，当地人畏惧他，官宦之人向他献媚。听说现在，俄国人正设想将这块地圈入界内，用以扩张铁路沿线，屡次向华人透风，想来实行此事肯定也不远了。

而那些铁路上所雇用的华人劳工，不管来自何处，都做着最下等最苦累的活，白天在铁路上劳动，夜晚就宿于傅家店。还有俄国人在那个地方打工，也用木板隔出屋子而居于路边。俄罗斯工人的卫生条件和习惯与华工相似，但公司总是以为华工污秽，易发生疫病，且傅家店距离铁路不足10里，容易传染为由，常有厌烦之言。其意无非想驱逐华工，只不过暂时因为雇用的价格低廉而事未竣工，不得已而延用罢了。

"那让我们的工人注意清洁卫生，让他们无所借口，岂不可以为华工们留下一线生机？"

① 单士厘：《单士厘文集·癸卯旅行记》，中国文史出版社，2022年版，第152页。

"你不知俄国人本意只是要借防疫为名，以拒绝外来人口，根本不是真爱惜民命。任我如何清洁，他也必定有词，尽逐华工！"钱恂的回答令单士厘感觉难受，真希望他所言只是猜测，与事实不符才是幸事。

俄国人在哈尔滨的横行霸道之事，记载在单士厘旅行日记里，令她的癸卯之年的远行呈现出几抹悲凉的灰色。还有几个小故事，几段旅行目睹之场景，时代的一粒灰，有如山的沉重。

先看看李佑轩的故事。

那是钱恂他们到达哈尔滨的前一日，正值俄国假日。李佑轩休假，从家里乘车至秦家冈，因为道远马疲，他走进饭店吃饭之时，让车夫一起就餐。忽然听闻有俄国警察咆哮发怒，对于马车停驻于饭店门口骂骂咧咧，车夫也是俄国人，走出去解说是奉雇主之命而为，却被殴打在地。李佑轩闻声连忙外出，向警役人员用俄语解释。哪知警役突然爆发，对李佑轩也进行殴打。李是铁路公司的高等华员，且善讲俄语，竟然因为请一个车夫吃饭，受到警察的暴力侮辱。毫无过错之人受到如此暴虐对待，事后虽然向总监工投诉，只不过对受害者语言抚慰几句，也不闻对警役有所惩罚。

就在同一天，阿什河还有个俄国兵用刀杀了一位清朝官员的仆佣，并伤及同行二人。这位官员，从阿什河运送银粮来到哈尔滨，在饭桌上悲愤地谈及此事，钱恂就在李佑轩那里亲耳听到了这件新闻。席间谈及最骇人听闻的是，俄国人在海兰泡，杀我男女老幼3000余人于一日。而黑龙江沿岸，数十数百被杀之人，不可枚举，未见于公案简牍报告的难知其数。至于毁居屋，掠牲畜，夺种植，几乎就是小事了。受害人开始当然愤怒，愤而起诉，但诉而无效，也姑且忍耐；忍耐久了，就以为非人力所能回，这种无奈太可悲了。令单士厘气不可遏的是，沙俄祸害我国的东北地区，先借拳乱为名，尽力搜括官用武器，更以检查隐匿为名，放纵士兵任意出入人家，搜括铁器，甚至耕田所用的铁器也被夺取而去。俄国统治者蓄意先令东北民间没有抵抗盗贼之力，然后盗贼自然而然地气焰日炽，那他们就得以武力治盗为名，扩张兵力。

她又记录了一位俄国医生所说的事。

那位医生曾经亲至东北，从医学角度考察种族灭绝的原因。亲眼看见一个哥萨克士兵持刀进入一户人家，那家里有老幼夫妇四人，他抓住少妇肆意无礼，其他三人则抱头痛哭，当哥萨克放肆行暴之后，竟然先后杀害这四人扬长而去。"哥萨克诚强暴，然四人者，纵无器械，岂竟不能口啮此兵，而默然待死乎？"①在单士厘的心里已然升起了一股无法散去的愤恨之气，面对强暴，纵然没有武器，但也不能任人宰割，若不奋起抗争，不就是待宰的羔羊吗？难道就这样沉默着送死吗？

丛林世界，弱肉强食，所见所闻，触目惊心。逼迫着这位大家闺秀在旅途上深深地反思着中华文化在时代发展中如何进步的大问题，如果奋发图强的种子不能生长，面对强大的侵略者的压迫和欺凌，是否就会走到亡国灭种的悬崖边？这样的未来，实在不敢想象。

她自然又联想到达尼尔，虽然名为铁路总监工，实质上是哈尔滨地方上揽立法、行法、司法三大权者。在单士厘看来，在现今的文明世界将这三大权力操于一手，极为罕见。

清廷的奉天、吉林、黑龙江三省在哈尔滨各设一个交涉局，派一名候补道府来管理。三局设于松花江沿岸附近，距秦家冈约3里，当时的闹市区，俄国的警察局亦暂设于此。钱恂、单士厘乘车经过，见大门和大堂，都与中国衙署相似。大门旁列着一鼓一梆，还有些旧铁刀，栅栏里绑着几个戴枷的罪人。俄国车夫正用汉语毒骂这些人，极尽侮辱之能事。当有一个中国人出来时，人皆唤之"二爷"，只见"二爷"先是用谄媚的笑脸面对洋车夫，转眼狠狠地看这些戴枷人，献媚于一个俄国车夫，真不愧是"局中人"。

由于这三个省交涉局的官员的住房和薪水，均由俄国人供应支出，华人官员居然视俄为主，视本国人为客。交涉局的官吏只担心失去俄国人的欢心，仰达尼尔鼻息唯恐不谨。若有需要审判定罪的案件，非达尼尔放话而不敢讯问，非达尼尔放话而不敢判。事关工人的交涉案必请示于达尼尔，即如傅家店一个赌博案件也必须请示于达尼尔。据说，吉林交涉局官员还有求俄国人多发薪水，以改善住屋条件的。李佑轩补充了这样一件事，去年疫病盛行时，俄国人拿出一些茶与糖等防疫物资，发给中国人，将此事委托给交涉局官员。而办事人员居然将茶派送出去，把糖匿藏起来。俄国人知道后，先是颇为惊讶，后得知这样的事乃中国官场常态，虽然不再多

---

① 单士厘：《单士厘文集·癸卯旅行记》，中国文史出版社，2022年版，第155页。

语，也更加蔑视清廷官吏。

单士厘在癸卯旅行途中把观察到的现象和听闻的事件以文字记录，抨击俄国的扩张野心的同时，自然认识到了不少自身存在的弊病。她悲哀地发现：面对俄国人的肆虐，往往有一批面对帝国强权不知反省、不知自强，反而为虎作伥的中国官员。他们置自己国家百姓于不顾，只懂奉承俄国人，她对此非常失望和鄙视，清朝腐败的吏治在东北所呈现的乱象，令这位游子惊骇之余，陷入久久沉思。

透过观看他者，同时也从他者的眼睛里得以认识自我，随后更清楚地反思，进而以不同的角度审视、了解不为自己所知的部分。这趟远行的旅程，单士厘走得漫长，走得辽阔而深沉。

在哈尔滨时，她从生活的细节处也发现了不少问题。

黄、李二家连日来都奉以精美的食物，以南方食品为多，她询问得知哈尔滨本地固然没有，即便是奉天、吉林两个省城亦少有销售。而这些物品正是靠着这条铁路的通行而供应到位。如哈尔滨缺乏供取暖的木柴、所燃的薪木多半自北面由黑龙江水运而来，间或有东面从宁古塔由陆运而来，凡在铁路公司中人皆由公司供给。不然，一户人家所需的供暖费，每年大概需要500金，真是一笔巨额开支。

这位当家主妇敏锐地发现此地缺乏蔬菜类食物，经问询知道付出一金可得菠菜六斤，其他蔬菜价格可推知。有一两个南方人，就靠租赁土地种菜也获利颇多。可惜向达尼尔租地，价格奇高，若是租金稍为便宜些的土地，必定距离城市很远，长途运输则很不易，获利又减少。单士厘马上想到此地域本来空旷无人，今日忽然聚集10余万人在此，每日食用的物料肯定不少。倘若铁路受阻，就会产生饥荒困境，"不可谓非危地也"。

据说去年秋季辽东粮食歉收，交涉局官员提议运上海白米来此平粜之议，曾引起了一时的轰动。说平粜是为贫民有利的事，试想此地的贫民吃得起白米吗？抑或都不吃白米？白米即便平粜，其价格能比杂粮便宜吗？然则此平粜白米，只不过是有利于做官的人翎顶辉煌的遮幕罢了，根本无法利于贫民的。但是说交涉局的官员只为己谋，则又不尽然，总之，她综合分析认为此地官员办事根本不从实际出发，也不为着百姓着想。

哈尔滨一地稍有局面的华商，仅华昌泰一家。单士厘跟着黄、李夫人前往购旅行用品。她眼见这商号所售多为日本商品，心想难怪俄国人深深地妒忌日本商人，千方百计来遏制。购物过程中，她发现在哈尔滨购物，贸易无大小，皆以卢布计。以前所有的制钱及吉林自造的银圆，仅仅只能用在一葱一菜的小土特产交换而已。单士厘通过这些小事，想到读过的相关记载——当年芬兰、波兰，亡入于俄国百年，而民间依旧用格勒历、用旧币。而哈尔滨被占据仅仅5年已尽忘旧日习惯，竟以投俄之好，到底是因为种性血统的不同，还是被抑制了教育而致使久忘？

她不禁联想到另一件事。

10日之前，邬先生曾在朴驿站发一电报致李辑甫，过去了四天，尚未到达。李辑甫先前曾遇到自己的哥哥从海参崴拍来电报，许久不到之事，于是就亲自走到电报局咨询，当时电报局职员指着案旁堆满灰尘的数百张纸说，这里面大概不会有你要的电文。他自己动手翻检，果然就在其中。等他问你们为何不送的道理？竟然答：你看我们之中有谁能为你担任配送之职？料想朴驿站的电报，亦在此尘土中吧。对这样的办事风格和效率，大家都只能苦笑。

两人外出途中偶遇达尼尔，邀请前往他的家，钱恂礼貌地推辞后，他又托李佑轩来邀请。于是请李君当传译，次日前去拜访他们夫妇。相见之后感觉待客非常殷勤，甚至较日本人还加了一层亲切。钱恂回来的路上感叹，从小节处也可见俄国人的外交手腕。

5月11日，还是雨天。连续大雨使得道路泥泞，出行事事艰难。正午时分，离列车发车时间越来越近，他们只得冒雨出发，李佑轩、李辑甫等几位友人皆远送至秦家冈。虽是铁路线上的第一等大站，占地不小，但是车站木板屋内一片黑暗，土石堆积，建筑工程才刚做到一半，只有站内食堂已初具规模。站台也有美国通例的红帽服务，为客人送小件行李。但也仅仅只为一等客送物，二等客人就无法享受这种服务。华人向来只坐三等位，与西洋的那些从事劳动苦役的人一样"待遇"。

李佑轩奔走代购车票，距离发车不过十几分钟，而车票无法马上得到，于是先引导单士厘等人登车，在车上等候。等到大家登上列车才发现，达尼尔所答应的一等位四人二室的承诺根本无法兑现，车厢里是四人一室。所谓一车可以直达圣彼得堡也没有这回事，而且这辆车终点站也仅仅抵达满洲里，并非直达莫斯科。

仓促之间，当然无暇去追问达尼尔，现在令他们最为头疼的又需要立刻解决的事，就有两件。一是相信达尼尔的诺言，已将到达的日期电告圣彼得堡使馆，说明了因为直达，无须派人迎接。今日变更突然，俄国的惯例又不许发外电，钱恂又不通西文，将用什么办法将更改事项告知使馆？二是信达尼尔所说，准备了车钱及食物之费，如今事发变更，钱必不敷用，囊中不充裕，而仅仅数分钟时间，哪里去找所需的钱？

幸好有朋友在。李辑甫急忙拿出身边的百余卢布救急，李佑轩亦借出数十卢布给他们，又允诺再关照达尼尔，加拍电报给送行李的李宝材，命他速送到伊尔库茨克，照料换车等事宜。话语刚说完，一洋人急急送来车票九张，汽笛一声响，火车开动，驶离哈尔滨。

车厢里，单士厘将所给的卢布与票价核算，发现送来的钱竟然又缺了15卢布。

"看来那些人趁机蒙混，已是社会惯性，无足怪也。"

"那么，达尼尔所言不实，亦是社会惯性，无足怪也。"

夫妻俩苦笑着，深深感叹人与人之间的真诚与虚伪，真有天上地下之分。

（五）列车途中　边行边思

列车呼啸着驶过松花江桥，这条满洲铁路上的第一等大桥。

大河辽阔，奔流向前，旅行途中每每经过大江大河，总是令单士厘激动不已。古老悠久的文明均起源于大河流域，江河水载着人间烟火前行。

列车窗外，她眼见汽船数艘，喷烟激浪而行。"松花江上不准行船，不是为同治、光绪以来的中俄一大问题吗？"

"一水之航，都要咬牙切齿地争；万里疆域，今日慷慨以赠。"钱恂无奈地别过头去。旅程中，他们夫妻的话题涉及方方面面，政治联系着民生，细节映照出大局。

这趟列车上设有食堂，对旅客来说是很便利的事。食品选择不多，总共只有四样，售价均为1卢布25戈比。在餐厅吃饭，单士厘颇为享受餐后凭窗而坐的时间。她的眼光流连在松花江和嫩江间的广阔流域，夕阳温暖无比地抚慰着这片千里膏腴之地，余晖流金，大地广袤，极目远眺，竟然一片旷野，无人耕牧。

"如此肥沃的土地久任抛弃，何其可惜。"

"这片辽阔的黑土地，在一二十年后，必定有人要享此大利，但不知是何种人啊！"

他们的感叹是有现实回响的。东北地区是满族人的故乡，即所谓"龙兴之地"，历来被清政府视为禁区，禁止外地民众擅自迁入。东北未设行省，由盛京将军全权负责军政事务，地位高于各省的总督巡抚。尽管如此，地广人稀的东北，物产丰富，土地肥沃，仍然是山东、河北和河南等地的贫苦百姓向往的乐土，尽管清代禁令极严，还是有一批又一批的民众冒着风险从海上和陆路进入东北，俗称"闯关东"，其中竟然也有浙江人，令钱恂和单士厘颇感兴趣。

"听说有位浙江人名叫周少逸的，在黑龙江很久，近来正在广招农民开垦北大荒这片沃土，真是见识远大。"

"哎，不知霸占我国疆土的人，能否容我国民享有此利？"

列车继续向前驶去，带着他们的疑问和叹息行进在无边的夜色里，这片大地还在沉睡。北有沙皇虎视眈眈，南有日本帝国磨刀霍霍，祖国的大好河山何时能让我国百姓安居乐业呢？遥远的前方曙光还未浮现。

5月12日，天未大亮，微煦晨色里，列车经过齐齐哈尔，驻停许久，单士厘可惜自己尚在睡觉而没有起身下车观看东北的初阳。晨6时半，车出了碾子站，渐渐见山，山坡桃树着花，春色在野。她回忆起五日前在横道河子一带，冰雪埋没大地，没想到列车奔驰了几天，气候相差竟然如同隔了数月。如今春的气息已在枝头花朵上绽放，可见东北大地的疆域之广阔。又过了1小时，列车到达成吉思汗站，单士厘猜想这里或许是大汗的生长地，所以有这个名字，但没有相关的资料佐证，来不及实地察看，也未知是否准确。她听闻此地有成吉思汗篱笆，今日到达此地，眼前这些像奉天柳条边之类的植物也不知道是否即号称"成吉思汗篱笆"之物。这段铁路左倚山冈，右傍河流，只见激水流入嫩江，远处野地里有三四间屋子，看上去都像是俄国工人所栖居，竟然不见一当地人。"奇渥温苗裔式微，遗烈堕落，耕牧旧地，致为昔日臣服者所蹂躏，能不起读史之浩叹乎！"①

一小时后，列车抵达扎兰屯站，单士厘下车散步，买了俄产的黑面包佐餐。久闻俄罗斯的黑面包风味独特，是俄罗斯人餐桌上的主食。拿到手里，乍看起来颜色像中国的高粱面窝头，品尝之下果然别有滋味，口感有点酸，又带点涩。

等到单士厘定居俄罗斯后才知道，黑面包并不像中国的馒头一样简单易做，恰恰相反，很费事。和面与发酵都要多天，等发酵好，成为可用的面坯子，再放到温度合适的俄式烤炉里用文火焖烤。出炉后对着面包底部敲几下，能不能听到梆梆的响声很重要，那是成功与否的标志。黑面包的外观发着油亮亮的黑光，切片时不会像白面包那样掉渣。单士厘兴趣爱好广泛，对食物包容性很强，这大概也是远行带给她的礼物——开放的人生态度，心怀好奇，善于接纳新鲜事物。

在这条铁路上乘车旅行，单士厘发现凡是满洲铁路的车站，虽然诸事还在草创阶段，但售卖食物的地方都已备齐，而环顾车站左右，那些架起板屋售物的，却都是俄国人。极少数华人也只能做些小买卖，背负篮筐叫卖一些粗粝食物，即便如此还往往被阻，不得令其与乘客靠近。如果华人旅客愿意向他们买东西，必须飞快地下车，进行交易。停车时间的长短不知，路径又不熟悉，买的人既要担心来不来得及回到车上，卖的人也怕来不及找钱，交错互失的比比皆是。至于一路上看到务工的，不管是华人，还是朝鲜人，都从事极苦极贱之事，稍居其上的都没有。在这个车站，他们碰到了一位华人扳道工，询问后知为宁波人，是在这条铁路上仅见的"技术工"。

11时，列车抵达巴里木，当地土人称为喇嘛山。自成吉思汗驿一路驶到此，有山而不险，有水而不污，森林河流交错，真可谓是膏腴之地，他们再次感叹此地没有人前来开发耕牧，实在可惜。行车再过约三小时，就到了著名的大兴安岭。群山连绵，山势陡峻，上坡高度超过了千分之十五，不得不说是险坡。在此高原，海拔已达670余米，渐登渐高，到山顶海拔则有1097余米。而兴安车站，竟在山顶，还设有中华式的庙宇，听说庙中供奉女神。

---

① 单士厘：《单士厘文集·癸卯旅行记》，中国文史出版社，2022年版，第159页。

列车上坡时，首尾各用一机关车，或推或拉，经过六七处曲折弯路才到达。传说铁路隧道已经穿通，但还未全部完成，秋冬可通车。

抵达海拉尔已是夜半11时，单士厘甘愿冒着严寒下车散步，月明如昼，寒风逼人，风声呼啸着刮过面颊，穿着重重棉袄仍然感觉寒冷。她记载了获悉的海拉尔位置和信息：在呼伦贝尔城南，约15俄里，城为山西人市集所在，清廷有副都统驻于此地。

过了海拉尔，有大湖泊和广袤湿地在迎接他们。月下列车经过，单士厘在车里远望水影苍茫，渺无边际，近看则有巨大木头植于水中，上面如桥一般支板，而铁轨敷于其上，断续不一。车行其上，缓慢地如同人在曳拉，而轨道发出吱吱咯咯的声音又好像不胜其力。不禁联想到呼伦湖、贝尔湖，这两大湖泊的水溢数百里，春夏之间水漫为患，慢慢地变为湿地，只是听闻这一带的水中，不生种种动物，单士厘不清楚此中道理，真的希望有科学家能够来研究，并解释其原因。

同车有一对俄国人夫妇，都会说汉语，是汉口俄国领事馆的书记官，与妻子一起回国度假。随钱恂同行的四位湖北学生，与他们竟然相识，能够在这趟列车上遇到非常难得，便跑到这节车厢来聊天，彼此都感到亲切。但钱恂提醒学生们，与俄国外交人员不宜深谈，点到为止即可。列车上还有来自比利时的人，担任芦汉铁路的技师，同样善讲汉语，在铁路上工作多年，对中国的民情颇有了解，钱恂倒是与他谈得颇为投机。

5月13日，抵达满洲里站。虽然距离国界线还有18俄里，却已是满洲铁路的终点。他们所购车票，到此已是终点站，必须续购车票。

在这段路途上又有不少细节让单士厘感到困惑、不解，并且愤慨。

一是钱恂与那位比利时技师前往电报局发电，告知圣彼得堡使馆因为列车不是直达，仍需有人在莫斯科相迎。那电报局中的人对外国人态度很差，斜眼看了比利时人许久，责怪他不脱帽。技师不得已脱帽致礼，他才掷出一纸，让他书写电文。因他所书的是法文，电报局的人员不解其文，看了很久，向边上的人咨询，又看了很久，才开始核价。发十余字之电报，居然花费了50分钟时间。

二是重新购买车票却不换列车。新买了票，由中国国境西线入后贝加尔线。中午发车。在各国通例中，各个铁路公司各条线，都有互相抵算的契约，所以无论越过几重国界线，车票都可同时一起购买，而后乘车或随时更换车辆，却从未有需要重新购车票而不必换车的。在这个满洲里站，竟然就遇到了重新购买车票而不换列车，也真是俄国铁路公司的特色。听闻此车驶至贝加尔湖畔方止，之后贝加尔线与国境西线，难道都已通用满洲公司之车了吗？单士厘对此很不解。

三是行李过关受到的待遇。在满洲里站停车时，有税务官登车，问清钱恂的身份，说明他随带的行李已奉命放行，于是逐件加一封条标识而去。比利时国人作为翻译，告诉单士厘说："当在哈尔滨时，听说这个关卡严格到不可思议。有一个旅顺的华商，刚从俄国归来，说过此关时，有一极小的日本温度计也被取走。还有一名俄国武官，刚从北京掠夺了不少物品归国，海关见珍品满篋，怀疑为日本制，也将取去，这名华商指认为中国制造，才放行的。"想到钱恂昔年在湖北自强学堂所聘请的俄文老师波里，在哈尔滨遇到时，说满洲里站的海关通例是专门搜索日本制品，虽纤毫之物也必没收。今日一见此关之严，果然与海参崴无异。想到自己等人从日本来，怎么会没有一二件日本制的东西，现在要通融放行，还非得俄国政府电报来保障。

四是同一列车的车票居然还要加急行费。车票的价格，先买座位，如一等位若干，再缴纳急行费，再交卧铺费。在座位费之外再交卧铺的钱还有几分道理，可是再加急行费，真是不可理解。同一列车，急行与不急行的价格，难道可以有不同的到达时间吗？

车行后，在计算缴纳余资时，钱恂发现少了100多卢布，语言不通，也无从询问。于是向比利时人谈及此事，由比利时人代为询问。过了几个小时，列车员将所差之100余卢布缴回。单士厘经过分析认定，这位老者与哈尔滨站上的那位有心蒙混15卢布的人不一样，是数学太差加上各种算法太繁，又与其他旅客的车票价格混同所产生的错误。

癸卯年是日俄战争爆发的前一年，世界局势风云变幻。

单士厘在旅行中敏感地发现了俄国把中国东北视为他们的势力范围，并由此作出的种种针对日本的行为。行进在铁路上，一路所描述的内容既有文学性又有史料性，尤其是对中国人在东北所受的欺侮，更令她心生愤懑，通过细节观察社会，用文字记录了自己所见，表达出启蒙时代的一位思想者对祖国前途之担心，以及未来不可测的忧虑。

就在同一年，留学于日本军校的蒋百里针对东三省的现状和中国的前途，也在大声疾呼：

> 满洲，满洲，今日之满洲，将来中国全部之倒影也。吾述至此，心为之战，肠为之裂，涓涓北视，泪竭而声枯。呜呼！吾诚何心，而乃述此。虽然，吾知吾国民必犹梦梦焉，以谓今日之满洲，犹未亡也，则吾安得不搁一滴泪，以为吾国民告也。
>
> 诸君，诸君，以为今日之满洲，犹为支那之领属乎？纵横驰骤于黑龙江左右，其声呜呜者，则俄人之铁路也；联翩上下于松花江上流，其旗翩翩者，俄人之汽船也；控北部之形势，立满洲沃野之中心，其人口达九千以上者，俄人之市府哈尔滨也。[①]

由此可见，当时中国有识之士对于边疆问题的高度关注，单士厘的旅行记录无疑留存了那个时代非常宝贵的第一手资料。没有细节的历史是抽象的，她真诚的文字所贡献的史料价值不言而喻。

---

① 飞生（笔名）：《浙江潮·俄罗斯之东亚新政策》第2期，1903年3月18日，"极东经营"第11页。

五、远游饶眼福　学界无尽藏

　　"水作东西流，地别欧亚境。"[1]单士厘的癸卯之行进入俄罗斯国境，之后半个月时间，她在贝加尔湖上破冰而行，经西伯利亚铁路纵深进入俄国，渡叶尼塞河，过鄂毕水，回行于萨马拉河、伏尔加河之间，穿乌拉尔山，抵达俄"旧都"莫斯科访问，最终到达圣彼得堡。

　　她的丈夫钱恂是中国较早关注边疆事务的一批学者，虽未曾接受过新式教育，语言障碍难以克服。尤其在初出国门时，不懂外语，形同木偶。但由于他"素长考据，近于西人各图说，颇能尽心钩索"[2]，重视舆地知识，通晓边疆地理，悉心考证，旁征博引，贯古通今，绘成地图一幅，写作叙例一卷，撰就《帕米尔图说》《中俄界约校注》等书，可以说在当时属于专家型人才。

　　因此，赴俄的旅途之上，他与单士厘一路同行，不时介绍之前出国的经验，在比较之中探讨国际关系，给单士厘很多的启发和拓展，为她远行增添了文化色彩。夫妻俩都是博学之人，谈论的话题广泛而深入，旅途之上，边看边聊，同行之人的品质格外重要，有位博学的"夫子"在身边，可以说是人生之幸。

---

① 单士厘：《单士厘文集·受兹室诗存》，中国文史出版社，2022年版，第37页，诗题为《光绪癸卯春过乌拉岭》。
② 钱稻孙：《钱恂生平琐迹》，转引自邱巍：《吴兴钱家：近代学术文化家族的断裂与传承》，浙江大学出版社，2009年版，第72页。

（一）初入俄境　思绪纷杂

"你当年曾经告诉过我，乘车游历欧洲等西方各国，凡过一个国家的国境，风尚景物马上大异。而现在我们从满洲过来，进入俄国境内，竟然不见所谓的不同。为什么呢？"

进入俄国境内，单士厘发现车站的结构、车道的管理、列车员的服装等都很相似。于是就追问丈夫，希望得到答案。因为钱恂之前跟她讲，即便是比利时与法国，种族相同，语言相同，但风尚景物仍各不相同。

钱恂笑而不答。

单士厘望向窗外，继续认真地观察，自己找寻答案——此地都有教堂塔尖高耸，俄国的每个村落必有几个教堂，教堂必有尖顶，金银色泽灿烂耀目；都有水塔高峙，俄国的每个车站必然建有水塔储水，大概是因为缺水，冬令时节河水结冰，宜预先准备。若一定要找出差异，就是满洲境内不到十里必建屋驻扎哥萨克兵士，列车经过，则出二三人负枪面向列车站立，不知何意。在列车上夜行，远望灯光疏落如星，发现竟都是兵房。而一进入俄国境内，这样的兵士很少见。

中国妇女平时固守一室，原本只知有家，不知有国，更遑论厘清国与国之间的复杂关系。自从到日本游历以来，走出国门的单士厘开始关心时事政治，对国际关系的理解从一开始的幼稚，到渐渐深入。虽然大受钱恂的影响，但更与身处环境变迁、女性自我意识觉醒有关。在日本之时，时常听闻日本妇女每每以国民自任，她深以为然。随着与教育界人士交往的深入，对妇女教育的认识开始加深。

人生长路上，每一次远行都是自我成长的契机。

这趟出国，是她首度跨多国的长途旅行，时代的激流在冲刷着河床，荡起波浪。她以女性的视角，多维度地对比中、俄、日、朝等诸国的区别，细致地观照历史与现实，悲天悯人的情怀越发深厚，爱国精神越发增长，时时刻刻不忘中国人的身份，用她的原话是："予亦不禁勃然发爱国心，故于经越国界，不胜慨乎言之。"①

5月14日，列车抵达契丹司基站。此为中国国境西线与后贝加线的分歧站，被单士厘称为"后贝加线"，是从中国东北到斯特列田斯克止。

在此站台列车停驻30分钟。凡是有分道的大站，停车必稍久。单士厘在旅行日记里还是沿用以前中国历史上的称呼，将此地列为契丹。她记得，日本的资料有记载，分歧站名"开伊多罗甫"。现在这个站台，是开站之后改名，还就是另一个地方？答案也无从知晓，她心里存着的念头就是——沙俄在用心混淆人的耳目。

又经过100多俄里的车程，列车来到了赤塔。这是后贝加省的著名都市，屋宇整齐，不再像满洲路上所见的草创景象。1903年由赤塔经满洲里至海参崴的铁路建成，使赤塔成为当时外贝加尔最大的交通枢纽。单士厘所经过的就是这段新铁路线，正是这段新路把赤塔带入了新时代，成为西伯利亚铁路上的重镇，发展迅捷。她听闻此地有巨商，以造酒酿酒致富，这些人本是被流放之人。赤塔距莫斯科6074公里，曾是俄罗斯"十二月党人"的流放地，十二月党人在后贝加尔留下过深刻的印迹。耳畔听着流放者的故事，心间遥想那些波兰遗民的悲哀，单士厘不禁望向窗外那片广袤的西伯利亚，这片土地承载了俄罗斯民族的大苦难，也见证了他们精神品格的坚强不屈。列车飞驰于铁道线上，只见明月挂林间，远山戴雪帽，凭窗窥望，陡然生起一层悲凉。

进入雅布洛诺夫山脉，到了西伯利亚铁道海拔最高处，大概有3500英尺，较兴安岭仅减低百尺。然而兴安岭铁路升降陡峻，非穿越隧道不可，希洛克河迤逦上下，车可沿坡而行。虽然如此，终究因高度缘故，每一辆之八轮的蒸汽车头仅可带23辆小车厢，不如满洲道上可带40辆。这里放眼望去，满山遍野都是森林，皆为针叶树，没有阔叶树。地上也不见污秽之物堆积，车畔随时掠过野火烧痕，依稀有数里之广。

在单士厘视线里，窗外的车站附近，常见蒙古人三五群聚，袖手徘徊，无所事事的样子。头上所戴的皮帽，有点像故乡村儿的狗头帽，也与纨绔子弟的拉虎帽有几分相似，顶上缀红缨，腰间束着彩色的绦带，右衽大袖，宽

① 单士厘：《单士厘文集·癸卯旅行记》，中国文史出版社，2022年版，第162页。

敝如村妇之衣。看到他们的服饰穿着，单士厘突然意识到他们所着之衣的左右衽一大一小，应源自蒙古风俗，而以前所见如日本和服，两衽大小均是相同。但见他们的衣上缝有兽皮，不加布，即以皮革为表面，粗犷的马背民族风格非常强烈。这些人注目着列车经过，口里嚼着食物，面无表情，她感慨又起。乌的河畔有站名为希洛喀克，有传说此地才是成吉思汗真正的诞生地。停车时，她下车散步，见铁道在两山之间，满山翠柏，有居民不少，景物很是不错。山下大溪流即是乌的河，忽而潇潇洒洒地分为几条小溪，忽而合为一条大河，这个地方的风水不错。山间平地，最窄的地方仅为一里左右，宽的达到一二十里。当地居民以从事耕种为业，所产小麦、大麦、葱、薯等作物，兼养牛羊，虽然看上去物质生活之程度不高，但胜于满洲道上的成吉思汗站。

5月15日黎明，单士厘知道列车将经过色楞格河桥，特意起个早，只见四山环抱，朗月照着如镜的河流，水波无声，历史有响。她仿佛重回自己的少女时光。

她从小喜欢读书，单家书多，舅舅家的藏书也向她开放，阅读很广也很杂，尤其爱史书中那些慷慨悲歌的段落。读到200多年前的塞北战争之文，她曾搁下书卷，想象色楞格河上的铁骑胡笳之声，与水澌冰触之声相应答。铁马冰河，血战到底，诸多记载历历在目。那一幕幕铁血场景曾经激动过少女的心弦，现今认为，过去之人夸耀武功，也未能全信，然身临其境，描写百年前那场战争的文字突然来到眼前，在晨光依稀中映照出历史不息的行程。坐车经过此地，千军万马的嘶吼被汽笛轮轴之声换去，单士厘心中自然不免兴起今昔之感。想到今日此地人烟较昔为聚，地力较昔为任，不由得又因睹今而叹昔。"凡政教不及之地，每为国力膨胀者施其势力，亦优胜劣败之定理然也。"[1]单士厘回过头对钱恂说出自己的感想。钱恂点点头，无语地望着列车之外的黎明。

天渐亮，从山缺树隙间依稀可望见水光，著名的贝加尔湖到了。

1903年5月15日，单士厘站在贝加尔湖畔。世界上最深的淡水湖，迎来了一位纤弱小巧的浙江女子。烈风拂过她的面颊，千年的历史记忆奔赴眼

① 单士厘：《单士厘文集·癸卯旅行记》，中国文史出版社，2022年版，第164页。

前——贝加尔湖啊，在中国的文化史上曾称之为白海，元代也叫作菊海。还有就是，北海。

不错，就是苏武牧羊之地。忆起苏武被困匈奴19年，渴饮雪，饥吞毡，牧羊北海边，心存汉社稷，旄落犹未还，她生出无限感慨。远行，无非也是见天地，见众生，见自己的一次历程。在抬头的刹那，湖光山影尽入眼底，真好像千年时光幽幽回转。

这一天，因单士厘的文字载入了史册。

环湖尽山，苍树白雪，初夏时分，排冰行舟，她仿佛行进在无边无际的白色平原上。

她眼中看到了贝加尔湖的皑皑白冰，心中浮现出江浙的太湖清澈无际；登上破冰船凭舷而望，又联想到万里长江的渡轮。人生旅程中的经历，不断地出现并互相映衬，这位海宁姑娘又收藏了生命情感的绝佳体验，"别有天地，何幸见之"。

自列车驶过上乌的斯克，浓密的高树连着群山，风景秀丽，路程上的疲乏困苦远超蜀道。这条外国的"蜀道"虽然险峻，却时有愉悦，并无恐怖。单士厘望着浩瀚无边的湖面陷入深思。苏武在此地牧羊，虽啮雪度日，困于苦寒，但也有夫妇父子，以永岁月，可他为何最终能够坚贞不屈，成为气节坚卓的代表？贝加尔湖，在他的一生中意味着什么呢？身处于异乡的大汉使臣在绝寒之地，听着胡笳，望着南归群雁，靠什么坚持到最后？也许正是历经艰难困苦的终极考验，成就了苏武的一身浩然正气。

贝加尔湖的巨大容量，不仅是地理意义上的，更在于文化领域内。

据之前她所作的功课，在别人的旅行记程以及日本相关记载，都以梅索瓦站为湖畔换渡的地方，然而今日车到梅索瓦站而不渡，又过了两个站列车才停下。难道贝加尔湖岸线，已延长至此了吗？这辆列车从旅顺开出，经过哈尔滨而止于贝加尔湖畔。

单士厘等人将与此列车告别。庶务长颇为殷勤地送他们渡湖，登上了早前听说过的所谓破冰船，船名就叫作"贝加尔"。乘坐破冰船横渡贝加尔湖，也是这次跨国之旅非常难得的经历。

列车上的庶务长一路送他们上船，并要来轮船贵宾室的钥匙，打开房间让他们入座，从这段时间与俄国人打交道得出的经验，必须处处有所馈赠才得方便。于是钱恂赠送了他昔年从巴黎购来的精致的指南针。

船为英国制造，长290尺，吨位4200吨。除船底一层外，其平岸有一层，船舱有轨，船轨与路轨凑合衔接后，汽车即可循轨入船。船上可容车27辆，载车之以渡。轮渡的车以货车最为方便，还省去了上下搬运的劳费。若是客车则以换乘更为方便，不必定载原来的汽车摆渡。单士厘等人所乘之车，原本不带货车，所以没见车上船。破冰船是迥异寻常的船只，烟筒有四，船身宽大广博，船上一层为大食堂，两旁为乘客的休息房。其后为二等位的食堂及休息房，也大而宽敞。有甲板可供游客远眺，迎风站立，凭舷一望，极目千里之遥。

单士厘近距离欣赏贝加尔湖。据她的《癸卯旅行记》所载，此湖南北千二十里，东西百五十里。蒙古语称此湖为达登淖尔。"达登"含有神奇与富有的意义。

她的眼里映入天地神奇的澄澈。巨大的湖泊躺在地球表面上，环湖尽是山峰，峭壁立于四周，竟无一隅之缺。时已初夏，而全湖皆冰，尚有二三尺厚。毕竟湖面的海拔高度就有1560英尺，排冰行舟，不知其为水也。听说贝加尔湖拥有世界上最清澈的水，只是今日只见冰不见水。单士厘只能发挥联想，贝加尔湖之上受色楞格河之水，下泄安哥拉河，让她想到了江浙间之太湖，上游接受天目诸水，下泄吴淞等大江，虽太湖的大小只有十分之一，但也是极目无际，水清见底。贝加尔湖是高原湖泊，极目四周的皑皑白冰，竟是她平生从未所见的奇妙景象。她听闻湖里还有一种奇鱼，长五六寸，头部之长占全身三分之一，眼非常大，且能飞。鱼虽小，能潜于2000尺以外的水底，而不畏其重压，唯出水见日光乃融化。她也分不清这是传说，还是真有实物。

贝加尔湖虽然多疾风迷雾，但冰渡特别稳。

观看风景之余，单士厘不忘考察这条破冰船的结构。这条船之所以能够碎冰，并非以冲力撞冰，所以船头并不锐利。而是船机吸取冰下之水（冰无论如何厚，其四五尺下必有水），并以喷出舷外，坚冰之下无水相承，以重力不均平而致出现碎裂，更有船的推动力相助，将这些既裂之冰推开，令船行进其间。所以湖中之冰，即便再坚也可碎，而湖边之冰，即便水浅，船力所不及，也仍是结着冰。一路的新知识与新景观交融而至，被她称为"极乐"。

　　船行驶了2小时左右到达西岸。等船将抵西岸渡口，乘客纷纷争先，竟然如同中国长江渡轮上的情形。大家一边挤，一边说"慢了一步那边没有好的车位，或者寻不得座位"。钱恂笑着看这群慌乱的人，笃定地说着"当不至此"，于是从容地步行到登车处。一辆一等车开过来，他刚想登车即被拒，车辆服务员说这是专门租给美国人的。又来一辆一等车，却是座位已满，方才相信奋勇争先的人，真是深知俄国国情者也。

　　钱恂带着单士厘等人在停车场徘徊，企盼有后续来车，此地距车行不过10分钟，却寂然不闻车声。那位送他们等人渡湖的庶务长，彷徨不安地左右奔走，与此地站长商榷，站长耸耸肩摊开手掌，反复解说，竟然无效。

　　庶务长即将回归湖东，急急为他们将手里拿的行李放置在食堂中，请他们等人在此食堂坐下，开始还以为当时才2时许，到伊尔库茨克大站，必有车来联系他们准备好的座位。等到了伊站，非但他们等人均无座位，更有从伊站登车的两位德国客人，连原先购买好的二等位座席也没有，同行学生五人亦无座位。幸好汉口俄国领事的书记生夫妇在伊站下车，让出二等位一个包厢，招来几位学生速速占领。不料，顷刻间已被一人占去一位，仅余三位。于是三位学生姑且居于此室，仍有学生的座位无着落。正在他们为争座位而纷扰时，一位通晓华语的德国老妇人对单士厘、钱恂等人的遭遇表示愤慨，代他们与列车员争论，比利时技师也帮忙说话。聚众争议四小时之久，才勉强腾出二等车厢一间，单士厘夫妇等4人不得已挤入这间二等车厢，已是疲倦至极。

　　俄国人动辄自夸优待华人为他国所不及，单士厘实地体验后，在日记里感叹：售出车票与车室座位不相符合，大概也算俄国人的"周密"经营。

（二）西伯利亚　深思广识

　　因车厢之风波未定，身边人怨声载道，怒容满座，嘈杂之极，单士厘无心纵意观望，列车匆匆经过伊尔库茨克。

　　此时倒有好消息前来安慰她。原来是李辑甫担心他们川资不敷，电汇了

300卢布。银行差人携带汇款，请钱恂签字领受，同时得知圣彼得堡使馆来电，公使托陆徵祥亲赴莫斯科相迎。收到了救急款，又得知目的地有友人迎接，单士厘松了一口气。

虽然错过了观赏伊尔库茨克这个俄国大站的机会，但她还是在列车的汽笛声音里想起初习日文时，曾经试笔翻译福岛安正的《单骑远征录》。这位现任少将在当时还只是中佐，单人策马在俄国及满蒙之境数载，所传下的日记就是《单骑远征录》，其中就有叙述伊尔库茨克一段，虽然已过去了多年，所传仍可参知大略，日本人对于我国东北及俄西伯利亚的情报刺探由来已久。倒是这位百年前的小脚女子，阅读之广令人惊诧，知识面及兴趣点远远超越那个时代的闺阁妇女。《癸卯旅行记》中记录的关于伊尔库茨克的文字，移录于此：

伊尔库茨克濒昂噶拉河（注：现译安哥拉河）右岸，人口大约四万七千，位西伯利之中心，亦第一都会地。观光察势，无如此地，故留马十日，得巡览哥萨克骑兵、预备步兵大队营、专门器械学校、陆军病院、候补士官学校、小学校、博物馆等。

此地驻屯骑兵仅哥萨克一中队耳。时已严寒，道路冰结，不便骑兵之运动。蒙参谋部长之厚意，召集于参谋部门前，演密集运动，相邀观览。路冰结滑甚，易蹶，而驰马颇熟练。

步兵大队以中队编成，兵员千二百人（按：今已大异）。

器械学校以九年卒业，生徒二百许，为学术应用之组织。校内有教场，有工场，一面为研究学术，一面为练习实业。其所制造之机械器具，皆坚牢而价低廉，故民间定购者不少，盖此地必要之学校。

陆军病院，时有患者百许。院内有看病夫学校，生徒六十人，三年卒业，六年服役。

候补士官学校，为养成步兵大队、骑兵联队士官候补者之所。现步兵科二十人、骑兵科九人，二年卒业，以见习士官归本队，而待士官缺出之采用（按此大概如各国通例）。

小学校凡十五，纵览其一。此校资本金，悉由豪商集成，故不收生徒之授业料。石造层楼甚宏壮，百事整顿。讲堂上揭集金者之肖像，以垂不朽。

博物馆，亦称西伯利亚第一，建筑壮丽。楼上所藏书籍中，中国书多，又藏各国关于地学之杂志等。楼下则西伯利古代之器物，及矿物，植物、动物，搜集陈列，又古今之货币，其少少外国品，亦颇可观。就中最可注意者为矿物。西伯利所采掘之金，当1890年凡六万三千四百三十二封度，翌年六万五百五十七封度。盖伊尔库茨克，后贝加尔、黑龙江三省，金坑极富。今交通未开，机械未全，而所获既如此。一朝大铁道通，机械工夫，运搬便利，其采获殆不可测。①

国际眼光的养成绝非一朝一夕之功。单士厘知识储备之丰，浏览范围之广，了解问题之深皆从平日积累而来。她认为这位日本人的观察可称全方位：驻兵、军营部署、医院、学校，甚至博物馆里的藏书，当然还有物产、矿产等记载，细致到可怕。当时铁路未成，所经营者已是如此。近几年再来，必定还有新发现。她还搜集到1902年冬天有旅行者经过伊尔库茨克，单士厘虽觉得"观察所得，未尽详细"，亦将它记录在《癸卯旅行记》，作为参照亦录于下：

伊地建筑，十九皆木，惟总督官舍、博物馆、剧场（土木之费凡二十余万卢），教堂、商业学校等为石造。道路则不石不木，尘芥没踝。所最经营者，教育与慈善事业。全都大小教育处凡四十余所，有宗教、商业、工业、矿山、女学、兵学、医学、幼年学（为储武学材者，七八岁以上至十余岁为止。观其教法，亦颇认真。饭时游客至，即邀共餐：茶一杯、肉两片、面包。食前后生徒起立，对耶稣像高唱赞美歌。盖俄人于教育上处处带宗教性质，不但孩童也，于武学尤甚。人之贤否，课之高下，无不以宗教之信仰分数为定）、孤儿院、小学校等。关于慈善者，又有罪人儿童之收容所，贫民院，先宿者之宿泊所、恶童惩教所。余如学术协会，亦所注意，而尤重地学会（博物馆即附属于此会）。工商业尚未臻盛。本来人口稀少，因金坑多，四方招集劳动，于制造业未暇及也。制造品多来自欧俄。农业畜牧，亦未足以养当地之民，故畜类多来自托穆司克（注：今译托木斯克）及斜米帕拉廷司克，或来自蒙古。价格之贵，职是之故。

---

① 单士厘：《单士厘文集·癸卯旅行记》，中国文史出版社，2022年版，第168页。

伊地有名之大监狱，所谓西伯利监狱者，世人记载，待遇囚徒之残忍，举世无双，不忍卒读。而据当局者言，则曰待遇之亲切，无异父兄之待子弟。其信然耶？但愿所言不谬。当地风尚不靖，杀人放火，习为常事。无论田舍与市内，夜间人人警戒，不敢外出。盖从欧俄放逐来者，种类繁多，有剥夺公权之强制移住民，有并夺公私权之定期追放民，有因行政处分而被追放者，狞奴恶汉、豪杰志士均不少，近七十二年间约有五十万人。当时为助西伯利之开拓而放逐此种人，然而怨毒在人，于今日行政上未必便利。①

单士厘出发之始做的功课可谓详尽矣，比今人旅行"攻略"更胜一筹。行前的预热，旅途中的细察，以及不断地记录，使得她的旅行作品不是浮光掠影，也不同于随感式的抒情作文，而是有细节有深度有观察有思考。除了关注建筑、教育、慈善、商业等，也涉猎政治、经济和军事等，甚至对西伯利亚监狱也有所了解，她的跨国旅行一开始就有了斑斓的色泽，前后左右不同资料的汇集拓宽了认知边界，踏上实地的感受也更为具体而强烈，呈现出丰富而复杂的内涵。

自上乌的斯克以西，伊尔库茨克以东，凡贝加尔湖南岸的一带地方，逼近我国恰克图地区，是200年来久通的商路，所以常会遇到出境的华商，当然亦有不少蒙古商贩。单士厘观察到，所谓商人，除了茶与织物外并无他物。"然而茶利尽归俄商，华人不过小贩而已。织物销售不多，齐晋产而已。江浙间织物，非所好也。"②

5月16日，非常寒冷的一天。凌晨，车室中有俄国通用的80度之温度计，上面显示温度仅仅9度，"遇冷"如此，他们马上叫来服务员烧火取暖。等他们到食堂早茶时，才知道学生夏君与两位德国人，昨夜均睡在食堂，且没有床榻，真是令人寒心的"冷遇"。两位德国人已是怒形于色，他们是二等客位，因为钱恂他们一等客座的四人"占了"二等室，于是这两位二等客座的旅客便无室可容。

钱恂的一等客座被占，也是有原因的。当时满洲道上的俄国武官坐车不

① 单士厘：《单士厘文集·癸卯旅行记》，中国文史出版社，2022年版，第168~169页。
② 单士厘：《单士厘文集·癸卯旅行记》，中国文史出版社，2022年版，第169页。

出钱，尽占一等位，而不管其他乘客有没有座位。造成这种现象的又是为何？钱恂在与单士厘聊天时得出一个观点，可能就因为这条铁路本为兵路，而非商路。

但长长的西伯利亚铁路，难道尽供兵用，不必考虑商业利益吗？这令她陷入了深思。

窗外，晨色初显，又开始见到广阔无边的田野，这里尽是已经开垦的耕地，单士厘脑中又浮现出中国东北广袤的黑土地。

（三）叶尼塞河　惊现野火

5月17日的黎明时分，列车抵达堪斯克。后又过八个站头，列车到了沃林斯喀雅站，听说因为前途有桥断待修，车停了。

幸好这也是大站，可以下车散步，这对于单士厘来说，简直天赐良机。因西伯利亚铁路的车站照例都距城市很远，所见的只是俄国乡村，所以近距离观察的机会是难得的。只见这里的乡村有多个没有围墙的木屋，中间摆放着极粗的木质长几，几旁各列极粗的木长凳，一几一凳相配，地上非常污秽。同行学生在开玩笑说，这里酷似中国的学政试院。她判断大概是乡下的菜市场。村中的妇女儿童聚集在道路旁，面无表情地向列车张望，口中嚼着葵花子。

列车停了大概9小时，此地又没啥可看，实在有点厌烦。

单士厘回到车厢，开始计算时差。旅途上，她关心的细节实在太多。

一路上都在计算着不同地方的时间，比如进沃林斯喀雅站是正午，在圣彼得堡则为午前7时44分。以经度相差一度，时间相差4分计算，那么两地时间相差256分，经度相差64度。所以单士厘在停车等待的闲暇时间内，把他们自海参崴至圣彼得堡之间的时差算了出来：经度相距96.5度，时间相差386分。她将一路所经过的主要车站的时间也都认真地记录下来，这位"家庭主妇"的细致认真是肯定的，百年前这位女子丰富的学识、庞杂的兴趣也更加清晰地出现在眼前。

因为停车时间太久，造成了计算难度的增加，她有些烦了。

单士厘坦承自己并非出于好奇而记录，而是国际眼光让她懂得：时差是一项重要的事。

在她看来车行的速度，与时差关系极大。若是放在战争背景下，对于时间的精算尤其重要。在《癸卯旅行记》里，她用这样一个例子说明如果没有精确的计量，非常容易把头脑搞混，一旦战争爆发更是容易产生重大失误。"譬如东西两站相距七百里（姑以中国旧说，命之曰经度，相距三度半），车行速率以一时七十里计（速率大概），则历十时而达。今东西驿各于正午发车，速率无稍异，而东车抵西驿时为午后九时四十六分，西车抵东驿时为午后十时十四分。非车有迟速，乃午线不同也。"①

当列车抵达克拉斯诺亚尔斯克市（她的旅行记中写为"克唎斯诺雅尔斯克"），西伯利亚地区最重要的城市之一出现在视野里。

单士厘看到了叶尼塞河。

这条大河位于亚洲北部，是西伯利亚河流中水量最丰富的河流，也是流入北冰洋的最大河流。西伯利亚有三大河流向北冰洋，其他两条是鄂毕河和勒拿河。叶尼塞河起源于蒙古国，朝北流向喀拉海，其流域范围包含了西伯利亚中部大部分地区。若以色楞格河—安加拉河为源头计算，全长5539公里。叶尼塞河是西西伯利亚平原与中西伯利亚高原的分界，平原在其西，高原在其东。经过这条湿漉漉、雾蒙蒙的大河，无边的水汽像清凉的钟声一样弥散，弥漫着植物生长的气息，以及大地深处的叹息。

叶尼塞河纵贯克拉斯诺亚尔斯克西部边境，自北往南依次为北极荒漠、苔原、森林苔原及森林带。每当列车停下，单士厘爱上了极目远眺，见芳草如茵，远山添黛，心胸自然辽阔起来。想到以前的书中写到塞外，动辄以"衰草平沙"等字来描述，其实这样的景象仅在大漠南北一带，"未逾杭爱山，唐努山、萨彦山而更北，故不知纬度五十五六之间，还有宜耕宜牧之沃土"。②

单士厘所乘的这辆列车正在经过亚欧大陆中心地带，距莫斯科还有近

---

① 单士厘：《单士厘文集·癸卯旅行记》，中国文史出版社，2022年版，第170~171页。
② 单士厘：《单士厘文集·癸卯旅行记》，中国文史出版社，2022年版，第171页。

4000公里。她看到了叶尼塞河大桥，这座桥长约919米，非常壮观。行进在亚欧大陆的中心，平原上比比皆是俄罗斯教堂的尖顶在树丛间闪过。

这段铁道线上多见阔叶树，善于观察的单士厘发现，凡是有阔叶树的地方就宜耕种。西伯利亚广袤的大地上丛林密布，她乘坐的列车正在穿过森林。回想开筑铁道时，凿山开路，遇到森林则往往会用火，所以也留下了满地焚烧的痕迹。

突然，单士厘看到了一件令人极为惊奇的事——

在铁道左右数里的范围内，竟有几棵数人合抱的大树仍在焚烧不熄，如一条蜿蜒的烛龙在山间回旋，在夕阳将落未落之时，映着满天的红霞，异常夺目。巨大的树哪是几天就能烧完的，劲风助燃，火势惊人，森林里的小动物东逃西窜。火光熊熊，蹿天而起，正如在宽阔的广场上排列着巨大的火炬，展示在她眼前，场景壮丽，如长虹凌空，如巨龙越野。

对此种惊天骇地的野火燃树，单士厘震惊之余，以激动的心情一口气写下《西伯里亚道中观野烧》，记录了一段无比奇特的景象，全诗雄壮沉郁。

积雪查无际，野烧光熊熊。夕阳欲落未落时，云霞半天相映红。烛龙蜿蜒缘山麓，狐嗥兔窜歼蛇虫。草深风劲火更烈，绵延百里如长虹。冰坚地冻雪不解，润泽土脉滋春融。潜回阳和祛冷冽，莫笑阿奴下策出火攻。周郎赤壁田单牛，殄敌害民事不同。旷原湮没几千载，今兹铁道喜交通。从此西伯里亚万顷地，民勤东作歌年丰。要使不耕之地成腴壤，火力及补造化功。[1]

当时西伯利亚的坚冰未融，雪尚在野，为何会有如此火势？况且现今每日有列车通行，铁道线上左右数里难道都是人力所为吗？这里均是旷野，四处荒寂，又是何人劳力出此愚笨之策？还是因为火车经过时喷出的火引发的呢？一星星的火苗有这么大的能量引起大树燃烧吗？数里路那么长的线路，都有大树在燃烧又是什么原因呢？难道就是像周郎赤壁用火攻的道理，用火

---

[1] 单士厘：《单士厘文集·癸卯旅行记》，中国文史出版社，2022年版，第38页。

燔的方法，使这千里不耕之地成为可以耕作的丰收沃土吗？在熊熊的火光里，单士厘望着旷野里灼灼燃烧的巨树，苍凉大地，自然伟力，凛冽寒风盘旋在空中发出怒吼。

车在行驶途中，列车长前来告诉他们已经增添一辆二等车厢，劝他们分室而居。购一等票坐二等车是极为无理，但想到四人分居两室终究方便不少，于是就答允了。同时，夏、沈三位学生也得一车室，两位德国人亦得一室，还有一等乘客驻长崎英领事也得居一室。

这位领事善讲日语，且通日文。邻室相近，旅途寂寞，得知单士厘能说日文，就前来串门，相见闲聊，发泄对俄罗斯列车服务的怨言。略谈之下，他对单士厘和钱恂刮目相看，询问钱恂是否是政府人员，了解他们对俄国的政治关系等问题。

钱恂连忙说："我不是政府人员。"

他也笑道："那么你也必定非常了解俄国人。"

5月18日清晨，列车驶至阿臣斯克，单士厘笑着讲"俄国铁路只有食物最为完备"，走下列车去车站的食堂吃饭。

"俄国车站有售宗教书籍，却从没见过出售新闻报纸。"

"这大概是因为俄国很少开展小学教育，所以识字人少，不能读新闻报纸。"对比日本民智开化的程度，单士厘再次感慨对教育的重视之于国民素质提升的重要。

"政府对报馆的禁令严苛又细致，不得使报纸刊登开启民智的话，不得使报纸登载国际交涉语，以及种种禁止记载之规。执笔的人既左顾右忌，无从着笔，翻阅的人又以刊登出来的文章不精彩而生厌，所以新闻事业肯定不能发达。"

"政府只考虑执政所便，而非社会之利也。"她对丈夫说出的真相长叹了一口气。

吃完早饭，她看见一位华人背着行囊登上列车，原来是售卖绢织物的小商贩。询问得知他是山东人，所售即是山东所织。路上听闻这条开往圣彼得堡的东方列车线，像这样的小商贩也有不下数百名，其中有不少中途意外被杀死，或被加以有疫病之名而被凌虐致死。若这些人死后，沙俄官员以一纸公文送达国内官僚系统内部，再转达外交部，告诉中国使馆。中国使馆本就不知这等人的姓名及由来踪迹，往往置之不理。至于那些不告诉中国使馆，甚至也并没有送达俄国相关部门的失踪人口更是不计其数。单士厘想，沙俄对于其他国家的人入境之禁忌堪称最严，且课税重重。这些小贩所获只有区区微利，却要走出国门不远万里来作此营生，由此可见中国国民的生计之艰难。而相对于在满洲境内的哥萨克，他们时时杀人还能获得官方的奖励，无怪乎俄国官员动不动称自己的国家施政仁厚。譬如遇到水旱之灾，赈灾发粮都是执政者分内之事。而在俄国则必须说"此朝廷加惠穷黎""此朝廷拯念民生"，仿佛老百姓就应该承受种种损害，反之便是国政仁厚。在单士厘看来，这就是沙俄与现代文明国家之间的差距。

中午时分，抵达玛里音斯克站，她瞧见车站内积有不少石炭。汽机燃料先是使用薪柴，后来开始改用石炭，也算是就地取材。午后，列车驰进台噶站，这个站上有支路通托木斯克，是西伯利亚铁路之唯一支线，停车时间较长。

单士厘、钱恂等人下车饮茶，得知站台附近有矿石市集，猜测必是近地有矿产。他们在市场里花了20戈比俄币买了一个烟吹盘，质地类似于中国所谓的玛瑙。休憩时间，与人聊天，也听得不少新闻。据说俄国正大张旗鼓地向西伯利亚移民，台噶附近即为最核心的地区。细心的单士厘在喝茶之时数了一下，仅在这段时间就有数十辆的移民列车过站，车厢外标着可容纳的人数若干，但她仔细观察车厢真实所载的人数，远超所标的数额。虽然知道做事不实是沙俄官员的通病，可是这毛病放在这里却真是要命，他们根本不顾及车内乘客的坐卧是否方便，以及空气流通程度。当亲眼所见那些列车中只设一暖炉，无窗无榻，极似载货的列车，老幼男女挨着挤着，像猪和羊一样，不禁心中悲哀。听说近年来，每年往西伯利亚迁居的民众都有如此规模，最近的一年移民数达20万，越迁越往东。

钱恂说给单士厘听，俄罗斯的财政大臣维特有一封巡回东清的复命之书，就提出计划在后贝加尔以东的土地上进行开拓移民。"后贝加尔以东的地方，不就是满洲的那个地方吗？"单士厘站起身来，望向车窗外广阔无垠的万里疆域，那清朝百余年来因国禁不许开垦的大好土地，强邻对未开辟的精华之地，起了艳羡之心呢？单士厘与钱恂彼此对望，眼里都有深深的忧虑。

（四）过鄂毕河　自亚入欧

夜半列车驶过鄂必河，自此又转入西西伯利亚铁路线。

单士厘笔下的鄂必河，现称为鄂毕河，是俄罗斯第三大河，属于北冰洋水系。上游发源于阿尔泰山脉，水源出山后曲折向西北流，穿越西西伯利亚平原，注入北冰洋喀拉海的鄂毕湾。鄂毕湾那个连接北冰洋喀拉海的狭长海湾，有近千米之长，是世界上最长的河口。鄂毕河支流众多，河网密布，流域内有大小支流15万条以上，其支流额尔齐斯河则是中国唯一流入北冰洋的河流。

单士厘在旅行日记里记载了鄂毕河的一些传闻。如河以东盛产兽皮，她猜想肯定是因为此地野兽极多；而河以西盛产谷类，这些物产是西伯利亚的财富之源。踏上旅程之前，她看到过各种记载，说此地一带多有载着流放者的列车，那些被流放者，铁栅环车，铁索缚身，兵卒肩背枪持刀立于车，情状可怖。据传被流放者多为反抗政府的压制而被判罪，这些陷于不幸的人被流放，往往也会祸及妻子。可是单士厘并没有亲眼看到那些拖家带口被流放之人，以及扒着车窗里目送西行客而流泪的悲惨场景。

由于鄂毕河流域大多在高纬度，部分地区已在极圈内的寒带，终年气温低，河水的蒸发很弱。地下几百米厚的永冻土层又阻止了地表水下渗，加上流域广，支流多，水系发达，水量仅次于叶尼塞河。

这次旅行，她穿越辽阔的西伯利亚，在大江大河之间纵横，尽管来之前做足了功课，但身临其境，仍然为天地间这些伟大的河流所折服。浪漫的李白面对着浩浩荡荡的黄河歌颂，"黄河之水天上来"，那是诗人天才的想象。她知道，鄂毕河水主要靠春季融雪和夏季降水来补给，因此汛期有两个——春汛和夏汛；又由于河流自较低纬度流向高纬度，上下游河段的汛期来得早晚不同，一般上游春汛来得早，河冰也先融化，而下游河冰尚未消融，导致河水无法在河道中顺畅流动，只得漫过河堤，冰水泛滥两岸。年复一年的冰水泛滥形成大片的沼泽湿地，鄂毕河下游一带的淡水沼泽湿地达80万平方公里，是世界最大的淡水沼泽湿地。

在5月19日晨起之时，单士厘见到车窗外的沼泽之野，大大树根半没水中，行经俄罗斯有名的沼泽最多、盈涸无常之地，不闻清风鸟语，但见流云和雾霭迷离。窗外泽野辽阔，大地广袤无垠，经过这番旅行，她亲近了壮美的境界。

一过此地，即为有名的千里平原，俄罗斯农人在此勤勉耕作，这片宽广的大地是俄国有名的谷仓。旷野无边，风磨峙立，这是单士厘所初见的俄罗斯平原之景象。这天正值俄国的国定假日，处处悬旗庆祝。

沙俄时期，俄国的各种节日依大小而分，适逢大节要悬旗，学堂休假、工厂放假以庆祝。一年365日，俄国的令节约占四分之一之多，加上暑期休假大约90日、列氏零下15度的寒假，单士厘粗粗计算，俄国学生上课日子不及日本的五分之三。所以她记得曾有俄国教育家说过：假若想使俄国学生与他国学生受同等的教育，非比他国学生加修二年之学期不可。倒也真是言之有理。

午后，车过鄂穆司克（今译鄂木斯克）站，远处即西伯利亚的大都市，这座城市毗临额尔齐斯河，她因为早年读过《新疆识略》，知道这条著名的大河两旁，清朝军队曾留下不少光荣战绩，刚刚从实地经过，古今对照，曾经的荣光早已黯淡。俗话说"书要向后翻，人要向前走"，她真正体会到只有主动迈出向前的步伐，新世界的大门才会向你敞开，不由得感慨丛生，起身向远方眺望。旅行途中，新信息纷至沓来，潮流涤荡，一腔思绪难以平复。

坐在他们所乘的车厢，这一路上遭受种种难言的待遇，让她不得不在旅行日记里继续"吐槽"——这节后续新添的车厢，盥洗室内没有水，卫生间污秽不堪。列车没有安排服务员及时来车厢打扫，卧室中尘灰堆积都无人清洁，投诉之后的解释说是仓促之间来不及增加工作人员。最难忍受的是在入夜之后，居然还将车厢两端之门锁住，有时直到清晨还不开启。他们四人及两位学生、两位德国人、一位英国人（长崎领事）、一位美国妇人，都曾有过被封闭在车厢中的遭遇。每每遇到这样的时刻，欲呼无从，欲出不能，饥不得食，寒不得火，倘若遇到不测之灾，那么这些人岂不是将在车厢中坐等死神来临吗？身经俄国人的如此"优待"，不由得再回忆起"西京丸""伊势丸"两艘船上的文明服务，"今履此危境，不免因今日一行之受害，而念及他日故国之受害，愤惧无已。"① 她不禁为以后在俄罗斯的境遇而担忧。为了安全起见，钱恂让学生与列车长再三沟通，终于答允车厢门不上锁。

5月20日，正在睡梦中的人们尚未醒来，忽然列车停驻不进。她起身一看，发现左右皆是车，看不到外面的景象，在列车空隙里见车站墙壁上有题字，方知到了"坏乃科甫站"，距鄂穆司克也不算远。在这个小站，停车达6小时，才开始重启前行路。没开几里路，又在旷野停车。派人下车，探知前方有一辆来车出轨，不得已等待了许久，才继续前进。待到经过事故现场，但见右侧铁轨下堆着数以千百的枕木，叠起以铺成路基。小桥斜坡上也垒着枕木用来承担列车重量，勉强可以缓慢地前进，还有100余名工人，仍聚集在一起干活。

从昨日午后开始，窗外开始不见积雪。鄂穆司克（今译鄂木斯克）以西，一望无际的平原大陆渐变为丘壑起伏，河流有舟供渡，浮鸭知春，转瞬间似乎眼前又如江南风景。

除了风景有变，单士厘也观察到一个现象：自昨天以来，无一个站台上不见移民车。她见到车站的廊下，放着不少新犁，基本确定就是给移民耕地所用。

薄暮时分一过，经过了车里雅宾斯克站，已到达乌拉尔岭东麓，这是西伯利亚铁道西端最终点，过了此地即入乌拉尔岭越线。这个车站用石头建筑，大而华丽，据称在西伯利亚线上排名第一。早就听说乌拉尔岭上多有细精的工艺品，心里就想着到市场上去购买些乌拉尔铁矿制成的纪念品。不料，因路上事故延误，列车到站时，集市早已关门，只买到了两个小物件，制作粗糙，心里不免有些遗憾。据她之前所了解，这个车站不远处有一所很大的移民工厂，可以容纳2500人，有可以容纳70人的医院，还有教堂、浴室、洗濯所等公共场所。10年以来，已有过境移民60万人之多。其他车站旁也有移民工厂，但规模都不及这个。单士厘非常想前往观摩，可惜因为夜黑而无法完成。

5月21日，列车若以正常的行车时间过乌拉尔岭山巅，必定在白天。那里立着欧亚大陆的分界石碑。但此前铁道上有两次遇险，列车停停开开，所

---

① 单士厘：《单士厘文集·癸卯旅行记》，中国文史出版社，2022年版，第174页。

以过乌拉尔岭的时间被推迟到了夜晚。经过米雅司站，虽日落不久，但天色昏暗莫辨，隐约中可以望见松影朦胧，密林下听得铁轨间有溪流潺潺。单士厘想到自己活到46岁，今日始由亚入欧。但不能亲眼所见这块分界石碑，成了此行极大的遗憾。窗外越来越重的夜色见证了她的叹声："因为列车误点，盛传的欧亚分界石碑无缘得见。"

钱恂多次见过分界石碑，便跟妻子讲起来："碑为三角塔形，围绕着铁栅栏，一面书亚细亚文字，一面书欧罗巴文字，1845年所立。"

经过亚欧大陆的分界点，单士厘突然想到日本著名作家福岛安正的一句话："浑然一大地，何欧亚之有？况横目纵鼻，灵心性无轩轾，所异者语言面色而已。"天地宇宙，万物一心，眼前是人面和风俗的不同，政治和文化的差异。她的《癸卯旅行记》时常有这样的时刻闪现，见天上彩虹，看大地晨雾，还能感受游走在地下的暗河。

读过万卷书，行得万里路，对于生命成长是至关重要的互证。远行广阔心胸，增长见闻，即便再艰难漫长，终也是值得。

过了兹拉特站，只见一路上群山环抱，绿水萦绕，顿入佳境。远望矿厂林立，人烟稠密。自此再行驶212俄里，皆是山水胜景。尤其是从维索伐耶到乌斯喀塔夫站30里间，忽而曲折回环，忽而开朗疏浚，旁有溪流倚山而泻，面前松涛阵阵，娇花拂面，最为佳绝。对比日本的国府津、箱根等风景绝妙的地方，都有过之而无不及。待到午后过了乌发站，阔叶树丛生，蛙声盈耳，又是一番景象。据说这一带富有石油，之前的汽车燃料十之八成用柴薪，其次用石炭，到此地更兼用石油作燃料。铁路两旁多见农民在躬身耕作，一派田园风光。

5月22日，列车迂回行于萨马拉河、伏尔加河之间。伏尔加河是流入里海的大河，汽船也是有名的浅水船，抬头偶然一望即可见到，明轮在船尾。她回想起了在汉口曾见过的一艘驶往宜昌的汽船，亦是如此。伏尔加河所产一种鱼，鱼子极肥，是俄国人餐桌上的珍品。喜欢美食的单士厘与钱恂当然不能错过，来到停车处就餐特意点了这道特产，果然美味异常。

"好吃吧，别浪费哦。有人为了尝这道美食，专程盐渍之后运往四方，各国人士珍爱的亦不在少数。"钱恂跟妻子说起他昔时曾在异国，吃到过盐渍过的伏尔加河的珍贵鱼子酱。

单士厘回答说："好吃好吃，新鲜的鱼子口感真好。腌过的，肯定不如新鲜的美味。"

很快，列车驶进了伏尔加河滨的萨马拉。河流漫漫，长堤断续，舟楫鱼篰，这一切景物都极似江南，单士厘面对美景左顾右盼，又不禁起了思乡之情。

萨马拉，是一个古老的城市，位于俄罗斯伏尔加河中游，地势东高西低，平原与丘陵相间。富有石油，还有天然气、油页岩和硫黄等矿藏，是温带大陆性气候，地处森林草原带和草原带。始建于1586年，1688年建市。1935年前称为"萨马拉"，后又改名"古比雪夫"，1991年又恢复旧称。伏尔加河流经城市的西境，水陆交通便利，在萨马拉河注入伏尔加河处，市区沿古比雪夫水库延伸35公里以上。

萨马拉车站，是西伯利亚铁路有名的分歧大站，南北纵横，东西走向的铁道在此汇集，再各自走向远方。

"你看，往南一路渐引渐长，将出彼之斜米帕拉廷斯克（或译为七河省），而入我国的新疆北路，与其里海东岸一路，已引长至安集延，而即将入我新疆南路，正如巨蟹的右螯之双钳。而营口已建成之铁路与张家口必造之铁路，又如巨蟹左螯之双钳，向着我们的北京。"钱恂向妻子谈及铁路的布局与走向，两人随后即陷入沉思。

萨马拉站往西，就离莫斯科不远了。

（五）在莫斯科　异国风物

5月23日，看着一路繁盛掠过眼前，很快土拉车站就过了。车窗外，屋宇整齐，草木畅茂。午后2点，列车抵达莫斯科。钱恂的好友陆徵祥从圣彼得堡远道而来，已在车旁等候相迎。

陆徵祥，字子欣，也作子兴，1871年6月12日出生在上海。他的父亲是一名隶属于伦敦传教会的基督新教徒。13岁时，被父亲送入洋务派在上海开办的广方言馆，他没有辜负父亲的期望，20岁出头便考取了当时隶属总理各国事务衙门的同文馆，由沪入京，这一步成就了他的外交生涯。同文馆学习仅一年，驻俄、德、奥、荷四国公使许景澄就呈请总理各国事务衙门，调陆任驻俄使馆翻译官，陆乃于1892年赴俄就任，他的命运由此翻开新篇。到俄数月后，他被任命为四等翻译，4年后升为二等翻译。那年冬天，恩师许景澄回国，杨儒继任驻俄奥荷公使，仍留陆在使馆；再过了6年晋升为参赞，至于他离开俄国，则要到1906年升任驻荷兰公使。

当钱恂来到莫斯科，正是陆担任驻俄使馆参赞之时。

因处事谨慎细密，陆徵祥颇得历任公使的器重。任职俄国的这些年，清朝因东三省的铁路、领土主权问题多次与俄国交涉，先后签订了1896年的《中俄密约》、1898年的《旅大租地条约》、1902年的《交收东三省条约》等条约。在交涉中，清朝的谈判代表，如许景澄、杨儒等，为维护国家利益都曾据理力争。但在弱肉强食的丛林世界里，哪有什么"正义"与"外交"可言，这些抗争，无异于羊与狼争，后果可想而知。陆作为翻译，参与其中，深刻地体会着弱国外交的屈辱。

相别已有11年的老友，再见在异乡。单士厘第一次见到钱恂口中常提起的"陆老弟"。

此时的陆徵祥已在圣彼得堡遇到了自己的一生挚爱。1899年2月12日，陆徵祥与比利时女士培德·博斐结婚，成就了中国近代外交史上一段惊世骇俗的恋爱。

俄罗斯车站，两位老友见面叙旧，单士厘则站在这个车站宏大壮丽的建筑面前流连再三。莫斯科火车站被称为"全世界最美的十大火车站"之一。她抬头望，四处看，联想到之前阅读过的一份资料，里面讲到庚子巴黎之万国博览会上，有所谓的"亚细亚俄国出品馆"，其中设有西伯利亚铁道列车的沙盘模型，其入口处即模拟莫斯科车站。购券入场的人，可以仔细观看列车之寝室、食堂、读书、运动、游技、休息、通信、祈祷、澡浴、医疗等区域场所，甚至还设有写真暗室，即为乘客途中洗照片之暗房。而参观完毕出口，则居然堂皇地模拟了北京的车站，是在示意可为一车直达吗？俄国的？中国的？当时真觉得不可思议。

但在外国人所记载的这些关于西伯利亚铁路的资料，对中国的游览信息居然没有一言谈及。当单士厘阅读这份资料，曾为当时的清廷不重视国际交流而遗憾，同时也留下了一个印象，以为这条现代化铁路线上的列车设施必是非常周备，谁知以今日亲身经历证明，列车沿线哪有所谓的读书、运动、游技、休息、通信、医疗、暗室呢？现在回想起来，若真要找一个共同点的话，就是俄罗斯车站食堂都辟有一个地方，悬挂着偶像供人祈祷而已。

莫斯科站已是这条跨国铁路的终点站，无论再向何国何地行驶必须要换乘。单士厘等人所购的车票虽然是到圣彼得堡站，但不论是坐卧票还是急慢车票，都到莫斯科为止。听说钱恂他们一路的经历，陆徵祥也认为，在伊尔库茨克以西以一等价座位票而坐了二等车是不公平的，因此想找站长声明要个公道，但站长唯唯诺诺地说不出个所以然。单士厘越发认定，沙俄治理国家和管理公共事务，根本没有现代文明的尺度，所以也不会注重行政程序。

因为信息传递的疏漏，陆徵祥本以为他们一行今晚就需换乘前往圣彼得堡，所以之前只在车站借用一间候车室。

"你到莫斯科是旧地重游，我还是第一次来呢！"单士厘对这个著名的俄罗斯大都会充满想象，并不愿急着离开，机会就在眼前，她提出了借机游览一下"旧都"风景以偿夙愿，最终钱恂和陆徵祥商量决定在此逗留两天。

陆徵祥把他们带到一个名叫"斯拉夫"的旅馆办理住宿。走进屋舍之时，单士厘抬头看到旅馆招牌，想到俄国人以斯拉夫民族为主，居然就把种族名作为旅馆之称，不由笑了笑。

这场远行在她的生命里留下了浓重一笔。单士厘沿着海路航船和陆路铁道一路走读，历史、战争、家族往事、政治风云在眼前不断掠过，时代变迁、兴废存亡、名人传奇、凡夫俗子，林林总总交织在她的旅途上。"顾此乃上下千年之谈，而非纵横万里之谈，不意予于三十日中二万里间亲见之。"她思索，她记录，在《癸卯旅行记》中有这样一段话好像就能作为总结，她是这样说的：

论人民进化之理，由草昧而臻于文明，大率分五顺序。最初除避饥寒外无生活，遇水而渔，涉山而猎，食肉寝皮而已，所谓狩渔时代。久知野获者之不足恒恃也，于是牧饲家畜为食，所谓畜牧时代。久知徒逐无定之不足以为恒产也，衣食之外，兼谋居处，血肉之外，兼嗜植物，于是耕作土地事起，所谓农业时代。久知各恃其余粟余布之不便通有无也，于是组织交通信用之机关，为有无互济之媒介，所谓商业时代矣。此时彼此相通，智巧愈进，而嗜好亦愈繁，于是各出智巧以精制造，各精制造以投人嗜好，遂更进而为工业时代。此五时代各有顺序；初非一跃可超，而其程度之迟速，则在民智之高下与教育之有无。

顾此乃上下千年之谈，而非纵横万里之谈，不意予于三十日中二万里间亲见之。自海参崴穿山而西，入宁古塔之境，此三百年发祥地，旧史所谓"林木中百姓"、所谓"打牲乌拉"者，流风尚存，非所谓狩渔时代乎？更西出蒙古之境，经阴山之北，沃土未耕，而牛羊驼马均极蕃息，非所谓畜牧时代乎？更西入西伯利之西境，民风朴质，而富谷仓，非所谓农业时代乎？（其麦岁输德、奥等国。）至越乌拉岭而历莫斯科，交通便，阛阓盛，虽工业不闻于世，而已骎骎乎跻商业时代矣。安得再道德、法、英、美诸邦，一睹所谓工业时代乎！

百年人生，远行漫漫，这位缠着小脚的女子，对于人类文明的进步之思索，对于历史发展之预判，思想深刻，哲思之光清亮穿透百年风云而至。人类进化，必然由愚昧走向文明，其间会经历多个阶段，她用狩渔、畜牧、农业、商业、工业来划分人类文明进步的五大时代，认为这些时代各有顺序，并非可以飞跃式发展来超越。同时她清醒地提出：文明进展程序的快慢，与民智的高下和教育的有无，相关甚深。

她对这次跨国之旅，作出了一个非常的结论——一次用几十天阅尽几千年的奇妙旅行。这些日子，她从海参崴穿过山脉而往西进入宁古塔，行驶过清朝的发祥地，那里由于禁止开发，尚有狩渔时代的古风；西出蒙古之境，经过阴山之北，看草原上牛羊满山，骏马驰骋，岂非翻阅了畜牧时代的风光；当进入西伯利亚之西，民风质朴而谷仓富有，每年出产的粮食可供德奥等国的食物，走过这个被称为欧洲粮仓，可谓读取农业时代的信息；翻过乌拉尔岭而到莫斯科，交通便捷，物质丰富，虽不以工业著名于世，但应算已进入商业时代；等到再去德、法、英、美等国走一圈，即可一睹工业时代的风光。从阅历和见识上讲，纵横万里的地理空间，经历上下数千年时间，不是虚言。

5月24日清晨，一阵悠扬的教堂钟声惊醒了单士厘。

她突然想起自己身在莫斯科。那钟声如从遥远处滚过来的轻雷，又如群蜂聚集嗡嗡作响，相传莫斯科教堂的尖顶有万数之多，看来似乎尽非虚言。东正教的教堂，式样不但与新教有异，与旧教也不同。在满洲铁路线上，数量已超百，屡有见之。她这是个清醒的女子，在日记里这样写："若使人迷信宗教，那么社会的一切不发达现象，政治上遭受的压迫损害，都可推诿于天神的不佑，而不必去追究执政者，也不必有改良社会思想，寻求法治的道路，这在社会治理中颇见效验。"

在莫斯科的旅行时间有限，她没有安排休息，马上就跟着丈夫前往俄国博物院游览。

"导游"钱恂事先提醒她，这个博物院的建院宗旨在于考察保存国家历史，民风民俗次之。所以没有展览外国之物，也无自然生物。当然，也顺便"剧透"了一下：沙俄以教立国，博物院内所藏的文物则以宗教事物为多。

在《癸卯旅行记》中单士厘只用了简单两句话，记载了她到莫斯科第二天游览的俄都博物馆的事。但走读这个博物馆给她的震撼，是巨大的。等安定下来，她用一首长诗来记录了观感，题目就是《游俄都博物馆》，鉴于长诗自带的史料价值，移录于此。

驱车出西郭，雪积野逾旷。行过万生院，米萃（俄用法语博物院称）已在望。入门见长鲸，疑是奔流放。头犹十余丈，想见吞舟量。翔飞并跳走，罗列备式样。左右排广室，四壁硝子障。高者充栋梁，大者躐峰嶂。点缀适其性，转侧形其状。搜罗遍遐荒，布置劳意匠。溯源生物初，螺蛤随潮涨。蠕蠕乏腔肠，日晃沙水漾。动植未分明，一一盛盆盎。通明似琉璃，纤细若丝纩。或枝叶卷舒，或花萼施张。渐有蝠与猴，人禽同草创。卵生及乳哺，热血具腑脏。食肉多钩嘴，喜鸣善引吭。骈足立蹒跚，单蹄行跌踢。昂然之拉夫，麒麟证非妄。貂鼠窜层冰，虎豹隐雾瘴。牦牛庞且驯，鳄鱼桀而羡。修毛委地垂，虬齿屹相向。洞深狐暗窥，线系燕颉颃。鹰鹯势相攫，鸥鹭表闲让。仁心不嗜杀，狮子独称王。大小两白熊，岩石沉舟傍。此为俄国产，摄影购其相。巍巍巨象骨，出自沙石矿。传闻几千年，度在纪元上。象乃热地兽，寒区疑不当。或言俄昔暖，地心火犹旺。后来冰雪深，暖力渐失丧。我疑此古兽，别国所生长。或系战利品，或出交情贶。易地不禁寒，遂向空山葬。若为本土生，岂一更无两？既能产此兽，未必寒骤妨。何以北冰洋，动物偏无恙？此言固矫情，论古或予谅。窈窕谁家姝，执册携儿逛？物理详指示，告诫尔进忘。鉴斯感我心，教子在蒙养。吾邦自宋来，典型嗟久荡。尔雅笺虫鱼，博物古亦尚。离奇山海经，形容或非诳。讵欲夸夥多，但为学者饷。只今新世带，生理益繁广。欧美竞文明，宜思所以抗。露虽非立宪，民志籍开畅。远游饶眼福，学界无尽藏。[①]

　　据诗中描述，她所到的俄都博物馆应该是莫斯科国家历史博物馆。这所博物馆位于红场北侧，其所在地原本是莫斯科大学的一个校舍。

　　这是莫斯科最具代表性的博物馆，1872年由亚历山大二世下令建馆，1883年在亚历山大三世加冕仪式举行的同时开馆。博物馆主要向大家介绍俄罗斯从原始时代开始各个时期的历史，藏品多达450万件，它的规模甚至可与武器库相媲美，这里有贵金属、武器、装饰品等多种展品，同时还附有详细的考古学资料。即使读不懂那些资料，用眼睛欣赏也足够震撼。原始至古代的展馆是该博物馆的中心展馆，令人叹为观止。单士厘第一次见到了自然界许多标本，大如长鲸，巨大的头颅有十几丈，横行海洋鲸吞舟船不在话下，小到史前的生物，微不足道哉。她仿佛在读一部人类简史，进化一步步走来，大自然在她眼前展现出"无尽藏"。但作为学者，她也对有些展品的出处存疑，并在诗里讲述自己的依据，其见识的广博在此时展现出独立思想的光芒，她认为中华自古以来也有对自然科学的好奇与研究，"尔雅笺虫鱼，博物古亦尚。离奇山海经，形容或非诳"。全新的时代来临，国家更应积极进步发展科学，开发民智，使中华民族无愧立于世界文明之林。

　　除了游博物馆，单士厘还跟着丈夫一起去看了美术馆，她笔下的画院确切是哪一所美术馆无法考证。但从她提到馆内所悬万幅作品的数量推测，很有可能是特列季亚科夫美术馆。这是世上最完整收藏俄罗斯绘画精品的博物馆之一，位于莫斯科。以钟爱艺术、热爱绘画收藏、乐于资助画家进行艺术创作的俄罗斯富商特列季亚科夫的私人收藏为主。1856年，他用私藏创建了画廊与公众一起分享艺术之美，1892年捐给市政当局。特列季亚科夫当时捐赠的藏品为1800件左右。美术馆成立后又陆续收藏了很多经典画作，从俄

---

① 单士厘：《单士厘文集·癸卯旅行记》，中国文史出版社，2022年版，第39～40页。

罗斯圣像画等古代美术作品到近代杰出美术作品，现在藏品多达13万件。

单士厘看到了俄罗斯的油画、水画、铅笔画等诸多画种，尤其对俄罗斯绘画中对光影的表达着迷："其绘光之技尤不可思议。光肖，则无笔不肖。且能因光肖声，雨、风、泉、石及人物形神，莫不如闻其声，至绘声而技绝矣，此为日本所未及见。"①

她对艺术的敏感和良好的审美，使她走进古都可以迅速进入对异域文明的欣赏与对比，在这个过程里，她不断突破原有的认知，打破固有思维，向前看，向前走，艺术审美与境界得到提升。漫长旅行，文化也滋养着她的生命。

来到莫斯科，她通过游览博物馆了解人类历史以及俄罗斯民族发展史，走进美术馆欣赏美术作品对比东西方绘画的不同，是文化之旅的必选项。但令人意外的是，她的行程里甚至还有莫斯科育婴院的"参观项"。单士厘对于教育的关注、兴趣延及婴儿保育和早教，翻译过《家政学》的她，在癸卯旅行中所记述的内容颇具专业价值。

她极有可能是第一位在异国考察育婴院并作出记录的中国女子。

莫斯科育婴院高大宽敞，五层楼，如皇宫般的居所，用她的话说，里面的走廊道路宽阔程度，甚至胜过上海城里的小巷子。每个房间之大，有如中国官宦之家的大五开间，且中间没有隔断。陪同讲解的院方工作人员介绍，育婴院共有1600多名儿童，这个数字还不包括寄育在外的婴儿。她看到，每一房间里有50名婴儿，一位乳母喂养两个婴孩。育婴院非常注重卫生保健，床榻被褥纯白整洁，对婴儿的治疗、洗濯、饮食，无不注重细节。单士厘一边感叹着这所育婴院的管理有方，一边详细询问婴儿进入育婴院的程序。院方工作人员说，莫斯科每日都会有20多名婴儿从各处送来，到了收婴处，他们会先去掉包裹婴儿的旧衣物，用软布裹身，放在盘中称出体重，又以软尺测出胸围、头围、身长，再检验心肺功能，检查健康与否，一一详细记录后，再记下姓名、住址、出生年月日；如无姓名的，就记下将婴儿送来之人的姓名住址。这一切手续完成后，就让乳母抱到喂乳室。

一切事务井井有条，院内除了少数门房、役差之外，都是妇女在主持事务。

---

① 单士厘：《单士厘文集·癸卯旅行记》，中国文史出版社，2022年版，第174页。

　　经了解，院中有女性管理员数百人，大多是在这个育婴院长大成人，这也是一种特色，看到单士厘问得认真，他们也想知道——"你们来自哪个国家？"

　　"我们来自中国。"

　　"噢，中国，我们这里还没有中国女子前来参观呢，请你写一下好吗？"等他们参观完毕，为之引导的俄国老妇拿出登记册请她留下姓名，单士厘就用中文写下自己的名字，并且提笔写下数行观感，还拿出10个卢布作为慈善捐款。

　　当天他们在一家名为"莫斯科"的餐厅吃晚餐，服务员穿着俄罗斯的传统服饰在招待客人，餐厅的布置考究，很有历史感。

　　她不由得起了好奇心，就餐前特意起身四处观看。除了感受俄国的传统氛围，她发现餐厅还有一个非常特殊的地方，用红线围着，供人参观瞻仰，显得特别气派。里面有一张餐桌，桌边有三张椅子，桌上还放着三个刀叉以及三套食具，餐厅服务员告诉她，这就是现任俄国皇帝加冕时在此地的御用之物，一为太后所用，一为皇帝所用，一为皇后所用，所以餐馆将此留作纪念，彰显高尚的地位和餐厅的荣耀。吃过晚饭，陆徵祥邀请钱恂夫妇前往花园观剧。这是单士厘第一次参与俄国夏令的时尚娱乐生活，首次见到人类训练野兽进行种种表演，大开眼界。

　　次日游程更为丰富，单士厘将用一双小脚丈量莫斯科的地标建筑，步行游览被誉为"世界第八奇景"这一世界级的建筑群。

　　她迈入了坐落于莫斯科市中心的克里姆林宫，这里曾是俄国沙皇的皇宫，南邻莫斯科河，西北依亚历山德罗夫花园，东邻红场，面积27.5万平方米。主体建筑建于14世纪，宫墙总体呈三角形，长约2300米，沿墙耸立着20余座精美的塔楼。

　　宫外广场规模巨大，气势不凡，宫内建筑金碧辉煌，同样气势磅礴。他们首先参观当年沙皇举行加冕典礼的圣母升天大教堂，这座莫斯科最古老的石头建筑，位于克里姆林宫中心，曾经是俄罗斯的国教大教堂，也最为巍峨壮观。

　　这座东正教教堂在俄罗斯莫斯科克里姆林宫内大教堂广场的北侧，一条窄巷将其与北面的牧首宫及十二使徒教堂分隔开。西南面是伊凡大帝钟楼。在教堂的西南，也有一个狭窄的通道，隔开了多棱宫。大教堂被视为莫斯科大公国的母堂，在1475年至1479年，由莫斯科大公伊凡三世委托意大利建筑师菲奥拉万蒂所建。从1547年到1896年，俄国历代君主加冕仪式在此隆重举行。因此，圣母升天大教堂一直是俄罗斯的中央大教堂，即便在首都迁往圣彼得堡后也没有失去这一地位。

圣母升天大教堂是旅行者到莫斯科必去"打卡"的景点之一。除了建筑恢宏，大教堂的墙壁和屋顶上还有精彩的圣像画和彩色浮雕壁画，显得富丽堂皇，《圣经》故事的壁画绚丽得让人眼晕，据说这里的圣像图共画有1000个左右的圣人。12世纪的《圣格奥尔基》像、13—14世纪的《圣三位一体》像，还有著名的《弗拉基米尔圣母》像都保存在这里。

单士厘在仰望这座城堡形的建筑群，高大雄伟的墙体，金顶上矗立着高高的十字架，钱恂早年游历莫斯科的时候，曾带回过一幅银画，当时就为她介绍这座教堂的历史，单士厘至今仍留有印象。据说历代莫斯科大主教，还有后来历代俄罗斯东正教总主教，都安息在这座教堂里，沿墙排列着他们的坟墓。在俄罗斯政治生活中，这座教堂地位也非常特殊，它是俄罗斯各地诸侯向莫斯科大公宣誓效忠的地方。在"伊凡雷帝"给自己加上"沙皇"头衔以后，又成了沙皇加冕的教堂，靠南边还保存着于1551年建造的装饰有精美木雕的伊凡四世宝座。

单士厘走进教堂，四周的黑暗处即历代大主教的石棺。在正中的座下，有长约数寸的黑木，据称是耶稣受钉刑时的木头。教堂内的银制吊灯华美异常，据说就是为了庆祝夺回被拿破仑军队掠夺走的300公斤黄金和5吨白银而建的，她把眼前所见默默地记在心中。

走出教堂，阳光特别刺眼，她继续参观克里姆林宫殿群。

红色的外墙围成了一个不等边的三角形。宫墙之内是由4座宫殿、4座大教堂和19座塔楼组成的超大规模建筑群。她行走于其间，发现这些建筑的风格涵盖了拜占庭、俄罗斯、巴洛克、希腊和罗马等不同形式，截然不同却又恰到好处地融合在了一起，可以说整个俄罗斯的精华都汇聚在了这里。克里姆林宫见证了俄罗斯历史上的权力游戏，说不尽的故事在后世流传。这座巨大的博物馆群，当然还珍藏着大量有关于建筑、艺术、军事、雕塑等方面的杰作。

他们走进了"珍宝馆"，即克里姆林宫原来的大兵器库。1720年，彼得大帝将其改建成博物馆，在这座超级殿堂，陈列的玻璃柜里面有当今俄皇、皇后以及太后参加加冕仪式时所穿着的银鼠大氅、镶钻的宝冠、教杖等，还有历代沙皇用过的物品、精美的工艺品，以及掠夺而来的战利品。她见到这里的皇冠、神像、十字架、盔甲、礼服和餐具无不镶满宝石，仅福音书封面就嵌有26公斤黄金，以及无以数计的宝石。哥登诺大帝的金御座上则镶有2000颗宝石。这里被认为是世界最大的博物馆之一，内含4000件藏品。单士厘信步宫中，目睹异国帝皇家的奢侈生活。

"当年我第一次来参观的时候，这里还悬挂着他的父亲亚历山大三世的加冕式上用品，如氅、冠、杖等。"钱恂在单士厘身边回忆当时参观的情景。

"如今换了新的皇帝，自然东西也换掉了。"她轻声回应着。

行走于一间间宽阔堂皇的房屋，所陈列的数万件物品，多是俄国历代君后的遗物，无非是钻石珠宝珍奇玩物，不少物品价值连城，还有历代与各国交往时的赠品。她发现其中有一具马鞍，介绍说是1789年中国所赠。看做工固然是中华所产，但并不精细，与各国的赠品相较，不免相形见绌。单士厘想到，这件物品既为帝室馈赠，为何中国的记载没有见过此事，搞不清楚是什么道理。

接着参观各种勋章的陈列殿。当时俄国有这样的规制，凡建一种勋章，即建一殿。屋顶及四壁，都绘刻着此种勋章的款式及装饰，以及曾受此勋章者的姓名。走出勋章陈列殿，继续参观皇宫的餐殿、寝殿、读书殿、梳沐殿、咖啡殿、延见男女宾客殿。在参观过程中她发现，彼得大帝的手制靴，虽然硕大无比，但制作质朴。再看他所用的卧铺和床褥，也是朴素简陋。所以，她大胆猜想俄罗斯崇尚奢侈，应该在彼得大帝以后的事。

先前单士厘就听钱恂说，各国的宫殿里首推俄罗斯为第一宏伟富丽。一柱、一门、一地板、一用具、一绘幅，种种奇富，不可名状。亲至此地，参观皇宫设施和珍藏，她却不为建筑的富丽堂皇和珍宝的巧夺天工而惊叹，反而想到俄国虽然专制，但待臣下还能沿用客礼，共坐共餐，不必跪拜。她甚至大胆地认为，对比清朝的制度设计，倒也还算有礼。这种颇具现代意识的视角令人耳目一新。

很快，她亲眼见到了传说中的莫斯科"钟王"和"炮王"。

"钟王"号称世界第一大钟，高5.87米，直径5.9米，重约200吨，于1735年11月20日铸成。钟壁上铸有精美的塑像和图饰，如沙皇阿列克谢与皇后安娜的像，还有5幅神像。但据说它铸成后敲第一下时就出现了裂痕，因此《美国百科全书》称它为"世界上从未敲响的钟"。钟已碎缺，缺片在地，缺处可容人进入。

"炮王"则是造于1586年，重40吨，炮口的直径达0.92米，可容下3人同时爬进。炮前陈列有4个堆在一起的炮弹，每个重为2吨。炮架上也有精美的浮雕，其中有沙皇费多尔像。单士厘记得曾看到过日本的书中有记载大炮的重量，但面对实物她的评价是"炮形直大如筒，古代旧式，了无足异"。

他们的参观行程里包括了一幢含着密道的小楼，经过曲曲折折的楼道登上去，看俄国沙皇与"三大教长"的机密议事处，这三位"教长"分别来自莫斯科、基辅和圣彼得堡。小梯危楼，曲折隐秘，保存当时政教议事的机密。经过几个世纪的沧桑巨变，能够留下来的老建筑，大抵身世不凡。其中建筑史上的杰作，又往往与权力和金钱分不开。历史的隐秘，似乎掩藏在老房子的褶皱里。

当走进另一房间，她看到的寝床帐褥熟悉得令人惊诧，居然都是来自中国的丝织品。介绍者说，拿破仑攻入莫斯科时，还曾把这间屋当成寝室。

望着来自东方的中国丝绸，单士厘想到90年前那场著名的战争。

1812年5月，不可一世的拿破仑率领使用12种语言的57万大军远征俄罗斯。战争开始时，拿破仑相继获得了斯摩棱斯克战役、瓦卢蒂诺战役、维捷斯克战役的胜利。9月，拿破仑逼近莫斯科，俄国沙皇亚历山大一世带着剩余的沙俄高级将领和大部分居民撤出，向俄罗斯腹地转移，同时采取坚壁清野战术。当拿破仑攻入莫斯科，却没料到迎接法军的是全城大火。当时莫斯科大约三分之二的房屋都是木制的，大火使这座城市几乎成为废墟。俄国寒冷的冬季到了，拿破仑的大军马上面临生存困境，粮食极度短缺。沙俄却集结了有生力量趁法军困乏之际不断袭扰。10月中旬开始，俄军大举反攻，在随后持续几个星期的对战中，原本处于优势的法军节节败退，在极寒之地后勤保障严重不足，士兵战死或冻死的不计其数，法军损失惨重，最后活着撤回法国的军队只剩下不到3万人。

拿破仑占领莫斯科，也只是硬撑了5个星期。这场战争也成为这位法国"战神"的人生转折点。一场大败使拿破仑由盛转衰，最后遭到反法同盟的不断打击。1815年，曾经横扫欧洲的拿破仑在布鲁塞尔南郊的滑铁卢迎来了事业的大结局，最终被流放于地中海的一座小岛上。

单士厘走出宫殿，环城而行，驻足，回望拿破仑统领士兵攻入处，一片烟云苍茫，那些大人物早就随着时间而逝，风云流散，旧时代迷离的挽歌是无声的。在参观"炮王""钟王"时，她还看到了周围刻有文字，那是拿破仑败退后，俄罗斯人所写的纪念文字。但那些文字，已非今日俄文，而是旧日的斯拉夫文字。

就这样在历史与现实里穿行，单士厘的心灵无时不在激荡中。她喜欢这样的远行，无数岁月仿佛又重回，一眼千年。那时的气息与当下的感受在莫斯科的天空下回旋交织，她从远方而来，从古老的帝国来到这里，站在时空的交汇点，与大历史轻轻对话。

在莫斯科，单士厘也曾走进高档的购物中心，看那些富丽堂皇流动着的物欲。"列屋数百，悉悉层楼，纵横街衢十数，悉覆玻璃。珍异日用，毕陈待售，惜不见教育用品出售耳。"①这句话里，她有一种明显的鄙视情绪，不重视教育的社会是被她所瞧不起的。

可是这个国家有令她尊重的文化和大师级人物。

单士厘在千百种款式待售的明信片中，选择购买了一张托尔斯泰肖像。

托翁被她译为"托尔斯托"，是她极为欣赏的一位俄罗斯文学家。她在《癸卯旅行记》中郑重向中国人推介这位被誉为"俄罗斯良心"的世界级文豪。"托为俄国大名小说家，名震欧美。一度病气，欧美电询起居者日以百数，其见重世界可知。所著小说，多曲肖各种社会情状，最足开启民智，故俄政府之甚严。其行于俄境者，乃寻常笔墨，而精撰则行于外国，禁入俄境。俄廷待托极酷，剥其公权，摈于教外（摈教为人生莫大辱事，而托淡然）。徒以各国钦重，且但有笔墨而无实事，故虽恨之入骨，不敢杀也。曾受芬兰人之苦诉：欲逃无资。托闵之，穷日夜力，撰一小说，售其版权，得十万卢布，尽畀芬兰人之欲逃者，借资入美洲，其豪如此。"②

这段女性写就的文字，是首次向国人介绍托尔斯泰的记录，单士厘无意中又创下了一个"中国第一"！托尔斯泰庄园离莫斯科也就几个小时的车程，

① 单士厘：《单士厘文集·癸卯旅行记》，中国文史出版社，2022年版，第181页。
② 同上。

在广袤的俄罗斯原野上，托尔斯泰叛逆过，回归过，最终回到了这片生育他养育他的苍茫大地。单士厘读懂了这位大作家对这片土地的深爱，沉凝浑厚，充满对人性的悲悯，因为有了温暖济世的心，有了高贵不屈的灵魂，所以在人间受难却通体光明。"所著小说，多曲肖各种社会情状，最足开启民智，故俄政府之甚严。"

外交官夫人因缘际会，在百年之前实现国际旅行，这份幸运，竟是成就她的机遇。行走，观察，记录，思考。她用自己的方式在感受世界，也用自己的方式体验生命。

在俄罗斯生活旅行期间，她亲眼所见的19世纪的俄国现状，看到民众生活在极其封闭、落后、野蛮的城市中，生存的权利和自由被剥夺压榨，毫无生机和活力。因此，在游记中所呈现的俄国城市是专制、愚昧、落后与混乱相交融的社会图景。她以女性特有的细腻，以及对中华民族充沛的情感在观察异域城市，揭露和控诉沙皇俄国的种种暴行，融入严肃的忧患意识和家国情怀，自觉地批判和揭露俄国社会的落后与专制、保守与愚昧等。特别针对沙俄所展现出的生产力低下、教育制度落后、迷信宗教、政府专制等问题，似乎都成为她痛恨沙皇俄国掠夺中国领土、残害中国百姓民族情感的一种注释。

走出斗室，走进异域，打破了传统女性见识的"天花板"。这位江南闺秀卓然超拔于时代。那时明月照耀过，她用精神的光芒回报了岁月。

单士厘从中华文明滋生的"仁心"出发，一双小脚走出国门后，在中西比较、华夷对照中，常常有惊人的独到思索。她记录了那个时代的所见所闻，且不止于记录，而是将细节与大历史勾连，有些例证甚至可以启示未来。如以下这段议论俄国对待芬兰的历史的总结，读之令人深思——

芬兰本瑞典国之一部，百年前俄人灭取之，照例施种种苛例。（俄待他种如芬兰，如波兰，如犹太，皆有种种不思议之苛例，罄竹难尽。大意无非欲遏民智，俾就夷灭，安知他日不有四三皇而六五帝者乎！）芬兰人心不死，暗行其自治，暗行其教育，且不甘学俄语，不甘行俄币，不甘遵俄历，而于俄之苛例，究不能逃也。昔年外子在俄，曾役使芬兰夫妇二人为仆，亦曾助资俾往美洲（壬辰年事）。今闻俄例更严，不允给出境凭纸，且设种种苛例，不遵例者不给准婚凭纸。其禁设学校（俄设高等学校，亦禁不准入），断其入仕之途（俄官无一芬人），在武备尤禁。又强设医院（选极下等之医生设院于芬，俾收不杀而杀之效），无非欲塞其智慧，绝其种嗣（禁婚嫁），又不欲留种他土，故禁不使出境。俄廷用心，可谓周密。①

　　回到酒店晚餐，看到餐桌上有蔬菜，单士厘很是开心。自伊尔库茨克一路而来，列车上的食品有肉类而无蔬菜。她认为这是不符合饮食均衡与科学的，极易导致肠胃病。把在莫斯科吃到了蔬菜这一细节写入游记，从中也可见这位家族主妇对于饮食结构的重视，对科学膳食的理念之认同，符合新女性的"标配"。

　　莫斯科两天的行程是匆忙又充实的，他们吃完晚饭即乘车启程前往圣彼得堡。晚上8点半到车站，9点半出发。依然付了加急的车钱，又加"座位费"（倘若不加钱，他们就没有座位）。在俄国的铁路上，单士厘所记录的细节都是令她难以忘记的，那百年前因管理混乱而野蛮生长的路，是她癸卯旅行途中的一根根刺。为了节省费用，他们未加卧铺的费用。整个晚上，他们坐在列车上奔驰于异国的土地，窗外一片漆黑，无所见。

　　但她知道是行驶在复轨上。

　　一路上，单士厘记得自萨马拉以西才有断续的复轨，奔萨以西才是完全的复轨，之前的均是单轨。这条长长的铁路闻名于世，也是俄国最早建筑的铁道之一，且是建筑价格最为昂贵的铁路。

（六）圣彼得堡　结识新友

　　早晨9点半，他们抵达圣彼得堡。历时3个月，从日本出发，经朝鲜和中国东北等地长途跋涉，纵深进入异国广袤而古老的大地，最终到达了目的地。这趟远行，于她而言是一次"点燃式的旅行"。

---

① 单士厘：《单士厘文集·癸卯旅行记》，中国文史出版社，2022年版，第181～182页。

她的游记于1904年在东京同文社出版，在前言中，单士厘这样写道："今癸卯，外子长蹈西伯利之长铁道而为欧俄游，予喜相偕。十余年来，予日有所记，未尝间断，顾琐细无足存者。惟此一段旅行日记，历日八十，行路逾二万，履国凡四，颇可以广闻见。录付并刊，名曰《癸卯旅行记》。我同胞妇女，或亦览此而起远征之羡乎？跂予望之。"

这段话，透露的信息量挺大。单士厘10多年始终坚持记日记，这是一；这篇旅行记是日记中的精华，80天时间走过4个国家2万里行程，这是二。漫长的旅途上，她想到的不仅是自己，更希望妇女同胞读到这篇游记能够眺望"诗和远方"，并且付诸实践，这才是她最大之愿望。对于妻子的著作，钱恂非常在意，作为一名感受过现代文明的传统儒家知识分子，他充分认识到其中蕴含的巨大价值，并在卷首题上这样的句子："以三万数千言，记二万数千里之行程，得中国妇女所未曾有；方今女学渐萌，女智渐开，必有乐于读此者。故稍为损益句读，以公于世。"

显然，钱恂无顾于"内言不出"的封建教训，用实际行动鼓励妻子的游记书写，这正应了冼玉清在《广东女子艺文考·后序》中谈到的才女成名的必要条件之一："才士之妻，闺房唱和，有夫婿为之点缀，则声气易通。"[1]

钱恂对单士厘的影响是深远的。

作为清代较早接受西洋思想的人士，钱恂对中国的不少现代学科，比如法学、政治学、经济学、货币金融学等的介绍、移植都有开启之功，这位经历过"戊戌""维新"运动、湖北的自强活动，在近代边疆史地研究方面颇有研究的丈夫，令单士厘非常崇拜。钱恂亦欣赏妻子的才情，对她耽闲卷帙，浸淫文史的习惯和趣味深深地理解。作为外交官，他出国游历较多，见识不凡，每次归国，总会对妻子讲述国外经历，使原本爱好旅行的她对外面的世界非常向往。而携妻赴任，使得单士厘能够实现跨国旅行，进而成为清季唯一有国外游记传世的女性作家，这就是个人的生活环境与历史机遇共同造就的结果。

当单士厘以日记体的方式记录着自己首次万里越洋之行，丈夫是当然的第

---

① 宋恕：《推荐国文学堂监督人选察》，转引自胡珠生编：《宋恕集》上册，中华书局，1993年版，第401页。

一读者。他认识到非凡的意义，中国妇女走读世界的新纪元由此开启。

钱夫子是有远见的，因为妻子不只是蜻蜓点水式地到此一游，而是带着清澈的眼和深沉的心，行走在远方，这部旅行日记记录了历史深处的生动细节，阐发属于自己的个性观点，完全超越了当时闺秀们感春伤秋式的惆怅，她看到了天地之大，并以自己的方式理解这个世界，发出属于中华女子的好声音，她理应在历史长河里熠熠发光[1]。

随着单士厘视野的日益广阔，加上持续阅读和深度思考，眼界和见识都显出不同一般的广度，以至于百年之后，读她的游记仍然可以强烈感受到她深邃的目光和丰富的精神世界。有如俄罗斯女诗人安娜·阿赫马托娃的诗中所写的那样：

从魔镜的虚无缥缈中
和在若有所思的忘川上
响起复苏的芦苇的沙沙声[2]

1903年，单士厘开始了在圣彼得堡的外交官夫人的生活。

饮食习惯适应后，她慢慢地开始长胖了。以西餐、牛肉、面包当主食，一改以前的粥饭，单士厘渐渐喜欢上了黑面包，在给家乡的信件里，她说黑面包不仅打饱还有营养，易于消化，配上鱼子酱、肉肠等，口味又有变化。一杯咖啡、一两片结实的黑面包，就是一顿可口早餐；黑面包抹黄油，配点酸黄瓜、腌鱼片，加上红菜汤和主菜，堪称丰盛的晚餐。

环境和饮食在慢慢习惯，但她对俄罗斯的感觉仍非常复杂，在赴俄途中遭遇不快，旅行的后续也令人不适，她将这些感受通过信件告诉家人。

当然都不是大事，但通过这些细节显现出沙皇统治下俄罗斯混乱与腐败的铁路生态。如在哈尔滨临行时，李辑甫所说已托达尔尼发电报给李宝材，可将行李续送至伊尔库茨克，但后续再也等不到，单士厘估摸着就是达尔尼肯定当面答允李辑甫的请求，而实质并未致电之故。另外，还有关于达尔尼

---

[1] 钟叔河在《第一部女子出国记》的结尾这样写道："不要说这么多著作，就凭编入《走向世界丛书》的两种国外载记，单士厘的名字也就足以长留天地间了。"
[2] 安娜·阿赫马托娃：《白天的星星》，中国社会科学出版社，1993年版，第99页。

所说的行李8件20天可到的事。事实上，这些行李到他们手里超过预计日期的一倍，竟然用了整整54天。她打开行李检查发现，还丢失了钱恂的一件礼服，实地纱袍套各一件，她的一件狐皮礼服、一件棉袍、一件厚皮外罩，共6件衣服，总价值超过了200卢布。当时已经在俄生活多日的单士厘以一句"窃物为俄关恒有事，不足怪也"①为此事画上句号，对于当时俄国的治安环境和社会秩序的失望尽在其中。

而伊尔库茨克以西购买了一等车票而所坐二等位的事，经过往返函告询问，上上下下无非是此推彼诿。陆徵祥为此费了不少劲，并到俄国道路部当面直陈此事，历时半年，才送来90多卢布，邮局还扣去了3卢布。这些小事加深了她对俄罗斯印象的暗灰色调。

不觉在俄罗斯已过了数月，她对气候已颇为适应，夏天早上起来穿棉衣，中午就要换成夹衫，白天是如此的漫长，以至于这个城市似乎通夜不暗。没有蚊子，当然算是这位江南女子眼里的"好处"。她知道自己还将在这个国家生活较长的时间，便以一贯的耐性来对待所有的遇见，并将自己的感受，透过书信传递给远在硖石的亲友。

当然，她很快交到了新朋友。

1903年7月，她有机会跟着钱恂与陆徵祥一起到俄罗斯乡间避暑，见到了传说中的"洋夫人"培德。

陆徵祥与培德的相遇相知以及决定厮守终身，算得上清末外交界的传奇。是佳话，还是风流韵事，当时各有说法。因为年龄、文化以及经历相差甚远，少有人看好他们的前途。但，陆深爱培德，且始终把妻子视为挚友，凡大事均与她相商。培德堪称陆的知心爱人、精神支柱。所以恋爱虽有波折，但婚后感情一直很好。

单士厘在多封家信中，提到过这位陆夫人。且在信中，对其非常推崇。她平时并不愿为丈夫搞关系而与官场的夫人们来往甚密，做"夫人外交"，选择朋友，始终抱有自己的原则，道德修养和知识文化水平才是最终评判标准。如这封写于7月中旬的家信，很是传神，信息量极大——

① 单士厘：《单士厘文集·癸卯旅行记》，中国文史出版社，2022年版，第183页。

女随婿住乡间已将一月，身子安适，堪慰垂廑。名为避暑，其实森彼得堡并且须穿夹衣，未尝有暑也……不过乡间清静，且有朋友，聚处乐境，故偕星使等同迁。目下饮食皆归陆子兴夫人料理，顿顿西餐，极能变换各种西洋吃法，因陆夫人是法国人。女日日请其教法国字。说话不懂，即请陆子兴解说。同住同餐待女十分亲切，外国女友初见能如此，亦算难得。乡名虽司脱洛来司克，地极宽广，只有数十家，都是富贵之家来此过夏者。故屋宇莫不华丽，树木繁茂，风景甚好。若小户人家皆不住此间，所以街道极静。每日出游为行自己花园中一般。每日有火车三四回，自森彼得堡京城来，故日用之物，皆上门来买，事事便利，每日早晚须穿薄棉，日中穿夹衣。女在日本过夏已比中国风凉，今在俄国更比日本风凉，又不管家事，总算生平第一夏享安闲清福。①

作为俄国的首都圣彼得堡自然是热闹的，但乡间凉爽而清静，树木繁茂，风景奇佳，且因交通方便，物资购买也很便利，有友相聚更是乐事。这位陆夫人换着法儿地做出各种西餐美食，有空就带着他们出游，单士厘脱去了"管家婆"的职责，只管享受宁静清凉的俄罗斯之夏。

培德比她的年纪略长几岁，谈吐娴雅，举止大方，性情敦和，遇事有主断，单士厘对这位"外国女友"印象极好，甚至在她日后所撰写的《懿范闻见录》还专门为"陆夫人"写了一节。在她的记载里，培德为法国籍，当然这也是事出有因。比利时是欧洲的一个小国，面积仅有3万平方公里，人口也只不过1100多万。但这个弹丸小国，地理位置非常特殊，被称作欧洲的十字路口，欧洲的心脏。因为比利时位于欧洲大陆的西部，与荷兰、德国、卢森堡、法国等都接壤，而其西北濒临北海，从北海之地极目远眺，英吉利海峡和英伦三岛都依稀可见。但比利时是一个没有自己真正历史的国家，在漫长的时间长河中，这个国家常作为征服者的对象被外族统治，被历史的车轮碾轧着前进。从罗马帝国到法兰克王国，从勃艮第公国到哈布斯王朝，在欧洲这块大陆上，也从来都是强者占有话语权的，而比利时的独立或者说建立，也离不开欧洲列强的斗争，地缘政治的影响。在法奥战争后，比利时

---

① 单士厘：《单士厘文集·致父母信第93封》，中国文史出版社，2022年版，第597页。

于 1794 年曾被并入了法国。也许
是这个原因，培德被单士厘称为
"法国人"。

培德生于 1855 年 9 月 14 日，
当时随比利时公使住在彼得堡做
私人教师。两人相识时，陆仅 28
岁。与一个外国女子结婚，且年
长于自己 10 多岁，可谓石破天
惊，即便在今天看来，这段"姐
弟恋"也颇为震撼。

培德出身于军旅家庭，她的
祖父曾是比利时王国将军，父亲
是比利时宫廷的上校侍从武官，
比利时驻圣彼得堡公使也是她的

培德

亲戚。国籍、身份的差异，加上培德的年龄比陆大了 16 岁，两人的结合曾
遭到了各方反对。1899 年 2 月 12 日，28 岁的陆徵祥在圣彼得堡的圣凯瑟琳天
主教堂与 44 岁的培德·博斐结为夫妇。当时，他的恩师许景澄对于爱徒的
选择表示过反对，希望他割一时之爱，求终身之乐，但最终无效。对此也颇
感无奈，戏言道："汝醉心欧化，致娶西室主中馈，异日不幸而无子女，盖
寄身修院，完成一家之欧化乎？"不料，此番话竟然一语成谶！当然也是许
大使没有料到的事。

陆夫人与单士厘甚是投缘，随着时间流逝，两位才女渐成知交。单士厘
并不欣赏晚清时代的那些官场妇女，也不喜与她们多往来，倒是与培德因为
住得近，时常相见。一个会说一点中国话，一个会讲一些法国话，两个不
同文化背景的女子走得越来越近，甚至有点惺惺相惜的感觉。培德"嫁夫随
夫"，终生热爱中国文化，并制有琴谱行世，因出身于军人家庭，身上带有
一种刚正不阿的气质。每每听闻欧洲人讥讽嘲笑华人，她总是极力争辩。后
来她随陆大使回国后，曾被袁世凯任命为总统府女礼仪官，负责外国使节
夫人的活动安排。培德对中国的感情很深，以至于在得知夫君签署了中日
"二十一条"之后，当即上书总统府辞去自己的职务，并严词责备陆"背叛

了自己，背叛了祖国"，甚至希望他日后能去少年时常去的教堂，用忏悔来救赎罪过。这虽是后话，但证明了这位女士的性情，正如单士厘欣赏并总结的那样——有一种"伉爽英雄气"。

培德为单士厘的俄国生活增添了许多色彩。她们比邻而居，平时向陆夫人请教法文，学做西餐，正如她所说的，外国女友初见能如此，实在难得。

她渐渐也爱上这里的风景。每天清晨，单士厘与丈夫一起去周边散步，来去四五里路的光景，会路过一个个精致漂亮的欧式大花园。她爱看秋天的树，当各种各样的颜色开始出现的时刻，树的模样最为动人，紫红的、柠檬黄的、雪青的、西红色的，甚至还有乌黑中夹着金色斑点的，太阳一照，就像辉煌的篝火突然升起。如果阳光透过云层下来，最远的那片森林整个儿地沐浴在金光里，地平线上现出一幅刺绣能手用金线绣出的立体锦缎。大雨过后，太阳一出，把淋湿的树叶和树干照得闪闪发光，特别地夺目。当然，单士厘认定阴雨天也可以很艺术，就像俄罗斯的画家列维坦所发现的那种，自然里有着某种庄严甚至雄伟的意味。

只要还对山川河流深沉的爱，总能够找到生活的快乐，相遇有趣的灵魂。

单士厘不时通过日常与朋友的对话和俄国报纸来学习俄文、法文，日子过得蛮有趣味。虽然四季变换，异域风光还是有很大的差异，新鲜感是非常有诱惑力的，让寻常的生活变得生动。在俄国的每一天，她的思乡之潮依然涌动。她向硖石的家人说起俄罗斯的气候，总会与海宁相比。家乡酷暑炎热，夏季漫长而被称为"苦夏"，俄罗斯之夏用不上夏衣和扇子，日出早，日照时间长，风景又是如此之好，她在信中描述了圣彼得堡因高纬度而出现的"白夜"景色，感慨因路途遥远无法接家人前来度假，共赏美景，所以只能托人捎去钱物，以表孝心等。写于农历七月初八的这封信里，她的文字细繁而实在，传递女儿深深的爱。

不知今夏硖石暑热如何，女在此不但用不着夏衣，并单衣夹衫尚嫌凉，每日穿夹袍要衬夹紧身，下穿夹裤。目下已交秋令决不热。闻说去年夏天比今年稍为热些，然而总用不着夏衣扇子等也。春夏间，日子甚长，朝晨三点钟前已经天亮，夜间十点钟还未暗。外面风景实在好，可惜太远不能接母亲来游玩。前日女婿托许表弟带去五十元，请母亲买些爱吃的食物及喜欢的用品，要自己实在使用，切勿存过意不去的心。①

时光偷换，光阴荏苒。转眼到了癸卯中秋，单士厘思念着远在中国和日本的亲人，每逢佳节，思念加倍，看不到中国的月亮，这里的中秋竟已是雪花飘飞，她的心事和情感流淌在诗行间——

谁解寂寥心事？漫言佳节思亲；异国何如乡国，人伦争及天伦！
帘外雪花飞舞，室中温暖如春，遥想东瀛儿女，举觞应念离人！②

癸卯年的一切都那么值得单士厘记住，她的心中，异国和故乡在两端摇晃，天伦之乐便只能在梦中享受。可是，留在湖州的钱玄同依然是大牵挂。9月13日，她从莫斯科寄出一封给"小郎"的信：

阳历九月十三日，令兄寄械，附识数语，未尽欲言。兹特寄去画片并记各一张，此画虽已多年，近始照成明信片。自日俄交战，日竟胜俄，西方各国遂又盛传黄祸之说。

但日本诸报及杂志等皆言"宜自修德以致人信，勿招他国嫌忌"云云。不知我中国当如此弱点，忽闻此议，其惭奋而勉副黄种之称耶？抑畏西人疑忌而愈不敢自强耶？南方风气已开，近来言论宗旨若何，望弟示知所见闻者……

弟欲作《白话报》甚好，嫂谓宜勿谈时事，先以改良风俗为目的，又宜辞婉言和，浅近易懂，使妇孺闻之津津有味，自然有益于社会。日下要开化人，须从幼少者、贫贱者教起，则易听受、易实行。慎勿向年老者说新话，勿望富贵者生公共心，至嘱！

令兄拟华历十月下旬赴法国游览数月，然后返国。缘森堡严寒，重窗封燋，新鲜空气不能流通，易致疾病。此信到后，弟来信径寄法使馆可也。③

单士厘在信中告诉钱玄同国外的形势以及中国所面临的情况，也希望他能够告知国内最新的消息。国际形势错综复杂，她不仅关注钱玄同的学习，

---

① 单士厘：《单士厘文集·致父母信第27封》，中国文史出版社，2022年版，第555页。
② 单士厘：《单士厘文集·受兹室诗存》，中国文史出版社，2022年版，第45页，诗题为《癸卯中秋》。
③ 单士厘：《单士厘文集·致钱玄同信第1封》，中国文史出版社，2022年版，第520页。

寄去明信片等，也对于"小郎"办白话报十分支持。

当时国内已开始掀起了"白话文运动"。清末黄遵宪、梁启超等维新派人物极力倡导，白话文报纸陆续出版。随着1901年"报禁""言禁"的开放，中国的报刊事业进入了一个全新发展期。新思潮卷着浪花冲击旧观念所筑的堤坝，慢慢渗透到人民的日常。在她开始癸卯旅行的1903年夏天，上海发生了轰动一时的"苏报案"，影响深远。当劲风吹过浩渺的太湖，钱玄同深刻感受到民族危机，革命的思想占了上风。随着《浙江潮》《警世钟》《訄书》《攘书》等革命书籍陆续前来，书报挟世界大势扑至，对帝国主义侵略的揭露和对拯救民族危机的呐喊，引起了年轻人的强烈共鸣。1904年，钱玄同剪掉辫子，表示与清廷的势不两立。

亲人之间信件的频繁，带来了异域之新风。阅读加思考，更使他对时局认识渐深。当年5月15日，钱玄同与方青箱、张界定（孝曾）、潘芸生（澄鉴）等创办的《湖州白话报》正式发行，并以半月刊的形式在上海出版，是湖州历史上第一张地方报。

单士厘十分支持他办报，国事家事都在心上，殷殷之情溢于言外。长嫂在信中阐述了自己的观点：办报要以改良社会风气为目的，通俗易懂，妇孺皆宜；因办的是白话报，更要注重贫弱、幼小者，让他们读得津津有味才是正道；"易听受、易实行"，才能使改良社会风气的目标落实……这些主意都讲得实在。但钱玄同难以接受的，就是她提出"宜勿谈时事"。

青年钱玄同热情满怀，创办白话报进行语言革新，主旨就是希望通过白话报刊唤醒民众对于时事的关注，进而呼唤改革的力量。钱玄同在发刊词中大声呼吁："外头吵得翻天覆地，我们的湖州人，还在梦里睡觉，岂不可恨啊……我恐怕大局一坏，我们这一座锦绣江山就要被他人霸占去了，将来做牛做马，为奴为隶，那些惨不可言的事情往后想想，能够不心惊胆战吗？诸君，须要晓得天下的事，是全靠人去做来的。有句老古话，叫作天下无难事，只怕有心人，我们要能够同心合力，各人尽各人的责任，替中国出一点力。皇天不负有心人，外国人虽然厉害，能够奈我们何？"

从小接受"四书""五经"的传统教育的钱玄同，此时已高举白话文的大旗，把报纸当作对中下层民众的启蒙读物开始做起文章来。他在自己所办的报上，把日俄觊觎东三省、英人"蚕食"西藏国土等国家大事说得一清二楚，其中来自兄嫂的资讯是"第一手资料"。他读过大哥钱恂邮寄来的《国家学》等书，也在报纸上"现学现卖"，传递新知。

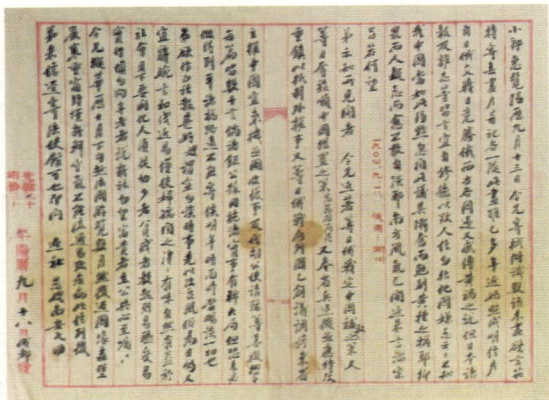

1904年单士厘给钱玄同的信

癸卯年冬天，单士厘的"蒋百里弟"和他的同学蔡锷、蒋尊篮结束了在连队的实习，正式进入日本陆军士官学校，成为中国留学生的第三期学员。这所学校1900年开始接纳中国留学生，第一期和第二期的中国留学生比较少，且都是各省督抚直接保荐来的武学生，而从第三期开始中国留学生人数大增，共有95人。这批中国学生能文能武，许多青年怀抱着爱国之心和强国之梦而投笔从军，蒋方震和蔡锷、张孝准就是其中优秀代表，被誉为"中国士官三杰"。

在蒋百里等人进入日本士官学校不久，有件大事发生了——日俄开战。这时，钱恂与单士厘正驻于俄国。

19世纪中叶，日本和沙俄在中国和朝鲜掠夺了大量非法权益。到了20世纪初，他们的侵略野心更加膨胀。沙俄为独占中国东北，极力主张各国从东北撤兵，引起了日本及其他列强的不满。1904年2月9日、10日，俄日两国先后向对方宣战，清政府被迫宣布中立，并在中国东北划出一块交战区。时任清政府驻俄国大使胡惟德奉命与俄方交涉中国中立事宜，并援引"海牙和会"章程和相关条款筹组红十字会，在战区救助中国民众。然而，日俄无视清政府要求，中国领土主权遭到践踏，中国东北人民遭受了空前浩劫。

在俄罗斯的单士厘马上感受到了战争带来的影响，在7月16日寄往硖石的家信里透露出在圣彼得堡的生活细节：

又近为战事，各物腾贵。凡我中国一个钱的东西，彼要十余钱。每日三个人伙食要用三千文，总之凡物加十倍昂贵。且好看的、好吃的、得用的都不是本地所出，或从德国或从英国来，是以昂贵。①

这场耗时一年的战争最终以沙皇俄国失败而告终。日俄双方于1905年9月5日签订《朴茨茅斯和约》，俄国承认朝鲜为日本的势力范围，将库页岛南部割让给日本，并把旅顺、大连地区和中东铁路南支线的租借权转让日本，俄国退守中国东北北部。

当年9月单士厘从圣彼得堡写信给湖州的小叔钱玄同，也谈到了此事。

"自日俄交战，日竟胜俄……令兄近著筹日俄战定，中国补救之策；又筹日夺旅顺，中国措置之策（为万国商港）；又奉省兵退后，亟应特改重镇，以抵制外权事；又筹日俄战局，列国已创议调停东省主权，中国宜趁机亟图收复事；及代胡公使请豫筹善后折子，每篇皆数千言。倘诸巨公采用施诸实事有裨大局，但恐未必做得到耳。诸稿路远不能寄，俟明年晤面时当畅谈一切也。"②她所提到的钱恂正在进行的外交事项，在强权面前实在是卑微之至。"代胡公使请豫筹善后折子，每篇皆数千言"，可惜即便这样的努力终究也是徒劳，连单士厘都能想及"恐未必做得到"。

从这封信的内容里发现，她还在继续订阅日本的报纸杂志，因为钱恂在处理外交方面的各种事务，令她也特别关注国际形势的发展，读报看书，见识日长，思虑也越深。仿佛一道河流带着她向前，既有入海的欢喜，也时有一波一波莫名的惆怅。

风雨如晦，鸡鸣不已。单士厘所处的晚清，世界局势在急剧变化，人心思变。虽然她并没有彻底挣脱那个时代的束缚，如她无法像5年后赴日留学的秋瑾、何香凝等女性那样慷慨激昂地走向革命，走上前台，以独立自主的人格追求真理，为实现民主和自由的理想全情付出。单士厘在传统家族接受教育，并终身未脱儒学的影响。她爱家庭、爱丈夫，爱中华文化的源远流长，有自己的坚守，也与现实有很大程度的妥协。终其一生，都未见其对于女权乃至"五四"以后的女性解放表现出多大的兴趣。她仿佛一生都在远行，观察着竞争中崛起的典范，同时发现竞争中落败的例证，行走、思索、

① 单士厘：《单士厘文集·致父母信第21封》，中国文史出版社，2022年版，第550页。
② 单士厘：《单士厘文集·致钱玄同信第1封》，中国文史出版社，2022年版，第520页。

发现、记录，在新旧对比、文明碰撞的过程里，当然希望中华文化有新生和发展，但绝非与传统决裂式的反叛。她身处华夏三千年未有之大变局，对照新旧日历，穿越地理经纬，以女性视角切入时代维度，看到了分崩离析的前夜，也预示曙光之微煦，她的人生同样呈现出精彩。

漫长的冬天很快来临了，俄罗斯的寒冷带给单士厘非常深刻的印象。

她从小生长在中国江南，当然也见过飞雪连天，特别在遂昌曾遇到大雪封山，也算是有见识、有经历的人。但俄国的大雪实在是不同以往的经验。皑皑白雪，积雪不断从高高的松树上一长缕一长缕地坠落下来，化作飞扬的雪尘。在俄罗斯零下近30度的极寒天气里，室外冷极了，出门需要戴帽穿靴，室内则生火炉取暖。一到晚上，当浓重的黑暗包围了房屋，木柴在彩色瓷砖壁炉里噼噼啪啪地燃烧，平和的灯光里，桌上摊着打开的书本和日记，屋里的温暖，让人穿件夹衫就感觉舒畅，柔软的地毯使脚步声近乎消失。听她讲俄罗斯的取暖方式以及设备，描述细腻几乎可复刻这间屋子的状况——户内的温暖因有双重玻璃窗，每日壁炉烧火用掉一担硬柴，可以不戴帽子穿夹衫，但隔着两重窗帘近窗犹寒等细节，想必硖石亲人看信时也会倍感亲切：

当此时尚未立冬，已落过几回大雪。门窗皆用油漆涂封其缝，寒暑表在二度，再后要低到寒点，即零以下廿八九度云，窗上玻璃长四五尺，阔二尺者统一块，不用槅子遮光。相离半尺又有第二重窗，一般光明用二重窗帘。夜间垂帘二重，近窗尚寒，空气之冷可知。是以家中生火炉，此炉砌在壁角落里，暖气通入隔墙，每日烧火一点钟，可以终日不冷。所用柴均归房东，连厨房所用，每日要烧一担硬柴。冷水管与热水管两处自来水取之不竭，所以屋内极暖，可以光头穿夹衫。女新制皮斗篷及暖靴、手筒，因出外极冷也。又购得围巾一方，其绵软柔滑，可从戒指中穿过，特寄献一方，请母亲试用，万勿珍藏。最好者，要百余圆、数十圆一块。此与女所用一般尚不到十圆，算最便宜的。因陆子兴回华之便，惜不能多带物件耳。[1]

---

[1] 单士厘：《单士厘文集·致父母信第28封》，中国文史出版社，2022年版，第556页。

　　她絮絮叨叨地在信中与母亲拉着家常，说说自己新制的冬衣，如斗篷暖靴等物，孝顺女儿还为继母购得罕见的"戒指绒"羊毛围巾，请陆徵祥大使回国时带给家人试用。节俭如她，知道长辈会心疼钱，所以为了劝母亲把这条围巾用起来，还得讲明这个价格并不昂贵，而是一般的"大路货"，她自己戴的围巾也就是这样"尚不到十圆，算最便宜的"。

　　她给远在碳石的母亲报告自己身在异国的琐碎事，像极了依在父母膝下的小女儿。在1904年10月11日这封家信里，单士厘透露出每天的运动量，完全不似一位小脚女人。生性喜欢旅行和运动的她，晨练健步走，哪怕只是附近，也可以找出乐趣，倒是不让她出门，是要闷出病来的："近处有一花园，极其广阔，每晨偕女婿游玩一点钟。路径平坦，清早益无游人，盘旋兜转大约有四五里光景，走回来要上八个楼梯。每梯十三级，才到自己家中，习以为常并不吃力，所以身体健……因为俄国冬天冷极，屋中门窗都用油漆封好，无空气流通，出门要穿厚斗篷、靴子外，又穿套鞋，满街积雪，风冷非凡，吹到面上似乎刺痛，气都透不转，身体重笨，走一转回来几乎脱力。若不出去，室中无空气，要闷出病来，所以想到别处去。"①

　　单士厘的俄罗斯生活，算起来时间并不长，因丈夫钱恂在俄似乎颇无用武之地，"人事天时皆是闷损，决意言归"。但与同属于亚洲文化圈的日本相比，这个国家给予她太多的"异国情调"，环境气候相差极大，文化和消费也极为不同，如"马戏"和"跳舞戏"就是其他城市较为少见的娱乐。这种大都市里才有的文艺生活，令她不禁回忆起了上海。癸卯年结束后，单士厘没有专门的著作描写她在圣彼得堡的旅行，所以这座俄罗斯的北方首都，令普希金与陀思妥耶夫斯基止住呼吸的城市，清幽的莫伊卡河畔、著名的涅瓦大街、蓝白相间的冬宫、被誉为俄罗斯凡尔赛宫的夏宫、青铜骑士像……到底哪一处留下她特别的关注目光，我们已无从知晓。唯有少数的信件留下百年前的碎片生活，依稀可见往昔时光。

　　当她即将离开俄国，培德依依不舍，特意写了法文诗，还为她弹奏中国古乐，吹埙送别。单士厘则以《乙巳秋留别陆子兴夫人》（四首）留赠。她欣赏培德身上所具的英雄气质，称这位异国女友为情深似漆胶的"知交"，

---

① 单士厘：《单士厘文集·致父母信第30封》，中国文史出版社，2022年版，第558页。

希望她能够到中国来启发妇女同胞。生长在不同文化背景下的两位女子，有高山流水般的情谊，在临别之际，诗意随泪落衣襟。

> 俊眼识英才，于归我国来。神明仰华胄，未许谤衰颜。
> 森堡订知交，情深似漆胶。愿君来沪渎，启发我同胞。
> 伉爽英雄气，由来出将门。一篇琴曲谱，悲壮感吹埙。
> 人世嗟离别，临歧百感生。读君和泪句，握手更沾巾。[①]

单士厘见证了陆徵祥的婚姻生活，但更为看重陆夫人对中国的情分。

陆徵祥夫妻并没有子嗣，但陆对妻子的爱从未改变。培德是一名天主教徒，1912年，陆在圣彼得堡正式改宗天主教。因对妻子的深爱，甚至专门绘了一幅三友图，将恩师、父亲、妻子并列。坦言爱培德的“思想不群、品德高尚、断事有则、立身无私、不畏难、不欺人”，甚至说出“生我者父母，助我者吾妻，教育以栽成我者吾师也”这样在当时离经叛道的话，足见夫妻感情之深。之后，陆曾先后八次担任外交部长（有七次是和老乡顾维钧搭档），两次受任内阁总理，三次组阁。袁世凯时期，陆绞尽脑汁拖延和日本人的谈判，却在最后通牒的压力下，被迫签署了中日“二十一条”。“一战”之后，他在巴黎和会上拒绝签字。到了1920年，陆对政治感到失望和厌倦，且因妻子病势日笃，两人最终于1922年离开中国到瑞士疗养。从此，陆徵祥再没回过中国。在培德死后，他成为一名修道人，在隐修生活中度过了余生。

1905年，钱恂与单士厘从俄国归来。

---

① 单士厘：《单士厘文集·受兹室诗存》，中国文史出版社，2022年版，第42页。

六、霁色平波境　前途指顾间

钱恂与单士厘从俄国归来后，在杭州逗留了半年时间，作短暂的休整。不久，钱恂出任东西洋考察宪政大臣参赞官，作为派留驻日考察的编译，单士厘随夫再次驻日。此行，钱恂还要安排幼弟的留学大事，她作为长嫂同样是钱玄同的守护人。

（一）日本小住　亲人团聚

1905年12月9日，钱恂和妻子单士厘，带着钱玄同、女婿董恂士等人乘日本"镇安号"海轮启程，他们将在日本度过新年。在安排好钱玄同等人的学业之后，再赴南洋考察。

6人分住两间头等舱，于13日中午抵达神户，上岸入田中旅馆小憩。晚上6点，他们坐火车至东京，沿途不断看见有"祝凯旋"的标语，那是在"日俄战争"后为日本军人庆祝凯旋而作。这些字样对于中国人来说很受刺激，年轻的钱玄同在日记里记下了这些细节，作为中国外交官的钱恂对此更是滋味复杂。

14日上午，他们一行人远远地望见了富士山，这是日本的地理标志。钱恂告诉这位初次出国的幼弟，富士山是一座休眠火山，相传因远古的多次地震而形成，位于东京近郊，横跨静冈、山梨两县，主峰海拔3776米，为日

远眺富士山

本的第一高峰。富士山高耸入云，山巅白雪皑皑，整个山体呈圆锥状，从远处望去，恰似一把悬空倒挂的扇子，日本诗人用"玉扇倒悬东海天，富士白雪映朝阳"来赞美它，被誉为"日本民族的圣岳"。钱玄同在日记里记下了：富士山顶终年积雪。

很快就到达了钱恂在东京的寓所，钱稻孙夫妇、钱稼孙在等着他们到来，董恂士也与夫人和子女们团聚了。钱玄同第一次见到钱稻孙的长女钱新亚，钱稻孙这位年仅19岁的年轻人当上了爸爸，意味着钱玄同也升级为"爷爷"。虽然辈分不同，但两位出生时间只差了3个月的同龄人因从小玩在一起感情极佳，大嫂单士厘把钱玄同安排在楼上，与钱稻孙为邻，并让日本留学多年的长子带着这位首次出国的"小叔"，上街熟悉情况，购买西衣西裤及外套等物品，顺便了解东京的环境和周边的街巷。

此次在日本，钱家还意外遇到了一次"小团圆"——钱恂的外甥张菊圃不远千里寻找舅舅，渡过重洋来到日本，于1905年12月19日终于完成母亲的遗愿。

在日本见到亲姐遗下的金钏，想到在他们亲生母亲姚夫人早逝之后所发生的事，钱恂情不自禁泪流满面。张菊圃的母亲是钱恂的胞姐。自15岁痛丧亲娘后，这位孝女曾经尝试让仆人去买鸦片，打算自杀殉母。父亲得知此事后，一面严厉禁止家中仆妇购买此类物品，一面怜惜这位骤然失母的小女儿，马上替她择婿，选中了吴县的张济和（鼎臣）。在丧母第二年，大姐遵从父命，含着悲泪嫁到张家。

这位钱姑娘家教良好，品质高洁，非常孝顺，在当地也留下了好名声。自嫁入张家之后，把一大家子的人都安排得非常妥帖，尊重守节在家的长辈，对待姊娌的孩子一如己出。每次丈夫办公至深夜回家，她安排好酒食慰劳，自己则蔬食菜羹简朴度日。在随夫宦游之时都会惦记着夫家的亲戚，买当地的名特土产寄到吴县。对长辈尽力孝顺，对待自己却极为俭朴，经济拮据，她勤俭持家，亲自动手做全家人所穿的衣服，邻里都在传说自从这个媳妇进了门，张家再不见质票当票，真是给张家带来福气的好女子。

钱恂之姐勤劳善良诚恳待人，赢得了张家的尊重。当她生病，全家都非常悲痛，两位女儿甚至以割股疗亲的方式期望母亲康复。可惜天不遂人愿。临终之时，这位母亲拔下头上的金钗给长子张菊圃，嘱咐他去找亲舅舅钱恂。因当时邮政不通，钱恂又游历在外，至亲远隔，消息难以传递。张菊圃凭着一腔孝心，长途跋涉，一路打听，狠下决心出洋寻亲，到日本东京竟然真的见到了亲舅舅钱恂。这番人间际遇，着实令人感怀，单士厘后来在她的《懿范闻见录》里还专门用了一章节写了钱恂之姐"钱宜人"的故事。

甥舅相见分外亲。钱恂得知亲姐的嘱托，看到外甥也是一表人才，学问人品都不错，大感欣慰。欢喜之余连忙拉着张菊圃的手，带上钱玄同、董恂士等，找到一家精致的日本料理店吃大餐，以庆祝亲人团聚。自此，钱恂与单士厘的家庭里又多了一位亲人随侍左右。当钱恂赴欧洲担任外交官时，也带上外甥一起前往，给予做人做事和做学问方面的指点，让他在历练中成长，而张菊圃在政事、家事上也对钱恂襄助颇多。多年后，后辈再次联姻，钱张两姓再续姻眷。这是后话，暂且不表。

1906年的元旦，钱家在日本迎来了新的一年。大家庭喜事多，至亲团圆，热闹非常。早上饮屠苏酒，吃年糕，还有鱼子和小鱼等日本风味佐餐，在钱玄同看来，颇有中国古时大年初一的遗风。不久即到农历除夕夜，传统的新春佳节来了，钱恂、单士厘带着钱玄同、董恂士、张菊圃等人到中餐馆吃年夜饭。对外交人员而言，全家团聚在一起的日子并不容易。在日本即便是大年初一，也不可能有国内过年的浓厚氛围，但聚少离多的日子里能够团圆就是节日，女婿董恂士抓住时机，在农历年初一宴请全家人吃饭。从钱玄同的日记里可以看到，这个阶段里，他称呼钱恂、单士厘为"大兄""大嫂"，而大兄大嫂出现在文字里最多的也就在吃饭、宴请、安排学业等场景。钱家人的凝聚力还是很强的，只要逢到亲人的生日，全家人相约吃饭，有时去精致的餐馆，有时在家聚会。不论中餐还是西餐，家人亲友团圆即是至乐。红尘万丈，世间烟火交杂着亲人情谊，这也是中国式的传统表达，随意、世俗、热闹而琐碎，温暖过灵魂的清冷，联结着生活的心音。

当然书香门第的人际关系，最有力的维系少不得文化。妻子为丈夫作译员，丈夫给妻子当老师，大兄与小弟之间、岳父与女婿之间，甚至娘舅与外甥之间，都有文化教育等"事业线"的交叉。在日本，钱稻孙白天读书忙功课，晚上"兼职"作教习，同学日文的还有张菊圃、沈冰如等人，有时还会为钱玄同开小灶"补课"。与钱恂交往的许多文化名人均为一时俊彦，为后学的钱玄同、张菊圃、单不庵等人提供了难得的学习机会，直接拓展了他们的视野。钱玄同日记里那些静心聆听的瞬间，在深灰色的夜里闪烁一点文化之光。"上午夏穗卿来访恂士，余在旁。闻彼谈中国汉种之本为夷所变，引证确凿，听之不厌"。[1]他1906年2月日记里，记到钱家"留宿多日"的夏穗卿，这位杭州籍的文化名人，即是钱恂好友。他妻子被单士厘称为穗卿嫂，是"闺蜜"级别的诗友。

1906年3月，单士厘终于将弟弟单不庵也"带"到身边。1878年出生的单不庵比她小20多岁，从血缘关系来说，是堂弟。但因单士厘之父膝下无子，单不庵兼嗣伯父一支。单不庵，单名丕，字诒孙、伯宽，号不庵，8岁时父亲去世，因家境清贫，他刻苦自学，17岁就在硖石家里开馆授徒。单士厘一直惦记着这位兄弟，尽量创造机会让他广见识、增本领。当时钱恂和女婿董恂士正在参与张元济组织编译的《日本法规大全》，这是一部全面汉译日本法律法规的法规类图书，收录法律法规条文众多，而钱恂他们就着手编写《日本法规大全解字》，作为法规大全的附录，具有词典的功能。

钱、董正是因为编纂这部"词典"，邀请单不庵到日本帮忙抄写。那时单不庵不到20岁，还留着辫子，年轻而青涩。一道来的还有同乡蒋觐圭，他娶了单不庵的妹妹，所以也是单士厘的"妹夫"。两位青年人都是首次出

---

① 余连祥：《钱玄同年谱》，浙江大学出版社，2023年版，第29页。

国，居住在东京东浓馆旁的大盛馆。此时，钱恂随五大臣考察宪政，急需翻译政治书籍，后来他的《日本政要十二种》等资料，就包含了单不庵等人帮助译写的工作成果。在日本期间，单不庵结识了章太炎，并有强烈的愿望考察日本教育，可惜时间太短难以完成。这封家信里有着当年单不庵到日本后姐姐的悉心安排，"凡事有姐夫照应"当然是最令长辈安心的话："自二月以来，日盼弟弟到来，始于昨天傍晚（二月十九日）安抵东京，即住在最近客栈中，离女处不过十几家门面，时时可以相见，虽然初到说话不通，因女处诸人皆可作通事，但请堂上放心，三四个月之后，女即送回家矣……妹夫亦平安，同弟弟合住一个客栈，请转告妹妹。凡事有姐夫照应，可勿远念。"①

单不庵做事认真，不善交际，平时埋头抄写，很少出门。钱玄同偶尔也来抄几张，借机找他长谈，原本兴趣爱好接近、早有默契的两个年轻人越来越投机，遂成至交。单不庵还向钱玄同介绍自己的好友，海宁人朱蓬仙。当时朱蓬仙正在早稻田大学读文科，不久也成为钱玄同的好友。钱玄同、单不庵、朱蓬仙他们三个人之间的缘分，也将由日本延续至北京。

在春暖花开的季节，钱恂提议举家去旅行，观赏美丽的樱花，泡温泉，观看海上日出，让年轻人兴奋不已。这次的目的地是镰仓、江之岛。几位青年都是第一次远游，泡温泉和看日出固然又爽又浪漫，更欣赏到了日本樱花盛况。远望如霞，色彩娇艳，近观像仙子以彩云蔽空，又似名姬用轻纱娇舞，当风起时，一点点微粉的花瓣舒展着飘洒着，在身边纷纷扬扬，梦境似的迷人。单士厘与钱恂都作长诗纪游。虽然樱花开放，并没有情节性的延展，甚至短暂到留不下什么，却触动心灵，令人身心激荡。

旅行结束不久，钱玄同看到了钱恂桌上放着徐显民的一封来电，催促钱玄同去上海完婚。

现在，他不得不完成这桩由大哥决定的婚姻。

哥嫂对钱玄同的关照是全方位的，真是如父如母般操心。除了学业与事业，最重要的就是婚姻大事。

早在1904年6月，钱恂被朝廷任命为驻俄使馆参赞，从东京回国由沪

---

① 单士厘：《单士厘文集·致单不庵信第9封》，中国文史出版社，2022年版，第531页。

赴俄，沪上逗留期间专程前往看望昔日湖
广总督衙门的同僚赵凤昌。两位老友相聚
时，纵谈家国大事，谈笑风生，气氛热烈。
当钱恂得知赵家的小女儿尚未婚配，便开
口为"吾家弱弟钱夏"（钱玄同本名）提
亲。因赵凤昌态度迟疑借口推托，他甚至
急不可待地把小弟招到上海，想让老赵认
识一下他眼中"读中国书颇多，文字通畅，
字画端劲，近日读英文有进益"的青年
才俊。

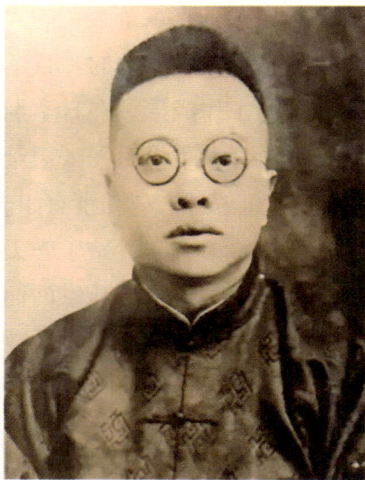

青年钱玄同

　　可是钱玄同在10天前刚自作主张剪
掉辫子，见到大哥的电报，以为急召其
入沪是东窗事发。结果他小心翼翼地来见大哥，并没有被兴师问罪。钱恂
上上下下地打量了他一番，从鼻子里"哼"了一声，让单士厘带他上街置
办行头。大嫂带着钱玄同去置办了全套新装，做好随时相亲的准备。但这
套渴慕已久的洋装并没有派上用场，议亲"胎死腹中"。年轻的钱玄同却
开心得很，西装革履回到湖州城，在小城最热闹的彩凤坊、府庙前出足了
风头。

　　最终还是大哥钱恂做主，在1904年为幼弟钱玄同定了亲。新妇徐婠贞
出于会稽徐氏，是一位出自名门的大家闺秀，祖父徐树兰是古越藏书楼主
人。能够结这门亲，因徐婠贞的父亲徐元钊与钱家颇有渊源，徐元钊是钱振
常在龙山书院时的门生，与钱恂颇有交往。

　　双方有旧谊，徐婠贞也是名门之后，但对于这宗门当户对的包办婚姻，
钱玄同似乎一开始就有抵触情绪，虽然知道未婚妻幼时在家读书，长大后还
曾赴上海读中学，也算有知识有文化的女子。可是婚姻无法自主，却令钱
玄同非常不快。但无奈归无奈，执行仍须执行。他得遵照兄长之命回沪成
亲，单不庵送了钱玄同早稻田大学半年的讲义，希望能对他留学生涯有所
帮助，张菊圃则赠送了一怀表。长兄长嫂赠上花瓶作纪念，并一路送行到
横滨。

　　1906年5月11日，钱玄同与徐婠贞在上海成亲了。读钱玄同那年的日记

可以看到，在结婚前后这位新郎全无一点喜悦或兴奋之情，字里行间溢出对传统婚礼的厌恶，新婚当天："今日成婚正日矣。众人冷言热语，引得笑不能笑，哭不能哭，真难过。暖房酒散后即至房，觉倦极欲睡。及睡在床，又闷极不能合眼。是夜难过。真平生罕受者。"

钱玄同在上海，单士厘与钱恂继续在日本居住，这段时间，钱家遭遇了一次火灾。1906年5月11日，单士厘寄信给钱玄同，一是祝贺他的新婚，二是将此次受灾情况告诉他。从这封信中可知当时钱恂夫妇居住在东京根津神社附近。那次根津大火，即从神社后面的建筑物开始燃起，飞入她家庭院对面的草屋，日本没有围墙，她家自然无法幸免。她在信中寥寥几笔叙述了这场无妄之灾，顺便表达对《湖州白话报》的关注。

> 小郎、二婶伉俪大喜：
> 天气清和，遥想燕尔新婚，琴调瑟畅，不胜忻慰。
> 嫂等自送别后，略游公园，即返东京家中，均安适，请放心。数日前根津大火，在神社后面建筑物着火，飞入庭际车房对面草屋，又然我家伊迩。箱笼等件均搬至稻孙处，一时人心惊惶。幸弟已去，伯宽、菊圃亦几不免。日本无围墙，不如西式屋。
> 近来，嫂常赴王子育蚕所，因想《杭州白话报》中养蚕诸说浅近易行，大可摘取载入《湖州白话报》，弟以为然否？①

单士厘作为大嫂对于钱玄同的关怀，是非常细腻的，对这位与自己儿子同岁的小郎，施予温暖的母爱。在日本时，只要钱玄同生病，单士厘照顾得细致及时，曾亲自给他调药送食，陪他去医院看病，这些细节都被钱玄同记录在日记里，百年之后阅读仍能感觉到母性光辉。

1906年6月6日，日本发往上海的信中，单士厘给钱玄同如此写道：

> 令兄忙甚较胜，弟在东时无暇作函，嘱代问候。
> 稻孙阳六月一日得一子，令兄名之曰亚猛，颇结壮。有产婆及看护妇照

---

① 单士厘：《单士厘文集·致钱玄同信第2封》，中国文史出版社，2022年版，第521页。

管婴儿母子，嫂诸事不必费心。此两种学问为世界上保育婴儿第一件要紧事，惜我国无人肯来学耳。

嫂近仍频赴王子育蚕所，步行往返毫不觉劳。目下，蚕已上蔟矣，结果之良好当无出其右。今年吾乡蚕市或能稍胜去年。

九思甥①住东浓一号，曾往医院胗视数回，据云可望痊愈。涟哥启行之前夕还患腹痛，遂返常熟不及同来。②

这封家信虽然很短，透露的信息却很重。

一则是单士厘又当奶奶了，继长女亚新之后，钱稻孙获一子，小名亚猛，大名钱端仁，是单士厘的长孙。信中，她提到了保育婴儿和看护产妇的现代理念，认为这是"世界上保育婴儿第一件要紧事，惜我国无人肯来学耳"。母亲在幼儿教育中对儿童的身心健康、智力开发、技能培养及道德品质的形成都具有重要影响，因此，她认同维新派兴办女校的观点，女子教育甚至比男子更重要，教育女子"上可相夫，下可教子；近可宜家，远可善种。妇道既昌，千室良善"。③

二则提到她最近依旧关注蚕桑，甚至亲自前往学习新的养蚕育种科技，也关心家乡的蚕讯和收获，说明了她与海宁亲人之间有非常良好的互动。信中同时提到了钱家的另一位亲戚俞九思，其时也在日本留学，也就自然地成为单士厘的关心对象，作为钱家的主妇和单家的女儿，她是非常称职的，关心家人和亲戚的健康，温暖地系起大家庭成员之间的日常，就是她在日本时期的重要职责。

当时单不庵仍然留在日本抄书，虽然时间只有半年，但与钱玄同通信不断。当钱婚后闲居上海，单不庵托暑假回国的朱蓬仙路过上海时，前去访问，送上代购的早稻田大学的历史、地理讲义等难得的资料。而回到海宁的朱蓬仙则马上要办一件大事——创办海宁州图书馆，在盐官海神庙水仙阁里

---

① 九思即俞承枢，生于1887年，江苏常熟人，是钱玄同的堂姐钱云辉与俞钟銮的次子，毕业于神舟法政专门学校。1934年任常熟县整理名胜委员会常务委员，1946年任红十字会常熟分会理事长等职。

② 单士厘：《单士厘文集·致钱玄同信第3封》，中国文史出版社，2022年版，第522页。

③ 梁启超：《倡设女堂启》，转引自李华兴、吴嘉勋编：《梁启超选集》，上海人民出版社，1989年版，第51页。

办起的这座图书馆，将创下全国之最，为海宁公共阅读提供了现代样本。此处不详述。

当年8月，钱恂设法帮钱玄同获得了官费留学日本的资格，在收到从湖州汇来的留学公款之后，积极为幼弟日后的留学打点一切。9月，完成婚礼后的钱玄同购得赴日的二等船票，与新婚妻子告别，向徐家辞行，辗转到日本开始他的留学生活。"有陆日升者，阿兄请来迎余，与同乘火车至东京，时已近暮。"①第二天，钱恂陪着钱玄同到早稻田大学报到注册，购买教科书，建议钱玄同选学史地预科。

而在钱玄同来早稻田大学报到时，单不庵已完成了抄写任务回国了。之后，两位好友又只能通过鸿雁往来，从《钱玄同日记》中可以发现，钱玄同在日期间的书札往来"笔谈"甚勤的就有单不庵，俩人交流书籍阅读目录、对时政的看法，以及今后的职业打算等，几乎每周都有信件来往，收信回信成为这对好朋友的日常。海宁与钱玄同的关系，也因为单士厘与单不庵，而将继续。

当钱玄同搬入了大学宿舍，他的阿兄阿嫂又启程远行。

这一次，钱恂的目的地是南洋。

（二）暂驻星洲　感受南洋

钱恂其时已晋升为知府（亦称太守）职衔，受学部特派为南洋查学委员，随行的是学部特派的专门司行走董恂士，当时他已从早稻田大学毕业，被赏了举人出身。

有办事得力的女婿陪同，钱恂这一程自然也是非常顺遂。1906年9月28日，钱恂偕夫人，带上外甥张菊圃等随员，启程赴南洋考察侨务与华侨学业。据单士厘的记载，他们在农历十月十八日到达新加坡。

休整半个月后，与各方人士联系定好行程路线，钱恂带着董恂士等人一

---

① 余连祥：《钱玄同年谱》，浙江大学出版社，2023年版，第36页。

起到南洋各岛屿巡视，从十一月初六出发，完成对南洋侨务和学务的视察大约需要一个月的时间。随夫远行的单士厘，这一回并没有处处紧跟、一刻不离。1906年的最后数月，她带着其他的家眷随员留在新加坡，等待着丈夫完成公务。

这段时间，单士厘的轻松悠闲显而易见。身边没有俗务，也少了羁绊，心情愉悦。处于另一个国度，眼前样样新鲜，她自然会提笔写信，报告与问候之意都在其中，那里的邮局离码头很近，古堡似的建筑，她常步行过来寄信，顺便一路欣赏海景。

她的中国来信到达新加坡，最早就是抵达这个码头。

新加坡的日出很晚，早醒的她往往拉开窗帘天还暗着，她洗漱完毕，烧壶开水，喝杯热茶，再翻会儿书，当曙光初露，一片青蓝色的流云起于晨曦之上，她时常会想起硖石的家，提笔写信把当时当地的情景描绘给家人。

留在新加坡的他们住在离海岸不远的硕田旅馆。这个旅馆是楼房，且临街，他们在三楼，视野宽阔可俯视街道。车水马龙的大街，有繁华都市的气息，新加坡的气候终年如夏天，地气暖和，所以花木非常茂盛。诸多的奇花异草，香气扑鼻，令单士厘赏心悦目，尤其是看到绿草地上的嬉戏场景，很是喜欢，特意向刚从新市娘家省亲回硖石的母亲报告——"此旅馆在海岸三层楼上，俯视街道车马往来不绝，街之外为绿草地，每日午后有许多人在草地上抛球。其外即海，停泊大小船只，亦有数十。夜来灯火如繁星，凭窗览眺，风景极佳。"①

这段时间，驻新加坡的总领事孙先生也非常关照留在此地的单士厘等人，曾亲自陪她游览佳景，邀请参观当地著名的花园，消解了许多身在异乡的孤独。而且就在新加坡这一个多月时间里，她接到东京来电，说是董恂士的妻子又添了一女，也就是钱恂的女儿给他们生下了一个外孙女，大小平安，单士厘也马上将这一喜讯报告给海宁亲人。

1907年1月5日，钱玄同收到大嫂从新加坡辗转而来的信，说到钱恂他们离开星洲（新加坡），去爪哇岛（印度尼西亚）之行程。随行的张菊圃还

---

① 单士厘：《单士厘文集·致父母信第94封》，中国文史出版社，2022年版，第598~599页。

附信一封，给钱玄同绘声绘色地描述了当地的景色。对于足迹未至这片土地的人来说，远方真是神秘之地。

南洋对于单士厘来说，应该也是陌生的。所以她还是喜欢多多走动，随时向亲友汇报所见所得。除了家信，还能收到来自女友的诗信，比方说夏夫人的诗就飞到了狮城。她们即便天各一方也是书信往来不断。单士厘告诉女友虽然同在东半球，但这里的天非常热，你穿裘皮大衣的时候，我只需着单衣即可。她回忆着俩人在日本相聚之时，曾一起喝清酒，吃寿司，看东洋女子穿着和服木屐"笃笃笃"地走过面前。住在新加坡这段时间里，她自然不忘记品尝当地美食，如肉骨茶等久负盛名的地方特色，还去采买著名的南洋燕窝，寄回国内给母亲调养身体。

新加坡是一个阳光充足的国度，花香袭人，即便是黑夜里，凭窗远眺，灯火如星子般闪烁，也是极好的风景。她看风景，也爱在街道上流连，观察到了不少"西洋景象"，新加坡城市并不大，但经营管理城市的水平已颇为现代化，与国内城市作比较，她认为此地远胜开埠不久的上海。远行日子里的单调重复和寂寞等待，她总是能够用自己的方式化解。

新加坡又名狮城，华人聚集。单士厘从驻新的官员处得知此地华人居住者有二三十万，她就走进去观察唐人街的环境，"凡华人屋宇为极热，街道必不干净，所以外国人每每欺侮华工"，尤其是妇女，虽然只有二三万人，更是地位低下——"此间妇人尚不算人，可欺也"。在国外亲眼看到华侨现状，尤其是妇女的生活卑微，单士厘极为心痛。她始终认定唯教育可以改变人，进而改变环境，所以在家信中她诉说自己内心祈盼："但愿学堂多起来，人人读几句书，识几个字，或者可望强起来。"[1]希望华人能够有多受教育的机会，继而强大起来，这样的心愿倒是与她的丈夫和女婿正在推进的教育计划非常契合。

---

[1] 单士厘：《单士厘文集·致父母信第94封》，中国文史出版社，2022年版，第598～599页。

（三）巡视印尼　翁婿办学

"爪哇"是古代中国对东南亚各岛国的称呼，当时有不少华侨华人居于南洋。他们背井离乡、生活艰辛，钱恂奉旨前往进行考察，主要巡视地方的华文教育，观察当地侨民子弟的教育现状。

爪哇岛是华侨比较集中的大岛，该岛首府巴达维亚（今印度尼西亚首都雅加达）的中华会馆早在1901年就创办了中华学堂，开南洋华侨办学之先河。接着，南洋各埠也雨后春笋般地办起学堂，可是由于师资、教材不足，教学质量不能尽如人意。因为民族差异、文化差异以及传统习俗都迥然不同，他们对教育发展颇有争议。部分侨民在南洋地区属于较为富庶的群体，有使子女受到良好教育的强烈愿望。

钱恂认为，若要使南洋侨民得到心理上的宽慰，继续心向祖国，就应使他们的子弟接受到优质的教育，尤其是正统的中华文化教育。这一观点与华侨希望送子弟回国读书的愿望相契合。

钱、董在巡视之时，安排前往各埠华侨学堂实地视察，积极鼓励华侨子弟回国读书，答允以官费待遇。得到正向的反馈之后，马上着手安排华侨子弟回国就学事项。初选60多名侨生，分批归国。钱恂除向学部申报外，同时致电南京两江总督端方，请他主持办学。当时他在电报里报告情况："爪岛学生通晓官音（当时称普通话为官话）可接中学程度者约30人，志切归国读书，选地南京，川资日用自备，惟请官给食宿。"

钱恂与端方早在1905年就已结识。当时钱恂作为参赞官，随载泽等五大臣赴东西洋考察宪政，因而得与五大臣中的端方结识。端方是晚清相对比较开明的地方大员，他出过洋，接触过华侨，而且懂得朝廷"宏教泽""系侨情""弭隐患"的心理，因为有交情，也有见识，他乐于接受钱氏建议，并出面奏请朝廷，获准办学。端方认为"爪岛侨民流寓远方，不忘归国，派生内渡，就学金陵。洵属爱国情殷，极堪嘉许"，并提出"嗣后南洋各岛及檀香山、旧金山等地侨民，如有愿送子弟来宁就学者，并当一律收取，以宏教泽而系侨情"。

于是，钱、董决定亲率第一批爪哇归国侨生21人到南京就学。他们辗转到新加坡等候轮船东渡时，已是1907年1月20日，亦即旧历丙午年十二月初七，没有等过了春节就动身启程，可谓急切之至。新加坡中华总商会为此举行隆重的欢迎宴会，归国侨生即席朗诵诗歌，以作余兴，当地中文报纸《功报》于当年2月6日作了详细报道，可谓盛况空前。

2月底，钱恂和董恂士护送侨生返抵国门。3月首批侨生到达南京，暂时安排在江宁三牌楼的实业学堂寄宿。不久，端方辟鼓楼薛家巷妙相庵为校舍，定名为"暨南学堂"，专门招收南洋华侨子弟，这是中国侨务学堂之始，暨南学堂于当年3月间开始上课。

暨南学堂在南京创办，当然应推端方为创办人，他对于暨南学堂非常重视，除了请旨岁拨江海关银5000两，作为办学经费（以后又由闽粤海关增拨），并委派在江宁学务处工作的广东人士郑洪年等主持其事。侨生不仅学膳宿费全免，还有零用钱可领。而且发下新式海军型制服，穿戴起来，令人有焕然一新之感。

但暨南学堂的创办，追根溯源还是钱恂首先倡议并促成此事，他对华侨子弟能够回国读书也算是功不可没。侨生们当然没有忘记这位带他们走出南洋的钱老先生，所以在南京的暨南学堂也曾悬挂钱恂的相片以作纪念。

暨南学堂初设地薛家巷由此成为中国华侨教育的摇篮。从这所摇篮里出发，暨南学堂渐渐成长——1917年学堂改名为国立暨南学校，先后开设师范、商业两科和补习班、中学、小学。1921年，将学校商科迁往上海徐家汇办学。同年与东南大学在上海合设上海商科大学。1922年3月成立暨南学校董事会，由黄炎培、范源濂、袁希涛、林文庆、史量才、郑洪年、张謇等17人组成。1927年，国立暨南学校改组为国立暨南大学。能从一所侨生学校发展成一所综合性大学，这也是当年钱恂倡议侨生归国之时想象不到的吧。

就在暨南学堂创办这一年，钱恂升任出使荷兰大臣。

当然，这次任命与南洋巡学也有一定渊源，因他所考察的南洋大部分为荷兰殖民地，为他出任荷兰使臣打下了一定的基础。也有资料显示，老友陆徵祥为他的任职出力不少。在担任驻荷、意的外交官期间，钱恂先后向清政府上奏折55篇，就荷兰、意大利两国的经济、政治、军事以及清政府如何妥善处理与两国关系等问题多有建言，系列奏疏汇编成《二二五五疏》。因当时印度尼西亚还是荷兰殖民地，被他称为"荷属东印度"。从钱恂的奏折中看到，即使在出使荷兰期间，他还继续关怀"荷属"华侨，可谓是恪尽厥职，当然也可视为南洋之行悠长的回声。

七、咏歌聊自得　飞鸟亦忘机

1907年起，钱恂以分省补用知府的身份出使西欧，先后出任驻荷兰、意大利的外交大臣，自此走上了个人职业外交生涯的顶峰，单士厘作为大使夫人随其同往。长子钱稻孙也因此结束了日本留学，在东京高等师范学校附属中学毕业后，随父母到欧洲留学。

当漫长的一生来临时，许多人都未敢按照自己的意愿生活，一直忙于眼前纷至沓来的那些似乎非办不可的杂事，身不由己地随波浮沉，甚至连自己的兴趣都抓不住。但总会有那么一些人跟随生命的节奏，目视远方，脚踏实地，遵从自己的内心，投入热爱，甚至超越时代的束缚，在人生某些瞬间挣脱了出来，闪着光亮。

（一）荷兰小国　其乐融融

三月廿五日，忽得北京电报奉旨命女婿作和兰（荷兰）公使，授二品实官，从前的钦差，只有官衔，并无实在品级，此是新政章程。①

单士厘的这封家信，写明了钱恂的新职务和品级，二品官衔是钱氏家族

---

① 单士厘：《单士厘文集·致父母信第97封》，中国文史出版社，2022年版，第600页。

在清代充任的最高官职了，因此他的父亲和祖父得以封赠光禄大夫，可谓
光宗耀祖。钱恂只是在15岁时取得了生员的初级功名，之后没有新的进展。
如此难得的际遇既由数十年的幕府历练业绩、踏入仕途后的机缘、人缘，当
然也与身处的时代密切相关。所以，钱恂也在编家乘的时候这样写道："以
一分省知府超授二品实官，恂殊遇。"

钱恂是在陆徵祥的推荐下，以江苏省补用知府的身份出使荷兰。此前，
钱恂出任东西洋考察大臣参赞，与董恂士赴南洋调查学务，因此他此次赴任
系从新加坡启航，经地中海到马赛、巴黎，最终抵达海牙。①

单士厘随着丈夫再度越洋，以女性的记忆丰富着人生细节，鲜活历史。

他们乘着轮船"古伦母"号，自新加坡来到马赛，在海上行驶了一个月
的时间。单士厘每天吹着海风，身边有亲人相伴，远处有朋友交流，最美的
风景在路上。她身体素质很好，不晕船，渡重洋到异域，新的远方咫尺可
及。在她与碤石的通信里，报告诸事平安，也平淡地讲说在越过地中海那两
日遇到了点小状况，天气突变，海上波涛起伏，船体摇晃剧烈导致无法进
食，但离船登上码头，她就精神健爽如初。

可惜刚到法国马赛，她就听闻一个令人痛惜的噩耗。

在1907年3月她写给钱玄同的信，清晰地讲述了她为何放弃游览马
赛港，直接启程去巴黎："到马赛闻胡馨吾夫人谢世。我国上流妇女有
才德、无积习惟此一人，不胜痛惜，遂不复游览，即日启行，第二日到
法都。"②

信中提到的"胡馨吾夫人"，就是钱恂同乡、时任驻俄公使胡惟德的
夫人，也是单士厘极欣赏的，一位具有出类拔萃才能的外交官夫人。她在
《懿范闻见录》中单独为胡夫人作一小传，夸赞她"才能过人，遇事有决
断""能应酬交际场中，不随俗，不易外国装饰，亦不狃于旧习，举止端丽，
周旋适当，欧洲仕女莫不爱重之"，甚至上升到"我国上流妇女有才德、无
积习惟此一人"。单士厘的文字，记下了清末一位通晓多国语言，温柔而能
干的大使夫人，她本姓郑。

---

① 邱巍：《吴兴钱家：近代学术文化家族的断层与传承》，浙江大学出版社，2009年版，第115页。
② 单士厘：《单士厘文集·致钱玄同信第4封》，中国文史出版社，2022年版，第522页。

在光绪之前，外派公使并非一个令人羡慕的差使，因强弱有别，官吏的眼界和文化差异也大有不同，那些公使的原配夫人大多不愿随丈夫出洋，往往以妾代妻。据单士厘记载，原配正妻参与外交事务，即始自胡夫人。胡夫人深谙国学，通晓英文、法文两门外语，活跃在俄罗斯的外交场合，举止大方得体，展示了中华妇女的大国风采。

胡夫人由俄归国时，单士厘还在俄罗斯，分别之际，漫天飞雪，《甲辰冬送胡馨禾嫂暂归》，她写得情谊深厚，婉致动人——"漫天风雪就长途，欲护兰芽别掌珠。因解方言酬酢洽，夙钦俭德美欧俱。六年异域饶闻见，二兆同胞作楷模。不羡辂车荣翟绂，羡君归去有慈姑。"[1]因为送丈夫的侍妾回家待产，胡夫人把自己的孩子留在异国。以为只是短暂分离，但没有料到，正因一路严寒的侵袭，辛苦奔波导致身体出了状况，再回俄国不久即因病去世，所以她们当时雪中一别，即为永诀。

单士厘对胡夫人甚为仰慕，评价很高，言语之下更似有将她引为楷模之意。因此"馨禾嫂"的离世，令其不胜痛惜。在马赛听闻胡夫人在圣彼得堡去世，"各国女友往吊者，皆流涕痛惜"[2]，站在法兰西的土地上，她只能临风洒泪，无法亲临现场吊唁。但心中的哀伤绵绵而至，令她无心游览著名的马赛港。

挥别马赛的彩云，次日就到了巴黎的天空下。很快，他们就见到刘公使，即刘式训。这位江苏人，也是钱恂的老朋友，曾一起随薛福成出使欧洲，任驻法使馆的翻译，之后他进入巴黎大学深造，先后到驻法、俄、德等国使馆任翻译。刘式训的聪明才干渐渐显露，受许景澄、孙宝琦等大臣赏识，被提拔为参赞官，曾协助李鸿章谈判《辛丑条约》。1905年刘式训被清政府任命为驻法国、西班牙大使。

因与钱恂是旧相识，加上使馆里的熟人很多，钱恂夫妇的巴黎之行颇为热闹。接待宴请连连，还有邀请钱恂演讲等节目不断。单士厘当然希望能够在浪漫之都巴黎好好旅行一番，但是荷兰那边已在催促，所以只在巴黎匆匆过了三日，即启程前往荷兰。但时间不过一年，她即有机会到巴黎旅行。因

---

① 单士厘：《单士厘文集·受兹室诗存》，中国文史出版社，2022年版，第40页。
② 单士厘：《单士厘文集·受兹室诗存》，中国文史出版社，2022年版，第510页。

为钱恂被调往意大利, 而再次来到这座浪漫之都, 到时接待他们的将是孙宝琦大使和夫人。

在1907年, 单士厘怀着非常遗憾的心情告别了巴黎的春天, 不日抵达海牙, 入住使馆所租之屋。"其最精华之一层, 器具周备如办差一般。庭园风景不减日本, 而整洁过之。现吃中国饭, 每人一月需二十五元, 若西餐尤贵, 食物胜于俄都。"① 她在给日本留学生钱玄同写信, 简约描绘了海牙的好风景, 顺便絮絮叨叨地将饮食所需钱额留在纸上, 为我们截出了百年前外交官生活的一个有趣细节。

来到海牙, 在使馆署内将房间收拾停当, 单士厘拿出南洋女学生所送的绣花像架, 将自己父母的遗像端正地装好, 供在桌上。此前她就关照在硖石家里的单不庵翻拍先辈的画像, 便于长途辗转随身携带, 了却了"二十余年不能瞻拜先代及二亲神像"的遗憾, 从此即便在异国过年过节, 她亦有物可凭, 有像可亲了。

钱恂于9月18日(农历八月十一日)递交国书, 正式开始担当驻荷兰大使。递交国书这件礼节性的程序, 被夫人单士厘称为"此后才算接印任事, 以前如新妇之未行庙见礼也"。

根据中国台北《皇朝政典类纂》记载, 按当时出使章程规定, 驻外使馆经费包括两大块, 一块是人员工资, 另一块是馆务费。所谓馆务费是个统称, 就是一切公务支出, 包括房租、岁修、川资、公宴、文报、洋仆、医药等费用。(岁修, 就是馆舍的维修费用; 川资, 就是交通、差旅费用; 公宴, 就是招待宴请的费用; 文报, 就是公文、电报、印刷等办公费用; 洋仆, 自然就是雇用的洋人临时工。)

工资这块。通常一个驻外使馆的基本人员配制为大使1名、参赞2名、翻译4名、随员4名。规定虽如此, 但人员超编、机构臃肿历来是传统特色, 比如增加医生、领事、实习生、武官、家属等。后来, 清政府被逼无奈, 将驻外大使馆聘用人员的权力收归到了外务部。

在《光绪朝东华录》中, 提供了一份详细的工资标准表。出使大臣分为头等、二等、三等, 共三个级别。1876年, 头等出使大臣月工资1400两;

---

① 单士厘:《单士厘文集·致钱玄同信第4封》, 中国文史出版社, 2022年版, 第523页。

二等出使大臣1200两，钱恂显然是这个级别；三等出使大臣又分为两个级别，一个是1000两，一个是800两。

参赞也分为三个级别，头等参赞500两、二等参赞400两、三等参赞300两。领事同样如此，总领事600两、领事500两、副领事400两。通译官，就是翻译官，也是三个级别，头等翻译官400两、二等翻译官300两、三等翻译官200两。

为何驻外大使馆还要有等级呢？因为各国与中国交往密切程度不同，对中国的影响不同。比如英国、美国、法国、德国等国是当时世界上最发达国家，对华政策影响深远，同时也与中国交往较深，驻外大使馆自然就会被设为最高级。而俄国与日本，是中国的近邻，也是与中国深度交往的国家，驻这两个国家的大使馆同样也是最高级。总之，驻外大使馆的定级是根据中国与对方国家的联系紧密程度决定的，以上这些国家都是与中国交往密切，且对中国影响最大的国家，清政府自然要高度重视。[①]

钱在担任清政府驻荷兰大使期间，还被任命兼海牙和会议员，与专使陆徵祥代表中国政府参加第二次海牙和会。

海牙和平会议，又称海牙和会。1899年和1907年在荷兰海牙召开过两次国际和平会议。这两次国际大会产生的背景，都是大国争霸。

19世纪末，帝国主义国家为重新瓜分殖民地、争夺欧洲和世界霸权，展开了军备竞赛，其中尤以英、德两国之间的竞争最为激烈。俄国因国内财政拮据、工农运动蓬勃发展，在大国争霸中感到力不从心。为了赢得时间，限制对手，1898年8月24日俄皇尼古拉二世建议在海牙召开和平会议，并邀欧、亚及北美各独立国家参加。各国对沙俄的和平倡议虽持怀疑态度，但为了实现各自的外交目的，都没有表示拒绝。在这个历史背景下，第一次海牙和平会议于1899年5月18日—7月29日在海牙举行，参加会议的有中国、俄国、英国、法国、德国、日本、意大利、美国、奥匈帝国等26个国家。会议宣称其主要目的是限制军备和保障和平，但最后未能就此达成任何协议，只在和平解决国际争端和战争法规编纂方面签订了3项公约和3项宣言。

第一次海牙和平会议之后，帝国主义国家军备竞赛愈演愈烈，世界局势

---

① 陈卿美：《清朝也有海外机构？一个驻外大使馆每年要花多少钱？》，转引自网易。

越来越紧张。于是在8年之后，决定再次召开国际和平会议。

　　单士厘在3月25日给母亲的家信中提到的保和会，也就是第二次海牙和会，她因为跟随钱恂而适逢其会。大国政治的勾心斗角，弱国外交人员身处其中有苦难言。所以钱恂也曾以不通外语等理由竭力推辞这个任命，但终究无法拒绝。"挈办保和会，因为和兰（荷兰）公使陆徵祥，升为专使，专办保和会事。和兰有一个会，叫作保和会。各国派许多大臣来会，商量以后总统不要打仗，大家和平交涉。所以又叫作'弭兵会'，是不用兵戈的意思。六年前开过一次，今年又要开会也。但目下陆公使，尚未知会，毕当在七月底调到何国。女婿曾经辞过，说不懂西洋说话，不要做。然后里头不肯说，毋庸固辞，看来不能不接手。若论此间，人情风俗及景致，要算西洋顶好的了。女日日往树林中散步，所以甚健。"①

　　5月25日，她在给单不庵的信里，也说到海牙和平会议的一些细节。如钱恂翻译《左传》的章节送给会场主持人，向各国大使说明和平大会这种形式在中国古已有之，同时也将平时会议纪要翻译出来传回中国，让国人也知道国际时事新闻等，"览今日得五月初二日来信，以廿三日到……此间保和会时常会议，陆子兴及姐夫令馆员译其大要，拟转一书，他日遍咨本国，俾我国人亦稍知其事。又将《左传》中鲁襄公廿七年弭兵会一节译成法文，送会中主脑者，俾知我国在耶稣未生数百年前，历史上已有此等事。姐于外间酬应一概不去。缘一出应酬，则劳神伤财，于学问上有损无益也。姐丈虽不解彼语言，现有通译者，此次不以贿赂，故和政府初虽欲拒，嗣称得彼驻北京使来电，知钱大臣品学超绝，故极以得接待为荣云云。此时甚敬重，惟陆大使会后如何位置尚未揭晓。"②

　　而这段时间，单士厘为避免劳神伤财，外面所有应酬都不参加，她的心里认为与学问有损无益之事，付出精力和钱财都是不值得的。

　　第二次海牙和会于1907年6月15日召开，参加国家达到44个，清政府派陆徵祥、福士达（科士达，J.W.Foster，曾任美国国务卿，此前为中国驻美国使署顾问）、驻荷兰公使钱恂为全权专使，陆军部法律科监督丁士源为军

---

① 单士厘：《单士厘文集·致父母信第97封，》，中国文史出版社，2022年版，第600~601页。
② 单士厘：《单士厘文集·致单不庵信第9封》，中国文史出版社，2022年版，第531页。

务议员，张庆桐、张治跸为副议员，施绍堂、陈篆、王广沂及随同福士达的法文翻译怀德好施、特来斯5人为参赞，共11人与会。

会议一结束，钱恂就上奏清廷，建议将会上已成条文的条约和未成文的议论公告天下，广泛征求意见。他主张组织研究会积极研究国际法，从中国的国家利益出发，建立国际法学，"专事内订国律以间执彼口，外采彼律以期协公理，修律之实行在是，预会之豫备亦在是，人材之培植亦在是"，非常有先见之明。1908年1月1日，《大公报》曾刊出钱恂关于海牙和会情形的报告《出使和国大臣奏报保和会要折详志》及《出使和国大臣钱奏万国保和会议情形折》。

作为和会的见证者，钱恂洞悉海牙和会背后列强趋利避害、争权夺利的本质。他连上《和会条约未可轻押疏》《和会条约译诠疏》《和书译汉片》等折，以时间太促、约文太多、译文易误等理由，建议清政府将条约译文仔细研究后再行补押。此建议获朝廷采纳，经有关各部的考量，有8件直到1909年才画押。通过谈判，荷兰政府最终同意中国政府设立领事馆保护华侨，中国总领事、领事、副领事及代理领事可以驻扎于荷兰国海外殖民地，与其他国领事享受同等待遇。中国领事馆可以在办公地及驻地标示总领事馆、领事馆、副领事馆、代理领事馆等字样及本国政府徽章，解决了悬置长达30年而未解决的问题。

单士厘于当年9月17日致钱玄同信札，也透露出这次和会的不少细节，其中提到一位年轻才俊陈篆，聪明能干被推为理事，"总算替中国争气"："此次保和会延长三月多，其故由于小国、弱国渐知三数强国之扶同欺压，而不肯随声附和，名为弭兵，其实所议皆战事也。我国第一次预会，略无报告。现在令兄督率馆员译录大旨，为报告八种，日命人抄写，已寄出三次，此乃与陆大使子兴合办者。陆君多病，法文甚好，而伏案之功非其所长。幸陈君名篆者（会中为陆大使参赞，会后为令兄僚属）能兼汉文，此人后来之俊彦也，会中推为任事之员（此须有真实学问各国推许者），总算替中国争气。因任事会员其会中所刻行文件，如有与本国不妥者，可以操更改之权也。"[1]

生于1877年的陈篆，字任先，号止室，福建福州人，是中国第一位在

① 单士厘：《单士厘文集·致钱玄同信第5封》，中国文史出版社，2022年版，第523~524页。

法国获得法律学士学位的留学生。海牙和会结束后，为钱恂的下属，这位被单士厘看好的"后来之俊彦"，在民国时期果然成为著名外交家。

在荷兰，除了读书管理家事，单士厘喜欢远行的性格依旧没变。多姿多彩的异域生活，在信件里时不时溢出，如啤酒杯里向上冲的气泡般细密，她会告诉硖石亲人们自己在异国的日常，询问老家各路亲戚们的近况，甚至还会计算好家信到达海宁的时间，以一手端正秀丽的小楷把国外的风情留在精美的花笺纸上。当然，想家之时，她也会凝望装着父母画像的绣花像架，想象在天国的爹娘正看着心爱的女儿。一家男女老少热热闹闹地团聚，他们肯定会为女儿现在的生活感到欣慰吧。

单士厘喜欢月亮，不论圆满与亏缺，都有光亮。仿佛它的圆满就是由大亏小亏换得。向远方行走，每当举头望向明月，她的心里就会笃定起来。

那一年，单士厘快50周岁了，大使夫人的日子优裕，安逸从容。且从她自欧洲寄出的家信中，见识一下百年前驻荷兰大使馆的日常：

> 女在此极舒服，住在公所，伙食包与厨子，每餐四佳肴一汤，凭他做，不须自己调度。又房子极宽大，电灯、电铃（嵌在壁上，叫人将手一捺，仆人即来）又是公家开销。女房外阔廊，已挂帘子铺地席。底下的花园，已经铺绿草，种花费数十元，是陆公使命人来料理。近日木叶萌芽，风景较初来时更好。数日前女婿偕游一处，要坐火车半点钟光景，再坐马车一路看花，四面是花田，五颜六色竟如种稻种麦一般。今附上名片一张，可见大概。此间人情风俗，远胜俄罗斯……好在春夏间没有茶会等应酬，依旧安闲。①

她向母亲报告着自己的生活，极舒服，甚安乐。一是住得好，房子不必出租钱，华丽宽敞，景致又佳，居住环境令人舒畅；二是吃得好，每餐四菜一汤，有厨子做，不必自己出手，比之前在苏州老家和俄罗斯都好；三是风景好，尤其是春天，草木初长，花田清香。单士厘常与丈夫一起出游，无论是坐火车还是坐马车，所见风物人情都令她欣喜。尤其是陆公使也常安排时间陪他们出门，且陆夫人跟她也很是投机，对，就是她的异国女友培德。

---

① 单士厘：《单士厘文集·致父母信第26封》，中国文史出版社，2022年版，第554页。

中国女友也记着远行的她。单士厘的诗集收录过她回复夏夫人的一首诗《和夏穗嫂赠别原韵丁未年》，诗应该写重阳节前后。九九重阳秋游忆友，满载中国文化秋高气爽的诗意，登高望远，茱萸插遍，心里油然记起了远方的人。两位随着丈夫宦游的女子，劳燕分飞，一个在东方，一个在西方，互相牵挂，两处思念。她们希望能够坐在一起，斟一杯重阳酒，吃吃大闸蟹，在菊花里共赏秋色。在她提笔书写之时，人虽远在欧洲，心却在这一刻乘着诗舟顺着洋流回到了友人身边。

荷兰五彩斑斓的花田，是她在信中经常提到的佳景，与东方风貌完全不同，自然之美震撼人心，给人无限的安慰。她先后前去游览荷兰的两个王宫，这里的王宫与法国巴黎等地的相比，显得素朴，甚至简陋。至于滨海的和平大会会址所在地是她心中"西洋第一流的风景"，单士厘在信里如此向远方的亲人介绍——"此间海滨点缀，犹如极大花园。工程精细，道路平坦，要算西洋第一。笔直筑出一条堤，堤之当头已在海当中。其上造一所大圆屋，屋旁滚圆一个大回廊。此屋中可以吃茶，可以吃酒，闻说夏天游人极多。"[1]

欧洲的风景，很对单士厘胃口。她每日都与钱恂一起往树林里散步，此地空气好，既可健步锻炼，也可用美景养眼。因是小脚，出行时，钱恂时时牵着她的手，林间两人喜欢边走边聊，话着家常——

"女婿董恂士学问真好，这次被批准调来做一等书记官，九月间就让他带着二小姐一起来吧。"

"嗯，好的，稻孙现尚在通州，届时就可与姐夫、姐姐同来。一家人在这里团聚，穟孙仍在日本读书，明年中学校毕业，要不叫他也出来一游？三个月后仍旧回到东京，进高等学校再学五年，大学毕业就算学完全，回到中国可以做先生了。"

"小叔也在日本读书，学了六年之后也可当教师了。他去年娶亲，今年四月里生了一个儿子，现还在绍兴的外婆家，想必等他回去时，孩子都会走路了呢。"

"对了，媳妇丰保也常写信来，她在通州女子师范学校当先生了，说月

① 单士厘：《单士厘文集·致母亲信第33封》，中国文史出版社，2022年版，第559～560页。

通州女师教师花名册

薪有30元呢。听她讲，阿猛正在学步了，只是到现在还不能独立走路。"

时间无声地流淌着，欧洲的风吹过来又吹过去，除了一双小脚深深浅浅地走过北欧的街道和小路，她亦喜欢静静地研墨提笔，在信笺纸上向硖石家人汇报着此地的一切，晨间早早的日出、夜间迟迟的日落、异国漫长的白昼便停留在她的信件里。随着鸿雁往来，她的海牙时光很快地远走。在昼长夜短的欧洲小城里，留在她记忆中的遗憾看来就是——"外面风景实在好，可惜太远不能接母亲来玩"。家信里，她描写荷兰之冬，那个极寒冷的欧洲小城的冬日风光："此间寒度亦与俄京相仿，室内每日生炉火，天晴即偕女婿率诸人往树林散步，河冰甚厚，本地人都作溜冰游戏。女常乘车出游，今冬制一貂皮肩衣，价合中国八十元光景，可谓穷奢极欲，因此间虽女仆亦必有皮肩衣，故女婿特定做貂者。"①

50岁的单士厘已是儿孙绕膝，但还是喜欢远行。

每到一地，她爱买当地的明信片寄回国，让家人朋友也看到地球另一端的风光。她习惯俭朴，低调而不喜奢华，做一件貂皮衣服对她来说竟然已是

---

① 单士厘：《单士厘文集·致母亲信第18封》，中国文史出版社，2022年版，第548页。

"穷奢极欲"，因为当地人都有这样的御寒皮衣，且还是作为外交官的丈夫钱恂为她定制，还是认为太浪费。倒是荷兰的气候宜人，君民和谐相处令她心怡，念念不忘。

> 一载随轺北海滨，居然异域乐天真。名都饶有山林趣，炎夏浑如和煦春。君主谦谦卑自牧，臣民噩噩洁而纯。清幽到处疑仙境，想象羲皇以上人。[1]

这首名为《和兰海牙》的诗，还有一段颇为生动的前注："女王出游，群儿掷雪球误中王面，王笑而拂之。又一日，王夫自开汽车，途与电车相撞，自谓不慎，戒无罪电车。各国驻使赴宫门请安，次日王夫亲至各国使馆谢步。"她用诗写出亲身经历和感受，记录了所见的女王和王室成员出游里遇到的"小意外""小插曲"，在她眼里，荷兰的政治有如上古时期流传的无为而治，生活环境似仙境般清幽。风景优美之地，天真纯朴的臣民，是留在记忆里的最美荷兰。

（二）驻意大利　钱家添孙

单士厘的下一个目的地是意大利，此行更为难得，因为一个史诗级文明古都在等着她。1908年，钱恂出任清朝驻意大使，夫妇游历欧洲近两年时间，此行的"艺术之旅"将再次催生力作。

意大利首都罗马，几个世纪一直都是西方文明的中心。在中国人的眼里，罗马这个城市曾经另有一名——大秦。随着公元前2世纪"丝绸之路"的开通，东西方文明的交流加速，而罗马正位于贸易路线的终点，所以古代的中国人认为罗马帝国像中国一样拥有高度文明，于是将罗马帝国及近东地区（地中海东岸）命名为大秦，也算是代表了国人心中与东方相对的"西方"概念。但古时中国人似乎从未直接到达罗马，最接近的大概是生于东汉

---

① 单士厘：《单士厘文集·受兹室诗存》，中国文史出版社，2022年版，第45页。

时期的班超与甘英，甘英最远抵达黑海沿岸，便成为王国维先生心中的"英雄"。王国维先生曾在他的《咏史二十首》中写到过："西域纵横尽百城，张陈远略逊甘英。千秋壮观君知否，黑海东头望大秦。"

而与王国维同时代的小脚女子单士厘，在知天命之年终于抵达了罗马。她后来在自己的著作《归潜记》中认定罗马就是《汉书》中所指的大秦，有这样一段文字——

《汉书·西域传》之大秦，指今日之罗马，确无疑义。新旧两唐书之大秦，一名拂菻。则因立国康堡者之号东罗马也，亦遂移大秦之名以称康堡①（今土耳其都城名康斯坦丁诺波里斯。康斯坦丁者，建城之帝名。诺，连属词。波里斯，犹言城，今亦省称波凝。"泼"与"拂"，唇音轻重之别，故阿剌比②人称之为拂菻。传之远东，城名、国号往往不分，于是有拂菻即大秦之说。③

罗马原本只是一个城堡，始建于公元前8世纪，后来扩张成地跨欧、非、亚三洲的大帝国。公元4世纪分裂成东西两个帝国。西罗马帝国灭亡后到8世纪，法兰克人统一了中西欧，接着又分裂成三个国家——法兰西、德意志和意大利。此后战乱不休，"意大利"仅成为一个地理名词，代表亚平宁半岛及附近地区。19世纪中叶，意大利统一完成，罗马这个古老的城市便成为统一的意大利的首都。

驻意大利的中国使馆就在罗马。

女婿董恂士担任驻意大利使馆的一等书记官，女儿也一起来到罗马，且租房离使馆不远，家人可以时时相见。使馆是一幢三层楼，地上三层，地下还有一层是厨房及仆人饭厅，边上则是极大一间铺地板、两面均有窗透出地上的储藏室，可放置行李之粗重物件。屋顶四面设有石栏，下铺方砖，即为晒台，最令单士厘这位家庭主妇感觉"便当"的，是使馆有单独一间洗衣房，里面装着自来水，用水排水最为方便。

单士厘在意大利的生活非常热闹，媳妇与女儿均有孕在身，而且分娩时

---

① 康堡：君士坦丁堡，今称伊斯坦布尔。
② 阿剌比：阿拉伯。
③ 单士厘：《单士厘文集·归潜记》，中国文史出版社，2022年版，第253页。

间也相差无几。儿媳从通州女师辞职，结束了仅一年的"女先生"职业，开始了全职太太生活，可以帮助单士厘管理家务，所以她对母亲写信说，这简直就是"老来福"。

女婿移驻义国，可谓老来幸福，公事甚简，而天气温和，皆胜于和兰。使署宽敞，女亦较在海牙舒畅多矣。外孙女现租房另居，离使馆不远，与外孙妇均有孕，达在年底，大约姑娘早一二个月，弟妇当在明春临月……此间男女仆三男一女，皆前任用熟，颇得力。外孙妇带一中国丫头来，又雇一半日的女仆管小孩，厨子即前年自己带来的，颇诚实，不淘气。前任黄公使用巡捕四名，女婿谓其反失使署体统，一概不用。长雇双马车每月四百五十方，可以常常游览。①

罗马强烈的阳光令她的近视眼开始出现了不适，"感觉黑影比初起时又多些，女恐其渐渐遮到眼乌珠上，便要作清盲，是以不写字，不看小字，夜间亦常常点药水，自己十分珍惜"。眼睛尽管有了问题，阅读受阻，但并不妨碍她欣赏这座伟大的历史名城。由于使馆有一辆长年雇用的马车，方便出行，时时可以游历，极大地满足了她的旅行愿望。吹拂着地中海的风，她心情开朗。随着时光推移，经过安心保养和适应期，眼睛恢复正常，不久即能够做粗针线的活。最令她欢喜的是又可阅读了，即便是只能看一些大字，也是极好的。

那一年，钱家人陆续来到罗马过冬，家里新添了孩子，着实令人欣喜，这些快活时光被单士厘珍藏，她称之为"生平第一年享福"。"在罗马过冬为女生平第一年享福，因地下层有暖炉，日夜烧煤，其热气由墙壁间通至各房，温暖如春。外面天气亦与我国一般，且晴天多，竟不知寒冷，远胜在和兰过冬矣。二小姐于旬前又生一男孩，相貌端秀，母子平安，伊家现住使馆附近，女虽常去看视，因产婆即收生婆看护妇皆有学问，事事妥帖，女甚放心，一点不必操劳。目下外孙男女及孙男女共有八人，合拢来颇为热闹……外孙妇更能干些，大小衣服一年做得不少，实在安闲无事，藉可消遣，非但

① 单士厘：《单士厘文集·致母亲信第23封》，中国文史出版社，2022年版，第552页。

省钱也。所以一家安和，毫无气恼。"①

她身边的儿女都陆续升格，开枝散叶，大家庭同在一起，能够给予身处在异乡之人充足的温暖。当然，单士厘无疑是忙碌的，她继承了她母亲许氏夫人的勤劳和俭朴，家人的衣服大多由自己动手做，而且身边那么多的子孙，生活琐事也需要她来安排。幸好媳妇包丰保也开始进入全职主妇的角色，帮忙分担杂务，全家和乐。

但单士厘能够进入现代人关注的视线，并非因为她的辛苦劬劳，是一个合格称职的家庭主妇，而是她丰富的精神世界、超越俗世的才华与见识。

人生而平等，走的路却各有不同。在这世间，需要完成一趟又一趟漫长而无尽的远行，做好"学业""事业""家庭"等必修课，从而找到最好的自己，为这个世界带来些东西，留下些痕迹，方为不辜负。

单士厘的异国生活热闹又祥和，雅致且有味。一生从坎坷艰险走到鲜花着锦，除了上苍的眷顾，亦在于自身的奋斗与精进，拥有爱与付出爱的能力。她爱丈夫、爱孩子、爱文学、爱艺术，也爱花花草草、人间烟火。在罗马，也不忘记在家里营造美丽馨香，买来洋水仙，植在盆中，以清水供养，看到水仙蓓蕾初绽，像一张美丽的笑脸相对。她闻着清香，念及远在万里之遥的山河故里，一样的清逸品格，一样的芬芳，但内心深处，再美的花终究不及故园一枝梅——"同是寒芳高品格，故园回首忆梅花。"②

春天，终归是美好的。使馆庭前花卉繁盛，当春风吹拂，木香盛放，金银花也吹起了小喇叭。在这样的时刻，单士厘喜欢凭栏而坐，一股清香扑鼻。若候到丈夫有闲暇时间，他们就乘着马车四处游览。

驻意大使是钱恂的职业人生高点，驻意期间，钱恂悉心考察了意大利的财政收支结构、预决算情况、国债发行利弊、海军等问题，就相关的经济政治以及如何妥善处理两国关系向清政府建言。在《意财政困纾片》中，钱恂详尽介绍了意大利财政情况，分析了其财政长期困顿的主要原因，也考察了其财政得以缓解的成功经验。经济复苏后的意大利虑及巴尔干半岛局势，开始在行政、国防方面增加投入，钱恂高度关注所驻国的经济政策，在《意豫

① 单士厘：《单士厘文集·致母亲信第22封》，中国文史出版社，2022年版，第551页。
② 单士厘：《单士厘文集·受兹室诗存》，中国文史出版社，2022年版，第50页，诗题为《戊申冬在罗马购得水仙培养着花诗以纪之》。

算疏》中，他将意大利1909—1910年度的财政预算情况列成三表，上报清廷，供选择参考。在《意国国税疏》中，他详细介绍了意大利的国税征收，涉及地税、屋税、所得税、进口税、门关税、造酿税、人事税及专卖税。在《加税免厘利弊片》中，他指出，倘若洋货免厘切实奉行，而土货免厘有名无实，土货不兴，洋货充斥，必将使大量民财流出国外，正与保护本国政策相反。

钱恂驻意期间，长子钱稻孙进入了意大利大学堂，次子钱穟孙还在日本札幌读农科大学，亦常有信来。在罗马，钱家继续添丁进口，长媳包丰保又为钱家生育一男，取名为亚获。除了钱家，施绍常参赞的太太在大年初一生下一名男孩，取名元郎；加上钱恂的二女儿也诞下一名男婴，取名亚良，来罗马不到一年，驻意大利的外交官家庭有三名中国婴孩诞生，加上同来的孩子，使馆里大概有10多个孩童，真可谓人丁兴旺，热闹非凡。钱恂在给老友汪康华的信札中也透露自己身边有好助手，加上家族人多，稍慰旅怀，"各人生子忙忙，他日归国，增出小孩，目下尚不敢决其数，总之必多耳"。

单士厘这位大家长说是享福，其实也极辛苦。因为媳妇生产，所以长孙亚猛就跟着奶奶睡了两三个月，小男孩前段时间肠胃不好，经常喊肚子疼，请来了好医生诊治，发现是小孩肚子里生了蛔虫，用药把蛔虫打下来之后，化解积食，两三个月后就渐渐病愈。她在当年农历四月初三写给硖石家人的信里提到"隔代亲"，也明白管小孩的责任在肩，所以待亚猛病愈后就马上交还给他的父母。新生儿亚获已满月，可以咿呀咿呀地努着嘴，咯咯地笑出声音。在嫩洁光滑的婴儿笑脸面前，她一边辛苦，一边幸福。虽然眼睛时好时坏，减少了阅读写作之乐，可能够享受含饴弄孙之乐，实在也是人生极大的福气。

她真心希望亲人们也都能够拥有这样的幸福时光，尤其是对于婚后长期没有生育孩子的弟弟单不庵寄予厚望。西河单氏这一支，目前只有他承载了后继有人的全部希望。

单不庵回国后，1907—1914年均从事教育，任双山学堂堂长、教习，随后辗转任教于嘉兴秀水学堂、开智学堂等。这段时间，他发挥极强的自学能力，积极研究新式教育，经常写信给姐姐及钱玄同等好友进行探讨，查询资料。单士厘远在欧洲时，仍非常惦记着这位弟弟，时不时来信教导他：除了事业，还要注意家族关系，那些要在路上走20多天邮路的信件一次次地越洋来回，这个婉言劝解弟弟家务事的老姐，何等的操心，又是何等贴心啊！

姐姐对弟弟说——作为一个孝子要安母亲的心，首先要让家庭和睦，不可以经常斥责妻子，这样反倒会使老母不乐。何况你的夫人患有疾病，如果你的缘故加重了她的病或者由此产生危险，反而会被世人说是因为媳妇不受婆婆待见而导致抑郁，你不引导妻子孝顺和睦，反而陷叔母于不慈，"此心何安？"你本是从事教育的人，平时爱护子弟体贴学生，为何在家庭骨肉间却不能做到呢？处理好婆媳关系之事被她提到新高度，关乎"吾家盛衰，愿弟千万注意"。当然，她的最终目标即希望弟弟与弟媳和顺欢喜，为家添丁。

览今日得五月初二日来信，以廿三日到。此信最快悉一切，叔母大人精神尚未复原，此则高年病后，必须服食调理，将来或能胜于未病之前亦未可知。至家政操持倒不可谏阻，盖叔母向来勤俭，凡事非躬自指挥检点，决不放心。弟要安堂上心，务宜家庭雍睦，不可时时嗔斥弟妇，反令叔母大人因此减少乐境。况闻弟妇有恙（炳章弟函言表嫂病鼓胀），如其病重或致危险，世俗必谓失爱于姑，遂致郁抑成疾，是吾弟不能婉导其孝于姑，反陷叔母大人于不慈，此心何安。弟于教育颇能体贴受教者之性质，何独昧于家庭骨肉间，此关于吾家盛衰，愿弟千万注意。德潜得一子，我甚愿弟妇和顺欢喜，亦添一侄也。此间旅安……目恙宜少看书。[①]

她对这位弟弟极为关心。得知这段时间单不庵在嘉兴当教师，既为兄弟的事业有成欢喜，也担心往来辛苦损伤身体。因她的"伯宽弟"从小体弱多病，却读书刻苦用功，时不时东病西痛。用脑过度易伤身啊。她这种从心里出发的牵挂并不只停留在纸上，而是不自觉地设身处地为兄弟着想，帮他规划，替他筹谋。当单不庵来信里提到有出游计划时，姐夫就叮嘱赠予他"旅游金"，姐姐则特别告诫他最好利用暑假时间好好调养，劝他前往绍兴一游——"可与德潜小郎相会作伴，共游山水佳处，不知弟意若何。"

在远方，单士厘时时在享受旅行的乐趣。罗马号称"露天博物馆"，宏伟的石头建筑随处可见，历史在石壁间附着久远的呼吸，脉息沉沉，不曾老

---

① 单士厘：《单士厘文集·致单不庵信第9封》，中国文史出版社，2022年版，第531页。

去的故事依稀还在这座古老的城市里流传，身处其中，单士厘仿佛看到罗马文明是怎么由蹒跚而行到大步流星，再依恋不舍地走出辉煌。

能够在有生之年结识一座永恒之城，她知道自己是何等幸运。

站在罗马斗兽场高端，角斗士们与饿兽性命相搏的地方，狂热的呼喊和沸腾的热血已经寂然，但在这样的废墟上缓缓走过，依然可以感受与另一种宏大而陌生的历史交集带来的冲击。小教堂里也藏着大师的作品，更不要说万神殿、许愿池、君士坦丁凯旋门等古迹。她慢慢地走过这些古老的建筑，2000多年的历史在面前打开，甚至每个小巷子里面都有不同的惊喜在等待，文艺复兴时期的著名艺术家的作品比比皆是。所谓的"永恒之都"，带着夕阳般的气息向世人敞开，因而意味深长。在旅途中的经历、情感体验和对文化艺术的品鉴，打开了全新的视野。单士厘虽然还缠着小脚，却已健步走向20世纪那些开明、宽容、求知欲强、擅于表达且兼具普世主义精神的先锋女性行列。

旅行不仅是一种遇见，也是一种空间的位移。因着对一个陌生世界的好奇探问，遇见某种过渡、暂时和偶然，在新的空间里体验奇特，个体生命的时空向着无限扩张。这一切慢慢地开始伸展于她的文字里，如新芽之于春天。

对她来说，与古城的相遇，就像看一场无尽的日落。人的一生大概可以相遇3万多个日落，而能够在温柔的暮色里拥抱古城，是何等的辉煌与幸运。在罗马期间，她常与丈夫一起乘长途火车远行，其中就游览过瑞士，经米兰时，停留了3天。

米兰城建于2000年前，是文艺复兴的重镇，达·芬奇在这里留下了众多手稿和杰作《最后的晚餐》。2000多年前，米兰就是世界重要的城市，保留着众多古迹。我无从考证，单士厘是否去听了著名的意大利歌剧，在这个时尚之都和艺术之都，她是否为达·芬奇的《最后的晚餐》和米开朗基罗的雕塑所沉迷，她有没有看过拉斐尔、提香等大师的绘画……但她肯定为阿尔卑斯山的风光所陶醉，因为在9月25日寄到硖石的家信里，她忍不住为这座古城的文化积淀而赞叹——"所见天然景致及人工美术，实为向来所未见。"

可以想象他们沿着古老街道往前走，穿过了那些寂静无人的圆形广场。异国的空气慢慢聚拢，他们开始适应这些城市不一样的气息。走过赭石色或者米色的楼房，石质的墙壁让人忍不住猜想后面是否藏着一个庭院式花园。他们走到了教堂广场，抬头仰望远方，倾听突然响起的钟声，扣或走进米兰大教堂，被高耸入云的穹顶震撼着心灵，巨大的彩色玻璃绘着宗教故事，唱诗班传出如天籁般的颂歌，他们会不会就此一动不动地待上片刻，就像走入了另一个时空。

在异国的漫步，仿佛在成千上万个人生中经历过了似的。

他们也曾到德国柏林、法国巴黎等著名城市旅行。再到法国巴黎时，则由当时的驻法公使孙宝琦的陪同在各处游览，孙公使的夫人张氏也一起接待，他们走过巴黎的教堂、宫殿、桥梁、博物馆、道路以及老城区的房屋，那些建筑由石头筑成，苍灰中隐现青白色，静静的塞纳河仿佛保存着城市油画里古老灵动的气息。当然，单士厘照例还是最爱博物院，巴黎的艺术氛围是迷人的，走得脚酸也不忍离开，"女在此已看过博物馆九处。天气晴暄，街道宽洁，令人留恋"。①

也许，旅行的空间转换意味着对过去"永恒和不变"原则的解构，引领进入更宽阔而遥远的时空。人生似一次无尽的旅行，单士厘在这个世界远行，从前的时光也在呼唤着她的到来，未来的人也将通过她的眼睛、她的文字而发现可以比对的视角，从而看到某种陌生又熟悉的觉醒，如从冬日冰雪里萌动的芽儿般，令人惊叹。

她知道，古希腊、古罗马的历史是辉煌的，对周边地区乃至后来世界的影响是不可低估的，因为她来自一个同样古老、同样辉煌的文明世界。国际旅行的经历，使得她能够以一个更广阔的视野，审视古希腊罗马的历史，这正是人类文明交流史上不可缺少的篇章，她用一双小脚踏过的欧洲大陆，正在承接来自这位东方女子的问候。

也许在这样的时刻，她会隐隐地意识到，更伟大的力量是自然，是如弦如歌的尼罗河和吹过无垠大漠的风。

仿佛从太古而来，徜徉在大荒。巨流如一支长弦，弹不尽的古今悲怨。

我相信每当此时，单士厘会抓住丈夫的手臂，一起静静地待在那里。因为思接千古的那些片刻，他们正沉浸于一种半孤独的、超然于世的状态中。

---

① 单士厘：《单士厘文集·致母亲信第19封》，中国文史出版社，2022年版，第549页。

感受与探讨、领悟与对照，走过的每个城市，都以一种不同寻常的魅力停留于他们的生命中。曾经到过、栖居过的那些地方，最终会成为他们谈话内容的居所：罗马、雅典娜、拉巴特、京都、柏林、巴黎、米兰……

这些名字在他们心中，或许只是一段沿路的山海、海边露台上没有喝完的咖啡、神庙里湛蓝色的穹顶、出神入化的杰出艺术瑰宝、难以用语言描摹的日出日落和灿烂星空、辽阔的西伯利亚旷野呼啸的风、老城的集体祷告声，甚至某些突然撞击心灵的神秘旋律……若把这些换作别的，也丝毫不会改变它们留在心底的震撼。

当这些名字海市蜃楼般浮现于回忆的地平线，远行者最终都回到原点，但唯有在足够漫长的道路尽头，相通的另一端才通过存在于他人心灵之中的片段浮现出来，成为自我生命的一部分，映照出命运的方向。单士厘从没有轻易让这些时光匆匆别去，她感受着异国文化的冲击，那与《山海经》同样古老的传说，那与中国传统书画不一样的艺术，在不同位置上的凝望与沉思，终于让她走进崭新的境界，相信这也是感恩命运厚爱的一种方式。

在意大利生活的几年里，单士厘从中年渐入老年，但豪迈气质依然没有衰减。当时钱稻孙进入了罗马的意大利国立大学。她与儿子一起学习，探讨古希腊古罗马的神话，在宗教的源头探寻，在艺术的世界里观望，仿佛某天清晨她用力拉开两扇窗门，迎接着阳光灿烂的一天，喷泉的水在阳光下闪闪发光，照亮了眼前风光迥异的一切，她潜回神话传说的源头，欧洲的艺术世界终于化为她笔下难忘的文字。

（三）行威尼斯　完成夙愿

在2010年举办的中国上海世界博览会上，有一个分类展览的主题非常吸引人——《近现代中国走向世界的人物》。

展览陈列的主人公是那些最早走向世界的中国名人，大多是男性，女性极为罕见，所以当一位面容慈祥，温婉端庄的女性列于其中，就分外引人注目，她就是单士厘，这张照片拍摄时，她已到暮年，身着黑色的传统长袄，戴一副大而圆的眼镜，头戴绒线帽，标准的中华传统女性形象。

作为那个时代为数不多"睁眼看世界"的优秀女性，在百年后依然被人铭记，是因为她所写的跨国游记。而影响她生命的重要人物之中就有一位旅行家，那就是著名的马可·波罗。这也得到了单士厘的亲自认证——"积跬步主人于二十年前，初次从西欧归来，为予道元世祖时威尼斯人马可·波罗仕中国事，即艳羡马哥之为人。"①这种"艳羡"对她人生，意义非凡。

她与马可·波罗结缘，因为丈夫初次旅欧归来，向她描述的欧洲"西洋景"时提到关于马可·波罗的事。从西到东，寰球旅行，历险成就了一个新世界的传奇，其启蒙意义对于单士厘来说自然不言而喻。

这位旅行家的故事，让年轻的她开始向往一段充满勇气、创意和新奇的旅程。一个跨越历史文化和地理界限的传奇故事，为浸润在文史世界里的单士厘种下了环游旅行的种子。她阅读《马可·波罗游记》，对这个传奇人物兴趣日益增大——生命充满了无限的可能。这不仅仅是一本关于探险的书籍，也是关于人类文化交流的经典著作。书中关于马可·波罗在中国的旅游纪实，兼及途经西亚、中亚和东南亚等一些国家和地区的奇闻轶事，令人眼界洞开。马可·波罗以纪实的手法，详述了他在中国各地包括西域、南海等地的见闻，记载了元初的政事、战争、宫廷秘闻、节日、游猎等等，尤其详

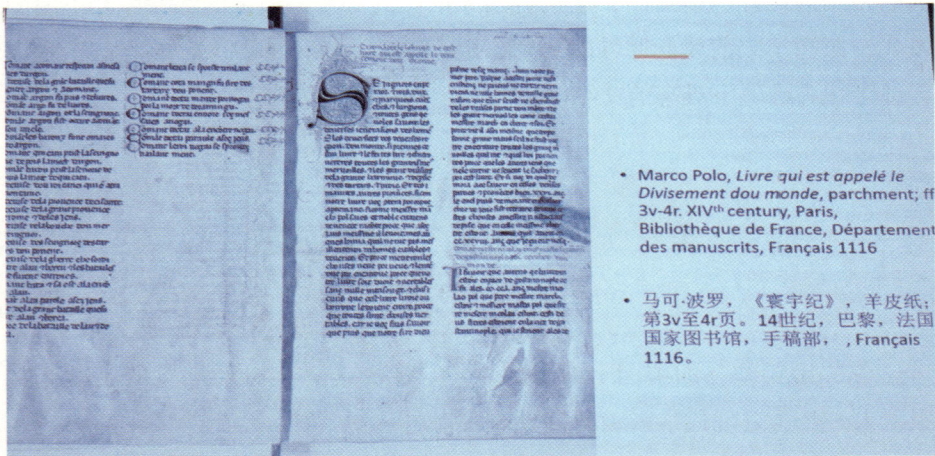

- Marco Polo, *Livre qui est appelé le Divisement dou monde*, parchment; ff 3v-4r. XIVᵗʰ century, Paris, Bibliothèque de France, Département des manuscrits, Français 1116

- 马可·波罗，《寰宇纪》，羊皮纸；第3v至4r页。14世纪，巴黎，法国国家图书馆，手稿部，，Français 1116。

《马可·波罗寰宇记》早期版本

---

① 单士厘：《单士厘文集·归潜记》，中国文史出版社，2022年版，第295页。

细记述了元大都的经济文化民情风俗，以及西安、开封、南京、镇江、扬州、苏州、杭州、福州、泉州等各大城市和商埠的繁荣景况。此书不仅第一次向欧洲人介绍了发达的中国物质文明和精神文明，将地大物博、文教昌明的大国形象展示在世人面前，也为单士厘照亮了通向远方的路。

读完游记的19年之后，她来到了威尼斯，东方一双小脚踏进了"马哥"的故乡，"予亲履威尼斯之乡，访马哥之故居，瞻马哥之石像，即记游事，并记马哥父子叔侄来华之踪迹及行事大略"。[①]

意大利的威尼斯由118个小岛组成，并以177条水道、401座桥梁连成一体，有"水上都市""百岛城""桥城"之称。这里有圣马可大教堂，这座伫立在圣马可广场上的古老教堂，拥有1000多年的历史，对于威尼斯而言意义非凡。教堂宝库里藏有的那只单色陶罐，被称为马可波罗罐，来自遥远的东方，元代的器物，是熠熠闪光的珍品。当他们一起站到圣马可大教堂的顶层，俯瞰整个广场的景象，风吹过她的额头，一双东方黑眼睛深深地注视着威尼斯这座水城。

由于河道众多，整个威尼斯没有车辆通行，是当之无愧的水城。它的独一无二，不仅源于城与水之间的密切而特殊的关系，或者历史性建筑和艺术品的高度密集，并因为一种不变的古老而充满魅力。此地浴火重生的凤凰歌剧院、忧伤的叹息桥，美得令人窒息的回廊，未因时代进化而发生变化，无与伦比的独特气质充斥在整个小城。

从河网密集的水乡而来，单士厘太熟悉小船在河道里行驶的感觉了，家乡常见交通工具就是船只，还有她生命之旅刚启程就托付过的流水。威尼斯有美丽的大运河，从海宁出发同样要走古老的运河，

The "Marco Polo jar" housed in the Treasury of the Basilica of San Marco, Venice
存放在威尼斯圣马可大教堂宝库中的"马可波罗罐"

Lin Meicun and Ran Zhang, "Marco Polo: A Discussion from an Archaeological Perspective", *European Journal of Archaeology*, 21 (1), 2018, pp. 39-56.

在圣马可教堂的马可波罗罐

---

① 单士厘：《单士厘文集·归潜记·马哥博罗事》，中国文史出版社，2022年版，第296页。

历史总是带着熟悉又陌生的气息扑面而来，令单士厘深深地陷入回忆。马可·波罗在中国为官16年，她随夫出使各国也已多年。跨越东西的异国生活体验的相似度，越过时空拉近了两人之间的心理距离，使单士厘从情感上加倍推崇马可·波罗："所著书，言中国当时事，颇足参证，为西人谈华事者必读之书，推为东学第一人。"①

在马可·波罗的家乡旅行，感受马可·波罗对于东西方文明交流所作的巨大贡献。跨过大洋，掠过长风，旅行产生的成果竟然能够改变世界。虽然马可·波罗的中国之行及其游记，在中世纪时期的欧洲曾被当作"天方夜谭"。但随着《马可·波罗游记》的风行，对15世纪欧洲的航海事业起到了巨大的推动作用。意大利的哥伦布、葡萄牙的达·伽马、鄂本笃、英国的卡勃特、安东尼·詹金森和约翰逊、马丁·罗比歇等众多的航海家、旅行家、探险家，在阅读之后纷纷东来，寻访中国，打破了中世纪西方神权统治的禁锢，大大促进了中西交通和文化交流。甚至可以说，马可·波罗和他的游记给欧洲开辟了一个新时代。这也是单士厘在欧洲居住了一段时间后了解到的新知识点。

作为欧洲人撰写的第一部详尽描绘中国历史、文化和艺术的作品，《马可·波罗游记》在16世纪诞生之时即引起了轰动，在1299年马可·波罗写完几个月后，这部书已在意大利境内随处可见。在1324年他逝世前，游记更是被翻译成多种欧洲文字，广为流传，现存有百余种文字的版本，不少版本被珍藏于世界各国的大图书馆，成为学者们研究对象。现在普遍的观点都认可，《马可·波罗游记》已不是一部单纯的游记，而是启蒙式作品，为欧洲人展示了全新的知识领域和视野。此书的意义，甚至在于它导致了欧洲人文的广泛复兴。

马可·波罗在单士厘笔下译为"马哥博罗"，她把这位600年前"马哥"推崇为"西方东学的第一人"。撰写《马哥博罗事》专文，为自己的偶像进行了深入研究，认真考证，成为最早向中国介绍马可·波罗的女作家。"以西人而服官中华，宜欧士艳称之。马哥博罗为维尼斯国人，生于元宪宗元年（1251，宋淳祐十一年），卒于泰定元年（1324），盖旅居亚细亚者二十六年，

① 单士厘：《单士厘文集·归潜记·马哥博罗事》，中国文史出版社，2022年版，第296页。

而仕于元者十六年。所著书，言中国当时事，颇足参证，为西人谈华事者必读之书，推为东学第一人。然溯其先，则马哥博罗之父若叔，已蒙世祖特赏任用矣。"能够在东西方进行实地观察，并撰写专门的论文，源于她对历史的高度兴趣和深入研究。如对《元史》中的枢密使博罗是否即为马可·波罗等问题均有精到的分析，以下这段文字，就是她对马可·波罗家族的考证。

当宋之明道二年（1033），博罗氏始迁于维尼斯，事贸易，孙曾有名安底阿博罗者，生二子，长曰尼哥赖博罗即马哥博罗之父，次曰玛底沃博罗。有商于康斯坦丁堡者（时为东罗马之都城），尼、玛两博罗之从兄也（亦名马哥博罗），尼、玛往依之。居无何，当宪宗五年（1255，即宋宝祐三年），蒙古兵大西，康斯坦丁堡震恐，二人乃载诸玩好，航黑海，北至克勒姆①之苏达什（克勒姆，今属俄罗斯，为黑海北岸半岛，乃元太祖长子术赤游牧地。术赤死，地属其裔诺垓），少留，闻西鞑靼王（乙普察克汗）伯勒克方立（伯勒克，即元史之别儿哥，为拔都弟术赤第三子，即位于宪宗六年丙辰，即1256年，卒于至元三年丙寅，即1266年，为成吉思汗子孙信奉天方教之第一人），伯勒克有二鄂尔多（牙帐），一萨莱（在浮而嘎河②上游，今俄国萨拉托甫省），一布而嘎尔（在浮而嘎河下游），二人谒焉（未知谒于何帐），献所贵珍玩。伯勒克厚酬之，两倍厥值。③

单士厘不仅对"马哥"家族如数家珍，且梳理了他们的世界旅行路线，并对每一地作了细致的注解，如她说到马哥之父穿过黑海到了克里米亚地区，注明了"克勒姆"（克里米亚）在当时属于俄罗斯帝国，位于黑海北岸的半岛，也是元太祖长子术赤游牧之地，自术赤死后就属于他的后裔诺垓。诸如此类的人与事，与元史记载互相印证，说明她对历史地理的研究早已超越了中国版图。

她的视野随着对马哥的关注而深入世界范畴，东西文明史在她的笔下融汇。她甚至记述了1262年的伯勒克与东鞑靼王旭烈兀之战。旭烈兀即呼拉

---

① 克勒姆：克里米亚。
② 浮而嘎河：伏尔加河。
③ 单士厘：《单士厘文集·归潜记·马哥博罗事》，中国文史出版社，2022年版，第296页。

古，是元世祖忽必烈之弟，亦即宪宗蒙哥的兄弟。为此，她不仅注明世系传承，还认为呼拉古字音更为贴近原音。旭烈兀奉命西征，征服波斯等西亚诸国，创建了伊儿汗国。西方史也介绍蒙哥封旭烈兀于波斯，称王。"时旭烈兀用兵于两河间地。两河间者，黳古名区，一体格力斯河①，一哀甫拉特河②也。（在布而嘎尔之西南），西国屡败，境内骚动。"③她关注到了两河流域的这场战争，也由此关注到元朝的疆域拓展和宗教往来，并拓展到天主教传播，即钱恂深入研究过的"景教"，以及东西方之间的交流史。她随着"马哥"父子的行程在纸上的西亚游荡，埃及、耶路撒冷、亚美尼亚、蒙古……那些陌生而辽远的苍茫大地任其驰骋。单士厘在广阔的历史里远行，观波澜起伏，看争斗厮杀，国际眼光和理性思维在推波助澜，她的身边是浩荡长风，她的烂漫，属于宽阔无比的疆域。

钱恂站在她的身旁，毋庸置疑是最大的助力。这位博学多才的"夫子"，曾考察过清代的疆域边界，对蒙元史地有相当丰富的见识，加上多年在国外出使的经历和丰富的交往圈层，时不时可以为她指点迷津。

实地走到马可·波罗的故乡，发现威尼斯在历史上曾经与多种文明有过接触，是不同文化的汇合中心，单士厘对"马哥"的兴趣更浓了。她继续自己的研究方式——根据游记和元史等史料进行考证，既对此前欧洲人的争论有详细梳理，且考订出新，以后伯希和、岑仲勉、冯承钧对于此问题的研究也大致没超出单士厘的范围。虽然她关于马可·波罗游记中相关内容的学术考证，也引起后来学者的诸多争议，但单士厘严谨的学术态度，所彰显渊博的学识和才华，重视文本的研究，在今日看来仍然值得钦佩。

与她的才华相得益彰的是，这位闺阁女子对国际旅行的念想，终于在地中海的风中化为现实的场景，这大概也是命运对她的厚赏。

---

① 体格力斯河：底格里斯河。
② 哀甫拉特河：幼发拉底河。
③ 单士厘：《单士厘文集·归潜记·马哥博罗事》，中国文史出版社，2022年版，第297页。

（四）艺术之旅　留下佳作

　　单士厘的旅行纪事，随着路途延展和视野宽阔，呈现出色彩斑斓的复杂调性。她"睁眼看世界"，政治、经济、文化、历史、宗教、民生等诸多领域都纳入视线范围，一双小脚带着沉重的传统，踏出了东方女子迈步走向世界的早期脚印，当她自信昂首，坦然眺望现代文明的光芒，留下了历史丰富而沉着的第一次。

　　中华传统文化的涵养和世界眼光的拓宽，成就了这位百年前的海宁女子。

　　当越过千山万水来到意大利，徜徉在这个艺术之都，单士厘并不满足于"到此一游"式的打卡，即便面前是一种废墟式的存在，看到明亮的光束穿过大理石的拱廊，轻抚巨大的外墙轮廓，她总是企望从历史破落的状态看到全盛时的某种壮观，愿意进入一座古老城市历史的深层进行文化思考，这是一位学者的日常，也是一个作家的自觉。

　　终于，这位中国女子轻轻地走进了梵蒂冈，远远地见到大门里白石雕塑的肩、弯曲手臂或者健硕背影，开始心跳加速，怦怦跳动。那是她首次直面西方的裸体雕塑，也是中华5000年文明史的第一次——女子昂首注视西洋男人的裸体雕像，继而以审美的眼光阐述自己的感受。

　　虽然是石头，却展示着人类的身体芳香，那些强健的、美好的或因痛苦而扭曲的身体，坦荡荡地并不怕被人看到。这与中国传统的含蓄截然不同。在如大海般碧蓝的天底下，她见识了欧洲文明的源头，看到了文艺复兴的光芒，那些体积庞大的艺术品，具象地呈现出对于生命的热爱，值得她用文字回荡出悠长的涟漪。

　　中国古代的山水游记作品，文人墨客们常以比喻或拟人的手法对所描绘的景色加以渲染，使自然景观呈现出灵性之光。但单士厘在书写域外城市的过程中，则常常以学术考证的方法对某一景观或事物进行阐述分析，使得她所展现的域外城市更具现代色彩。

　　这种以学术考证的方法去探讨域外城市中她所感兴趣的事物，正是单士厘记游之特色。钟叔河先生将其列入了《走向世界》丛书，对单士厘的评价非常高，肯定了她在中国走向世界的进程中无可替代的意义。在这位著名出版家看来，与严复、梁启超等启蒙人物相并肩，这位女性并不逊色，她的艺术游记《归潜记》中有两篇最有价值的文章，分别是《章华庭四室》和《育斯》，被钟叔河先生称作"我国介绍希腊罗马神话之嚆矢"。

这些文字虽然并非在意大利写就，却孕育在罗马，起源于她走进梵蒂冈的旅程。

寻觅欧洲文明的起源，一定是她的心愿，也许早在她阅读《马可·波罗游记》就已向往，也许是她游历欧洲时的兴起，也许在于她翻阅文献时对神秘过去的追念。这个梦，她要圆。所以真正遇见这些千年前的古物，她定是屏住了呼吸，那些线条分明的，生动具象的雕塑，联结着远古传说，是人类用艺术爆发出来的对生命最深沉的爱恋。"章华庭四室"带给她的震撼是巨大的，她知道自己将会为此而记录，所以看得认真，甚至四处收集了不少资料，她的儿子钱稻孙正在罗马学习美术与医学，也提前为母亲准备了艺术相关资料，因此在日后用文字介绍这些精美的石雕时，她可以游刃有余。

她笔下乏氏刚（梵蒂冈）就是一座艺术圣殿，重点参观的"章华庭四室"，收藏有古希腊石雕珍品：劳贡（拉奥孔）、阿博隆（阿波罗）、眉沟（墨耳库里）和俾尔塞（博修斯），这四位神祇的雕像都有单独一室，单士厘的神话之旅由此开启。早在参观了古希腊的著名雕塑之前，她就已留"神"，希腊罗马神话才是冰冷石雕背后的支撑。她知道，艺术的世界阡陌交错，纵横捭阖，是意趣横生的。所以她介绍希腊艺术之时，添加神人典故的回溯，用典雅的中国文字介绍西方神话传说，在文明的源流溯游。

写劳贡雕像，就是她存世文字中非常精彩的一节。

她的眼神肯定久久地停留在劳贡和他的儿子们被毒蛇缠死的那组雕像上，艺术越过了时间和地域直接撞击到了她的灵魂。

劳贡，现译为拉奥孔，这组雕像是西方艺术史上的巨作。单士厘没有直截了当说雕塑，而是迂回出击，先介绍了希腊史上著名的特洛伊战争，那著名的木马计："斯巴达者，尚武之国，希腊史中所著称，恶爱丽那（海伦）之见夺也，于是约诸侯会战于脱罗耶之城。十年而城不下，为神话中最有名之脱罗耶战争……时有阿迭色斯者，巧制木马，藏机自动。挺然应募，且布留言，谓此物为女战神密纳尔佛所授，苟供神前，神立福之……脱罗耶兵睹此巨大之物，徘徊城下，又闻留言而信，羡欲得之。独劳贡洞窥诡谲，固执不可，而脱人迷信，终不可释。"①

特洛伊战争，木马攻城，一段段令人荡气回肠的故事，她叹息"一夕欢乐，尽弃十年之功"，希腊神话的波澜未定，拉奥孔（劳贡）被海蛇吞噬的那组著名雕塑迎面而来，艺术冲击力如海啸引起的直立的水。我相信，正因为当时直观强烈而深刻的印象，所以时隔多年，单士厘提笔时还是没有忘记拉奥孔和他的孩子们的脸上充满的恐惧和惊慌——

劳贡（Laocon）集像者，名雕巨擘也。像为二蛇绕噬一老者、二少者。老者右举蛇胴，左提蛇颈，筋骨高下，一望而知为甚有力者。然长蛇绕足噬腰，纵强逾贲育，亦莫能脱。二少者，左为长子，右为次子。长子瞬息受噬，仰视惊骇，自顾不遑，无以解父厄。次子则既触毒牙，状已垂毙。凡所雕刻，筋肉脉络，无纤毫不肖，而主客之位，运动之方，配合调和，允称杰作。尤可佩者，一像一题之中，含三种瞬时：老者正被噬，长子将被噬，次子即被噬。此三瞬时者，感觉举动，迥不相同，辨别既难，表显尤匪易。此像于各人眉目间分别纂细，傅观者一瞥而区异毕见，而全像呼应，仍不少乖，神乎技矣。名曰集像，亦为具三人三瞬时于一像也。②

几百字，就把世界闻名的拉奥孔雕像群的外形、方位，把人物的表情神态，刻画得细致深刻。雕像全身每一块肌肉都因用力挣脱毒蛇而隆起，血管偾张，以痛苦挣扎的身体，表达深刻的痛苦，公元前100年的人类已经做得如此出色。歌德在评论艺术作品拉奥孔时曾说，人对自己和别人的痛苦只能有三种感觉：畏惧、恐怖和同情，拉奥孔群像激起并表现所有这三种感觉。单士厘这段文字则把她一瞬间感受到的畏惧、恐怖和同情，也一并传达给了我们。一具冰冷的雕刻瞬时显现出生命特征，拉奥孔父子三人最后被吞噬的恐怖场景在她观察细致和捕捉下再现于读者眼前。

首次目睹西洋裸体雕塑艺术，单士厘无疑是极为震撼的，中国小脚女

---

① 单士厘：《单士厘文集·归潜记》，中国文史出版社，2022年版，第235页。
② 单士厘：《单士厘文集·归潜记》，中国文史出版社，2022年版，第233页。

子与古希腊雕塑的历史性对视，因此载入史册。她这样表达初见拉奥孔雕像时的心理活动："予昔年初出国境，见裸体雕像，心窃怪之，即观劳贡之像，读辩论劳贡之书，于是知学者著作，非可妄非也。"讲述着自己初见裸体雕像时的暗自心惊，她也明白，若"移此像于中国，则不博赞美矣"。①

现场观看拉奥孔等希腊艺术石雕之后，她将裸像作为一个严肃的学术问题对待，融会贯通地运用中国传统画论分析拉奥孔，认为借形达意，以形写神，以达到形神兼备目的，正是艺术的共同之处，对异国的艺术有充分的理解和包容，进而将雕塑艺术纳入她的文化审美范畴："劳贡之强，诗中以语述之，不必有形。今雕像必借形以显，则舍筋骨莫著。果衣服翻跰，则不独不能示强，且转示弱，呜乎可！"②她认识到，不管裸体与否，雕塑正是以形写神的一种，借形体以表达人物的内心世界情感。故而拉奥孔之"神"在于他的强和力，以筋骨脉络之"形"显之，将生命痛苦凝固的那一瞬间以最佳的艺术效果表现出来。所以，她更悟到希腊诗中的拉奥孔身披长袍赴祭，而雕像中的拉奥孔却不宜衣服翻跰。

时隔多时，单士厘把艺术冲击的震惊化为理性的思考，继续在她的著作中阐述着对拉奥孔雕像的认识，梳理出了希腊神话中讲述关于拉奥孔死亡的三种传说，判定雕像没有采用第三种说法，居然还进而引用了雕塑成像的多个时间段分析，以及希腊石雕发现过程和不同的修复意见，如同我们今天进博物馆专业人士的介绍一般，用学者研究所得来剖析、引领，从而进入思想者的境界。单士厘在得知因为修复这组雕像时，对于拉奥孔是否应该表现抗争有不同的意见，由此成为中国美学美术评论的发端。在她的笔下，出现了面向文学与美术描摹同一对象的评论，非常精彩——"夫诗与文，所以纵写时间，而为叙述之美术；雕与画，所以横描瞬秒，而为造型之美术。诗与文直而长，雕与画广而促，二者目的虽同，而方向各异，不必相符合也。"③用不同的艺术形式去展示，以不同的特色产生不同的效果，无须强求统一，而是应该各展其长。不管拉奥孔应该顽强抗争命运，还是悲伤地接受，都是可

① 单士厘：《单士厘文集·归潜记》，中国文史出版社，2022年版，第237页。
② 同上。
③ 同上。

以争论的，但"惟引人嫌恶之状，徒薄观者悯情，为美术所宜避耳"。①

在单士厘之前，薛福成、康有为都曾见过拉奥孔雕像，并留下记录，但基本局限在游记式的描写，而她以中国女性的艺术之眼凝望这座美术史上的著名作品，不仅进行概括有力的描述，进而了解雕像的来龙去脉及其在欧洲艺术史上的争论，眼光独特，点评到位。其记录参观一件艺术作品之详细和引发思考之深沉，足见这位女学者的文化修养。

艺术之旅对于生命体验的价值有多么珍贵？单士厘继续告诉你。

从审美意义上阅读着古老的艺术珍品，也是一种不倦的远行。当看到阿博隆（阿波罗）的立像，"壮年美貌，沉勇威武"，她注目，并联想到关于神话人物阿波罗的传说，这位太阳神的来历不凡，他的出生、成长，以及长大后去找到巨蟒皮同的栖息之所，向那条可恶的、深深折磨过他母亲的巨蛇复仇，为母亲所遭受过的苦难讨回公道的故事，她原原本本地读过。面对这个英俊动人的艺术雕像，也了解到这尊罗马时期的艺术精品仿自希腊，"考古学者谓石像原本之小铜像，乃景前五世纪末四世纪初盛流行于希腊之美术品，其时希腊美术正极盛期也"。②更了不起的是，她还能区别摹本与原件之间的差异，认为铜像与石雕之间各有所长的表现方式是因为材料的不同，但源流有自，不能不说也是有传承的。发现时雕像的右臂全失，左腕亦缺，而衣角肢体膝盖等部位，均有损伤。所以她在当下看到的雕像完备，局部乃是由后人所补续的——"新旧交接有线，而新旧又不相贯串，可知其非初雕面目。旧干有月桂树叶二三枚，新补处无之。枯干自不宜有叶，则旧干之叶何从来？推想原雕，阿博隆右手必执月桂枝，而枝上之叶，连触于干，故旧干有叶。"③这当然也是单士厘好学善学的一个证明，对世界的"不设限"令远行无止境。

好奇心和不倦地学习，更使生命走向广阔与深邃。

一座雕像引发的思想漫游还在继续，她联想到达大奈（达芙妮）化月桂的故事，记述"阿博隆游希腊，见女神达大奈美而趋近之，达急变为月桂树，阿乃折其枝而返，从此雕画上阿波隆像必手执月桂枝。后又以阿为文艺

---

① 单士厘：《单士厘文集.归潜记》，中国文史出版社，2022年版，第237页。
② 单士厘：《单士厘文集·归潜记》，中国文史出版社，2022年版，第241页。
③ 同上。

优胜之神，故希俗以月桂树为文艺标像，以月桂冠为胜利表章"①。希腊神祇间的追逐和嬉戏，与现代艺术表现形式间的联系，处理得非常清晰——看一尊雕塑，联系到月亮女神达芙妮幻化月桂树的故事，将阿波罗作为文艺优胜之神，手执月桂就是表达胜利的象征，简洁语言把来龙去脉解释得清楚而妥帖。

一双艺术之眼穿过石雕，抵达了西方文明的始祖——希腊神话。

我当然无从得知单士厘当时是否去触摸过那些雕像，但她肯定再三流连并且细细地体悟过这些西方文明之光的承载物。即便用硬而冷的石头雕刻而成，艺术所散发出来的人类对于自身和世界的认识和表达，拂过爱琴海的风，带着久远之极的古希腊、古罗马文明的单纯与刚健，独具庄严和天真。

在意大利游历，在古文明里穿行，留下一段终生难忘的旅行。在日后，她撰文记载旅行所得，用简洁、优美的中国语言叙说了"金苹果""特洛伊木马""阿波罗射蛇""黄金雨"等著名的西方神话，又从学术上考究了神话传说和宗教仪式的演变，对希腊罗马神话的源流作了概括说明。希腊神话源于古老的爱琴海文明，和中国商周文明略有相像之处。她对于古老文明所具有的卓越天性和想象力非常好奇。在那原始时代，人类对自然现象，对生死感受的神秘和难解，导致不断地幻想与追索，为我们带来了神话故事，也带来了追求真理和科学的动力。在这些人、神、物杂交的故事里，在被史家统称为"希腊神话"的体系里，她触摸到了"神话时代"的光辉，如同月亮般清冷皎洁。这些文字成为中国对西方神话文学翻译和神话学研究上的"开山之作"。

除了文学起源的神话，她还看到了艺术和宗教的相依相偎。这依然与远行有关。走进彼得寺，领略梵蒂冈另一处不容忽视的建筑，她在《彼得寺》中这样写道：

驱回罗马市中，无往不见高耸云表之彼得寺。一至彼得场（寺前广场），豁然与寺门觌面，中矗尖柱，旁竖喷泉，而柱廊转为两翼……

---

① 单士厘：《单士厘文集·归潜记》，中国文史出版社，2022年版，第241页。

门廊前额，大字刊落成之年及在位景宗之名姓与其在御之年。入口之上，其内向处，有聚珍画，一方为乔笃所画，乃有名杰作……其画为一船，载耶稣使徒航海遇风，耶和华在天际为遭难者祝福，右角耶稣拯彼得于浪中，对面坐渔父。此画……位置于此，具有深意。

先是景徒大率由多神教改依，此等人习于偶像教式，虽依景教，不忘旧礼，每于未入寺之前，转身先拜太阳。在景教不许拜太阳，而此习骤难革除，故于廊内面特置此画。彼转拜者自用其拜太阳之习惯，而在景门视之，仍是专拜耶稣，可谓两无窒碍……

中门镂铜为之，尚是旧寺物，欧勤四时所作。每门三围，中镂彼得、保罗殉教状，及欧勤在位中大事……围外缘格所绘，尽是神话中事……可见罗马不恶多神偶像，凡美术上可珍之品，并不以异教而毁坏之也。①

这样的文字，叙述的景物鲜明如见，又顺手介绍了宗教史、文化史上的知识，远超普通的记游之文。当然，也得益于钱稻孙的功劳，他为母亲提供了专业的背景介绍。

她所描述的就是圣彼得大教堂，亦有译名梵蒂冈圣伯铎大殿，是罗马基督教的中心教堂，教堂最初是由君士坦丁大帝在圣彼得墓地上修建的，于公元326年落成。圣彼得大教堂是欧洲天主教徒的朝圣地与梵蒂冈罗马教皇的教廷所在，堪为全世界第一大教堂。单士厘不仅自己常去这个教堂，有时甚至还带着孙辈们前往，听唱诗，感受宗教音乐的宁静神圣。罗马圣彼得堂的"唱诗小教堂"，是"晚课行礼之所，日曜日亦行弥撒礼于此，男子非礼服、女子非蒙黑幂者不得入，音乐甚有名"。这位东方女子不愿意蒙黑幂（面纱）进教堂，于是她"恒率孙辈伫门外听之，不觉神往。孙辈侍听，亦自然有一种静肃气"。②在著名出版家钟叔河看来，这种近乎"浴乎沂，风乎舞雩，咏而归"的阔大自由的气象，深具近代启蒙人士那种"黑海尽头望大秦"的胆气。

她用艺术的眼光、科学的态度和人文历史的观照审视异域世界，显示出

---

① 单士厘：《单士厘文集·归潜记》，中国文史出版社，2022年版，第188页。
② 单士厘：《单士厘文集·归潜记》，中国文史出版社，2022年版，第204页。

一位女学者的人文态度，在当时的古老中华帝国中如此卓尔不群。

（五）意国勋章　著述传世

在意大利期间，钱恂大使履职勤勉，恪尽职守。

1908年11月，世界万国农业会在意大利召开了，清政府派钱恂参加。万国农业会，又名万国农业公院，1905年由意大利提议，旨在交流农业生产经验，促进农业发展。清政府于次年加入万国农业会。这次会议参加的有48国91人，议程包括选举会长、副会长、制定大会规则、组织机构、职员规则、统计、预算、商定下次会期等。对于最后达成的大会规则13条、行政规则8条，钱恂一一向清廷作了汇报。

他也将这些政坛活动的花絮与妻子分享，是夫妇间交流情感的重要方式。

驻意期间，钱恂仍旧对清政府的宪政改革表示关注，先后送上《政教宜分疏》《外交宜公诸舆论疏》等折子，陈言对于外交事务和国外改革等希冀。在他看来，实现立宪必须先开民智、开官智，而清廷吏治腐败，很难推进改革正是他所忧虑的。他建议政府应注重咨议局议员的选拔，并特地选译了意大利宪法、民法等，供清政府预备立宪参考。

1908年，在单士厘寄到硖石的家信中提到了一件稀罕事：

女婿今年得上贵二等第一宝星，凡出使大臣受本国宝星，别国皆有，在我国则第一次也。又因覃恩可请封父祖，现授实官，是以稻孙将来可孝荫生。[1]

这当然是钱恂外交生涯里的高光时刻，1908年回国前他获得了意大利国王所授的勋章，继而在光绪三十四年十二月二十八日，也就是1909年初，

---

[1] 单士厘：《单士厘文集·致父母信第77封》，中国文史出版社，2022年版，第589页。

军机处传谕旨"出使意国大臣钱恂著赏给二等第一宝星"，与他同拿到这份"皇恩"的，还有出使英国大臣李经方、出使俄国大臣萨荫图、出使法国大臣刘式训、出使美国大臣伍廷芳、出使日本大臣胡维德、出使荷兰大臣陆徵祥、出使奥地利大臣雷补同、出使比利时大臣李盛铎。

钱恂得到了"中国首次"的荣誉，"载誉归来"将可据此授实官，封父祖，荫妻子。但是单士厘在写信之时，绝对料不到"封妻荫子"将随着封建王朝被彻底推翻而变成"过去式"。历史就是这样向前，洪流滚滚泥沙俱下，每个行走在当下的人并不能预知未来，但个体的记录却能因此成为历史的一部分。

当钱恂即将离任回国时，意大利国王遵循国际惯例赠予他大十字勋章。

按西方惯例，出使官员将离开所驻国，假如届期已到，所驻国照例赠发佩章，使馆的随员即将离别时，则由驻该国的大使以正式书函代为告别，也会照例赠章。中国派遣使臣已三十余年，而能为使馆随员正式告别，就始自钱恂。在他之前在英、德、俄、法做使馆随员之时，均没有获得赠章。此次有四位意大利使馆的随员同时离任，同时获赠，在中国可谓罕见。驻意二等参赞官施绍常得到王冠族骑令章；驻意一等书记官董恂士获得王冠族骑官章；二品衔总领事金楷理得到摩拉族骑令章；二等书记官张菊圃得到摩拉族骑官章，均无大绶带。但只有钱恂这枚勋章是意大利统一之后的唯一新章，且有大绶带，其余的勋章都沿袭萨伏亚的旧制。

对于这件事，钱恂态度还是比较潇洒。他以为，外交官获赠佩章，也不是所谓奇遇，亦不关紧要，所以他本人及同人的事，均用奏报不用电报。但单士厘无论是出自重视荣誉，还是档案收藏，将钱恂的奏文附在自己的文章里，百年后就成了难得的史料。①

佩章的历史，溯及国家勋章之起源——

佩章发源，在希腊之加月桂冠，罗马之赠兵器，彰显名誉，沿习尚已。自十一、十二世纪，八次十字军，会全欧大兵，协战景敌，役罢论勋，酬不偿力，于是由各国君王创定嘉名，设为种种名誉族望，规制各族佩章，俾同

---

① 单士厘：《单士厘文集·归潜记》，中国文史出版社，2022 年版，第 304～305 页。

誉者即同侪，同侪者即同章。酬制虽异古昔，而其为彰显名誉则一也。自是
厥后，佩章制度，沿传相尚，至今日而其用愈广。初不必在军，亦族叙以为
酬，初不必有勋，亦族叙以增誉；国使往来，亦且以叙族赠章，为增光交际
之用。其赠叙之序，必先由君王颁以诰文，叙为某族族侪，然后附赠其族族
章。盖礼意所重，重在叙名族，而非所重于附赠之采章。惟章采有形，而族
名无形，故章亦未尝不重。日本称之为勋章，于名族本义，尚未极洽。不过
日本人凡章必因勋而颁，办未为不可，但非可以概西制耳。兹定其名，曰名
族，曰佩章。[①]

　　她溯源佩章的起由，从希腊的月桂冠，到罗马的赠兵器，认为均是彰显
名誉之举。从家族徽章之始到以国家的名义来颁发，从梳理勋章的源流，再
解释意大利法律规定沿袭旧制的和新创设的勋章，如为何称为"十字章"——
"章制本渊源于十字军，故今章虽不必为十字形，而亦称曰十字章。"[②]继而释
明钱恂所获的大十字勋章的名称和地位，再详细描述这枚勋章的"长相"，那
些款式和图样的来历、创设的时间和渊源都讲得一清二楚。正如她所认识的
那样，章饰虽然是极微小的事，但事事都有所本，往上追溯可与一国的历史
相联系。她联系自己参与外交应酬之时的经验，指出西方国家的女子在交际
场合，甚至习惯将国家勋章等制度形式，以及相关形式饰品的由来作为社交
话题的一部分。关于族徽与勋章的林林总总，她的文家细密如图画展示：

　　义冠族十字章者，正中为圆形，圆之正中，状一金冠，装饰彩石，以
仿隆巴地铁冠形，此章之所由名也。圆质为蓝色珐琅，围以金缘，缘外加
白色珐琅一圈，上有金字腊丁文，曰：VICT・EMMAN・I・REX・ITALIAE-
MDCCCLXVI，译汉文曰："义大利王维克多尔爱曼努亚里斯二，1866。"圈
外又一金缘，缘外为银色光芒散射形，芒之正中上方，黑鹰正向立，两翼左
右张，首右侧；首上有金冠，为王者徽；胸有椭圆形，赤地上白十字，萨伏
亚家徽也。卿章有绶，结下悬小章。小章为白十字形，端阔与马尔太十字

① 单士厘：《单士厘文集・归潜记・义国佩章记》，中国文史出版社，2022年版，第301~302页。
② 单士厘：《单士厘文集・归潜记・义国佩章记》，中国文史出版社，2022年版，第302页。

近，合四端极边，共成一圆周；端间各以细金为结（结饰原出萨伏亚家徽），以之相联。十字交点为一圆，其一面圈内蓝色珐琅质，中有铁冠；一面圈内金色，中有黑鹰。首上金冠，胸前椭圆，悉如正章。绶色分三行，中白旁赤，亦本于赤地白十字之萨伏亚家徽。此章为义冠族之佩章，故用隆巴地铁冠。铁冠者，义大利冠也。族为维二所创于1866年，故腊文志其名与年。族之创成时，维二由撒底尼亚侯入为义大利王，故文又特志义大利王维二。维二出于萨伏亚家，故加萨伏亚家徽。萨家本公侯，今以维二为王，故复以加冠之鹰表之……①

通过了解勋章以及勋章背后的文化，单士厘又继续研究意大利历史。从伦巴底的"铁王冠"到意大利王园，这顶加冕国王的王冠交织着意大利的变迁史，承载着王室与宗教界之间的博弈，一场"权力的游戏"从法兰西到罗马、米兰，从查理四世、查理五世到拿破仑一世，再到奥地利的费迪南一世，戴上"铁王冠"而成为统治意大利半岛的人，都以戴上此冠为荣。她描述铁王冠的历史，并在自己的文章里精辟地指出"所谓冠者，实则一圈而已。名曰铁者，实则金也。又相传为591年制于义大利。而观其饰彩诸事，知为毗山丁美术，而非欧洲美术"。②当时她写下这篇《义国佩章记》时，并没有料到日后会出版，想为家族的荣耀作个记录，不意却成为古代西方文化史和中西文化交流史的珍贵史料。

与此文相续相对应的，是她对钱恂所获赠的荷兰勋章的研究——《奥兰琦——拿埽族章》。这枚勋章是钱恂从荷兰到意大利之后，荷兰女王命驻意大使奥伦治送来的拿埽族大绶十字章（现译奥兰治——拿骚族勋章）。按照荷兰的律法，外国外交官驻荷兰不满二年的不赠勋章，所以钱恂得到此章还是颇感讶异的。

单士厘则通过对这枚拿埽族章的研究，详细记述了荷兰女王的家族、橘色绶带的来由、荷兰立国史等。在记述荷兰勋章的最后，她回忆起当时在海牙，作为外交使臣的夫人，也曾遵循各国驻使的惯例，请求拜见荷兰女王。

---

① 单士厘：《单士厘文集·归潜记·义国佩章记》，中国文史出版社，2022年版，第302~303页。
② 单士厘：《单士厘文集·归潜记·义国佩章记》，中国文史出版社，2022年版，第304页。

匆匆忙忙之中错过了1908年春季的例行进谒，以为1909年可以再请求谒见，但当时因女王已怀孕，不能见外宾，所以只能由外交官带领在荷兰王室宫殿游览。在参观荷兰王宫过程中，她亲眼所见荷兰王宫陈设质朴平常，认为正是体现了荷兰王室节俭的美德。不久，即获知女王顺利产下了公主，亦对年纪不小的荷兰女王顺利"升级"为母亲而祝福。

这两篇关于勋章之文，其研究之深，涉猎范围之广，完全可以作为论文发表。能从勋章规制、沿革到城邦史、国家史，甚至旁涉美术史，领域之多、表述之精准实在精彩，百年前如此严谨的写作可谓独领风骚。当然也有学者对《奥兰琦——拿埽族章》作者存疑，有人认为，此文是钱恂本人所写。但大多数研究学者肯定的是，这两篇文章，少不了钱恂、钱稻孙等人的贡献，而单士厘是最后的总集成者是无疑的。①

---

① 邱巍：《吴兴钱家：近代学术文化家族的断裂与传承》，浙江大学出版社，2009年版，第123页。

八、白云空卷舒　春树远如荠

　　1909年的夏天，张之洞在北京去世。当年底，因清廷满族权贵与汉人高层之间的倾轧渐渐加剧，置身异国的钱恂时常遭到清廷外务部主事者的掣肘，仕途越来越艰难。他向清政府告长期病假，不久被免职归国。

　　垂暮的晚清已进入最后时间，只等一星火苗点燃即能将帝国的大厦尽毁。时光的年度刻针再经过两格，清王朝200多年的江山梦也将成为历史陈迹。最为吊诡的是，终结它的第一枪就响在香帅督鄂的首府武昌。张之洞全心全意地忠于这个王朝，为之呕心沥血，惨淡经营，但正是他的开放和改革，替这个腐朽王朝挖下了一个埋葬它的深坑。

　　历史就是这样幽默而吊诡。

　　1909年9月18日，在日本的钱玄同接到大兄来信，称其打算11月回国。不久，单不庵也写信告诉钱玄同，钱恂回国后，拟请他去为钱稻孙修改译著，并担任钱家孩子的家庭教师。单士厘回家的脚步声越来越近了。

　　不久，已年过半百的钱恂夫妻携子女回归故里，在湖州营造了一个文化之家。这是他们结婚之后在湖州城里居住最长的时间，而他们所住的陆家花园，也将因此更增添了文化色彩。

（一）潜园时光　营造新家

江南的春天，来得特别温柔。

回乡之人，直接走进熟悉的风物，这份特别的妥帖，无须迂回，不需理由。轻波澹澹起，白鸟悠悠下，一段烟雨迷蒙，安放千山万水过后的沉，消解人生不能承受的重。

1910年初，钱恂夫妇回归湖州。在己酉除夕夜，钱恂赋诗曰：

> 己酉今除夕，归来正造家。天人忻俯仰，裘葛嬗年华。
> 劲竹坚多节，寒梅靳未花。湖山故乡好，一涤旧尘沙。[①]

能在新家过春节，丈夫的欢喜也是妻子的开心，听着春节的爆竹声声，家人其乐融融欢聚一堂，单士厘以诗唱和，《己酉除夕步夫原韵》记录了当时团圆喜庆的场面，也渲染出了她与钱恂共同走过的25年时光、一份中年夫妻惺惺相惜：

> 结缡廿五载，今岁始营家。赁取三弓地，劳增两鬓华。
> 年声喧爆竹，风致赋梅花。团聚儿孙乐，闲鸥卧暖沙。[②]

唯有亲情，深慰人心。每每读到单士厘与丈夫的深情唱和，总是令人感怀。阅读这些百年前的书信和诗词，如同一场抵达心灵的旅行，随着他们一起经历和穿越地理上的山山水水，感受心灵世界繁华和孤独的悸动。

初回湖州，钱恂一家人暂时住在亲戚李松筠家中。李松筠是钱恂的血亲，同祖异姓的叔叔。从商多年，在与洋商业务往来中学会了英、法、日诸外语，算得上是湖商中的奇才和翘楚。他在同治末年选择湖州城内雪溪南岸的长桥头建造了池凤山庄。山庄内有五开间的大厅，东西各有一幢三层的

---

① 单士厘：《单士厘文集·受兹室诗存》，中国文史出版社，2022年版，第46页。
② 同上。

西式小洋楼和两层中式楼房。之前钱恂往湖州扫墓祭祖，也常客居于池凤山庄。单士厘在《受兹室诗稿》中曾有过多首和李松筠的诗，称之为"李松丈"。在她眼中，这位老者喜欢读书，经济条件优裕，还有道家高人的气象，"年高德劭康福强，丹鼎功深得九还"。[1]她还专门为李家的池凤山庄写过十二首诗，记录了两家的血缘亲情和这座园林式家宅的如画美景。

虽然嫁给湖州人，但因钱恂早期在外宦游，钱家在苏州租房，她长时间寓居于姑苏城。吴兴老宅破败，此次回湖州，他们积极寻觅合适的屋子，营造自己家，打算叶落归根。作为近代中国最早"放眼看世界"的一批人，他们背负着古老文明迈步走向世界，迅速打开的视野拓展了精神空间，带着新时代的风回到吴兴，却已年过半百。走过数万里的远方，家才是一生旅行最安心的住所。

行遍江南清丽地，人生只合住湖州，他们相中了潜园。潜园是湖州著名藏书家陆心源的府邸，位于湖州市区东南隅。

潜园，亦是随着一位游子归里而诞生的"作品"。1874年，41岁的陆心源以母亲年高需要陪伴为由，上疏准辞闽职，回到家乡。购得城东莲花庄北的朱氏废园之后，他放弃了迁居苏州的想法，耗费心思重新规划，建亭台楼阁、水榭石船、水池假山，点太湖石、养花木，依着自己的愿景，修成园林式住宅，取"潜"为名。这位"书痴"，用尽一生认认真真地书写了湖州史的一纸传奇。他聪颖好学，被誉为"苕上七才子"之一。在广东、直隶再至广东为官时，将所得俸金大部分用于收购古书，甚至不惜典当衣物。从京城回归，所携之物有书

潜园

---

[1] 单士厘：《单士厘文集·受兹室诗存》，中国文史出版社，2022年版，第59页。

百匦，"观者皆笑其迂"。"薄富贵而厚于书"的痴人，亲手打造出了著名的皕宋楼，将他所收的宋、元版本的珍贵书籍藏入，由此跻身全国四大藏书楼行列，最盛之时潜园藏书总量据说高达15万卷以上，并以古铜器、金石、汉砖、书画等收藏闻名一时。所以，有学者甚至认为陆家收藏可与天一阁比肩，"所储既精且博，与'天一'比，富而精则过之"。

江南之春，因着书香久远，润泽出阔大、静谧又热烈的花事。

潜园四季都有花开，均有厅堂以梅花、桂花为名，假山筑有小亭，从假山上可下到鸳鸯厅，其前为一草坪，再前即水池，水池上有九曲桥，穿通前长走廊及石（岸）船，由鸳鸯厅过石桥到牡丹厅，沿水池而立，厅内及长廊外均种植牡丹，这是陆心源专属的私密之所。他晚年自号"潜园老人"，牡丹的符号、江南的春天、书香世界里的一丝俗念，充溢着人间愿景的丰沛能量。潜园筑有望山楼，立于楼上可望见四周之山。也许正是对书籍仰之弥高的信仰、登高望远的胸怀，潜园老人笃定地打开藏书楼的门，流出的江南春色，令多少学者为之欣喜。

金石与书卷，终于耗尽了老人的一生，某个空气清新的早晨，他再也不用醒来时，皕宋楼的古书也睡不着了。落花流水，当然也是许多书籍的命运写照。陆心源去世之后，潜园牡丹渐渐沉默，一如数百年前，隔壁莲花庄的白莲。

潜园当地人称"陆家花园"，毗连的莲花庄名头更响，这座原构于宋代的园林式建筑是书画大家赵孟頫的旧宅。宋室南渡时，赵的曾祖父在湖州购得此园营建，后来其父赵与訔改名菊坡园。传至赵孟頫，他在此园建置别业，始名莲花庄，风光旖旎，为一郡之胜。因赵孟頫有翰林学士衔，莲花庄另有"学士庄"之别称，闻名江南。在湖州安居，能傍着"赵学士"的家，简直是最好的理由。尽管那时的潜园已经破败，需要整修以后才能入住，但单士厘还是一遍遍地前往，似乎在重新阅读一部悲欣交集的史诗。

苕溪畔的莲花庄，是赵孟頫幼年读书处，中年游宦休憩地，老年归里之所。"夜来梦到苕溪上，一枕清风五月寒。"山水清远的吴兴牵着游子的心，白蘋洲上有赵孟頫梦魂所牵的家。岁月模糊，他带着故乡行走，用各种字体一遍遍追摹着精神的"归去来"，书写陶潜《归去来兮辞》留世精品多达18种。这个在宋元之间文化困境里打出一条新路的人，内心的孤独痛苦，唯有家乡的苕溪可医，唯有白苹洲可治。

借着单士厘那双勤劳的小脚，赵孟頫回到湖州的岁月隐然而现于眼前——他醉心佛道，以书写经文为乐，"人谁无死，如空华然"，一代大家看到了水上盛开的花，也看到了映在湖上的月。这是他生命的最后时光。

这方江南土地缓缓流淌的水所映照的光，竟然闪着一种坚硬的琉璃质感。

爱妻管道升已经远在泥土之下，天空之上，只有春风尚在笔墨间、砚台里，一切都是如此清晰，一切都是如此漫漶，看透世间纷乱，"唯余笔砚情犹在，留与人间作笑谈"，是赵学士的清醒。1322年，赵孟頫在自己心爱的庄园里度过了人生最后一个春天，选择于荷花初放的季节永远留在家乡湖山间。

书香与墨香、建筑与情感的交融，令人百转千回，似遗蜕，自带一个无所不包的故事。江南的清丽，在这里沉积着母性的温柔，带着强大的治愈力，古典的温润柔光在此地徘徊，莫名地让人深深依恋。

时间垒出的优雅需要懂得的人来接纳，江南之妥帖，有难以名状的美。

春风一番番地吹过，钱恂与单士厘就此做了落花时节的双飞燕，他们熟悉园林优雅的花开，墙角的青苔，树影在水池突然地安静。穿堂而过的风，经过前面梅花厅，到桂花树下一折腰，再抵达竹叶萧萧，传统审美的延续潜在园林的日常里淡泊明志。从桂花厅到竹叶厅，必经由太湖石垒成的假山，此处的回旋停留最是值得——赵孟頫与管道升曾在这里流连，至今留下的太湖石即赵松雪口中的"莲花峰"。

单士厘喜欢这个地方，莲花峰留下了她久久的凝视，不止一次，欢喜或是忧伤，每次注目都带有疏落的仪式感。从这面到那端，清透灵魂寄居的身体无须冥想，就可以感知这巨石的庄严圆满，中国情感映照着文化的白云舒卷。某些时刻、某些物件就是开启桃花源的那道狭门，蜂拥而至的新世界，超拔柴米油盐的日常生活。

赵孟頫书画诗印"四绝"，光耀传世，而妻子管道升同样才情横溢，神仙眷侣，千古佳话。赵氏赋予莲花高峰的形象，使得五石草堂挺拔成了生生不息的文化样本。莲花庄已湮没于时光与战火里，可在单士厘眼中，王孙遗石，曲水流觞，说不尽。透着灵气的石头，如经世不灭的莲，不枝不蔓，洁净淡泊，洗尽铅华终归安宁自在，"石不能言最可人"，她的《潜园五石草堂》如此写道："王孙遗石号莲花，辉映华堂峙水涯。几朵嶙峋争瘦透，五云深处住侬家。"[①]

她以永恒的白云，书写一种与人间烟火对峙的浩大。

无言的石头有幸，曾经见识管赵风流，更有幸见证了一对伉俪万里辗转归来，文化之花在此再度惊艳绽放。漂洋过海地回家之后，单士厘在潜园重新翻阅西方文化艺术，以东亚西欧的对照，进行深度的对比写作。当然，此时，她还享受着东方园林古典的当下——

莲花峰

她的欢喜是真实而热烈的。她看到了，由梅花开启的潜园春光。

当本书作者在2023年3月来此地寻访时，莲花庄与潜园已连成一片，湖州市人民政府于1986年按历史记载在原址偏南处予以修复，并将潜园划入。据现存的资料看，陆心源开始经营潜园时，根据原有的基础，建起亭台楼阁、水榭石船、池塘假山，点太湖石、养花木、蓄金鱼等。花园开有前后门，若由后门进，首先看见的就是花圃，有风雨长廊通往各亭厅及住处。但在钱恂租下潜园的部分建筑作为私宅的时候，我相信园林和房屋一定是残旧，甚至有些地方开始破败，所以，他们需要先借住于亲戚家，对潜园重新进行收拾和布置才能入住，成为自己的家。

旧日模样已难现，站在重新构筑的莲花庄公园里，已难以想象钱恂、单士厘当年租住潜园的布局，哪些是单士厘带给潜园的改变，哪些修整又是拓

---

① 单士厘：《单士厘文集·受兹室诗存》，中国文史出版社，2022年版，第48页。

展? 幸好还有些许文气依稀犹存于竹石林木间。古典园林的亭台楼榭、曲水回廊、假山奇石，仿佛还留着故人的呼吸。昔日的私家园林，今朝的大众公园，时光的流转让这块聚集着湖州人文气的地方敞开了怀抱。

从单士厘留下的信件和诗文里能够清晰地感受到的是，她对潜园的感情很深。"五云深处住侬家"，这里如白云一般的真实又虚幻，如诗歌一样的庄严而生动。

潜园，也许是她和钱恂成家以后所居住的唯一一处江南园林式的宅院。四季次第有花开，前有梅花厅，中有桂花亭，转到后面有竹叶厅。"宁可食无肉，不可居无竹"，这个小园子竹林环绕，雨中可观清竹萧萧带雨划过窗棂，若雨过天晴，竹叶的清香可以通透到如临仙境。有古气，有文气，何况还有王孙遗石，曲水流觞。

1910年3月，钱玄同从日本回国，先是到嘉兴中学任国文教员，5月由朱希祖介绍到海宁中学任国文教员，主要讲授小学和《左传》。幼弟归来，家人团圆，对钱恂夫妇来说，安居于故乡，即是幸福。宦海浮沉，官场倾轧，这位晚清驻意大利使臣对仕途心灰意冷，他向朝廷请假回老家修墓。假满又告病不出，上书"可否乞骸骨，准在浙江等省择地就医"，国家积弱积贫，百姓生活艰苦，民不聊生，豪门却仍是生活奢华，不知世界形势发展之一日千里。在家乡看到的景象令钱恂百感交集，庚戌新春，他写下开笔诗，递给夫人单士厘：

> 庚戌今元旦，相沿巽艮风。官衔新泛绿，阀阅竞书红。
> 种弱千秋恨，民穷百计空。此心徒爱国，默默祝年丰。[1]

"吃个人口团吧，今天是元旦。"单士厘知情识趣地给丈夫端来一碗节日限定款——湖州的风俗里元月元日每人都要吃的糯米团子，里面裹着馅，或豆沙或时鲜，寓意甜蜜团圆。知晓丈夫郁闷，更得疏解亲人的心结，这位才女和了一首诗：

---

[1] 单士厘：《单士厘文集·受兹室诗存》，中国文史出版社，2022年版，第47页。

故里逢元旦，春风被万家。亲朋同贺祝，草木向荣华。

人口团如月，凤头鞋绣花。社公决休咎，跪拜集泥沙。①

在湖州过春节，单士厘并没有忘记硖石的亲人，本来因着潜园尚在整理，她还想到硖石过年，因听闻单不庵身患"腹疾"，没成行。于是在正月初四，她提笔写了一封家信，告诉母亲自己计划搬进潜园安定之后，接母亲到这个风景很好的大宅子住些日子，看看这个花木繁多的江南园林宅第，"一罄数年远别之怀"。

闲居潜园，与单士厘安乐的心境不同，钱恂颇有些看破时事的心灰意懒，只想在家乡的怀抱里静度时光。他在致信好友汪康年时曾言："兄在京中切勿为众人道及恂可用，但求语人曰：彼老矣，恐无应用之想矣。果得彼论，以为弃才，则深幸耳。"②这些话既反映出他对仕途的厌倦，也包含着对清廷末路的预感。他甚至自己给自己定下不看报纸新闻的规矩，不让外面的世事惊扰，尽量保持心态平和。

江南安居，儿孙绕膝，单士厘感觉这是婚后20多年来最踏实舒坦的日子。万水千山走过，看过的风景都进入了心中，唯有与爱侣相携而行，阖家团圆平安才真正是丰年啊。这些感受体现在她与夫子之间的唱和之作中，尤其是辛亥春天，她所用数字概括的潜园景色特别能够表达自己的心情——

寸眸八极览无穷，自喜双偕乐事同。匝岁新劳三径辟，一春家在百花中。

十千沽酒贫能具，廿七庚鲑俭可风。数万里程归计早，五鸡二彘祝年丰。③

潜园的春色是由梅花开启的。由后门进入第一个重要厅堂即为梅花厅，厅的四周均遍植梅花，人在厅内，厅外梅花景色俱可观得。

单士厘深爱梅花风骨，也始终秉持隐忍而含蓄的人生态度。不经一番彻骨寒，哪得梅花扑鼻香。她在园中认真地给花施肥，唤醒梅香，借以探望由

---

① 单士厘：《单士厘文集·受兹室诗存》，中国文史出版社，2022年版，第47页。

② 汪康年：《汪康年师友书札》（三），上海古籍出版社，1988年版。

③ 单士厘：《单士厘文集·受兹室诗存》，中国文史出版社，2022年版，第48页，诗题为《辛亥春潜园群芳竞秀计夫子解组归田已一年半矣用归途所赋数目字体即景呈夫子》。

梅花带来的姹紫嫣红。江南最深情的天，她愿意与碛石的亲人分享——"潜园梅花有卅株，女去年买豆饼培壅，今年开花比往年茂盛得多。目下桃与紫荆正开，玉兰杏花已谢矣。登楼一望四面皆花，颇堪悦目。"①

当春风吹开百花，走过数万里的远方，携手看过异国风景，一家子越过重洋又回到了大故乡，可以留在最美江南细数往日时光，是何等幸福。

看好春花，迎来长夏，潜园里树木荫荫，单士厘叫人在房前搭出凉棚，买来竹帘挂起，房内凉快许多。在这个大家庭里，人口渐多，家事繁杂，她始终是最操劳的那个。在农历六月初六写给母亲的信中，她说自己，"自朝至暮竟无闲空工夫，幸身子甚健……女拟秋凉归省，但二姊及表弟妇均须生产，恐不能不在此照顾诸孩耳"。②她的信中有潜园的人间烟火，这位好主妇平时抽空做出各种好吃食寄往碛石，入冬之后，做猪油糖糕，红的是玫瑰，绿的是薄荷。

单士厘爱写信，习惯写信的人，喜欢依着情感长河穿行在时间里。那些家长里短的惦记，人情往来的礼数在委婉细密间穿针引线。这封六月初一给母亲的家信，恍如可重见那时花开。

母亲大人膝下敬禀者：

接弟弟来信，忻稔慈躬安适，深慰孺慕。兹趁朱生回碛之便，托其带上洋铁箱一只，内玫瑰花新旧两种，乞分些与叔母。又桂子念珠四串，请母亲、叔母各取一串。并非要念佛，不过桂子名目好，或备送人亦可。余两串一畀何姑太太，一送表娘姨。又笋衣少许，备叔母做菜，用玉兰花瓣一包可做糕，或拖面吃，此潜园物产也。芑（枸）菊地黄丸一斤，是前月朔日购来，因无便，延今未寄，兹亦附上。桂花薄荷糖一罐，系常熟三妹前年送女者，香味依然，宜于高年含润，故附便寄呈。又细茶叶一小瓶，均乞试尝为祷。闲书十六册，为母亲长夏消闲之需，阅后或借与许表妹看看，仍放在母亲处。蔡表妹初六放假，伊言姨夫住苏沪购妾，今年必成云。绍兴汪家三表

① 单士厘：《单士厘文集·致父母信第68封》，中国文史出版社，2022年版，第582页。
② 单士厘：《单士厘文集·致父母信第45封》，中国文史出版社，2022年版，第567页。

妹，欲今其长女年十九来女处读书，并学习家政，女告伊每日操劳及起早，恐伊女享福惯必不能堪。三妹回信附上，母亲阅后放家可矣，不须寄还。小郎颇盼弟弟来此避暑，同住僧舍，未稔弟意如何。答许表妹一纸，祈饬送。①

从这封信的内容看，即写于初入潜园不久，园中物产丰盛，竹笋之衣，玉兰花瓣，这些草木花卉被巧手的单士厘用得恰到好处，托起江南好滋味。蕙质兰心的女子肯定是喜欢人世物华，才会如此为深爱的家人着想，苣（枸）菊地黄丸、桂花薄荷糖、江南春茶，还有供长辈长夏消闲的书籍，以及转达亲戚间的信件，事事妥帖，样样周到。连招呼兄弟前来，也想好充分理由，这样的家信才是人间"情书"。幸福的人生赖于巧手慧心的经营，生活的智慧让生命焕发出光彩。见字如面，字字透露出一位大家闺秀成为家庭主妇后的忙碌，人际关系的思虑周全。

而在她的家庭之外，波澜壮阔的大时代即将拉开惊天之幕。辛亥年，载入史册的不是她的岁月静好，而是改朝换代的风云大戏。

钱恂多年沉浮宦海，出洋驻外，思想大为改观，认识不断发生变化。他对吏治腐败的清政府失望已久，一改参与清末立宪的积极，不再期待自己能在清廷有所"进步"，自清政府预备立宪闹剧一场之后，思想渐趋激进。从"略有排满的气味"②转而倾向民主共和，③并在担任留日学生监督之时，秘密加入兴中会④。武昌起义爆发后，他在家乡响应湖州首义，随着革命浪潮而进。他作为一名清朝官员，胞弟钱玄同则为同盟会会员，辛亥革命时居然"咸与维新"成了"同志"⑤。

辛亥革命义旗一举，钱恂即与沈谱琴共商湖州光复之事。不久，湖州军政府成立，钱恂任分府民政长。前清官吏沈树人任财政长，湖州藏书家陆心源之孙陆庆誉任军法官。同时扩充学生军至百余人，又扩充商界自卫团，共同维护湖州治安。

---

① 单士厘：《单士厘文集·致父母信第69封》，中国文史出版社，2022年版，第582～583页。
② 周作人：《饭后随笔·钱念劬》，河北人民出版社，1994年版，第404页。
③（清）单士厘著，陈鸿祥校：《受兹室诗稿》，湖南文艺出版社，1986年版，第29～30页。
④ 冯自由：《兴中会时期之革命同志》辛亥革命（一），上海人民出版社，1957年版，第152页。
⑤ 曹述敬：《钱玄同年谱》，齐鲁书社，1986年版，第19页。

翻阅单士厘的家信，那个时代的复杂混沌跃然纸上。

九月初五，她接到了单不庵请钱玄同转交的信。看过兄弟的信件，马上提笔回复——"览顷由小郎处转来朔日之夕手书，承关爱，足征恳挚，姐足疾三日来渐见痊复，惟仍静养，不敢多走，再数日当可复旧矣，请告台上，勿念。湖州初患无米，近来患无银圆，然民情较他处驯善，消息较他处迟滞，益无迁移及谣言惶惶状态。冬至春初，能如目下情形则幸矣。姐夫既回本乡，即不便骤搬家。现各绅日日会议，以办民团，当无龃龉争意见之事，请放心。总之造谣者，即土匪人，用谣而迁匪，因迁而抢攘。各校、各所典当、巨铺本已财匮，不能久持，则但愿一朝扰乱趁势收场，此亦意中事耳。吾弟需告堂上，万勿担忧，此时之乱不比长毛，并无掳掠伤人之事。至于土匪，不但官兵要弹压，即有草堂之处亦不容土匪。况且浙江省地非险要，此刻当非争竞时候也。不过硖石已通火车，往来人多，信息灵通，谣言亦必不少也。姐所尤者，嘉兴人心惶惶，学校未必持久，弟失进款何以赡家？深为虑耳。"①

可见当时的湖州，因辛亥革命带来的影响扩大，各方势力开始登场，湖州出现了米荒，金融也出了问题，士绅们天天开会，想办法，建民团自保。土匪趁机作乱，造谣生事。但单士厘相信"此时之乱不比长毛，并无掳掠伤人之事"，她判断因浙江并非险要，不会乱得很久，反而担心"嘉兴人心惶惶，学校未必持久，弟失进款何以赡家？"

因钱恂是从湖州走出去的外交官，湖州府中学堂的校长沈谱琴请钱恂到湖州府中学堂代理"校长"，以激励家乡学子。当时沈雁冰（茅盾）正在这个中学读书，所以他在晚年还能够清晰地记得，当年秋季开学伊始，有校长布告，组织学生去南京参观"南洋劝业会"，让学生实地接受"实业救国"教育。参观回校次日，沈校长就亲自到校宣布请钱恂先生代理校长一个月。在他眼里，钱恂先生非常认真，代理校长之职后，亲至教室听老师讲课，听到不对的地方还指出谬误之处。尤其是英语教师的课，钱先生毫不留情地指出其讲错的地方，不久就让钱玄同来中学代国文课，让钱稻孙教英文课。两位留学生当中学老师，给学生们带来一股新式教学之风。

---

① 单士厘：《单士厘文集·致单不庵信第5封》，中国文史出版社，2022年版，第528页。

　　钱恂曾亲自给这些中学生上作文课："钱老先生来到我们班上，他不出题目，只叫我们就自己喜欢做的事，或想做的事，或喜欢做怎样的人，写一篇作文。"学生沈雁冰写了一篇题为《志在鸿鹄》的作文，第二天卷子发下来，他发现钱恂先生给文章上画了很多点点和圈圈，原来钱校长把好的句子用点点标示，更好的画圈圈表扬，至于认为不通的句子，则勾出来，写上正确的句子。这篇文章后面加了批语："是将来能为文者。"阅人无数的钱恂先生，从中学生沈雁冰的作文里，看到了未来的文学家茅盾。中学生看到此等的评语，激动不已，愈加努力。茅盾还记得当时有一个星期天，同学们相约到钱恂先生租住的"陆家花园"游玩，受到热烈欢迎，钱恂给学生看自己从国外带回来的洋杂志、精美的画册，开阔他们的眼界，那个天气热得像是盛夏一样的"秋游"给茅盾留下了深刻记忆。同样留下印象的是，当时他还有一位插班生同学——钱恂的外孙董大酉。

　　茅盾忆及当年，有这样一个镜头非常经典：秋老虎时节，钱恂身穿夏布长衫，手持粗蒲扇，儿子钱稻孙高举洋伞跟在其身后，弟弟钱玄同和他并排，但略靠后，一行人安步当车，在湖州的大街上漫步，他不禁想起《世说新语》里的一段小故事：陈太丘诣荀朗陵，贫俭无仆役。乃使元方（太丘长子）将车，季方持杖后从，长文尚小，载著车中。两者相比，岂不有些相似吗？这个文化家族固守的伦理秩序，让看到此景的年轻学子印象深刻。

　　春季开学后，24岁的钱玄同到湖州中学堂教经学和小学，每周上20多节课，并从绍兴接来了妻子徐婠贞和长子钱秉雄，一起入住潜园。

　　在湖州，单士厘继续着钱府"大管家"之职，安排一家人的柴米油盐，管理日常进出开销，且还可以趁着"回娘家"的时候略作放松。不近不远的距离最是可爱，湖州与海宁就是例证。当时单不庵在嘉兴任教，有些信件还托钱玄同转交。姐弟俩絮絮叨叨，亲密无间，多叙家事，特别是彼此关心身体的健康。不庵对姐姐非常尊重与依赖，姐姐的关怀总是那么无微不至。

　　伯宽弟：览东南湖一宿，次早八时开行。午后风递，遂泊……芦头。彼岸离乌镇十二里，昨晨开船，拟泊晟舍，不意风顺张帆竟于六时半抵湖州家中，均好。姐婿曾有函请弟来此养病，一如前约曾达览否，因寄禾校也。倘弟昨日赴禾，则可接洽，日上惟祝早得替身耳。姐健，请告母亲叔母大人勿

念，潜园顷往观，灿然一新，然须再督视洒扫布置三数日后迁入。匆匆先以抵湖平安告。①

伯宽弟：览来信念姐之深感之，并知弟恙已愈，一俟能作家书，何快为之。姐日来足底已大愈，足踝结痂，非凹而凸，不觉痛矣。是以步履渐健，请勿念。秋汤复炽，几为三伏。此间停课半日者，再未知禾校如何，虽晴久河水过落有限。可庄欲归，未得。今日午后舟子来作回音，且看能否通船。伊初拟今晚上船，但明后日亦恐不能，因欲送祥保到杭，是以急急也，心思一提言语又不明白。奈何？此颂旅祉。②

信中显现写信时正是往潜园搬家之时，往返于硖石与湖州之间，她常回硖石看望继母、婶娘及"诒弟"（单不庵），顺便住上几日，恰似一个小长假。因她的继母与婶娘住在硖石老宅，所以关心两位长辈时，她好像还是当家的女儿。甚至在路途之上还不忘写信指导兄弟在不同的季节所做的事情。比方继母回德清娘家多时，她会惦记这位年事已高的老人是否有女仆服侍，多月未得家中信息，就马上去信询问关照。甚至告诉他们需要做什么、什么时候做和怎么做。这些信息表现了她在原生家庭生活中的角色，放不下的心态——

近日颔恙稍退否，猪胆仍涂否，但愿心悸诸症平后，则颔核必不致剧痛，盖不用脑筋始可谓养息，慎勿再用心于地理。若谓趁此时无校课，又未赴湖，索性将此书完工，是养成颔核，而非在家养息之养矣。至嘱至嘱。姐夜不成寐，忽念家中数事，非弟启行前办好不可。兹特罗列于左。

厨灶宜迁进左厢。

右厢房宜铺地板，为叔母大人卧室，较楼房便当。

厢房上之马头墙，宜用黑灰涂拭，俾母亲不致耀目增眩。

楼梯下之砖，宜易整块者用石灰或泥粘平。

此四项于卫生上似大有好处，愿弟毅然决然行之，盖恐老辈因花钱阻

---

① 单士厘：《单士厘文集·致单不庵信第3封》，中国文史出版社，2022年版，第527页。
② 单士厘：《单士厘文集·致单不庵信第4封》，中国文史出版社，2022年版，第527～528页。

止，其实比搬家省多，而我姐弟伹稍放心也。①

信里既有对弟弟健康的担心，指导他用"土方"治疗，要求他加强休息，劝他不应该再在身体不好的时候"用功"。然后就是一系列家务琐事，要求他在出行之前办好，迁厨灶，铺地板，把马头墙涂灰，楼梯下平整等，竟然让她"夜不能寐"，可见这位"管家婆"对娘家事的牵挂。

弯弯的运河水就像热情的使者，随时随地愿意为她服务。当年九月十七日的信中，她写到从硖石到乌镇的水路一般需要一天左右，回到湖州家里则要一天半的时间，还是顺风顺水的情况下的行程。所以细心如她，在行船途中就开始写信的习惯始终保持着，因为怕到了家里杂事纷乱不能及时回复，反而害母亲担心，这样上岸之后就可将信邮寄报平安。多年随夫宦游在外，这份体贴的女儿心一直未改。"女等昨早开船，夜泊乌镇西栅，今日午刻过晨舍，大约午后三四点钟可上岸矣。此番来往都遇顺风，最为难得。女恐到家后无暇作禀，故于舟中写此纸，俟明日交邮局，请慈怀勿念。蔡表妹之包亦即交去，容再详禀。女在硖数日，母亲、叔母未免多劳，不知视躬安否？"②

这段路，是最熟悉的回家路，往返折叠，轻盈柔软。一带柔水承托起她的思念、期盼，安顿着最美的乡愁。她常在路上写信、写诗，清明而挚诚的文字如音符轻洒在水上，是回家啊，也是旅行。百年之后，我们借着阅读甚至可以借此还原昔日场景。如这首诗题为《庚戌秋偕夫子挈子妇包丰长孙亚猛赴硖就医舟泊炉头镇》，抒写1910年携亲人回硖石老家访医的短途旅行，有夜航船，当然也有轻轻驻足，江南小镇乡音依旧，家乡地名流淌在诗意之河，秋夜的清光至今还在荡漾。

一片光明月，炉头夜泊舟。虫声鸣夹岸，蟾魄漾中流。
带水经乌镇，方音入秀州。明朝会亲故，游览正宜秋。③

单士厘写信的频率极高，保留至今的信件却是极少数，大部分均散失了，实在可惜。信中存着大量的细节，人世间的生活情趣跃然纸上。她喜欢

---

① 单士厘：《单士厘文集·致单不庵信第8封》，中国文史出版社，2022年版，第530页。
② 单士厘：《单士厘文集·致父母信第55封》，中国文史出版社，2022年版，第573页。
③ 单士厘：《单士厘文集·受兹室诗存》，中国文史出版社，2022年版，第76页。

在家信中倾诉自己的喜怒哀乐，关心亲人健康及亲戚近况，事无巨细，娓娓道来，专属于聪慧女子的灵性溢流而出。如这封写于十一月初五的信，深秋时节，一个高度近视，双目开始出现问题的女子在牵挂着继母的身体，婉转诉说家长里短，向长辈作详细的汇报里有浓浓的家庭气息。

母亲大人膝下敬禀者：

女自硖回湖，身体甚健。而家事颇忙，致久不修禀，歉悚奚如。昨接弟弟来信，敬悉慈躬偶有小恙，虽云已愈，未稔近日起居如何，不胜驰念，伏维千万珍摄是祷。女旬日前右目亦出毛病，其初眼稍为闪忽一般，此三日来不见，但觉黑影荡漾，与左目无异。且看书写字似乎烟蒙蒙不能明晰，大约从此变老花眼矣。稻孙荫照已到，日上将乘轮船进京，年前未必回来。毯孙常有信来，二小姐现住潜园，自开火（伙）食，因董姑爷奉旨视学两广、福建，曾到湖州来一转，大约要明年夏天回来。可庄弟病已大愈，夫妇和睦，现已租定一屋，朝南五间平屋，后面靠河，厨房外有石步，淘米、洗衣不与人家共，此为难得。租价极廉，离潜园不过几十步，现已修理，再迟半个月可搬去矣。女此番回来后，未与蔡表妹见过，伊送女马饼一篮，系从双林带来……①

入住潜园后大小平安，更有添丁进口之喜。这一切，全赖单士厘这位能干的当家主母。她的身边像有一个磁场，把亲人们牢牢地联起来，她要照顾操心的人很多，除了未成年的两个外孙、一个孙子，入住潜园的"二婶"徐婳贞更让她放心不下，妯娌"娘家路远，无人来收生"，虽然各自开伙食，但单士厘仍在负责照顾孕妇，所以她预计得等到婳贞满月才能走得开。

潜园，虽然是极好的，但她频频回娘家，并非只是探亲，也有其他需要安排的事。因为时局混乱，必须多方筹划妥当。目前湖州不少的富贵人家都将眷属迁往上海，单士厘担心士绅群体离开之后，土匪前来趁机扰乱，所以设想过将家搬往浙北，如同当时她的父母将家从萧山迁来一般。听闻硖石还是比较太平，来到海宁安家"西山建屋作久居计"。十月初五这封家信诉说的这些家事，盛放着一位家庭主妇对于太平的愿景。

---

① 单士厘：《单士厘文集·致父母信第91封》，中国文史出版社，2022年版，第596页。

　　二姆娠身达在此月中，因娘家路远，无人来收生，故搬在潜园，俾容易照管。仍自开火食，虽各自当家，然女未便走开。又外孙女五月间进京，留其长子长女在此，亚潮有病，是以不随母去，现在董婿已拿眷南归，昨稻孙携大酉（二小姐之长子）赴沪伊家，暂寓上海矣。其居定或仍来住湖州，将亚潮交还。二姆生产弥月，女才能出门。女久思往萧山省墓，不知何时始得如愿。闻硖地平靖最慰，将来女婿或于西山建屋作久居计。缘目下湖州若非女婿镇定，凡富贵家之男子眷属均在上海，亦不肯住湖，绅士搬完则土匪必乘机扰乱，一郡皆受害矣。所以此时办事义不可辞，况不取薪水，他人决不肯当此名誉郡长，惟忙甚，且无现银流转，事事艰难耳。①

　　钱玄同的夫人在产前搬到了潜园住下，在10月15日诞下一女，母女平安，且乳水充足，小孩子肥而可爱。长嫂主动承担起了照顾产妇的全责，还兼管钱玄同的两个幼子秉雄、秉洪。半月过后，还在月子里的产妇患病，单士厘既着急妯娌的身体，期望能够尽快恢复，心里又不免有些埋怨气——"缘小郎不管事，母家路远无人来，女颇担干系也。"

　　做好尽责的主妇、尽力的大嫂、尽心的妻子，她是很不容易的，家事繁杂，事事都要她来上心，也只有在与母亲的通信里才略能说几句体己话。"女近体已健，不过有时肝火上冲，便觉此身可厌然，恒以看书自捺，盖自知非受外来新刺激，故每每自解，自幸将目前衣食住之舒服，及一家团聚之安逸，觉已享非分之福矣。且女婿时常购女所爱看之书借以消遣，是以近顷体气如前强健，惟遇肝火上炎，头痛腰酸，夜不成寐，颇难压捺，必经二三日然后平复。当此时候倘一发作，必致家宅不安矣。女婿虫恙未除，现又服前次之药水且看有效否。稻孙病愈后又发过一次，幸即小心保养，故数日便愈。穟孙已得卒业文凭，大抵六月月底初可归国，惟归后须为娶妇。论做人家，女可称幸福；论治家，则人愈多事愈烦，女自幼至长不知淘气，不知防闲，今则各物关锁，钥匙随身，小孩扰挠，无一刻可以天君泰然。因此知世间万事人人羡慕者，身当其境未必满足也。"②

① 单士厘：《单士厘文集·致父母信第71封》，中国文史出版社，2022年版，第583～584页。
② 单士厘：《单士厘文集·致母亲信第39封》，中国文史出版社，2022年版，第564页。

她的苦处和无奈留在信纸上，但只说肝火上来用阅读排解，这是一位知性女子消解"精神内耗"的招数。从年龄上看，当时单士厘已过五旬，正处于更年期，所以头痛腰酸，夜不成寐，颇难压捺，必经二三日然后平复。当然，主管一家大小事务的家庭主妇一旦发病，致家宅不安也是实情。丈夫钱恂则时常供书，以慰妻子，也是一位知识分子能够"出手"的招数。她更担心家人的健康，自己身体种种不适烦闷，自己可调适。每每遇到烦恼，会极力安慰自己：这份人家，可称得上幸福，无非治家不易，人多事烦。她形象地说自己如同管家婆，一把把钥匙随身带，一群小孩在身边嬉闹，不得安宁。因此得出的结论是"世间万事人人羡慕者，身当其境未必满足"，这句话，真令人想到《红楼梦》里王熙凤的那句名言：大有大的难处。

这位从小就非常懂事的聪明女子，正如她所言"自幼至长不知淘气，不知防闲"，勤劳俭朴，事事小心，很少有闲工夫。自嫁于钱恂，孝敬长辈不在话下，未等自己生孩子就先要抚养丈夫前妻留下的两个女孩。待到自己诞下长子，丈夫的弟弟钱玄同也出生了，当时丈夫在外谋生，家里的事由她负总责。孩子渐渐长大，一个个成家立业，开枝散叶，人丁兴旺，自己却渐渐老去，家里那本账还要由她总管。唯在信里，她时不时地碎碎念："生齿愈繁，经济上愈觉烦难……少进款多出款，况添一孩，又是一笔巨款，大约每产一婴，需费百元……"[1]

那一年的时间好像过得特别快，民国建立了，湖州光复了，单士厘也是"家庭和谐，诸事称心"。在日本留学的小儿子钱稻孙将于12月10日回国团聚，"小郎"钱玄同也终于回到了湖州，女婿董恂士因无公事牵绊，所以亦能回湖州过年，家里十分热闹。转眼到了1912年的元旦，居住在离潜园不远处的表弟，因弟媳妇能勤俭持家，每日把家事安排得井井有条，也让单士厘安耽。

日子在忙忙碌碌中度过。春节转眼到了，她盼着单不庵能来湖州盘桓几天，并邀请母亲一同过来，她已经把房间都安排好，准备得妥妥当当，贴心地告诉娘家人过来的路费也由她来付——"潜园梅花已放一二朵，再半个

---

[1] 单士厘：《单士厘文集·致母亲信第52封》，中国文史出版社，2022年版，第572页。

月盛开。此后玉兰桃花陆续将开，天气融和，两表妹相离不远，常可接来叙晤。"①在这座江南园林宅院里，盛开着单士厘最期待的春日相聚。

（二）夫妻合作　西欧回忆

入住潜园后，单士厘除了照顾家庭事务，又开始用日志和记忆来回溯自己的欧洲之旅。以游西欧时的经历为主干，把那段徜徉在历史地理和文学艺术里的时光拿到潜园的太阳底下，翻出旧文章，整理成篇，不久即成书，因在潜园所集，取名为《归潜记》。

"唯有百年后，文字可传世"，充满艺术感受的旅欧行程，催生了这部境外游记。她在一座古典的中式园林建构域外城市的人文景观，深入异国文明的核心，探寻源头的光辉，这是潜园瞬间点亮的高光时刻。

她的"目注全球"让全世界看到了一位东方妇女的独立审美，对西方文化的凝视与对望，亮出了文明交流的新高度——首次以中华女性之眼注视古希腊罗马神话，源流回溯，以汉字深邃的审视，展现国人身上所蕴含的博大的中式情感。人生逆旅，百年匆匆，远行，不只是地理意义上的行走，更因思想之不朽，因文化之传世，因光华独在而永续。

单士厘与丈夫一起梳理归纳，将这部游记分为十二章，其中有钱恂乃至钱稻孙的贡献。书中记述内容大致可分为四部分。一是关于景教的教义及其传入中国的情况，有《彼得寺》《新释宫·景寺之属》《景教流行中国碑跋》《景教流行中国表》诸篇。后两篇，系钱恂所撰，单士厘整理，这些包含有关于基督教史和欧洲建筑史的重要资料。另有一篇《摩西教流行中国记》，讲犹太旧派教流入中国的情况，颇具文献价值。二是介绍古希腊罗马神话的，有《章华庭四室》和《育斯》两篇。三是记意大利人马可·波罗之事，有《马哥博罗事》。四是记钱恂出使欧洲期间获意大利和荷兰佩章事，有《义国佩章记》《奥兰琦——拿埽族章》等。

---

① 单士厘：《单士厘文集·致母亲信第56封》，中国文史出版社，2022年版，第574页。

经历时代巨变，回归内心独白。文化地理时空转换，当实际场景已渐渐退成回忆中的远景，但在人生各章节的切换中，万物混杂的气味仍会扑面而来。她喜欢旅行，喜欢车站和港口的气味，喜欢穿行在历史与现实交叉的瞬间，仿佛站在一张无穷流动的交通枢纽大网上。那些仿佛停止不动的纽结点上的静寂，如同引领她进入时光隧道，从一个空间切换入另一个空间，一种生活坠入另一种生活，一种语言过渡到另一种语言。身处时间之间的感觉，因文字和思想的遇见而生成新的意义，让她开始向着广大呈现出辽阔。

书影

行走即将终结，也是即将开始——这身处时间之间的感觉，通过文字复现。

沉潜与显现、归来与出发，古典的家宅里织出生命体验所感受的密码，以书香开始的盛大启蒙，终以书之名抵达心灵。

单士厘借由回忆重游彼得寺，那个记忆中最"无与伦比"的建筑——

以与世界有名景寺比较深远，则此寺固无与伦比，而伦敦之保罗寺为第二，米阑之产子玛利寺为第三，康斯坦丁堡之苏变亚寺为第四，余及十余寺，均详镌深度若干。忏悔礄上之神龛，周围金灯八十六穗，昼夜无停焰。忏悔礄中，石雕比约六跪铸于加利利海滨渔人之像，服景宗礼衣，衣纹之细，确肖丝织，为嘉诺华杰作之一。

寺以美术称，以宏大称；然从外瞻望，初无异象，即乍入门，亦不觉其美其大。德儒格戴有言曰："观彼得寺，乃知美术可胜自然，而不必模仿自然。此寺尺寸大于自然，而无一毫不自然，此其所以为美。"……艮覆中聚珍工，为马太、马可、路加、约翰四像。四人者，即《四福音》撰者也。路加手中之笔，长七英尺，而配合自然，不见美术过于自然之弊。即此以推，无处不然，宜格戴之崇拜寺工矣。[①]

彼得寺建在梵蒂冈，公元初年时为虐杀教徒之地，相传彼得即死于此。彼得是耶稣的十二门徒之首，但这里虽名为彼得寺，所拜的仍是耶稣，不像中国的神庙以某神为名即拜某神。单士厘到欧洲看过许多著名的天主教堂，但对彼得寺情有独钟，游历不少于二三十次，一次次走近伟大的建筑，一次次倾听历史与建筑的交响。在无数次地仰望穹顶（她译为艮覆）之时，她理解了哥德（她文中的格戴）对于美的阐述："美术可胜自然，而不必模仿自然。"

她开始叙述天主教在流行之初为何雕塑狮、鹰、牛等塑像，以及四福音的撰写者的情况。当忆及穹顶之下的铜制亭，"高九十五尺，1633年柏尔凝所作。其铜来自维尼斯，或曰取邦堆翁旧物来也。亭之四柱基，向外者八面，皆刻乌尔庞八之家徽。徽际隐一人面，自正面右角始，环至左角止"。这个铜制的亭是举办弥撒礼的地方。她虽然没有亲见教宗前来主生弥撒之礼，但结合所见的十余次弥撒活动，非常详细地介绍了这个常见的宗教仪式："景教最常用之礼式，种别凡二十有余，或因时不同，或因事不同，而新旧各派又各个不同。综核其要，不外以一粒无醴之饼、一滴葡萄之酒，供奉耶稣，俟耶稣灵圣降于此粒饼滴酒之中，主礼之景士，领此饼、酒吞之。盖饼即耶稣肉，酒即耶稣血，得以耶稣肉耶稣血入我体中，其为幸福，孰过于是？既受此幸福，乌可自私，必也分布而及于众信徒，使人人得沾其惠。当分布时，有祝诵词，述上帝降福于信徒。信徒闻之，引为大幸。若有以未得分饼、酒为恨者，可纳资请行餐礼，则别为礼式以餐之，非弥撒矣。弥撒本意，不过因日常必见之饼、酒两种，以为纪念耶稣而已。追举而定为教礼，踵事增华，成为一种形式。今通例一弥撒中分为五节：第一曰忏悔，其诵词主义，在求玛利、彼得、保罗一切诸圣代请于耶稣，消除我既有之罪恶，而清洁其身心。第二曰祈祷，其词义在赞美上帝，表白一己之虔诚。此第一第二两节，虽未受洗礼者亦许同听，故亦

---

① 单士厘：《单士厘文集·归潜记》，中国文史出版社，2022年版，第188页。

称为非教徒弥撒。第三曰供奉，其意在清洁杯皿，供献饼、酒，祝耶稣来享。第四曰祝咒，意在一经祝咒，则耶稣灵圣直降格于此饼此酒之中。第五曰感格，在景士既领受肉、血，必然上格耶稣，伸其感忱，复传布信徒，具表神已来格，共享肉，血而礼于是乎成。此第三第四第五等节，惟信徒得预斯礼，故亦称信徒弥撒。弥撒中，惟十二月廿四之半夜为最大最有名，曰半夜弥撒，视常礼三倍，主礼者先须绝食二十四小时云。"[①]

不仅叙写自己游览时所目睹的精彩细节，更将宏伟建筑和宗教传说交织在一起。她看过的那些石像，故事并不平面，更非僵冷，里面充满了鲜血与杀戮、虔诚与背叛、仁慈与怜悯，百转千回地交集。她也知道那些宗教节日的来源，多半是历史的光影交错投射出来的影子，有生命的欢歌，也有死神阴影的低回。她还会观察分析宗教绘画背后的源流，穿行在社会与人性幽暗光明交替的隧道，用理科生的脑子来做文科生的事。借助这些记述，百年以前一位小脚女子凝神驻足的瞬间，细致地观望，冷静地分析，深深地思考，远行所打开的世界文化视野，以及她对于人文历史的深入研究和精彩见解一一重现。

她一遍遍地唤醒自己的记忆，把亲历的或听说的中西交往史上诸多事情放进去，将实地见闻和历史知识串在一起，符合逻辑又细腻生动，因此她所记录的内容，已不再是她的私人回忆，而进入了古代西方文化史和中西文化交流史领域。单士厘这位文化访问学者不仅带着逻辑，更是带着情感，文字中时时流露了她的爱憎。如《摩西教流行中国记》附录的《罗马之犹太区——格笃》一文，叙述了罗马犹太人被迫害、受歧视的情形，诸如：

古罗马习惯……迫令犹太人于喀尼乏尔节日，竞走于群民嘲讪之中，如竞马然……竞走者，驱驴于前，犹太人逐驴后，仅许围一缕布于腰下，四肢尽裸。犹太人后为水牛，牛后为野马，凡不以人类视犹太人也。

……今虽不用此例，而犹太人尚于节之第一土曜，往嘎毕都行敬礼于马鞍。盖纪念往事，而谢马之娱罗马民以代己也。[②]

[①] 单士厘：《单士厘文集·归潜记》，中国文史出版社，2022年版，第195页。
[②] 单士厘：《单士厘文集·归潜记》，中国文史出版社，2022年版，第283页。

　　单士厘在书中明白表示她的写作目的，是为了"以示亡国遗黎受辖于白人治权下之情况"，故在全文最后，又特别加了一行话："此《格笃记》，阅者宜细心味之。数百年后，吾人当共知之。"这句话不像是隐喻，更如明示——如果中国还不奋力自强，保国保种，犹太人的惨况就会落到中国人的头上。这种在国际交流中催生的民族自尊，以及带着警示性的"危言"预感时不时流露于她在谈艺文、述史事之际，是一个文化启蒙者的良心。

　　与日记体的《癸卯旅行记》不同，《归潜记》没有详细记载旅途见闻，而偏重艺术性，以人文视角去建构域外城市景观，深入文明的核心，探寻源头光辉。她在这部著作里以接近男性的叙述方式，展现了域外城市的文化、政治体制，以及物质与精神文明之高度，内容之丰富，史料引用之丰厚，为读者打开了一个万花筒式的世界。在她的心中，东西方文化可以相互观照，可以对比，更可以联想。中西之间时空转换，过去和现在的源流回溯，就是她的潮起潮落，东方女子独立的审美眼光无处不在，特有的细腻和敏感静水流深，她把自己眼中的域外人文景观呈现出来，传达出其中蕴含的博大的中式情感。

　　而这一切就在她在湖州潜园所发生，窗外，四季的花渐次轮回，嫣然含露，迎风脉脉。

（三）红楼故事　古籍珍藏

　　1912年的春天还没来得及好好送走，杭州就在等待着钱恂与单士厘。那一年，浙江图书馆迎来了新任总理（馆长）——59岁的钱恂。

　　一地之公共图书馆，即一方重量级的文化地标。而掌管公共图书馆的管理者，他们的学识厚度、思想境界、管理能力，将直接影响图书馆事业的发展。古往今来，概莫能外。19世纪末20世纪初，清政府已经日薄西山，但是，中华民族的文化事业在有识之士的推动下，呈现出积极的发展态势。因为当时有这样的社会共识正在慢慢形成，认为办学校、开报馆、创办图书馆，是社会发展、人才培养的必经之路。

在这一背景下，1900年杭州藏书楼建立，1903年改名为浙江藏书楼，1909年浙江藏书楼和浙江官书局合并，改名为浙江图书馆，这是文明新风吹出的新气象。地方政府对这个新生事物十分重视，由浙江提学使支恒荣兼任督办（提学使相当于现在分管文化教育的副省长，督办相当于现在的馆长）。由副省级领导兼管图书馆，体现出对图书馆地位、作用的高度认知。不过，"副省长"也无非挂个名，名义上的"馆长"而已。当浙江省政府着手聘请名人、学者，钱恂即成为辛亥革命以后最早主政浙江图书馆的一位"大先生"。

钱恂于当年2月到任，单士厘也随之来到杭州。

出洋多年，钱恂见识过西方国家公共图书馆的管理水平，虽然不是专业的图书馆专家，但是他见识广博，又考察过西方国家先进的公共管理方法，便将这些方法用在浙江图书馆的管理上，为浙江图书馆的规范化发展开了个好头。

出任馆长之后，钱恂马上着手制定一个现代公共图书馆的章程，这是浙江图书馆命名为"图书馆"后的首部规范性文件，意义非同一般。他主持制定的《浙江公立图书馆章程》共有十二章，涵盖图书馆所有业务。在章程的第一章"总则"中，即开宗明义：第一条，"本馆隶属于浙江教育司，定名浙江图书馆"；第二条，明确图书馆地址；第三条，明确图书馆内设机构，分"藏书室、阅书室、办事室"三部分。他特别重视图书馆统计工作，要求

民国初建的浙江图书馆孤山馆外景

每个月出月报，每个季度出季报，每年出年报。第二章是制定图书馆各个管理岗位人员的职责，馆长、副馆长、司书员、司书生等，要求明确，职责分明。在章程中，他对民间图书搜集购买工作尤其重视，明确提出要抢救民间图书。如第八章第七十八条"坊间如有精版旧书印本或抄本出售者，一经访闻务须随时购买"，并还在章程中专门提及图书馆的版权。

除了立章建制，钱恂马上展开对浙江图书馆馆藏文献的整理和清查。妻子单士厘积极参与，长子钱稻孙也参加了浙江图书馆的相关工作。在钱稻孙赴京后，单士厘马上请精通古籍的年轻学者单不庵参加。"举贤不避亲"，她的家信里反映了那段时间的生活状况，也折射出浙江图书馆事业初创的举步维艰。

女来此两月余，每日起来甚早，吃完粥不过五点钟，即偕女婿携亚猛到门外散步，湖面如镜，远山或出白云或晴露映照，苍翠欲滴，犹如身入画图。惟朝晨最好，若七八点钟便有游人矣，女与两姬从不出外。稻孙已陪其姐进京，下礼拜当有信来。穟孙再迟半个月亦将来湖上。女俟弟弟与穟孙回去，亦将返湖州。目下想在湖上租房子住，但不知租得成否。缘城中住房租价太贵，押租动辄千元，如何出得起。况且要到西湖上依然烦难，终年住城中气闷不过，反不若潜园宽敞矣。图书馆经费无着，女婿幸不靠此，但多垫亦垫不出，各馆员嗷嗷待哺，所以四娘舅事竟不能设法，抱歉万分。女婿现作书目时需检查，自稻孙去后，苦无人襄助。此非他人所能，故日盼弟弟来，既有帮手，又可谈天。弟信谓出月初四五来，倘能再早数日更好。①

钱恂到浙江图书馆上任后，将馆藏的文澜阁《四库全书》作为重点工程。在他的眼里，"杰阁文澜四库开，册书五万补秦灾"，②这些历劫犹存的珍籍是中华文化的宝贝，需要好好地收藏。他和单士厘一起检查文澜阁《四库全书》的存储条件，编写文澜阁尚存的图书目录，如同当年在天一阁面对藏书一样，将《四库全书》的受损情况记录在案，及时编辑缺书目录。夫妻俩

---

① 单士厘：《单士厘文集·致母亲信第50封》，中国文史出版社，2022年版，第570页。
② 单士厘：《单士厘文集·受兹室诗存》收录的钱恂诗，中国文史出版社，2022年版，第54页。

都是爱书之人，在这个整理古籍过程中，看到储存《四库全书》的文澜阁靠孤山山脚，环境潮湿，容易滋生白蚁，体量巨大的"国宝"级纸质文物的安全性成为考虑的重点。

图书馆新楼就在文澜阁旁，是一幢洋派的欧式建筑，走进大门，宽阔的楼道如打开的双臂，楼上有玻璃天窗，非常洋气。因外墙颜色被时人称为"白楼"，楼前植有高大的树，一块漂亮的太湖石作前景，白色的外墙如翼舒展，面对着风景美丽如画的西子湖。

白楼右边上有一堵围墙，围墙里有一座神秘的红楼，很安静。听说这幢红楼平时闲置着，胆大的钱恂派人将围墙打通，进去一看，环境极好，非常适合存放《四库全书》，与白楼一墙之隔，查阅也方便，便马上就打

浙江图书馆白楼内景

起了征用此屋的主意。这位图书馆长仗着自己的资历和胆量说干就干，索性先斩后奏，直接将《四库全书》移到一墙之隔的"红楼"。

他是为《四库全书》找个安全的新家，却引发了轩然大波，并直接影响到他的图书馆长职位，这也许是他敲破围墙时未能预料到的。

原因就是这座被钱恂征用来藏书的红楼，地位太特殊了。

红楼建造于光绪末年（1906），当时是为用来招待德国皇太子访问而建的欧式建筑。据说在建造和装修的时候，还得到刚回国的蒋百里的"技术支持"，在外交用途完成之后，小楼虽闲，却成为杭州达官贵人宴会作乐的场所。这里地处孤山，面对西湖，环境幽静，布置雅致，辛亥革命后，军政要人依然趋之若鹜。

钱恂的举动引起的反响，就是有人去向省议会告状，议会马上让教育司（当时浙江图书馆的主管单位）彻查，并说明情况。此时任浙江省教育司司

长是沈钧儒，中等教育课课长为张宗祥。沈钧儒是嘉兴人，张宗祥来自海宁硖石，都是著名的文化学者。

沈钧儒派张宗祥前去解决。

张宗祥走之前与沈钧儒有一段对话，直接决定了红楼最终的归途。

张问："我去可以，但是有一个问题先明确，这栋洋房供人聚饮或者赌博的好，还是藏书的好？"

沈答："那还用讲，当然是作为正用好。"

带着这个共识，张宗祥就去找钱恂。钱恂领着他看红楼，各个书橱整整齐齐码放着《四库全书》，对比不远处文澜阁的旧屋，条件的改善明显高一个档次。实地踏勘完毕，张宗祥心里也有了谱，对钱恂说："关于红楼的用途，能否麻烦先生你写一封信给教育司？"钱恂说："这是应该的，我马上写，请你带回去。"

张宗祥就带着钱恂的信回去了。根据这封信，沈钧儒在省政府会议上，提出了浙江图书馆征用的方案，并正式通过，省政府决定将这座"红楼"建筑正式划给浙江图书馆，作为浙江图书馆的馆舍。钱恂先生不光为《四库全书》找到一个栖身之所，还以自己的名声为代价，为浙江图书馆争取到一座

孤山红楼一景

价值不菲的"红楼"。为此，单士厘专门赋诗一首："四库珍藏杰图开，诗书为福不为灾。神仙脉望君休笑，吸收文明空气来。"[1]

直到今天，红楼和白楼依然是浙江图书馆孤山馆区的重要建筑。这幢传奇"红楼"还在为浙江图书馆服务，是浙江图书馆古籍部的重要组成部分，现已列为全国重点文物保护单位。

（四）杭州之美　最忆西湖

1912年，张宗祥在自编年谱里有这样一条："念劬先生时任浙江图书馆馆长，寓圣因寺旁。章太炎先生来杭，寓大方伯图书馆，时过剧谈。"[2]

念劬先生，即钱恂。这条记载显示当时钱恂夫妇初到杭州的住处。

圣因寺是西湖孤山的一处陈迹。康熙五次南巡到杭州，此处系当地为之所造的行宫之所在。雍正时官吏上奏，打理行宫费钱甚多，遂改为圣因寺。乾隆下江南六次到杭州，也都以此为行宫。当年范围很大，包括现在的中山公园、博物馆、文澜阁，可惜圣因寺在同治年间毁于兵火。现在孤山脚下还留有圣因寺的遗迹。

与书为伴，在湖山幽绝处徜徉，夫妻俩甚至有了归隐湖上的想法。

那一年，在日本留学的钱稻孙也回国过暑

圣因寺行宫旧图

---

① 单士厘：《单士厘文集·受兹室诗存》，中国文史出版社，2022年版，第51页。
② 张宗祥：《张宗祥文集·冷僧自编年谱》，上海古籍出版社，2013年版，第466页。

假。他从小由父母带到日本，小学毕业后进入东京高等师范学校附属中学，中学毕业后于1908年入学北海道帝国大学预科，1911年进学农学科第二部（农业经济学科），最终于1914年取得农学学士学位。他在扶桑生活了十余年，又正值少年的成长期，外貌气质改变很大，竟连前去迎接的哥哥钱稻孙都认不出来。

自家兄弟在上海码头上相见一幕很有戏剧性。两位久未谋面的亲兄弟相见不相识，最后还是穟孙在人群散去后，发现了有个人还在痴痴等待，近看似是大哥，于是走近说："我是钱穟孙，你是钱稻孙吧，不认得我了？""弟弟，一别三年，原来你长这么高了。"等两兄弟到家后，把这一场景告诉家人，大家都笑说像是演戏。单士厘看着五年没见的小儿子已长成英俊少年，有种恍惚如梦的欢喜，但见身着洋装的小儿子更习惯西式生活，对中国传统礼节颇为疏漏又有点遗憾。当时，钱恂已为小儿子选定了结婚对象，也是老朋友的女儿，"拟与施家结姻，即罗马参赞施伯夷之女"。①

省城离湖州很近，离海宁也很近，加上丈夫的职业是管理书籍，对单士厘来说真是好差事。有书为伴是至乐。她给继母写信诉说对喜爱杭州的理由——"女自来杭州将八十日，未尝病，实因空气好，终日无气恼，无烦杂，而有书看也。"②钱玄同、单不庵等家人也陆续来到杭州。这群年轻人朝气蓬勃，文化气息浓厚，讨论时务，研究学问，交流看法，感情很好。工作之余便一起在湖山间流连。西湖是如此美好，春天有柳浪闻莺，夏日可赏曲院风荷，秋季到了，看平湖秋月，冬天的雪西湖更是诗意世界。

杭州风雅，又唤醒了他们的诗意。

饱览湖山胜景，在文化遗存徘徊低吟，不到一年的杭州时间里，钱恂为杭城的古迹写了30首诗，单士厘则以原韵相和。诗行留存了他们在杭城旅行的足迹，有著名的"西湖十景"，如三潭印月、宝石流霞等大众喜闻乐见的场景，但更多的则在古寺古坟等文化遗存前吟咏。夫妇俩特别喜欢西湖，因为这里有着太多的文化沉积。游学海堂，他们感慨唐宋诸贤祠被拆毁，"要知千古兴亡感，合取新诗被管弦"；在供奉"杭州老市长"白居易、苏轼的苏白祠

① 单士厘：《单士厘文集·致母亲信第33封》，中国文史出版社，2022年版，第560页。
② 单士厘：《单士厘文集·致母亲信第47封》，中国文史出版社，2022年版，第568页。

外，他们都为那株桃花而倾倒，借着艳若朝霞的粉色桃花，单士厘写出"如锦如霞当日事，渔家指点说清朝"，回应着丈夫对伐木摧垣的新政策的不满。

在杭州西湖历史累积的文化氛围里，他们追着落日行走，凭吊苏小小墓、郑贞女坟，单士厘叹息着美丽的女子长眠于湖畔，"才调贞操空抱恨，秋风秋雨饮香名"。①在林和靖的墓前，他们想象着梅妻鹤子的往事，为孤山之梅被毁而伤心，那和靖墓前的百本梅花，是多少文人的精神圣地，但终究逃不过斧头无情的砍伐。大佛寺、灵隐寺、高庄、天开图画阁、白云寺、昭庆寺、圣因寺……无论是伤痕累累的残碑佛像，还是随处可见的华美纹饰，抑或是青苔覆盖的古迹，他们小心翼翼地经过，万分不舍地凝望，历史宽博与宏大的回响在耳边回荡，一种直指人心的力量。单士厘爱这些古物，但不泥古，在灵隐寺的罗汉像前，她潇洒地写道："冷泉三月豁迷津，敝履关河百二秦。学佛原来非佞佛，笑他梁武舍其身。"②

这座城市值得倾心热爱，因为此地不仅有西湖，还有英雄气。

青山有幸埋忠骨。他们在岳坟、张烈侯墓、于谦墓前作诗连句，赞颂千秋忠烈的诗篇，表达对先贤们的家国情怀之崇敬。放眼看过世界，这对从旧时代走出来的夫妻，年岁渐长，却与时俱进，认定现在已走出了以天下奉一人的封建时代，有清醒的国家意识："报国为驱君父难，而今言国不言君。"③

那年夏季，钱稻孙将正式赴北京就职。趁着一家人团圆，他们决定一起出门逛西湖游杭城。钱家三代数十人乘着小船，木桨划破西湖的晨色，烟波碧流，初日映着远山升起，晓霞如绮。过了一桥又一桥，荷花香从水面袭来，停舟茅家埠，大家离船上岸，沿着山路曲折行进，看过荷露滴垂，再闻松风瑟瑟，实在惬意。累了，路上的茅草屋里有卖茶的，大家啜茗休息，让一阵阵凉风带走疲惫。竹篁幽深，林中轻响更显山林寂静，来到灵隐寺，仰佛像庄严，看古老遗迹在飞鹫峰间千年的清凉。走过一线天，单士厘给孩子们讲述着传说，在水流和风声交织时，突然有一群蝙蝠飞过眼前，遥远的野兽叫声隐隐传到耳边，令人心悸。他们在寺内随喜而食，参观丛林古建，

① 单士厘：《单士厘文集·受兹室诗存》，中国文史出版社，2022年版，第52页。
② 同上。
③ 钱恂：《单士厘文集·系匏卅咏》，中国文史出版社，2022年版，第55页。

五百罗汉堂的金装罗汉还如昔日一般，发现乾隆和嘉庆帝的塑像居然也列于其中，不由一乐，听僧人说起欧美客人常来这里拓古碑古迹。一家人在冷泉亭休息时，她以长诗纪游并抒发对长子即将远行的依依之情，"胜游乐未央，情话还惜别。静听石上泉，似带离声咽"。但是，这位母亲是看过世界之人，她用诗为自己的儿子壮行，寄予远大的祝福："愿言志河海，出山为霖泽。"①

钱家保留着传统文化家庭的习俗，时节过得浪漫又文化。"中秋节。中午，钱恂在壶春楼宴请浙江图书馆馆员。晚上钱家一起吃团圆饭，留宿圣因寺。"②他们留宿圣因寺，是因为那里有十六尊罗汉的石刻古迹令他们流连忘返。钱恂有诗："贯休名笔画阿罗，十六贞珉百岁摩。种教同遭阳九厄，不堪并世见真珈。"单士厘同样有感而发，和诗一首："十六尊修古迹罗，贯休名笔几临摩。护持珍刻长留世，我欲慈悲呼落迦。"③这十六尊古罗汉是有故事的，入得了乾隆皇帝的法眼，也因此在北京的禁苑有相似度极高的复刻，但毕竟这里有原件，连古拓片都是非常珍贵的。他们欣赏之余也购买了拓片，钱稻孙后来将此罗汉石刻的拓片带到了北京。

在杭州那段日子，上了年纪的钱恂常有些小病小痛，七月底八月初曾患上疟疾、痢疾，直至天气转凉之后方才渐渐复原。单士厘亦时有恙缠身。丈夫的健康问题令她颇有些心绪不宁，无暇玩乐，只能给硖石家人写信诉诉苦，聊天兼纾解情绪。在这封八月信札里，她对于当时杭州盛行的陋习还有一段难得的抨击之语："杭州风气未开，人情如旧，但知念佛烧香，一年元宝锭儿不知要烧掉几千万金。以有用之金钱，难得之功夫，化为乌有，实在可惜。女谓我国阳间太穷，常向外国借债。阴间太富，恐被外国的鬼来讨去，不如从此以后将锡箔不要烧掉，裱糊板壁倒可免潮湿之气，又觉好看。女见东岳庙中被香烟熏得漆黑，岂不可惜。如此西湖好景，无人赏玩，城中女太太出来便到各庙磕头，自山门拜起一直到里头，磕得头错颠脑，亦无暇再看景致矣。又路经秽污，颇难行走，惟宝俶塔一山，被洋人买去，陆续布置最占胜景，良可叹也。"④

---

① 单士厘：《单士厘文集·受兹室诗存》，中国文史出版社，2022年版，第49页。

② 余连祥：《钱玄同年谱》，浙江大学出版社，2006年版，第73页。

③ 单士厘：《单士厘文集·受兹室诗存》，中国文史出版社，2022年版，第51页。

④ 单士厘：《单士厘文集·致母亲信第96封》，中国文史出版社，2022年版，第600页。

她对杭州的爱，是爱这座江南古城千年文化积淀雄厚；她对西湖的爱，是爱这人文交织的自然胜景。所以，在看到那些只知道拜菩萨念佛烧香，而不知欣赏美丽风景的"城中女太太"们，不由感慨她们在浪费"有用之金钱、难得之功夫"，可见她的金钱观和价值观与当时流俗之巨大差异。面对文物被污损，她心疼不已，见大好湖山被洋人占据，更是发出伤心一叹。

钱恂的新职业需要他们在杭城定居下来，但是"杭州居，并不易"，单士厘也曾为此大感头疼，租房价格太贵，押金动辄上千元，租的地段不好，出行困难。租在城外，生活不便，何况新筑成的潜园，有宽敞的屋子容得下一大家子人，园林式的好环境令其不舍。说归说，方向定了，还是得继续努力在杭州留下来。寻寻觅觅，多方打听，功夫不负有心人，终于找到一处合适的房子。她马上向硖石的长辈写信报告："新近租得一所房子，四楼四底，景致比潜园更好，目下还在修理地板条，修好就想搬进去。"①

这是一座美丽的"湖景房"，当然也是颇有故事的房子，即北山路上的坚匏别墅。

通过近2个月的整修，他们于农历八月二十八搬进坚匏别墅。在单士厘九月十五写给母亲的信里，她这样说："此屋为南浔刘澄如所造，造成至今不过六七年，在山上。前后皆通街，并且山上有井，建筑略带西式，好在处处看见湖景。不全租，所以家具都半是房东的，每月租价二十元，屋虽不多，精致可爱。明年春天女必要接母亲、叔母来住几时，益无须出房门，日日看西湖堤上行人及游船来往也。"②

坚匏别墅

① 单士厘：《单士厘文集·致母亲信第46封》，中国文史出版社，2022年版，第568页。
② 单士厘：《单士厘文集·致母亲信第51封》，中国文史出版社，2022年版，第571页。

　　坚匏别墅初建于 1903 年 9 月，又称小刘庄，亦称小莲庄，为清末民初南浔首富刘镛次子刘锦藻在杭州建造的一处山地别墅群，取刘锦藻号"坚匏庵"之意而得名。根据史料记载，小刘庄占地面积很大，南出西湖，北邻保俶塔，依水傍山。早期的坚匏别墅占地 17 亩，房屋建筑都依山势而建，正屋楼台铁栏全用坚匏篆文铸成，回廊环绕、池塘假山，浓浓的江南风格。北部的桂花厅，虽为传统建筑，但檐梁精美。临北山路的那座两层洋楼，名为无隐隐庐，和谐雅致。

　　坚匏别墅边上，还有不少胜迹遗存，自宋以降留下了许多文物与湖山共存，虽然不时遭遇毁损，但仍有部分遗存顽强地与古树名木一起守护着湖山胜景。抬望眼，保俶塔优雅地矗立于宝石山，低回首，眼前西湖碧波荡漾，实在是闹中取静的佳处。笔者于 2024 年前往寻访，坚匏别墅只剩部分建筑，有些区域已辟为民宿，有部分则租为他用，茶馆、书店、酒肆林立，昔日的格局难寻，唯有临西湖的房屋后部尚有旧意，围墙上书有"坚匏别墅"的字样，屋后的老井还在，这便是单士厘信中所言"山上有井"，水源方便是生活所需，况眼前有好湖山，得以滋养精神的愉悦。

　　作为杭州的一处名胜，坚匏别墅算得上当年许多文人雅士爱去"打卡"的网红。民国初年，朱自清与友人相伴去过坚匏别墅游览，在他的笔下，此

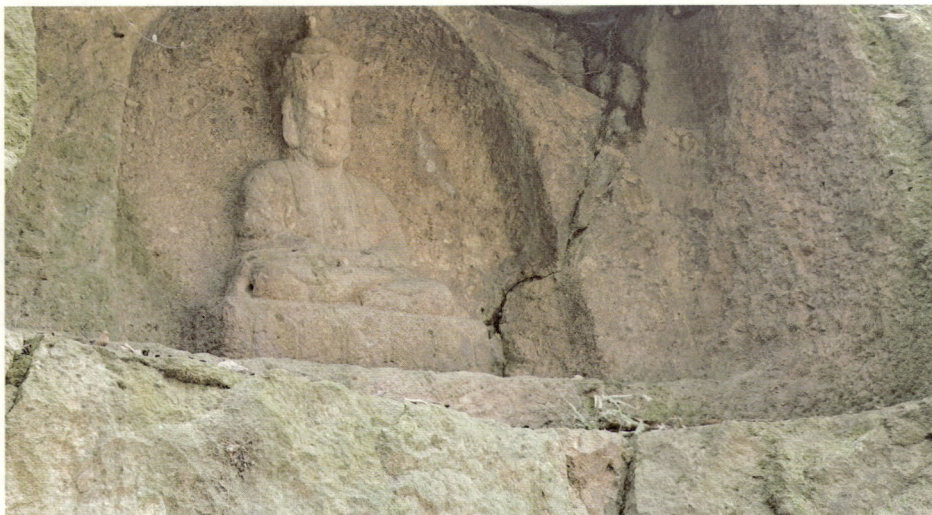

北山路山壁上的石刻

处有如人间天堂般的美。当然，钱家租用的仅是坚匏别墅中价格相对比较便宜的一小部分。不能成为杭城"有房一族"，只能当租房客，单士厘倒并不在意。人生旅程漫漫，时时在广阔的精神世界行走。她写诗表露心迹，顺便也安慰钱恂，夫妻同甘共苦，清廉生活和文人风骨更值得珍惜："罢官未具买山钱，磨磨虽经志愈坚。匏系不妨居虎下，爱他风物汶阳田。"[1]

房子不大，好在可以直面西湖，一览湖山胜景。那一泓碧水真是杭州的灵魂，能天天相对，实在是福气。湖滨的环境，四季皆是风景。这个房子地处古雅，前可直观断桥，屋后就有古寺，离岳王庙等胜迹也不远。夫妻俩一旦有时间就漫步于湖滨，屋前屋后都是触发灵感的诗词题材。他们留下咏杭州的30余首唱和诗，题目《系匏卅咏》标明写作地点，有幸安家于此，饱吸杭州人文浓浓的含氧量，诗人的心在同频共振。著名的大佛寺就在屋后，每每夫妻俩散步均会经过此处，依山而凿建的佛像低眉敛首，历尽劫难的斑驳痕迹是如此动人。这里有传说中始皇帝登临的系缆处，也是钱王为钱塘两岸的百姓开太平之地。钱恂在此看到寒梅绽放，提笔写道："系缆何曾佐暴秦，婆留更为忏贪瞋。佛心万劫无生灭，始任梅花隔院春。"[2] 单士厘的和诗更显示出精神的超迈："大佛犹然莫避秦，钱王失色梵王瞋。祖龙系缆真耶否？石不能言万古春。"[3]

栖居于西子湖畔，单士厘就多次热情地邀请自家的亲戚来住。

钱玄同当然是那里的常客，兄嫂搬入新居不久，他即在重阳节当日与朱希祖、沈尹默等人一起到坚匏别墅做客，他们在那里见到安吉递铺镇人潘尊行，对章太炎先生的《文始》等文章展开讨论。这个文化家庭里，看书议书写书出书，都是日常。何况钱恂的工作，也与书关系密切。书香世家，自然少不得书，他们便把自家平时所读的书，由湖州逐步运往杭州，平时就寄放在浙江图书馆。

虽然租住的是"别墅"，钱恂、单士厘也常邀请弟弟钱玄同、单不庵留宿，但钱恂也不得不以书信的形式告知钱玄同，"坚匏别墅不像湖州潜园，

---

[1] 单士厘：《单士厘文集·受兹室诗存》，中国文史出版社，2022年版，第52页。

[2] 单士厘：《单士厘文集·受兹室诗存》，中国文史出版社，2022年版，第55页。

[3] 单士厘：《单士厘文集·受兹室诗存》，中国文史出版社，2022年版，第51页。

大家可以住在一起"。① 他们租用的部分并不能支撑大家庭共住，得让钱玄同抓紧自已找房子。于是，钱玄同与朋友朱希祖一同在杭州寻租房，在福隆安巷找到了一个三楼三底、有水井和灶头的屋子。从当时的情况安排看，如果一切正常发展，钱恂和单士厘一家会在浙江住得更久。

时节流转，映日荷花不再红胜火，西湖秋色来了。冷峭的西风，把透明如红宝石的三尖形的叶子弄得萧萧瑟瑟地响，听着满城秋声在耳边回荡。单士厘在楼房窗口这边看看高树古寺，那边看看湖光山色，直到一抹斜日，半明半昧地躺在丹枫身上。人间又一秋，能在西湖边独上小楼看景色无限，真是江南难得的情味。进入十一月，深秋已至，亲情的牵挂又上心头，于是提笔修书——

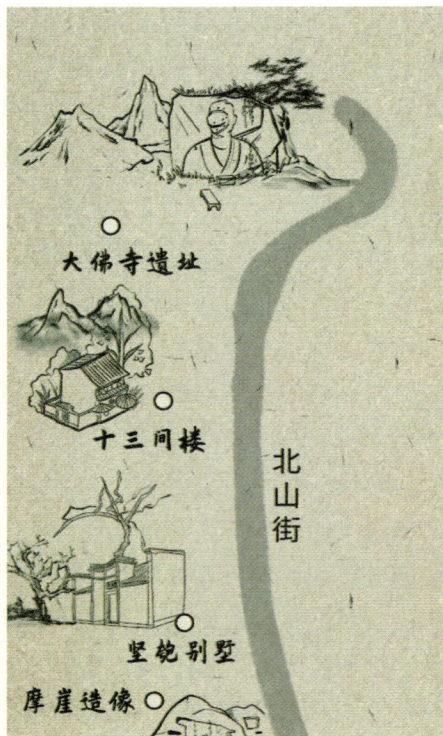

北山街坚匏别墅地形简图

女于初八日，偕女婿及稻孙夫妇等同来杭州，今日女婿挈稻进京游玩二三个月。女婿仍回南，稻留京。女定二十日返湖州，俟女婿归再到坚匏别墅。今年照阳历过年，阴历年底不算过年，只当一月底二月初矣。闻弟弟说，母亲旧历年前未必回陕，女想接母亲来潜园住两个月，趁此时女婿、稻孙均不在家。又蔡家表妹住在潜园左近，母亲来湖可日朝夕相见。况目下年假时候，蔡妹空闲，倘慈意允许，女即请怗蒿妹或晓苍妹乘舟（塾船）来迓。伏乞即日允复径寄潜园，或寄蔡妹处，至祷至叩。女婿嘱女务于年前接

---

① 余连祥：《钱玄同年谱》，浙江大学出版社，2006年版，第75页。

母亲来湖，俟其归来，同到杭州一看西湖风景后，由弟弟护送乘车回硖。①

　　丈夫离开了，多了闲暇时光。于是想着接母亲到潜园住两个月，再转到杭州看西湖，好好地陪陪长辈，她希望可以从容地安排时间与亲人聚聚。从写信的时间分析，那时的钱恂与钱稻孙一起赴京是为谋划明天，并在京城寻找新的落脚点。留给单士厘望西湖、看杭州胜景的时间并不多了。

　　因为在杭州，钱恂做的事得罪了权贵。他被"红楼"事件改变了职业命运。

　　据《钱玄同年谱》记载："11月28日晚，在沈尹默家看到浙江都督朱瑞给沈钧儒的信，撤掉钱恂的浙江图书馆总理（馆长）之职。"②起因就是钱恂拆掉白楼和红楼之间的隔墙，占了红楼，把文澜阁《四库全书》搬进去。此举大大改善了藏书环境，却得罪了浙江军政权贵们，导致被撤职。

　　钱恂担任浙江省图书馆馆长，从2月至杭城，11月即告别西湖，一年不到，但他在浙江图书古籍保护的成效有目共睹。目睹文澜阁残缺不全的《四库全书》，这批国宝级的藏书缺失不全的现状让他心痛。为了完成计划中的"补抄工程"，临走前，他向省政府申请了公费4000元，作补全之费用。

　　《四库全书》在太平天国战火中遭到毁坏，杭州士绅丁丙兄弟曾设法补全，即把丢失毁掉的书，从其他地方抄一份，补入这部书。钱恂在任上与夫人单士厘一起整理了《四库全书》，为尚存

坚匏别墅北门

① 单士厘：《单士厘文集·致父母信第58封》，中国文史出版社，2022年版，第575页。
② 余连祥：《钱玄同年谱》，浙江大学出版社，2006年版，第75页。

的图书编写《壬子文澜阁所存书目》。在整理损失和丁丙补抄的同时，准备继续努力。鉴于丁丙兄弟补抄仍缺的某些古书需要在市场上找，寻觅殊为不易。于是，他想到直接用另一套《四库全书》补抄。为此，他联合在京之浙江同乡会共同倡议，再募得千余元以补抄书费之不足。最后还是由他出面，请浙江巡按使行文教育部，商借其时热河避暑山庄移藏北京的文津阁本《四库全书》作为补抄的底本，呈请时任大总统的袁世凯批准，启动了这个文化工程。

文澜阁《四库全书》补抄工程在他主持下，始自1915年，终于1923年，前后历时8年，因开始之时系民国四年为乙卯年，所以钱恂主持补抄的库书左下鱼尾处印有红字"乙卯补抄"以识别，史称"乙卯补抄"。此次补抄，抄缺书33种268卷，同时还购回旧抄182种，共耗6200余银圆，其中除公款、筹款之外，不足部分由钱恂募集补上。此次补抄，其中《补绘离骚全图》和《西清砚潜》两件精品价值连城。

为补抄文澜阁库，钱恂在北京设立补抄文澜阁《四库全书》馆，亲自负责其事。另外还在浙江聘请单不庵、陈瀚为驻杭补抄文澜阁书分馆校理。浙江图书馆后任馆长龚宝铨也非常支持，使得库书补抄工程得以继续。这段经历对单不庵来说，影响极大。在抄录古籍之时，版本、目录、校勘等功夫受到更好的锤炼，成了他的看家本领，为后来胜任北大图书馆、中央研究院等工作打下了扎实的基础，可以说这件事也间接为图书馆人才培养做了贡献。

文澜阁《四库全书》的补抄，如一场文化抢救工程的"接力赛"。丁丙兄弟跑完了"第一棒"，钱恂则毫不迟疑地接过了"第二棒"，之后，再由海宁人张宗祥接过"第三棒"奋力跑完全程，冲刺到了终点，终使文澜库书得复全貌。在整个库书的抄补过程中，钱恂实际曾参与丁抄，而张宗祥又实际参与了钱抄，互传"接力棒"使得这部中华宝藏终得以完整传世。有意思的是，张宗祥先生主持的补抄，不仅募集了浙江人的财力，同样也有不少海宁人的参与。他于1909年主掌京师图书馆（今国家图书馆）时，发现了少有人知的《钦定四库全书荟要》，即仅供皇帝阅览的内廷本《四库全书》，俗称"小四库"。于是，张宗祥邀请了海宁人朱宗莱、单不庵等学者一起着手对"小四库"书目进行抄录。杭州文澜阁所藏《四库全书》经太平天国战乱已损失3/4，能得以全面恢复，毫不客气地说海宁人对此贡献甚大。

钱恂从浙江图书馆馆长去职后，即于当年底赴北京任参政院参政、大总统顾问。当时，他的女婿董恂士已在教育部任职，钱稻孙也在教育部编纂处任职员，于是积极寻觅合适的住处。1913年2月，春节的爆竹声还在回响，单士厘接到长子于正月初五发自北京的来信，告诉母亲已在西四牌楼北的石老娘胡同找到了一处很好的房子——

杭州圣因寺旁文澜阁

昨日奉父亲觅屋于西四牌楼北之石老娘胡同，得一巨衔，系满人产，地段清净甚可居。兹另绘略图呈览。前租户亦旗人，有女太太，故未能详细察视作图，然大致具矣。计七开间左右，各三厢房者二层，拟长幼房各占一层，内门外六间一排，朝北本为门房，拟以三间作粗糙家伙之储藏室，此为正屋东有三间者二层，无厢房，有长院子，周围皆廊，姑备书房、客厅等用最好。弟弟夏间来京完婚，以内层之三间居弟妇，则各自分院，而一廊可通三房。东院与门房平者有五间，朝北南房可为客厅、可为客宿，尤为富裕之地。此屋为全屋之一部。东院之东仍是同一房东之屋，而自有大门，今租户即迁居此处，屏门一关，便绝然为两家矣。屋北为房东自用之储藏室，与所租之屋不通，然固我北面极为谨慎。屋之西为花园，已另租与花匠作圃。凡有三门可通，启闭由我可作数步之场，而我不必经营管理也。花园之西，方是正屋，此屋规模极大，所不数睹，我所租实为其全屋之东院中，又但一半耳。如是所租之屋，周围皆是房东产业，同街皆大户人家，而地处静寂，绝无车马喧嚣，诚不易得之屋也。①

　　钱氏父子对这里都非常满意，认为"此居气象宽大，朋友不寂"，所以已下了定金，甚至还把即将成亲的钱稻孙的婚房也纳入计划了。在这个大屋里，各分院相对独立，一廊连通各房，据称这只是整座大宅院的一部分，其他院子已有人租，院里另有花园，他们打算租用的是全屋东院的一半，可见其规模之大，胡同里都是大户人家，闹中取静，他在信末预计"阴历二月初，父亲出京迎眷，夏前可团聚一家矣"。

　　1913年元月，钱恂回杭州小住，顺便安排家眷进京的事项。单士厘招呼大家聚拢在一起为钱夫子过61岁生日，这次热闹的家宴是他们在浙江的最后一次大团圆，所以全家人在宴后还专门摄影留念。当时钱玄同还单独拍了一张蛮有意思的单人照，就是他身穿自己设计的深衣玄冠的照片②。而这件"复古"款的国风衣服，映照着那个新旧交替时代的青年知识分子对传统的认识，细说此衣得以制成，少不得大嫂单士厘的一份功劳。

　　在辛亥革命的浪潮席卷全国之时，年轻的钱玄同无比兴奋，他"天天希望义师北伐，直捣燕京，剿灭满廷，以复二百六十八年以来攘窃我政权残杀我汉人之大仇"。③在复古思想的影响下，钱玄同参考《礼记》《书仪》《家礼》及黄宗羲、任大椿、宋绵初、张惠言、黄以周等人关于古代深衣之说的考证，作《深衣冠服说》一文，并希望自己也做一身深衣冠服。在钱玄同撰写的《三十年我对于满清的态度的变迁》一文中，他这样写道："一九一二年三月，我到浙江教育司中当了一名小小的科员，曾经戴上'玄冠'，穿上'深衣'，系上'大带'，上办公所去，赢得大家笑一场。朋友们从此传为话柄！"④他在"革新"与"复古"之间思想的交错，有时代的烙印。但这位书生具体对如何制衣是一窍不通，不得不请教他的才女大嫂。在收到钱玄同的信件后，单士厘在省亲回家的舟中即修书一封，告诉钱玄同如何按古礼制

---

① 单士厘：《单士厘文集·钱稻孙致单士厘家信》，中国文史出版社，2022年版，第601～602页。
② 余连祥：《钱玄同年谱》，浙江大学出版社，2006年版，第78页。
③ 钱玄同：《钱玄同文集·三十年来我对于满清的态度的变迁》第二卷，中国人民大学出版社，1999年版，第115～116页。
④ 钱玄同：《钱玄同文集·三十年来我对于满清的态度的变迁》第二卷，中国人民大学出版社，1999年版，第117页。

衣："左右襟用湖绉，不能一幅两襟（一反者）；续衽用湖绉亦然；约不可用三寸阔之纽，盖带只二寸，似不相配。"①次年的3月29日，单士厘写给钱玄同的家信里再次提到："深衣成后，如无便，只好婶婶带去矣，稍迟无碍否？"②可见此衣最后还是由单士厘帮忙做成的。

拍好全家福之后，因为考虑到将要举家赴京定居，钱恂把曾祖父用过的墨漏、漱盂等物送给钱玄同作纪念，嘱咐他"敬谨珍藏"。次日早晨，冷雨霏霏，江南的冬季笼罩着湿冷的氛围，钱玄同与单不庵一起冒着雨送钱恂和钱稻孙父子到杭州火车站，此时的告别将启动新的团聚——由于钱恂到了北京，给他们谋划新的职场机会，这两位好朋友的人生轨迹，将再一次因改变而重合。

钱家父子北上，单士厘料理搬家的各种杂务，在安排离开浙江去往北京的日子里，她修书把将在京定居的计划告诉在硖石的两位长辈，并且再次邀请母亲和叔母到杭州出游，仿佛她预知这一次离开，从此故乡只能在梦萦，所以在诸多琐事缠身之时，仍然急切地希望在西子湖畔能与亲人再好好团聚一回。3月11日的这封信里，女儿的心体贴而真诚——

女侯女婿回来阴历三月间必来硖觐母与叔母，兼话别也。女婿已得高等顾问官委任状，大约月薪三百元，在京租定一大屋，每月租金六十元，拟四月间全家迁往北京。惟家具之重笨者，不能迁，只好另租几间房子停顿，潜园与坚瓟别墅均须退租。最好母亲痊愈后，女到硖迎接母亲、叔母到坚瓟别墅住几日，春光明媚趁此游西湖，一览名胜，亦难得机会。况且弟弟在西湖，女与弟陪侍出游，便不胆小。游毕由弟弟送母回硖，务祈预先抵庄。③

3月26日，钱恂从北京又回到湖州，告诉钱玄同北京一切都已安排妥当，不日他将携全家赴京，兄弟谈话间，他提到了家中将请沈尹默教他的孙辈读经书。

---

① 张胜利：《单士厘致钱玄同信札整理研究》，载《近现代史与文物研究》2018年第8期，第156页。
② 张胜利：《单士厘致钱玄同信札整理研究》，载《近现代史与文物研究》2018年第8期，第157页。
③ 单士厘：《单士厘文集·致母亲信第79封》，中国文史出版社，2022年版，第590页。

钱玄同提出："大哥，你能够带上秉雄一起去北平，师从沈尹默学习吗？"

"当然可以，我有打算为你在北平谋得一份新的教职，顺利的话，你下半年就可以入职。"钱恂的这则消息，又给钱玄同的职业前景带来了新方向。

九、卅年违故土　饱看上林花

北京成了单士厘安家的新城。

她在浙江海宁出生成长，跟着丈夫迈出国门，辗转游历亚欧大陆，写下传世文字。回到浙江安居没几年，又举家迁到北方，从此告别浙地故土，走进京城的胡同。在四季分明的北方天空下，继续她的人生旅程，直至生命终点。

（一）京城定居　阖家团圆

北京对于单士厘来说，并不陌生。16年前，钱恂入京，担任张之洞与清廷的联系人，亲历百日维新，她曾为丈夫钱恂日夜忧心牵挂。

当时作为湖北补用知府的钱恂，被光绪帝召见。因父亲钱振常突然去世中止了他的北京之行。后来钱恂又回张府担任幕僚，直到受张之洞安排到日本。之后入俄都任参赞，开启了担当外交使节的新职场。从日本到俄罗斯、荷兰、意大利等国，单士厘随夫一路同行，当他们1909年底回国后，满心以为人生暮年将在浙江安居，可是计划不如变化，时过3年竟然举家迁到北方。

兜兜转转，这户江南人家终于还是来到了首都北京。

单士厘的长子钱稻孙已在教育部就职。他在少年时随着父母到日本留学，后又游学欧洲，毕业于意大利国家大学（一说是罗马大学），精通日语、意大利语、德语，兼攻美术和医学。回国后，他以二品荫生充任教育部主事，辛亥革命以后任教育部视学兼秘书。读《鲁迅日记》可以看到，民初几年，钱稻孙是鲁迅座上的常客。他曾和鲁迅、许寿裳合作设计过民国国徽，其中文字说明出自鲁迅，图案则出自钱稻孙之手。此后他还任过京师图书馆、北海、北大、清华、美专图书馆主任，还相继任北大、清华、法专、朝大、美专、女高师、民大、医大讲师，师大、北大教授。

1912年5月5日，《鲁迅日记》第一次出现钱稻孙的名字。钱稻孙与鲁迅早在日本的时候就认识，但在北京初次相遇还是在董恂士家里。当时钱稻孙的姐夫董恂士担任教育部次长，是鲁迅上级，而且也是鲁迅少有的比较欣赏的技术派官员，学问好，办事能力强。他去次长家走走，恰遇钱稻孙在姐夫家，三位都是日本留学的"海归"。此次见面后，钱恂与他谈至很晚。那时的鲁迅还被称为周树人。

民国初创教育部，机构精简，共三个司，普通教育司、专门教育司和社会教育司。各司之下有两到三个科，鲁迅在社会教育司，钱稻孙初进编纂处，后调入专门教育司。当时的教育部长是蔡元培。

之后在鲁迅的日记里，就时常出现和钱稻孙等同事一起吃饭的记载。他们是绍兴会馆的常客，另外常去的一个老字号饭馆就是广和居。

钱稻孙1912年初到北京时，随父亲到广和居吃饭，广和居的老伙计必高声呼喊"钱少爷来了"。钱稻孙刚开始以为是在叫他，但他错了，实际上老伙计认识的是他父亲钱恂。因钱恂当年随他父亲钱振常居京时，就是广和居的常客，伙计们的称呼也始终没改。

现在轮到钱恂带儿子来，钱稻孙很快熟悉了广和居——这家百年老店，坐落于北京宣外菜市口西路南半截胡同南头，路东的大门，临街三开间，地方虽小，名气极大，食客众多。清末民初来广和居吃饭的，多是名人政客、巨商大贾、王公郡主、贝勒贝子，其中也有不少文人墨客。广和居菜品颇具特色，诸如"潘鱼""曾余""吴鱼片""砂锅豆腐""蒸山药"等，因为离他们工作的教育部不远，所以教育部同人常去聚餐，北大等高校的教授如李大钊等也是常客。

那时京城里的著名餐馆鱼龙混杂，既有豪门聚会，也有平民消遣。地方大员京城宴请各路"神仙",学者好友相聚,相约去饭店饮酒吃饭,高谈阔论之余,品美食佳肴,说官场掌故,论文化渊源,民国初年的"朋友圈"风雅往往与烟火气勾连。文人常去的餐馆自然故事多,"网红菜"的背后都有传说。如其中一道名叫"曾余"的菜肴,此"余"乃"鱼"之误。"曾鱼"创自曾国藩府上大厨的菜谱,是曾公喜欢吃的一道菜品,不知道广和居通过什么渠道,居然把烹制该鱼的秘方给捣鼓出来了,成了广和居菜单上的菜品。不少人上广和居吃饭就会点这道"曾余"过一把"曾侯"瘾。又如"潘鱼"乃潘祖荫所创,用整尾鲤鱼斩成两段,先蒸后烹以清汤,并不加作料,鱼皮光整,斩口处弥合如初,鱼肉烂极,汤味本色。还有"五柳鱼",形同红烧鱼,有鲜菇丝、笋丝、火腿丝、红辣椒丝、口蘑丝是为"五柳"。相传该鱼的烧法为一陶姓京官所授,推而及之陶渊明亦陶姓,暗合"五柳先生",故得此雅名。

钱稻孙与许寿裳、鲁迅等人在广和居吃饭品酒,常借着酒兴"骡游于街",饭后余兴即是一起去逛琉璃厂书肆,为得到一本好书、好帖、好字画而欣然自得。公务之外,这种生活消遣的方式是为当时文人的"常规路线"。很快,钱恂、单士厘来到北京,也进入这个文化圈。

1913年,钱恂回到浙江接单士厘等家眷前往北京时,钱玄同的长子钱秉雄跟随而行。农历五月二十四日,他们从上海一起乘轮船出发。无风无浪地过了黑水洋,两天后就到烟台,他们在此停留半日,过了夜。在第二天早晨继续坐船过塘沽,午后三点半抵达天津港,下船后到亲戚家歇息了一天,钱稻孙早已前来津门迎接父母。五月二十九日早上,全家换乘火车进入北京站,二女儿钱润辉率外孙等人到车站相迎。

到达北京的那一天,恰逢单士厘生日,钱恂决定在酒楼设宴庆祝,全家人欢聚一堂举杯为单士厘祝寿,为顺利到京而欢笑畅饮。北京胡同里的新居,在等着女主人的到来。

西四北头条至八条现在是北京市第一批历史文化保护街区,系京城"旧城历史精华地段的核心保护区"。这里随着元大都的兴建而诞生,至今已有700多年的历史。一条条灰色的胡同承载着历史的信息,仿佛老北京的"根"。这些区域在元、明代时属鸣玉坊,清代为正红旗地界,至今还保留了元大都时代的坊巷肌理与明清风格的四合院群落。

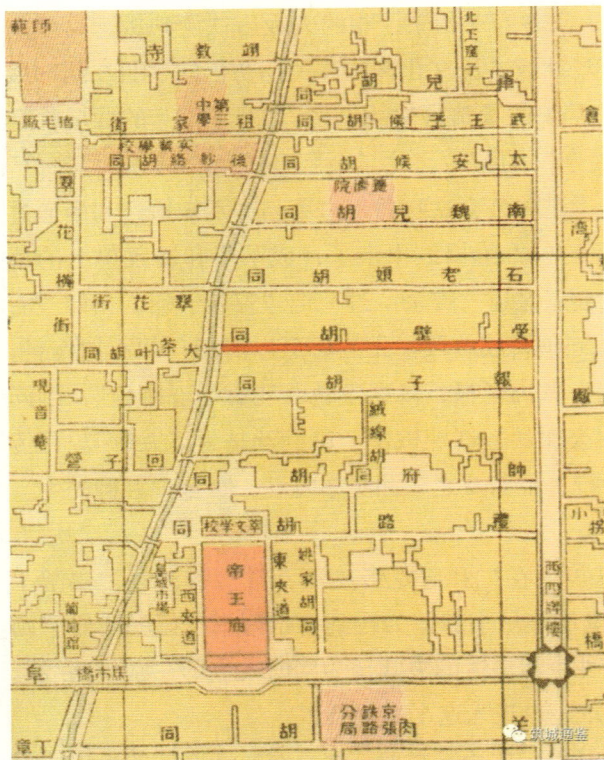

北京胡同保护区局部图

他们的新居在北京西四北胡同。

因西四北大街与阜成门内大街相交的十字路口的东西南北，有明代建造的4座牌楼，所以此地被称为西四牌楼，北京人简称西四，他们的家在西四北五条，明代时就称为石老娘胡同，传说因居住过石姓的接生婆而得名。胡同不算长，也不算宽阔，但里面有的建筑堪称"气象阔大，雕梁画栋，金碧辉煌"，与江南民居完全不同，整体格局与室内室外的布置都带着北方特色，还有皇城根下特有的贵气。

当她在北京住下后，北方气候与南方的区别甚大，开始并不习惯。北方天气的干燥少雨，令江南女子很难适应。但当她生活了一段时间，倒觉出了四季分明的妙处。

北京胡同的宅门独具特色，高大的院墙上悄悄探出来的各色花卉，以及悠闲地从墙头房脊上踱步而过的花猫，都自成一景。春夏秋三季，四合院里姹紫嫣红，等到了冬天，北京才算是露出了苍凉底色，残阳、冷风、落叶卷过胡同，与结了冰的护城河和巍峨的城墙一起，勾勒出古城浑然天成的厚重感。

老北京胡同里的生活有滋有味，有声有色。"哎——沟葱儿——大青椒，西红柿——茄子——嫩黄瓜！"串街卖青菜的小贩，嗓音倍儿亮。串街的"南货车子"则有固定的路线和客户，不用吆喝，按时准点儿进胡同，老顾客会在家门口等候。每当小铜锣一响，就知道卖豌豆糕的来了；卖"玻璃粉"的小贩，是用小钢棍敲着车上挂的小铜钟进街的；伴随着"卖酸枣面儿——糊涂糕"的吆喝，小贩臂挎柳条筐来了，小孩捧到嘴边舔着吃，往往粘到脸上，活像长了胡子，所以又叫"胡子糕"。"打水盏的"小贩来时，右手持上下两只小铜碗儿，手腕抖动，铜碗碰撞出的脆音，直传入宅门。

特色点心虽然南北各有擅长，但都是孩子童年时最甜蜜的记忆。"满糖的驴打滚来哟！"——卖豆面糕的把江米面和水蒸熟，擀成片，卷上红糖、豆沙馅，再切成小方块，上面撒些白糖，又软又甜，老人、小孩都爱吃。由于切块之前，要把整个江米卷搁进炒熟的黄豆粉里滚一滚儿，蘸满干豆粉，就像驴子在地上打过滚，所以老北京称为"驴打滚"。同样的面食，在海宁也有类似做法的就有松花糕，里面卷的是豆沙，外面裹一层嫩黄的松花，她还记得硖石镇上就有糕团店专做松花糕，尝一口，又软又甜，嘴边粘上黄黄的松花，蛮滑稽，也实在又糯又香。可惜，北京家里的孩子多，经济并不宽裕，单士厘只能买点廉价的吃食哄哄孩子，心里很是觉得亏欠。

伴随着清脆的敲打大铁铲的声音，是糖炒栗子出锅了，秋日美食上场。北京周边盛产栗子，从秋天白露节气后上市，要卖上一个冬天。在胡同口的小铺，门前支起灶，架口大锅，倒进生栗子和大粒沙子，用扁平的大铲反复翻炒。除了糖炒栗子，卖烤地瓜的那一声"烤白薯——热乎乎的！"实在诱人，"哎——萝卜赛过梨！"冬日萝卜真是"南北通吃"，北京人有话："吃凉萝卜喝热茶，气得大夫满街爬"，单士厘会想到海宁人常说的"冬吃萝卜夏吃姜"，冬日萝卜又治感冒又助消化，还能压咳嗽，有"赛人参"之称。

冬天来了，年底也到了。各户当家人盼着"打瓢的"来。"嘭—嘭—嘭！"小贩用藤条子敲打着车帮挂着的半个厚厚的大葫芦瓢，车上俨然就是个"日杂商店"，但凡居家过日子所需，基本上应有尽有：粗瓷碗碟铸铁的锅，成把的筷子成摞的盆，有过年扫房用的长把掸子，也有平日掸尘土的短把掸子，还有扫地的长笤帚、刷锅碗的炊帚、扫床的炕笤帚……

但单士厘喜欢亲自出门去采购，自己去店家或是集市均可，不愿意委托家里的佣人去做采办，这样更节省些——"女常乘车，自购应用之物，盖一往仆人手价钱加添，若买几样东西即说不明白矣。北京店家见人极恭敬，有尘落处，大店家皆不打价，所以妇女购物，每每自己出去，不以为奇。又有市集如将各种摊子摆在一处，皆有一定地点，有一定日子。某日应集某处，各物如饮食器具衣服玩物随人所欲，但游人拥挤，女不愿往至。游览之所亦不少，可惜路远，不能接母亲来此盘桓。"①

身处碤石的亲人听说北京气候寒冷，不知道这群南方人怎么过冬，来信询问，于是单士厘急忙回信，告诉继母自己寓室房子裱糊严密，无冷风透入，在室内过冬，反比南方显得温暖。而且平时外出，她会穿着皮子外套。

迁到北京当年冬天，钱家又喜添一娃。1912年12月17日，包丰保又诞下一女，即为钱澄，小名亚澄。钱稻孙将爱女的脐带制成标本珍藏，用宣纸包裹，书写上出生日期和脐带脱落日期以作纪念。

随着钱家一起来到北京的，还有钱恂的侍妾朝日。单士厘虽是环游过世界之人，但仍然缠着一双小脚，除了身体上封建文化的残痕，道德上也同样接受了封建家庭伦理规范。她和丈夫感情极好，却能为钱恂纳妾。从《癸卯旅行记》里就可以得知，一路上，她即带着两位侍妾而行。为夫纳妾，她从无奈接受到主动作为，身上充分体现了一个从封建向着现代社会转型过程中女性的复杂。1913年2月，积雪盈尺，钱恂的侍妾制了雪灯来给钱稻孙的幼子玩耍，边上的单士厘看着欢喜，写下一诗："雪薄光能透，冰坚火自深。圆明堪代月，相济不相侵。"②细读之余，又似乎有某种隐喻在里面。

随着民国时代的到来，许多皇家的园林禁苑逐渐向公众开放，这无疑是爱好古物之人的福音。单士厘平时并不愿意轧闹猛，与人酬酢交际并不多，她依着自己的爱好喜欢选择安静的人文景点。在古都，看悠久历史沉淀的京城风景是非常享受的，比如现在改为中山公园的社稷坛，曾是皇家祭祀之地，寻常百姓并不能进。当她有机会与家人一起来到禁苑，看参天的古柏，徘徊在放着五色土的社稷祭坛前，听鸦雀在松树间鸣叫，前面的大殿即是中山先生停灵之地，红色的宫墙衬着绿荫，着实是皇家气派。最为遗憾的还是南北遥遥的距离，不适合接碤石的老年长辈前来游玩，这一点，她反复在信中提及："京中现颇安靖，游玩之处极多。女不与诸女眷往来，亦不大出游。前日偕女婿挈女媳诸孙辈游社稷坛，此处将来改为公园，其中松柏参天，皆

---

① 单士厘：《单士厘文集·致父母信第73封》，中国文史出版社，2022年版，第585页。
② 单士厘：《单士厘文集·受兹室诗存》，中国文史出版社，2022年版，第81页。

中山公园社稷坛一景

明朝物，大抵四五百年矣。可惜路远，每见胜景，恨不接母亲、叔母同游，阴历过年尤为热闹。"①

在北京，钱恂与老朋友往来甚密，倒也不算寂寞。而单士厘操持内务，管着一大家人的吃喝拉撒等事，其生活起居规律，仍保持着学者式的态度。钱玄同长子随他们到北京求学，由单士厘负责照顾。她的北京生活日常都被稚嫩的钱秉雄看在眼里。②

我上小学以前，即一九一三年。曾在北京伯母家中生活过一年多的时间。她热爱我国的古典文学，喜读我国的历史书籍，勤于执笔写文章，每天必写日记。她的生活很有规律，每天早晨，不管冬夏，五点钟起床，点着灯吃早饭，饭后陪着伯父带我乘车去中央公园散步游玩，常是拿出从国外带来的积木、画片等供我看着玩弄，每天教我识方块字，还教我读五言古诗。安排完，我就看她坐在书桌前打开书本翻阅，写文章，抄录书中有关的记载，直到吃午饭。晚间天黑就睡觉。

---

① 单士厘：《单士厘文集·致母亲信第34封》，中国文史出版社，2022年版，第561页。
② 钱秉雄、钱三强：《单士厘文集·回忆伯母单士厘》，中国文史出版社，2022年版，第604页。

　　这是钱秉雄事隔70年后的回忆，虽然时光匆匆过了几十年，沧海桑田，每每回忆起那段时光，"仿佛离我不太远"。画面仍然是温暖有光，映照出一位传统女性的智性生活。

　　1913年8月，长兄坚持要钱玄同到北京发展，并为他谋好了教席——9月开始任职于国立北京高等师范学校及附属中学，已怀孕的妻子徐婠贞则由娘家派人接回绍兴待产。初到北京，钱玄同暂住西四北石老娘胡同中的钱恂家里，和长子钱秉雄住在过厅的两间房中。

　　这一次，钱玄同的人生又被长兄安排了。一路走来，大哥规划了他的留学、婚姻、职业，包括回国在家乡湖州教书，随后入京求职。虽然是远行，但这一步实在重要，他进入了北京高级知识分子的圈子。其初到京城任教职的学校也是来历不凡，前身是1902年创办的京师大学堂师范馆，1908年独立为京师优级师范学堂，是我国高等师范学校独立设校的开始。1912年5月改名为北京高等师范学校，由陈宝泉出任首任校长。这所学校出名人，钱玄同到该校担任国学、经学教员，不久也将声名远扬。

　　初到北京这段时间，单士厘照顾钱玄同父子的起居，时不时还约了他的朋友来相聚。1914年，钱玄同从9月12日开始记当年的日记，在9月14日就有这样的记载："今日为阴历七月二十五日，余生日，若从阴历计算，当在今日。兄嫂特备肴食，并邀幼渔、沈氏昆弟、穟耿来陪。予惟程子之言，生日本不愿加餐，重以阿兄盛意，未能抗违，故食之。"①查阅《钱玄同日记》，会清晰地看到他在北京的第一年，日子很难过，受人排挤，上的课少，月薪"不足百金"，寄住在兄家，没钱自己赁屋而居，更无法把家眷接来北京。

　　在钱恂之后，又再次发起补抄文澜阁《四库全书》的张宗祥也是海宁人，与钱家素有交往，曾与钱玄同一起在浙江教育司任职，后继任浙江图书馆馆长，与钱氏兄弟都多有接触，曾说："玄同是念劬教养大的小弟弟，见了这位老大哥比耗子见了猫还怕。"②他的这一惟妙惟肖的比喻是熟人间玩笑，也反映出朋友的直观感受。但实事求是说，在钱玄同和长兄及长嫂的关系之中，既有礼的因素，更有情的成分。

---

① 钱玄同：《钱玄同日记》，北京大学出版社，2014年版，杨天石整理本，第273页。
② 张宗祥：《补抄文澜阁〈四库全书〉史实》，载《浙江文史集粹》文化艺术卷，第233～234页。

　　钱玄同的到来让这个家庭更为热闹，出门聚餐，吃饭会客，这些活动也显示于其他文人的记录里，如周树人，他在日记中有载："赴广和居，稻孙招饮也，同席燮侯、中季、稼庭、逖先、幼渔、莘士、尹默、维忱……"①这就极有可能是钱稻孙为"老叔"接风洗尘，张罗人脉关系，尽快打开局面。其中何燮侯、张稼庭、沈尹默均为此时北京大学的实权人物。钱玄同作为章门弟子，后来与黄侃、马裕藻、朱希祖等人一起执教北大，随后数年他们取桐城派而代之，成为北大文科的中坚力量，骂倒了"选学妖孽""桐城谬种"，为新文化运动扫清了复古障碍。新旧对垒时期，进步文人的许多金点子就在茶饭之间诞生，这当然是后话。

　　周树人、周作人兄弟是当时与钱稻孙、钱玄同交往较为密切的朋友，在周作人的散文里流露的生活细节非常有趣生动："民国以前北京也有一样菜叫作'总理衙门'，不过这只是几个京官说了出来，能行于一部分的饭馆，并不怎么普遍，而且那菜也不好吃，所以后来到了民国就渐渐不听说了，这其实就是蛋花汤，北京称为木樨汤的。至于意义则不难了解，即是说浑蛋罢了。清末总理衙门的官是办外交事务的，本来要算是'时务'，可是实在仍是昏聩糊涂得多，在少数老新党看来还是很可气的，所以加上这个徽号，又复灯谜似的送给了无辜的木樨汤了。据我所了解，喜欢使用这名称的是钱念劬，即钱玄同的老兄。发明者即使不是他，也总是他们同时的几个新外交官吧，但是从喜欢开玩笑的这一点看，大概还是他顶有这可能。"②

　　在民国初年的《鲁迅日记》里，事关单士厘长子钱稻孙的记载并不少。

　　如1913年1月28日所载："上午钱稻孙到部，云前日抵京，以石刻贯休作《十六应真像》相赠，石刻于清乾隆时，在圣因寺，今为朱瑞所毁。"《鲁迅日记》中提到了圣因寺，那时他与鲁迅在教育部作同事，鲁迅先生喜抄古碑，雅好古物。两人兴趣相投，时常一起吃饭、逛古书铺。

　　钱稻孙还曾向鲁迅先生赠予自己父亲钱恂所作的《史目表》一册，以及钱恂所编的《天一阁见存书目》资料用书等。钱恂很重视表这种体裁，有《韵目表》《史目表》《书目表》等留世。文人相交，互赠家中所藏的或家人

<hr />

① 鲁迅：《鲁迅全集》第15卷，人民文学出版社，2005年版，第80页。
② 周作人：《周作人散文全集·总理衙门》第十卷，广西师范大学出版社，2009年版，第616页，1950年原刊《苏报》署名十山。

或自己作著之书籍，自古有之，正如俗语所讲的"秀才人情一张纸"。当然，除了赠予，朋友出了新书，还得互相购买以示支持。鲁迅先生曾购买了上海书店新出的钱稻孙译近松门左卫门和井原西鹤的书，并在日记里称赞其"译文精彩，爽快淋漓，像夏天喝冰镇甘蔗汁，过瘾"。而钱玄同与鲁迅也将在日后碰撞出新文化的"火花"。

钱恂赠书《归潜记》，盖有伉俪合璧印章"泉寿受兹合印"

钱恂、单士厘一家始终与钱玄同保持着最密切的亲情。只要是钱恂、单士厘、钱玄同等人的生辰来临，均会互致祝贺之礼，在饭店聚餐共祝生日快乐或举行家宴同庆，甚至借一个人生日相聚多次都是常事，请客回礼，来来回回，亲人之间的情谊越发深厚绵长。每逢春节、中秋等节日，钱玄同就按照礼仪去大哥大嫂家里拜年、贺节，虽然对于这位新文化运动的闯将来说，遵循古礼有时会感到不舒服，但对兄嫂，他始终保持了最大的尊敬。至于遇到难事，钱玄同还会把心中的不如意向如母亲般的长嫂倾诉。他的日记中有记，"与嫂嫂谈及半年来不快之事，不禁潸然涕下"。

除了钱家的，还有单不庵这位自家弟弟，也是单士厘全力关心的对象。虽然当时他还在杭州，但姐弟俩联系极为密切。1914年，她在收到单不庵在岁末年初时寄出的家信，告诉姐姐打算在元宵节为自己的母亲祝寿，邀请参加。她这一次却无法前往硖石团圆。虽与婶母情谊甚佳，只因北京也将有大喜事要操办——次子钱稷孙即将成亲，家中尚有许多事要忙，到硖石匆匆一转，路途遥遥甚是不便，便送上"千春寿幛寿屏"等贺寿之物"在京遥祝"，并答应了为叔母作寿叙，"惟颂扬我叔母懿行谊不敢辞，当与姐夫共成之"。[①]

---

① 单士厘：《单士厘文集》，中国文史出版社，2022年版，第532页。

和钱恂一块完成这篇文章以示隆重和恭敬。她还提前透露，自己或将在二月底或三月初一起到南方住一两个月，因为到了那时北京家中的喜事程序完成好了，走得开。1914年6月16日，单士厘又添了一孙子，小名亚狷，是钱恂的第三个孙子，前两个孩子分别出生于日本和意大利，这是他们家第一个在中国出生的孙子。

1914年底，钱玄同终于把家眷从浙江绍兴接来北京，租住在东安门北河沿北头北箭亭子，一家五口在北京团聚。他初到北京的那年10月16日，钱玄同的妻子在绍兴徐宅为他生下了第三个儿子钱三强，此时已过了周岁。虽然对包办婚姻不满，但友人劝他纳妾，他严词拒绝。他的回答是："我在《新青年》倡导一夫一妻制，如果我现在纳妾，那岂不是打自己的脸吗？"钱玄同坚持一夫一妻，同时旗帜鲜明地主张自由恋爱。他的道德坚守，在民国初年的开放潮流中风标独具。

就在1914年夏，钱恂与杨度一同被任命为参政院参政。参政院是根据《中华民国约法》（所谓的《新约法》，1914年5月1日公布）在袁世凯时期设立的大总统咨询机构。由大总统任命的院长和副院长各1名，以及50～70名参政组成，原本的任务是应对大总统的咨询审议重要政务。在袁世凯去世后，于1916年6月解散。也就是说，钱恂担任这一形同虚设的参政职务，任期也只有一年不到。

当他们在北京定居后，杭州的坚匏别墅暂时空租着。得知单不庵在暑假结束后即将赴杭州任教，姐姐特意写信让弟弟前去那里居住，带着夫人前去最好，在九月三日的信中有这样至今读来仍是贴心贴肺的文字——"伏假将满，弟弟又需赴杭，女前信劝其挈菊姨同去，因坚匏别墅空租着，而弟弟住彼有人服侍，庶几少解愁，顷且冀得一佳儿，以慰母亲暨叔母含饴之望。"[1]

1915年，单不庵任教于浙江第一师范。其入室弟子有曹聚仁、施存统、周伯棣、俞寿松等。那时师生都埋头读书，朴学氛围非常浓郁。单不庵还替来自桐乡的学生丰仁改名丰子恺，即后来成为著名画家、作家的丰子恺。在学生曹聚仁的眼里，"我们的单不庵老师，颇有领导群伦的声誉"。当学生们前去他的家中，发现老师的书斋里井然排着几万图书，每一部每一卷都留下

---

① 单士厘：《单士厘文集·致父母信第36封》，中国文史出版社，2022年版，第563页。

了他的手迹。在一些重要典籍的书页余白上，甚至用铅笔的细字记出各种的意见和校勘。曹聚仁回忆："单师在治学方面，可以说是清代考证学的正统派，他的考据之精审，一时无两……他教我们的国文，单是讲邱迟与陈伯之书，就整整讲了两个多月，黑压压地写了几十黑板的参考注释，不用片纸，都是信手写出来的。"①

单不庵的学术成就，有家学渊源，也靠他自己勤奋。其读书之多，校勘之精，用心之细，有"二脚书橱"之称。但姐姐带来的机会也不少，与图书馆的结缘就与钱恂是分不开的。当姐夫在浙任省图书馆馆长时，就带着他整理杭州文澜阁《四库全书》。钱恂到北京后主持"乙卯补抄"，不仅在北京设立补抄杭州文澜阁《四库全书》馆，同时聘请他为驻杭校理。以后数年，他就在江南负责补抄和购买民间的文澜阁所藏《四库全书》缺佚卷帙，默默无闻埋首于杭州文澜阁《四库全书》的整理，并兼任教课。随后不久，他将与姐姐在北京相聚，再续书缘。

在北京，钱恂和单士厘的生活则开始变得从容。京城文化氛围好，不仅图书馆及私人藏书多，而且还有琉璃厂书肆可供爱书之人反复游览、淘书选书。自清代乾隆年间修《四库全书》，琉璃厂书肆就成了学者们的公用图书馆，300多年来国内的著名学者，没到过琉璃厂的实在不多见，爱书如命的钱恂夫妇自然也时不时地逛逛海王村，还经常在这里遇到老友新朋，在钱玄同日记里也有不少记载，在琉璃厂逛书摊时遇到兄嫂，然后约上一起聚餐的场景。

在北京这个政治文化中心，钱恂和单士厘安静地走向暮年。

（二）北京生活 风云激荡

时间很快来到1915年，吃过1月11日钱恂的生日宴，两兄弟到北京安家的第一个春节即将到来。

---

① 曹聚仁：《文坛三忆·萧山先生单不庵》，三联书店，1999年版，第168页。

2月13日，农历除夕，钱恂、单士厘安排祭祖仪式，钱玄同带着儿子前去大哥家参与。第二天是大年初一，钱玄同夫妇带着儿子应大哥之邀再到他家吃饭。过年的仪式结束后，钱恂吩咐他书写《二十四史》书头，钱玄同照办并且马上完成。

这一年并不平静安宁，北京正在风云剧变，身处其中的人无不亲身经历时代大变革。袁世凯就任大总统后，公布《中华民国约法》，废止《临时约法》，扩大总统权限，为复辟作准备。1915年，袁世凯接受丧权辱国的《二十一条》。历史沉渣泛起，有人公开支持恢复帝制。但是再浓重的夜色，也无法阻挡黎明的到来，冲破黑暗的文化曙光正在酝酿中。9月15日，陈独秀创办《青年杂志》，新文化运动很快席卷而来。

当时钱玄同除了任北京高等师范学校国文部教授之外，同时兼任北京大学文字学教授和北京大学研究所国学门导师。也在1915年，从日本帝国大学农科毕业回国的钱稻孙进入农商部任职，小儿子回到身边，有了好的职业。钱稻孙的第四个儿子也在这一年的8月5日诞生，添丁进口，家人团圆，让单士厘感觉更完美了。

民国初年，他们在北京的日子过得相对安稳。但钱恂日渐衰老，不时出现病痛是无法避免的情况。1916年1月14日，钱玄同陪着哥嫂一起去观看梅兰芳演出《黛玉葬花》，15日，钱恂的大女婿徐昭宣还在瑞记专程设宴为钱恂过生日，大家欢聚一场。不料才过了不到一个月，钱恂就开始出现腰部麻木等症状，看了许多医生，都说是老年人体虚所致，可是让单士厘更为忧心的是董恂士的病。

二女婿董恂士是钱恂的得力助手，曾随他一起出洋办事，1904年在早稻田大学国语政治科毕业，1912年担任教育部秘书长、教育部次长，1913年5月担任代理教育部总长。1914年担任平政院庭长，仕途看好，是钱家新一辈里很有出息的人物。但他英年患病，时好时坏，在1916年3月，年仅38岁的董恂士在亲人的依依不舍中离开了人世。

就在同一个月，一件全国性的大事发生了：袁世凯称帝不满百日，被迫取消帝制，洪宪年号自此被扫进了历史的垃圾堆。

袁世凯终结了皇帝梦，于1916年6月6日去世。次日，黎元洪就任大总统。当年9月，《青年杂志》改名《新青年》，发表了李大钊先生的著名论文

《青春》，钱玄同开始进入编辑部，他将走上前台，不仅亲自撰文鼓吹新思想，还以他独特的方式"逼出"了鲁迅划时代的小说《狂人日记》。

那一年的中秋，是钱玄同30岁的阳历生日。钱恂家从石老娘胡同搬迁到了受璧胡同的新屋。这次搬家，依旧在西四北的胡同里，只是从五条换到了四条，往南挪了挪。这个胡同明代称熟皮胡同，相传有熟皮作坊在此而得名；后因制皮时散发臭气而称臭皮胡同；1911年后以谐音雅称受璧胡同。胡同为东西走向，东起西四北大街，西至赵登禹路。全长503米，均宽4米，和之前的石老娘胡同规制相似，现仍保存元代胡同旧制。作者曾在老北京的带领下，走访这个胡同。只见胡同形状保留的大致完好，两侧相邻宅院的房屋之间并非一味对齐相接，而是前后参差错动，形成富于转折的界面轮廓，路面宽窄亦有收放，虽然胡同里的四合院大多经过改造而面目全非，但胡同中部的两排高大树木还在，夏日郁郁葱葱，冬日枝干遒劲，为整条胡同营造出有层次感的线性空间。虽是形态笔直的胡同，但行进之时向前方远眺，并不会一览无余，反而有步移景换的空间效果，尤其是胡同中部有几座华丽的四合院门楼，所限定的空间节点及场所感使整个受璧胡同的空间关系张弛有度，颇具节奏感。

钱玄同带着长子秉雄到大兄家，是常事。因时局动荡，钱玄同的妻子徐婠贞又带着孩子去了天津，钱玄同开始在大沟沿师大办公室寄住。大家拜了祖先，再一起喝中秋酒。明月当空，家人雅聚，本是非常美好之时，只是时事纷乱与亲人离世，在团聚之时不免起些忧伤之情，还有对未来不确定的担心。那段时间里，不仅是钱玄同时常到兄嫂家，钱恂也时不时会去幼弟处看望，大多数时候则是单士厘准备了家宴请他去吃饭，便于兄弟俩谈论时事，商讨学问。在1916年12月9日，钱家又有一名女孩在北京降生，这是包丰保生育勤劳的新纪录，三年生了仨娃。

时间很快来到了1917年。

1月2日晚上，北大新任校长蔡元培前来受璧胡同9号（现改为西四北四条23号）拜访钱恂。蔡元培是钱恂和钱玄同之父钱振常的得意门生，1916年12月26日刚接受了任命的蔡元培先生，接过校长委任状的第七天，就到钱家拜访。而得知此消息的钱玄同，在参加了北大前校长胡仁源的饯别茶会之后，也马上跑到大兄的家中，这是他与蔡元培的首次见面。初识大名鼎鼎的蔡校长，他在日记里兴奋地记道："其人状貌温蔼，语言谦和，举止醇谨，人谓其学问渊博，吾谓道德尤高。尹默谓大学校长得此等人任之，允足为学生表率。诚然！"当年，钱恂被蔡元培聘为北京大学国史编纂所的纂辑员。

更能载入北大教育史的是，钱玄同、沈尹默等人为蔡元培推荐了陈独秀。虚怀若谷、爱才识才的蔡元培先生对这位声名远扬的学者非常尊重，亲自面见陈独秀，聘请他出任北京大学文科学长。自此，新文化运动即将在北大红楼里发源肇始，继而席卷全国，形成风起云涌的大势。

随着时代洪流而前行的，还有钱恂的外甥张菊圃。当时他正追随陈炯明，在广东参与革命活动，张菊圃作为随员跟着陈炯明于1917年1月5日来京，并前来拜望舅父舅母，住在钱恂家中。钱玄同得知张菊圃来京就迫不及待地跑到大兄的家里，听他讲广东的革命运动，聊新闻事件，探讨世界大同、革新与战争等话题。

亲人相聚，自有欢宴。1月14日，钱稻孙选择江苏会馆宴请张菊圃。这个江苏会馆于钱家颇有纪念意义。当钱恂之父钱振常为京官时就曾居住于此，钱玄同的生母周氏、钱恂夫妇往年到北京暂住，也都会选择江苏会馆。当大家重聚在这家会馆，捧觞祝福，瑟雅琴和，昔日的时光仿佛又回来了。钱玄同带着夫人和长子一起赴宴，大菜则由钱稻孙特意从广和居叫来。这一年的除夕，钱氏大家庭特别热闹，张菊圃留在北京，在钱恂受璧胡同的家中过年。

那一年，陈炯明北上晋见段祺瑞、黎元洪，获"定威将军"称号。之后，马上向孙中山表示"竭诚拥护"，参加护法运动，随孙中山南下，率亲军组成援闽粤军。在张菊圃将随之离京南下之时，单士厘写下《归途》一诗，对这位外甥表达了祝福与鼓励——

> 至性承先志，艰难远道寻。此时钦宅相，他日作岩霖。
> 渐近乡关路，翻增离别心。岭南梅正发，示我绮窗吟。[1]

20世纪初，内阁大库档案随着"八千麻袋"事件进入公众视线。这批档案在教育部存放多时，传统学者只注意夹在其中的宋版书。1917年3月，还

---

[1] 单士厘：《单士厘文集·受兹室诗存》，中国文史出版社，2022年版，第46页。

在教育部供职的钱稻孙在"大内档案"里意外地发现了钱振常的廷试卷，他激动地把祖父的这份试卷拿回家给父亲过目。钱恂当时患足疾已有月余，那天他高烧才初退，一拿到父亲当年的"高考卷子"既感慨又万分珍惜，不仅自己写了"识语"让单士厘"敬观"，又为钱玄同代作"识语"，并令钱玄同将两人的"识语"用篆、楷两体录至角花笺上。一边写，两兄弟回忆父亲当年庭训，严父用传统的教育观逼着他们学习，至今仍记得父亲对于书写时要注重字体的教诲。过了两天，钱恂又命钱玄同将这份廷试卷带回家去，让徐娟贞书写"次子妇徐娟贞敬观附志"。就在那一年秋天，钱玄同被北京大学聘为教授。

至于这批清廷的内阁大库档案，由蔡元培、陈垣、胡适等知名学者呼吁，强烈要求学部将"八千麻袋"之外剩余的档案拨给北大保存与整理。几年后，北京政府教育部接受了北大的请求，北大派出朱希祖、马衡、单不庵、杨栋林诸教员前往历史博物馆办理接收事宜。此项档案，自明迄清之题本、报销册、揭帖、贺表、膳黄、金榜、起居注、实录等均在其中。共计装运62木箱、1502麻袋。这些内阁大库档案运到北大之后，拉开了近代学术机构整理研究宫廷档案的序幕，也为近代档案学的建立奠定了基础。而参与其中的学者，就有单不庵，意味着那时他来到了姐姐的身边。

1917年，单士厘与钱恂还继续在北京过着太平日子。身体健康的时候，她与丈夫一起带着孙辈们去周边旅行。6月27日，单士厘夫妇带着孙儿们乘车来到北京西郊的"三贝子花园"。这是明代的皇室庄园，清初为皇族私人园邸，称为可园。清代分封皇子最高封爵为"贝勒"或"贝子"，此园即为康熙第三子诚隐亲王邸，故俗称三贝子花园。后又属内务部郎中文麟所有，改名继园。清末与乐善园合并为农业试验场，并于场内设动物园。于1908年向外开放，俗称"万牲园"。祖父母带着孙辈去动物园，也是到了北京之后他们难得的家庭特色游。

园门坐北朝南，向东望去，西直门的城楼，巍巍地高峙着。一带城墙雉堞接连不断，正是城内与野外的分界处。向西望去，西山景色，千态万象。峰峦高高矮矮的，蜿蜒如同长蛇形，云影岚光，接连不断，令人极目千里，望之不尽。所有近处的山峰，也尽作窥园之势。向南望去，是京张铁路的火车道。铁道横经花园之前，火车往来，在正南方经过。汽笛鸣鸣，车声隆隆，给此处的野景平添几分现代特色。

公园附近有许多卖吃食的摊儿、酸梅汤的摊儿和票子换钱的摊儿，一个一个的，都支着布篷。博览园的园门，则是新式的高大花墙，四周围墙都是用石块砌成的。园门外东西两旁，各有小屋一间。东边是入场卖票处，每人付钱购票一张，孩童仆役各减半，另有半票。持票验证进入园中，向周围放眼望去，只见树木森森，三面合抱成半圆形，仿佛是花园外的又一重天然大围墙。

带孩子们游罢动物园区域，单士厘终于来到心心念念的可园，坐车到荟芳轩，经过松风萝月，她便令停车，原来这松风萝月是一个长方大亭，周围双层栏杆，可休息乘凉。北面是莲花池，一池荷叶，翠盖贴在水面上，莲花点点，已有小荷绽放，煞为好看。静心观赏，深呼吸，荷香随风而至。亭子东面有藤萝架，藤萝架北边便是船坞。池上有桥，左右一望，东边是豳风堂，西边是东洋式楼房。下桥，两旁都是假山石，高高低低地叠着。山石下有两个歇凉凳，供游客随便坐歇，目游园景，凉风来，披襟挡之，也是一乐。

往东上台阶，过平桥，一带长廊，左右风景绝佳。再进，又分南北两廊，南廊半圆，北廊半圆，合成一个大圆廊。南廊中央有一玻璃方厅，可以喝茶休息。北廊中央有一海棠式玻璃厅，再往东又是一带长廊，到东头便是豳风堂。

豳风堂是五开间的冰梅窗玻璃大房，有极宽大的长廊。廊下大院子，院子上边满搭着铅板天棚。所有廊子上、院子里都设茶座，院子下边沿着莲花池，也安设茶座，品茗观荷，风景绝佳。钱恂一行就在此处饮茶休息，感慨这座名园没有在战争里受到大的毁坏，依旧有曲沼连画舫，风含荷花香。于是单士厘口占一诗，送给丈夫：

久雨新晴节候凉，西郊山色晚苍苍。名园幸未遭榴弹，曲沼初看泊画舫。柳递蝉声犹有暑，风含荷气自然香。相携长幼添清兴，啜茗凭栏澹欲忘。[1]

钱玄同被聘为北大教授后，迅速成为一员健将。1918年初，《新青年》

---

[1] 单士厘：《单士厘文集·受兹室诗存》，中国文史出版社，2022年版，第63页。

杂志编辑部由上海迁往北京，钱玄同深度参与，成为轮流编辑人之一，当年编辑人的先后次序是：陈独秀、钱玄同、胡适、刘半农、沈尹默、李大钊，《新青年》成了同仁杂志。他力主改文言为白话，在杂志上采用新式标点和白话文，成为新文化运动的闯将。当年2月10日，他携全家一起去大兄家过年，却照旧是传统的典礼。过去与现代，在他身上呈现了复杂的色彩。当年北京文化界的浙江籍名人有"一钱二周三沈五马"之说。"一钱"指钱玄同，"二周"指周树人（鲁迅）、周作人兄弟，"三沈"是沈士远、沈尹默和沈兼士三兄弟，"五马"是马裕藻、马衡、马鑑、马准和马廉五兄弟。当时他们经常在八道湾"二周"家相聚，或在中山公园来今雨轩喝茶、宣武门外的广和居聚餐。收入增加后，钱玄同一家人换了相对宽敞的地方，租住在宣武门外香炉营头条，离大哥大嫂家也不算远。

转眼就到了1919年，这一年的非凡，在开启之时却看不出任何异常。暗流在地下奔突，表面还是冰封的河。

爆竹声声除旧岁，各家忙着贴春联、道祝福。钱家照常在除夕祭祖，新年里单士厘与钱恂带着外孙董亚粹，钱玄同带着钱秉雄等一行人，到北京饭店吃晚餐。天空还是灰蒙蒙的，凛冽的风吹过北方的大地，沉浸在新年过节气氛里的人们并不会提前知晓，一场席卷全国的学生运动即将在北京拉开大幕，进而成为推动、汇聚、改变整个国家命运的力量。

5月4日，北京3000名学生举行爱国游行示威，抗议巴黎和会的强权和北洋军阀政府的卖国行径，中国新民主主义革命之序幕由此揭开。钱玄同的三个儿子先后就学的高师附小和孔德学校，均是国内率先采用白话文和注音字母来进行启蒙教育的。以"做新中国的新人物"的目标来塑造自己的下一代，迥异于他父亲的教育方式，可以说某些方面，也算是对旧家庭的反叛，对新时代的欢迎。

此时，晚年钱恂还在发挥文化影响力，夕阳晚照，犹有明亮。1920年，单不庵赴京，正式开始走进北京的文化圈。43岁的单不庵应聘担任北京大学国文系讲师，教授国故概要，寓居于姐姐家中。不久到北师大兼课，他学问好，善讲课，在课堂之上旁征博引，循循善诱，诲人不倦。

好友张宗祥时任京师图书馆馆长，两位热爱古籍的书生都有"收拾流年作蠹鱼"的心思，且蒋百里也在京城，青年时就结成好友的"海宁三杰"重聚京城。单不庵不久即升任教授，以其博学多才而受到同事的认同，他常与鲁迅、张宗祥往来，以校勘古籍为乐。能与单不庵再聚于京城，钱玄同最为欢欣。惺惺相惜的知交陆续走到一起，从事文化教育事业，互相激励，互相支撑，是他们的幸运。但世事无常，也有些朋友提前离场，他们在日本的同学、曾担任北京大学教授的海宁朱蓬仙。这位曾发起成立海宁州图书馆，并担任海宁县立图书馆首任馆长的学者因在1919年突发疾病，在异乡孤独地去世，年仅39岁。北大为此还专门发起捐款之事。他们都为这位好友的不幸，唏嘘不已。

钱玄同在1921年1月为钱恂设生日宴时，单不庵夫妇、钱稻孙和钱穟孙夫妇均在座。当年6月，钱恂、单士厘还以"合做生日"为名，在中山公园的来今雨轩大宴宾客，钱玄同夫妇带着钱秉雄和钱三强，以及丈人徐显民都参

来今雨轩旧景

加了，欢宴过后，余兴未尽，晚上还随着钱恂夫妇到长美轩乘凉吃晚饭。这样的欢聚对于钱恂、单士厘来说是黄昏余晖里最温暖的金色。

虽然已过60岁，单士厘身体硬朗，心依然活跃。除了以阅读和写作进行纸上的旅行，她非常喜欢跟着家人出门，到处走走。

1921年九九重阳之日，单士厘终于站在八达岭上放眼远眺，塞外劲风凛冽地吹过她的白发，年少时曾无数次想象过长城就在眼前，浩荡无比的景象震撼着她，以前读过的书，再次向她奔来。她还在闺中就读过《史记》，蜿蜒于崇山峻岭中的万里长城是史书里绕不开的地名。孟姜女哭长城的故事，在山居时听妈妈讲起，总会让她泪眼汪汪。随夫出国，她从闺阁走向世界，频繁地在亚欧游历，万里路都在脚下经过。但异国他乡的名胜见得再多，自己故国的山河仍在梦里，尚未亲身走读这个伟大的奇迹，一直是她心中的遗憾。

两个儿子终于遂了她的夙愿。驱车出行的路上，她不停地向外张望，一如在东方列车上凭窗远眺。车窗外，道边的萋萋青草可爱地向她点头。车行经过清华园，看到这所由1911年庚子赔款所建的大学，建校10年间，西式的校舍楼一幢幢拔地而起，大学的规模不小，她隔着玻璃窗见到校园里不少洋楼矗立。她知道这座大学的缘由，但也不由得说一句"邻谊固可感，其意亦叵测"，对于教育素有研究的她，知道高等教育所培养的人才对于一个国家的重要性，她一生都希望国家重视人才，重视教育，并不断思考着教育的意义。

经过清河、沙河，从昌平向南，地形渐渐险峻，不时有大石头阻路，车行渐缓，经过多重隧道，才到达青龙桥。

青龙桥，这是一个见证过无数历史场景的重要地名。伟大的万里长城与我国第一条自主建设的干线铁路——京张铁路在这里交会。1905年由詹天佑亲自修建的青龙桥站，见证了东西方文化的交汇，古今历史的碰撞，永远载入史册。

詹天佑就是最早出洋的中国官派留学生之一。1872年，年仅12岁的詹天佑拿着一张"倘有疾病生死，各安天命"的证明，在香港考中了清政府筹办的"幼童出洋预习班"。9年后，以优异成绩毕业于耶鲁大学设菲尔德理工学院土木工程系铁道工程专业。若说詹天佑与钱恂有啥交集的话，那也许就是他们亲身经历、共同见证过1883年的中法战争。

1921年的秋风里，一位小脚老妇走下车来，站在北京郊外的青山绿水间，对着这条铁路久久凝望，长长的铁道蜿蜒伸入崇山峻岭——这是一条令中国人无比骄傲的铁路线。京张铁路于1905年9月4日正式开工。这条铁路地形复杂，尤其关沟一带，重峦叠嶂，沟深林密，南口和八达岭的高度相差180丈，坡度极大，工程之难在世界也属罕见。1909年京张铁路全线通车，比预计时间提早了两年。铁路对于国家政治经济社会发展的重要性，她在跨国远行途中充分领略过。当然她也知道，铁路的主设计师已英年早逝。1919年4月，詹天佑在武汉去世。

单士厘收回望向铁路远方的目光，振奋精神沿着山脉向上而行，提一股悍气直登八达岭长城。

八达岭是明长城的精华，海拔高1015米左右，也是居庸关的前哨。分为南长城和北长城两部分，这段长城气势非凡，沿群山之峰而立，虽然当时已有不少地方颓垣失修，但秋色之中，莽莽苍苍，依然姿态雄伟。正是野炊当令时，不少秋游之人围坐在长城下嬉戏，白发苍苍的她却在望向远方。怀念昔日，慷慨激昂；感怀今朝，却只有叹息。

那一日，她以《辛酉重九登八达岭》为题记述北京旅行。这首长诗气势磅礴似海，哲思之光明亮如炬，试看这位时年63岁老妇用一双小脚登上长城之后的所想所感：

长城为防胡，胡来及如织。居民半胡种，长城名未灭。予幼闻人言，既长始粗悉。想象塞外风，未由睹伟绩。频年欧亚游，万里夸经历。故国诸名胜，虽近多未识。辛酉重九日，游具返整饬。白头与子偕，两儿喜侍侧。驱车出西郭，秋草萎以馥。铁路创京绥，车行于焉即。初过清华园，校舍道旁列。圆顶似穹庐，允合他邦式。美洲怜我贫，人才代培植。邻谊固可感，其意亦叵测！清河及沙河，昌平南口陟。地形渐迤上，车缓石欲塞。三重出隧道，两山势若副。青龙始下车，策驴升崩岁。太行脉蜿蜒，砂石气萧瑟。奋勇登八达，左右城如翼。女墙失楼橹，颓垣余古色。仰观环洞题，大书字深刻。居庸曰外镇，锁钥北门北。瀚海远可眺，俯视但堡壁。二千五百尺，高度逾京国。堡下巨炉形，众窍如莲药。车行山腹中，以此通呼吸。有时轨声隆，烟透色如墨。下洞上岭墙，今古两奇特。举手排九阊，寸眸收八极。野饮当令节，围坐忻有得。缅昔多激昂，感今增太息。明王守四夷，固不在疆域。后之治世者，勿再劳民力。[①]

在这个以雄伟著名于世的建筑之上徘徊，瀚海远眺，四海八荒均收于眼底，单士厘发出感慨不是“太壮观了”“好好看啊”，而是“明王守四夷，固不在疆域。后之治世者，勿再劳民力”的呼号，这份民本之心和现代的眼光穿越了历史烟云，直抵今日。

那段时间，她的身体依然健朗，钱家的孩子越来越多，需要这位有“实力”的奶奶照顾，所以随家人远行并不算多，顶多在北京周边走走，但她的

---

① 单士厘：《单士厘文集・受兹室诗存》，中国文史出版社，2022年版，第66页。

诗情仍在汩汩流淌。

钱玄同、单不庵逐渐在北京的教授圈里显现实力，赢得了一些大学者的欣赏肯定。1921年5月间，胡适从单不庵处借书《雪桥诗话》及《续集》，单不庵、胡适分别为《宋元学案补遗》撰写了《〈宋元学案补遗〉四十二卷本跋》。北京大学图书馆分出中文、西文、古物美术三部之后，聘单不庵、皮宗石分主中西文书籍。单不庵用四库分类法，大略弄出编目头绪。1922年1月，国立北京大学研究所国学门成立，所长蔡元培，单不庵任委员。当年12月，单不庵继李大钊之后任北京大学图书馆主任。因为单不庵常在北大图书馆办公，钱玄同到北大上课之余，习惯于找好友聊天，常常聊得尽兴就共进晚餐继续聊到深夜。

当年的钱恂、单士厘生活优裕，经常组织亲戚间和朋友圈的饭局，钱玄同和单不庵在这些聚会名单"上榜率"极高。他们之间的互动非常频繁。两位教授在大学讲台上各显峥嵘，共同参与各种学会和学术活动。一起点校古籍，整理国故、古史辨伪，学问日益精进。

与两位弟弟在职场上的风光相比，这些年间，钱恂显得沉寂多了。年岁渐长，社会事务越来越少，除了担任一些与国史编辑相关的工作之外，将大部分时间放在为自己的家族作传记的工作上，单士厘也尽力帮助丈夫。《吴

北大红楼外景

兴钱氏家乘》三卷于1921年完成并出版，这一册铅印本承载了吴兴钱氏家族60多年的发展史，自他的祖父开始编纂辑录，曾有《吴兴钱氏家乘》稿子，但没有付刊，随着时间的推移，抄本因散失而显得不完整，由他的父亲进行了增补，直到钱恂最终增订完整并付刊，因"敬承先志，赓续成编，述也而非作，故仍用旧名"。在这部钱恂版的家乘里，他记录了家族的延续和荣耀，记载了自己所作的重要论文和出版的著作以及两个儿子留学之事等，单士厘的作品也进入了钱氏家谱，成为钱家的骄傲。

这部历三代人编辑而成的私人家族史，条目式地记录了一个文化家族的兴衰，许多的悲欢隐在清晰的仿宋体背后，如钱恂自己提到他有四个女儿，两个小女儿均幼年夭折，只知道小名叫"珊"和"瑟"的这两位小姑娘"幼殇葬于嘉兴"，但在母亲单士厘留下的诗文中不见任何记载。

（三）孙辈成长　后继有人

在北京，钱氏大家族不断壮大，有新生儿出生，有新成员加入。而最令单士厘开心的是，孙辈们茁壮成长，优秀的后代也跟着父辈的步伐，走出国门求知。

董大酉是钱恂的外孙，是董恂士与钱润辉之长子，钱恂孙辈里最早考取公费留学生。他1899年生于浙江杭州，从小跟着父母，随钱恂、单士厘一起在国外生活过多年，尤其喜欢随着外公外婆一起旅行。在意大利罗马时，童稚眼睛看到了这座有着丰富历史文化遗址的古城，对罗马的圆形剧场、罗马斗兽场、大杂技场、万神殿、公共浴场等古建产生了浓厚兴趣。从那时起，建筑的梦想

董大酉

之种就撒落在他幼小的心灵里。

董大酉1922年从清华学校毕业，将赴美留学，为此，钱恂和单士厘专门设宴为他送行。这位青年才俊选择了建筑作为自己的学习方向，颇令他们欢欣。他先后获得明尼苏达大学建筑学士和建筑与城市设计硕士，攻读哥伦比亚大学研究院美术考古学博士。1928年在纽约墨菲建筑师事务所工作。那段时间，墨菲建筑师事务所的业务一半在美国，另一半则在亚洲，承接的最大业务是在中国建造大学校舍，尤其是参与了南京城现代化建造项目。其时，董大酉奔波于中美之间。归国后不久即被推选为中国建筑师学会会长，1930年在上海创办董大酉建筑师事务所。

这位留美归国的建筑师有一颗"中国心"，是最早提出创造中国固有建筑的人士之一，也是将中国传统建筑形式与现代功能相结合的先驱。当时的南京国民政府为打破上海公共租界与上海法租界垄断城市中心的局面，计划以江湾为市中心区，建设道路、市政府大楼和其他公共设施，启动"大上海计划"。聘请了董大酉任顾问，同时兼任主任建筑师，对码头、机场、水厂、道路、铁路枢纽等设施进行了规划，其中包括市政府大楼、图书馆、运动场、博物馆、市立医院、市立公园和工业区、住宅区的建设。董大酉虽然深受西方教育，他秉持的建筑美学和精神，是中式的。用他的话来说，那就是"务使其既合现代建筑之趋势，而仍不失为中国原来面目"。对于"大上海计划"中由董大酉主持设计的一系列建筑，梁思成在其所著的《中国建筑史》上评论道：这些建筑"能呈现雄伟之气概"。原上海市博物馆、原上海市图书馆、原上海市运动场、原上海市运动馆、原上海市立医院、原上

董大酉书迹

海卫生试验所、原中国工程师学会工业材料试验所，皆出自其手，为20世纪的中国建筑事业做出了杰出业绩。有学者认为，中国现代民族建筑设计的故事应从董大酉开始，20世纪50—60年代，董大酉与梁思成齐名，同被评为新中国的首批"一级建筑师"，这是后话。

董大酉离开北京前往美国留学之前，还为安排弟弟董小酉入清华读书的事项，去钱玄同处托他帮忙，可见因为父亲董恂士去世得早，他已经自觉地承担起了大哥的责任了。不论在国外留学还是回国发展，大酉继续和外祖父母保持了通信和往来。虽然两位老人早已白发苍苍，但在孙辈们的眼里，仍然是最受尊敬的长辈。

单士厘的长子一家始终伴在他们身边，住得也挺近。

钱稻孙和包丰保这对结发夫妻感情甚好，成亲之后生育子嗣极多。包丰保也是湖州名门，家多藏旧宋元名迹，包家的书画传统和钱稻孙早年的美术爱好相得益彰。包丰保虽然比钱稻孙年长四岁，但从留存下来的照片看，这位性情温和的大家闺秀，高雅随和，丝毫不显老气。

包丰保与钱稻孙前后共育过16个子女，除去小产、夭折和送人的，共有子女10人存世，其中有五子，长子亚猛1906年生于日本，二子亚获1909年生于罗马，三子亚狷1914年生于北京，四子亚狮1915年生于北京，五子亚猗1919年生于北京；还有五个女儿，分别是大女亚新1905年生于日本，二女亚觉1911年出生，三女亚澄1912年生于北京，四女亚慎1916年生于北京，五女亚满1920年生于北京。最大的女儿与最小的女儿相差15岁。包丰保生育子女之多之勤，创下了钱家的高产纪录，连做奶奶的单士厘也暗暗地为他们感叹，虽然大家庭人多热闹，但孩子多总归是负担重。

无论是在日本、罗马还是在北京，这些孩子大多经由祖母单士厘的手成长，由她亲自教授读书写字，"长孙女四龄能

包丰保

背诵古诗十九首，读书过目咸解其义"。①钱稻孙的三女儿钱亚澄也曾在简历中这样写道："幼时，每天祖母教我认字读书。祖母文化很高，我们认字读书都是祖母教的。"②其实，不仅仅在于教会识字读书，更要在言传身教中传习人生道理。

单士厘重视女子教育，也是身体力行的。在留下的诗稿中有多首送给孙女的诗，其中有一首《送次孙女亚觉返粤》情深意浓，字字珠玉：

八月团圆乐有余，一朝惜别送临衢。从今聚会应思汝，未必重来尚有吾。
盼得音书频告惠，愿依勤俭作规模。众雏稚弱程途远，碌碌征程心与俱。③

钱亚觉，字顺之，嫁给广东的张恩龙（字云史）。这段婚姻也是属于家族里的再联姻，所嫁的就是钱恂的亲外甥张菊圃之子。亚觉随夫先后居住于上海、广州、杭州、北京等地。从这首诗看，祖母对孙女回娘家是非常开心的，可惜出嫁女回家团圆的日子总是短暂，临别依依，年事已高的祖母意识到时间流逝之残酷，下一次归宁时，祖孙未必能够再见了呀。她只希望孙女能够给家人多写信，就像她当年做的那样，不让娘家人担心，更是叮嘱孙女平时要勤俭持家，做好孩子们榜样，望着带一众孩子走上遥远路途的亲孙，她的心始终在跟随着。

这些孩子在大时代中各自奔赴自己的命运，人生道路各有曲折，但由于从小受到良好的教育，大多成为翻译家、医生、大学教授等专业人士。即便因为女姓角色做了家庭主妇，也是很出色的贤妻良母。

每逢新年的元旦和春节，受璧胡同9号院的钱家仍是大家族的聚会场所。1923年钱恂70岁了，他的生日还没到，一些老友如胡惟德、孙宝琦、沈瑞麟等人已陆续前来祝贺，要"讨一杯生日酒吃吃"，但钱恂夫妇想躲个清静，于是在生日前夕只约了钱玄同夫妇、单不庵以及钱亚新、钱亚猛、钱亚获等孙辈，中午躲在儿子钱稻孙家吃生日宴，晚上一起吃晚饭。可是，他

① 单士厘：《清闺秀艺文略》卷二，"玉宇无尘室稿"条。
② 洪光华：《瓯风·刘节夫人钱澄别传》2018年第15期，文汇出版社，第176页。
③ 单士厘：《单士厘文集·受兹室诗存》，中国文史出版社，2022年版，第101页。

的七十大寿还是躲不开众人的祝贺。2月7日，马幼渔、马叔平、沈士远、沈尹默、沈兼士、马夷初为表祝贺，送来了一张东华饭店的酒席券，钱恂这下没辙了，只能在饭店请大家吃西餐，同席的有单不庵、钱玄同、单士厘、钱稻孙。钱玄同则在2月回请大哥，两家人吃西餐，作为生日宴的"补请"。70岁后，钱恂常穿一双红鞋，被人称为"红履公"，在钱玄同的日记里也以"红履公"代称大兄。钱恂虽是前朝的官，却并非遗老，而是文化人眼里的"所谓老新党"。他爱好广博见识多，个性独特，还有点犟脾气，自然有人觉得怪。举个例子，因他最恨清乾隆皇帝弘历，就将自己家里婢女的名字取名为"弘历"的同音字，也算是别致吧。

晚年单士厘

这年3月，单士厘患上了流行性感冒，家里上下都为她担心，她一向身体健朗，平时作息规律，也非常注重保养和锻炼，虽然缠一双小脚，照样能够健步行走。这位老奶奶病倒后，全家人都非常焦急，钱玄同获知后也前去探望。因为家里乱糟糟的，钱恂倒过来请兄弟到德国饭店吃饭，由单不庵与钱稣孙作陪。幸好，经过医生及时的治疗，她挺过了一劫，很快痊愈，迎来了北京的人间四月天。

北京初春渐至，正是踏青的好时节。钱玄同之妻徐婠贞的生日就在4月，钱恂夫妇约上钱玄同夫妇，带上孙女亚获等人一起为弟媳庆生。找理由吃饭，是钱家的情感交流方式之一。这段时间两家人来往密切，在钱玄同的日记里常见到"大兄请客""嫂子赏饭吃"，以及两家人在餐馆饭店吃饭的记录。家族里每位成员的生日都可以成为相聚的理由，如1923年单士厘生日前，单不庵于6月29日为姐姐庆生，把住在对门的洋人的厨子请来做西餐；

7月25日，则是钱玄同为大嫂祝寿，请钱恂夫妇到西车站吃饭。①

钱稻孙当年4月再赴日本，仅过了几个月就遇到了一场大地震，1923年9月1日上午11点58分，日本关东平原发生震级超过8级的强烈地震，震源深度在15—25公里。震中位于伊豆大岛外海的相模湾，地震波及东京府（今东京都）、神奈川县、千叶县和静冈县等地。之后马上又发生两次大规模的余震。关东大地震对东京和横滨这两个日本城市造成了毁灭性的破坏，同时波及整个关东地区，破坏力惊人，连距离震中超过60公里的93吨重的镰仓大佛塑像都震动向前滑动了约2英尺。地震摧毁了东京和邻近的关东地区，据官方统计，约14.28万人遇难或失踪，至少190万人流离失所。地震还导致大约12.8万栋建筑物倒塌，44.7万栋建筑物被火灾烧毁。关东大地震是日本帝国时期最严重的自然灾害，也是世界地震史上的重大事件。

钱家人得知消息后，震惊之余对正在东京读书的钱稻孙的安危十分担心，大家到处打听消息，撒出所有的人脉关系，最终于9月8日得到驻日使馆核实的信息，在日本的钱稻孙安然无恙。钱恂和单士厘这才放下了悬在半空中的心。

很快，钱家又迎来了一位非常出色的子弟。

9月10日，钱幼楞的儿子钱仲联到京，他的祖父钱振伦是吴兴钱家第一位进士，系钱恂祖父的亲哥哥，他的祖母翁端恩则是清末两朝帝师翁同龢的姐姐。端恩虽出身华胄，但自嫁到钱家后，与夫君同甘共苦，一同流寓在外，直到光绪五年（1879）钱振伦客死苏北，生活无着，才不得已携子归居常熟，由弟弟为她购置县城内引线街老屋三进安置余生。从此，钱氏这一支就寄籍于常熟。钱仲联在1908年农历九月初三生于常熟，血脉亲情的流淌，使长于常熟的他与在湖州的钱恂一家始终保持着密切的往来。1923年钱仲联以第一名成绩考入无锡国学专修学校。他在上大学之前专程到北京来看望伯父，禀告自己的近况和接下来的打算。

钱恂当天中午在西车站请吃饭为侄儿接风，钱玄同夫妇也带着儿子前去作陪。这位文质彬彬的英俊少年，当时还不满18周岁。钱仲联告诉伯父，自己在常熟县立师范毕业，经姑父俞钟銮介绍，已考入无锡国学专修学校。

---

① 余连祥：《钱玄同年谱》，浙江大学出版社，2006年版，第174～175页。

听说了侄子有心在国学领域继续进修，钱恂非常开心，尤其是得知无锡国专所研习的"国学"并不局限于传统的经济或宋明理学，而是囊括经、史、子、集，涵盖文学、史学、哲学、地理、经济、艺术等中国文化诸多领域的学问。时任国专校长的唐文治先生少从太仓王祖学程朱之学，后从晚清汉学家定海黄以周攻考据，又得桐城吴汝纶真传，因而融通义理、考据、辞章。学校在师资选择方面也不拘一格，重金聘顶级专家学者至国专任教或作讲座，颇有蔡元培办北大的气派。钱恂鼓励这位优秀的钱家子弟要专注学问，努力上进，为钱氏

钱仲联

门楣增光。钱仲联也没有辜负厚望，刻苦攻读。唐校长早年出自翁同龢门下，与翁氏有师生之谊，所以对钱仲联督责愈严，曾选派他和年级高于他的王蘧常、唐兰、吴其昌、毕寿颐等每周一次至苏州曹元弼家学习《仪礼》《孝经》。三年后，钱仲联以第一名的成绩毕业，与首届学员王蘧常、二届学员蒋天枢齐名，号称"唐门三鼎甲"。日后，钱钟联先生成为著名学者，专于读文词赋，在清前文学研究、清代文学研究、文学文献整理等多个方面取得了卓越的学术成就，传续了吴兴钱氏的家族文化基因。

后辈的茁壮成长，才是最令单士厘和钱恂感到欢喜之事。

晚年的钱恂，举家团圆，子孙均有成就，也算是老年有福。但病痛时不时前来纠缠，终究是人生暮年无法逃避的困扰。老妻的尽心照顾和精神慰藉，带给"红履公"最大的安慰。钱玄同、单不庵这两位兄弟当时都在北大任教，还兼着其他高校的课程，作为著名学者，社会事务不少，但他们总是抽时间前去探望，带去了亲情的温暖。当抽不出空来陪伴，他们都会给单士厘电话"告假"，她仍尽力安排着大家族里的各种事宜。

1924年3月4日，钱润辉的女儿董亚胜去世了。幸好不久，一桩喜事冲淡了悲伤的阴霾。4月8日，钱稻孙的女儿钱亚新与翁之龙结婚了，这是单

士厘的长孙女，由她带大并启蒙，这个孩子"四龄能背诵古诗十九首，读书过目咸解其义"，是她眼里的聪明囡囡。

这桩婚事就是俗称的"亲上加亲"。新郎系两代帝师翁同龢的后裔翁之龙。翁之龙当真可算钱家的"乘龙快婿"，年轻英俊，系出名门，专业有为，已是一名医学专家。他1896年10月出生于常熟虞山镇，上海同济医工专门学校毕业后即赴德国留学，在法兰克福大学、勃雷斯劳大学专攻皮肤病学，1922年获德国法兰克福大学医学博士学位，尔后在法兰克福大学、勃雷斯劳大学皮肤科任研究员。

翁、钱两家为此举办了新式婚礼，婚礼现场有了自由证婚和新派的演说。钱亚新与翁之龙生育一子一女，1925年长女翁若梅出生，1926年生长子翁集庆。

翁之龙成为钱家女婿之后，钱玄同的日记里屡见请翁博士为家人医治的记录，可见那时翁之龙已在北京当上了医生，留洋的医学博士医术了得，颇有人望。可惜仅过3年，钱亚新即因病早早地离世了，在1927年撇下了一双小儿女抱恨而去。也就在那一年，翁之龙留校从事医学教育工作，先任北京大学讲师，次年任广州中山大学教授兼附属第一医院院长。1932年，翁之龙接任国立同济大学第十任校长之职。其时国难深重，因学校校舍被炸，师生陷入惶惶不安之中。翁到职后，迅即着手投入力量兴复校舍，并根据当时形势需要增设理学院等。抗战爆发后，他亲率全体师生跋涉千里，迁校于浙江金华、江西吉安、赣县、广西贺县八步镇，后抵云南昆明。同济大学在他的带领下历尽艰难，最终得以完整保存。1939年2月，他因健康原因辞去了校长之职，推荐他的同乡赵士卿接任，这是后话。

钱玄同与大哥大嫂依旧热络往来，遇事互相帮助。特别是家中有人生病，相互扶持，尤显至亲的感情。1924年8月、9月他的日记里记载夫人重病这段日子里，单士厘及其家人给予的帮助——

8月9日，夫人徐婠贞得了重病，他请多位医生看病；20日，大嫂单士厘来探视；21日，钱润辉和钱稻孙来探病；23日，大兄夫妇又来，建议请曹巽轩中医诊治。下午，钱恂与钱润辉又带了中医前来诊治，钱润辉留宿，陪护病人；25日，钱稻孙受托找来西医狄博尔诊治；9月17日，钱稻孙的女婿、留德博士翁之龙来为徐婠贞诊病开方；9月18日，他下午回家时，看见大嫂单士厘和钱润辉在。

徐婠贞的病断断续续一直没有大好。12月29日，入住协和医院治疗，接受放射治疗，钱润辉和董亚粹母女在医院陪护。1925年1月4日，钱三强到医院陪护母亲时，董亚粹还在；第二天还是由钱润辉陪着徐婠贞出院。隔天，徐婠贞复发出血，并有发烧，只好再请翁之龙前来诊治，并打止血针，告诉钱玄同，用过镭射之后，会出现此种现象，不必惊慌。钱玄同还找来赵元任的夫人、妇科博士杨步伟来家为徐婠贞诊病，听到杨大夫的说法与翁医生相同，所以心略宽。可是病

钱玄同50岁

情继续反复，38岁的钱玄同心情非常恶劣，钱恂夫妇于是再次上门看望，主要就是为了安慰他。

看到大兄大嫂出现，钱玄同不禁泪流满面。这一年多来，学校的薪水不能及时给付，妻子和孩子经常生病，尤其是妻的重病难愈，经济和身体的压力让他心绪恶劣，无处倾诉。对着亲人，他终于忍不住大哭了一场。这是他的日记里明确提到的又一次在大嫂面前痛哭流涕。

对于钱玄同，单士厘始终做到了"长嫂如母"。她有机会就絮叨着要钱玄同体谅妻子婠贞的"能俭""但愿眷属都成有情人"，自然是清楚"包办婚姻"带给"小郎"以及婠贞的痛和苦，但在她的心里，做了一辈子的夫妻若自始至终有情有义，也算难得的缘分了。细心的她，坚持在钱玄同和徐婠贞生日时候送上贺礼，也会时不时邀请他们一起聚餐，何尝不是母性的慰藉和温柔的亲情维系。钱玄同日记里经常可见"阿嫂赏饭吃"的记载。

就在1924年，单不庵因为家事离开了北京，被浙江省立二中聘为教员，旋任浙江图书馆中文部主任，管理文澜阁《四库全书》及善本工作。有段时间，他也不时在南北间往来，最终还是决定回杭州。1925年12月22日冬至

夜，单不庵到北京与钱恂、单士厘、钱玄同等亲人作别，乘着京汉线的火车离京回乡。此次南归后，他也真正告别了北京。

（四）爱侣仙逝　失弟丧子

钱恂的知交朋友，以维新派人士为主，彼此学问相当，声气相通。但算到双方夫妻都能够深交，可能夏曾佑夫妇算得上代表。

夏曾佑，字遂卿，又作穗卿，杭州人，父亲夏鸾翔与李善兰、戴谔士并称为杭州"算学三大家"。他生于1863年，比钱恂小9岁，曾任礼部主事、泗洲知州，做过两江总督文案，交游广阔，曾和谭嗣同等研讨新学，被梁启超称为少年时做学问最有利的一位导师。他还是中国新闻界的先驱，与几位海宁名人交集颇多。如他与汪康年、梁启超等在上海创办《时务报》，海宁王国维初到沪上在时务报社任职员；他在天津与严复等人创办《国闻报》，海宁人杭辛斋即主办者之一。

夏曾佑是著名历史学家，在乾嘉考据学和诗文方面素养极高，对外国史地知识和自然知识也造诣很深，致力研究中国古代历史，通达金文、经学、佛学，其所著的《中国古代史》，突破传统的编撰方法，依据历史进化和演变把中国历史分为三大时期，虽仅写到隋代，仍被称为中国近代史学史上第一部有名的新式通史。黄遵宪对夏曾佑也很推崇，曾写诗称颂："兼综九流能说佛，旁通四邻善谈天。红灯夜雨围炉话，累我明朝似失眠。"[1]民国初年，夏曾佑在教育部任教育司司长，与钱恂做过同事，是鲁迅的上司。1913年担任过京师图书馆馆长，鲁迅日记中多处提及随同"夏司长"前往视察图书馆等地。夏曾佑学问虽好，但脾气很大，个性与做派颇具名士之风。单士厘有诗赞他"由来大隐隐于朝，静观时局纷如捣"[2]。但鲁迅并不喜欢他，暗地里给他起外号"老虾公"，在日记里称这位写诗用僻艰深的上司"可恶之至"。

---

① 黄遵宪：《人境庐诗草·己亥续怀人诗十三·仁和夏穗卿》。
② 单士厘：《单士厘文集·受兹室诗存》，中国文史出版社，2022年版，第68页，诗题为《和夏穗嫂苦热原韵》。

夏曾佑是陈寅恪先生的父亲散原老人的朋友。1921年，陈寅恪游历欧洲第一次回国，前往拜见。夏先生对他说："你是我老友之子。我很高兴你懂得很多种文字，有很多书可看。我只能看中国书，但可惜都看完了。现已无书可看了。"寅恪当时心想此老真是荒唐，中国书籍浩如烟海，哪能都看完。当陈寅恪年届七旬，见到俞大维时说："我现在老了，也与夏先生同感。中国书虽多，不过基本几十种而已，其他不过翻来覆去，东抄西抄。"由此亦可见陈先生晚年心境，他也尝到了夏曾佑的孤独。

夏曾佑善作诗，有《夏别士先生诗稿》传世，钱、夏两家"诗交"甚密。夏夫人是单士厘口中的穗卿嫂，常一起诗歌唱酬，"两家出处类相似，不慕荣华心未槁。赖有闺中同志人，琴和瑟雅觇诗草"。[①]夏曾佑晚年看不惯时局，常狂饮烂醉，1924年4月18日在北京病逝。

好友钱恂很快也将走到了人生终章。晚年"红履公"的身体越来越差，经常发烧，各种老年病也找上门来，所以家庭聚会逐渐稀少，甚至每年必有的生日聚会都会临时取消。

时间很快到了1927年。这一年单士厘将遭遇丈夫和孙女先后的离世，人世间骨肉分离刺痛她的骨髓。

元旦刚过，张罗着为钱恂过生日的是钱稻孙。14日的北京大雪竟日不停，寒风凛冽。次日，纷飞的大雪虽然收工了，可是天气阴冷，路上积雪很厚。姚家胡同3号的钱家却是热气腾腾。为请至亲好友前来一起为父亲祝寿，他老早就备好了酒席，发出了邀请。钱玄同带着夫人徐婠贞雇了马车如约而至，走进大门，到屋里一掀帘子，发现钱家居然还备了一桌麻将，钱稻孙解释说，家里人多，总会有人晚一点来，先到的人可打两圈免得心焦。这次生日宴虽是家宴，但也比较隆重，特地请来名厨到家里烧菜，做了牛头，还准备了一条罕见的大青鱼，直到晚上8时许全家团圆正式开吃，钱家四代人几乎都在场。

当时，稻孙的长女钱亚新已经做了母亲，钱恂、单士厘辈分早就从"奶奶"升级做了"太太"（即曾祖母，海宁人的俗称）。全家人四世同堂，聚在

① 单士厘：《单士厘文集·受兹室诗存》，中国文史出版社，2022年版，第68页，诗题为《和夏穗嫂苦热原韵》。

一起为钱恂庆祝生日，真可谓儿孙绕膝，华堂披彩。70岁之后，钱恂身体病弱加剧，大家都希望这次的热闹生日聚会能够给他"冲冲喜"，但事实上，这是单士厘夫妇参与的最后一次"全家福"。

2月初，钱恂的病急转直下，医治失效，钱家人心里清楚，生离死别终将到来。2月21日钱恂进入弥留状态，当22日钱玄同去看望大兄时，刚打了强心剂的钱恂较之前略显兴奋。但请来的名中医陆仲安到钱家诊治后，对着钱家人说："绝无丝毫希望。"这句话宣布了最后的结局将会很快到达。23日上午，心脏衰弱的钱恂靠着强心药还撑着，钱玄同上前看，发现状态比昨天又大大不如，但见他"镇日太太、太太的拉住了嫂嫂这样叫，真令人酸鼻"。① 下午钱家又请来陆大夫，当时陆大夫看病时钱恂神志尚清，叫他伸舌他就伸，但他诊脉后开了一张补药方，脉案上写了"成败不计"的字样。等到了晚上8点左右，钱玄同再去探视时，"走近床前，他睁着眼睛竟说不看见我了！"② 钱玄同日记里记下了大哥最后的时刻。

2月24日上午9时半，钱玄同看到了钱稻孙派来接他的洋车，知道事情不妙，急急忙忙上了车，带着夫人媜贞，招呼两个在家的儿子一同前去。来到受璧胡同钱家，穿过连廊走入卧室，只见大哥仅仅还有断断续续、极微弱的呼吸声，听说早晨6点"脉已伏矣"③。近11点左右，钱恂咽下最后一口气，钱家上下顿时一片痛哭声。

年迈的单士厘必须接受与丈夫永远的分离。

结婚相伴40多年，千山万水携手同行，她曾在一首写给钱夫子的诗中如此定位他们的夫妻关系——"万里随轺游览遍，卅年师事友朋兼"，④ 所以，诀别对于她来说不仅失去了知心爱人，也从此缺了一位人间挚友，何等锥心之痛啊！现在留存的诗文里找不到单士厘的挽诗，巨大的悲伤击打着她，人生走到最后阶段，能够说心里话的人越来越少，她已经不能像以前那样向父母诉说，甚至无法向同辈的人倾诉，真正的伤心难以言说，如一艘永远沉没于海底的船，千疮百孔，无法打捞。

① 钱玄同：《钱玄同日记》，北京大学出版社，杨天石整理本，第690页。
② 同上。
③ 钱玄同：《钱玄同日记》，北京大学出版社，杨天石整理本，第691页。
④ 单士厘：《单士厘文集·受兹室诗存》，中国文史出版社，2022年版，第67页。

幸而钱玄同、钱稻孙和钱穟孙等将丧事安排得很妥当。25日未刻，钱恂小殓，钱玄同在日记里记："所谓小殓其实是已入棺，已盖大盖，不过未钉钉而已。"他抄写过大哥的自挽联，这是钱恂在临死之前为自己所作，他肯定了吴兴钱氏三代不做官是保平安之举，愿后人勿忘这个良方。但晚年钱恂对自己创议留学持否定态度，认为此举使中华传统道德受到损害，是毕生晚年钱恂所憾。他的自挽联是这样的：

钱恂画像

　　不亟求官已三世于兹，此保泰良方，愿后嗣毋忘祖范；
　　创议留学而五伦受毒，乃毕生憾事，盼儿曹稍盖吾愆。

钱玄同却撰写了一副与大兄宗旨相反的挽联，极称赞他的创新进步和不随流俗，可谓钱恂一生极好的写照：

　　卅载周游，用新知新理，启牖颛蒙，具上说下教精神，宜为国人所矜式；
　　一生做事，务自洁自尊，不随流俗，此特立独行气象，永诒子弟以楷模。[1]

钱恂走了，给单士厘的1927年打上了痛心疾首的标记，从此她只能在人世间踽踽独行了，往后的路，显得如此孤单。

这一年，也是中国历史上不平凡的年份。当年4月28日，李大钊先生被奉系军阀处以绞刑；6月2日，国学大师王国维在颐和园投昆明湖自尽；8月1日，南昌起义爆发。

历史正在徐徐翻开新的一页。

---

① 钱玄同：《钱玄同文集》第二卷，中国人民大学出版社，1999年版，第327页。

办过了钱恂的周年忌，钱玄同将钱家祖宗像请回家中，与原先家里的父像、母像以及小照，都拿去摄影，装成一本册子留作永久的纪念。

家中的日子越来越安静，钱恂去世后，单士厘一度走不出悲伤。儿孙们都尽量安排时间过来陪陪高龄的她，钱稻孙全家甚至一度都搬到受璧胡同，和她一块居住。这个宅子有好几进的院落，房间多，可以容纳大家庭。尽管子孙绕膝享天伦之乐，单士厘还是难以排遣思念，她常常沉默——那位亦师亦友学识渊博的知心人再也无法回到她的身边了。

钱恂一生，经历丰富，从跟随薛福成，到投身张之洞幕府参与洋务，再到出使海外，支持维新与革命，思想随着时代不断变化，也深刻地影响了单士厘的人生轨迹。她跟着丈夫从钱塘江来到太湖畔，再一路到长江，得机缘渡海进入扶桑，随后再远越重洋阅历欧洲，丈夫的宦海波澜与她休戚相关。此生，她和钱恂生儿育女，一起品味人间的冷暖，她难以想象如果不是遇见他，人生会过得怎样。所以，丈夫去世令单士厘伤心久久，甚至六年没有动笔写诗，她失去了诗词唱和的最佳对象——"块然独坐悄然思，六载伤心未咏诗。欠和佳章终谅我，衷怀唯有故人知。"①正如她另一首和罗嫂的诗中所言"伉俪知心不羡仙，人天暌隔最堪怜"。②

单士厘时不时地翻看钱恂的著述，她称自己的先生为夫子，是因为他的学问的确值得尊重。钱恂是一位阅历丰富的学者，所涉略的领域极广，既为国家级的古籍藏书编辑目录，护佑纸质珍宝，又整理各类实用的外交资料。如《中外交涉类要表》共有四表，分别为《各国换订约章表》《江海口岸贸易表》《陆路口岸贸易表》《使臣出洋分驻表》，每表皆冠有议论一篇，当年翁同龢看到钱恂所编的这些材料，都称一声"甚好"。其所编还有《韵目表》（1卷）、《史目表》（2卷）、《财政四纲》（4卷）、《日本政要》（12种）、《二二五五疏》（2卷）、《金盖樵话》（26卷）、《有清进书表》（12卷）、《清骈体文录典纬类》（40卷），是研究中国文化发展和中西方文化交流史不可或缺的重要文献。钱恂还将大量西方文化知识介绍到国内，在金融学、政治学、文献学等学科的发展史上占有一席之地。在他众多作品中，《财政四纲》（4

---

① 单士厘：《单士厘文集·受兹室诗存》，中国文史出版社，2022年版，第82页。
② 单士厘：《单士厘文集·受兹室诗存》，中国文史出版社，2022年版，第93页。

卷）一书值得一提。此书于1901年成书，1903年出版，就租税、货币、银行、公债"四纲"进行了论述，较为详细地介绍了各类银行的性质、职能及其相互关系，堪称中国出版的第一部内容比较完整的货币学著作。[①]这本书成于日本，付梓于国内，印刷发行后他携往日本一部分，大部分则存放于汪康年的《中外新报》馆代卖，也是他所有著作中最畅销的一部。

钱恂一生身处晚清混乱不堪的年代，到过东洋、西洋，经历了新旧两种教育，背负士人和官僚的双重身份，并呈现出某种独特"另类"的颜色。单士厘懂得"钱夫子"的不合俗流。他好发议论，对现实往往持批判态度，言语比较偏激，对自己的学问却自视甚高。有家族遗传的怪脾气，也是因为游走在维新、革命人士之间的交游、言论和处事的经历，他的身上有新旧交替时期一代知识分子身上复杂纠结，甚至是冲突分裂的精神面貌。正如他临终前给自己所写的挽联，甚至否定了自己一度认为最得意的"政绩"——倡导留学，认为是荼毒五伦，竟为毕生憾事。他不同于多数只知抱残守缺、维系现状的旧官僚，也不屑混迹于那些热衷事功的能臣干吏之列，既无法提供现实可行的方案，也不打算投入政治革新的运动。看着腐朽至极的清廷滑向深渊，他没有施于援手，也不积极站在革命队伍之中成为一员干将，甚至最后时光干脆放弃，"年来自悔闻见太多，知识太早，颇用静观主义"。[②]

钱恂难以归类的一生，深刻地影响了单士厘，甚至在某些方面重塑了她。所以，他的离世让单士厘沉默许久。

也许步入暮年最悲哀的事，就是送走一位又一位亲人朋友，黯然销魂者，唯别而已。一扇扇门永远关闭了，连深沉的叹息也不能打开。单士厘和夏穗卿的妻子就像被偷走了巨款的人，突然发现了自己的贫穷，直对迎面而来苍白而严酷的岁月，只能独自回顾那远去的财富。

为了让老母亲尽快恢复正常生活，两个儿子商量后决定让她暂时离开北京，希望通过远行，改变外部环境来改变她的心态。当钱恂的周年忌日过后，次子钱稻孙派妻子前来迎母亲到大连暂住。1928年3月6日，钱稻孙与钱玄同等人前往北京东火车站送她上车，她将在天津搭船前往东北。

[①] 叶世昌：《中国货币理论史》，厦门大学出版社，2003年版，第325页。
[②] 单士厘：《癸卯旅行记》，湖南人民出版社，1981年版，第32页。

旅居东北，单士厘遇到了一些老友，结交了几位年轻人。结识新朋友总是一件令人开心之事，单士厘开阔的视野、广博的学识以及蔼然和绵的态度，使她在新的环境里获得尊敬，而在与年轻人的交往之中，她仍在继续学习，为自己的著作积累材料。她很快重新投入热情，按照计划搜集文稿，用生命最后的余光照亮即将到来的夜色。

但新的打击即将再次考验她承受痛苦的韧度。

她的痛，源自单不庵的病。弟弟是个大孝子，因父亲早亡，感念娘亲抚养之恩，事母极孝，也因此无法在北京定居。他自小身体弱，回到了南方之后，因工作时常变更，家事职场事压力增大，

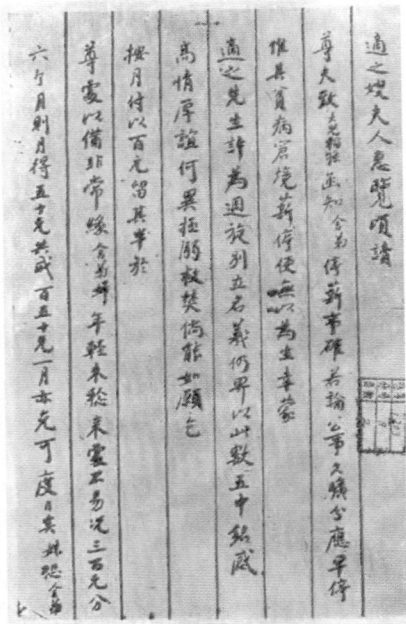
单士厘致江冬秀的信

多病多痛，令姐姐牵挂不已。1929年3月，得知弟弟在上海染上脑膜炎之后，单士厘极为担心。在他缠绵病榻十个月之间，这位白发老姐不仅让长子钱稻孙写给胡适校长"江湖救急"恳求寻觅良医，自己也是到处求人。甚至还亲自出马，按捺住内心的焦急给胡适的妻子江冬秀写信，诉说兄弟贫病交加的现状，希望多加关注，给予照拂。

适之嫂夫人惠览顷读

尊夫致大儿稻孙函知舍弟停薪事确，若论公事久旷分应早停，惟其贫病窘境，薪停便无以为生，幸蒙适之先生许为周旋，别立名义仍畀以此数，五中铭感，高情厚谊何异拯溺救焚，倘能如愿乞按月付以百元，留其半于尊处，以备非常。缘舍弟妇年轻未稔来处不易，况三百元分六个月，则月得五十元，共几百，五十元一月亦可度日矣，妹恐舍弟示知实相不胜感祷，兹有昔年所印清闺秀正始再续集六册寄请阅览。第五卷现正缮稿，俟印发续呈。倘吾嫂亲友中如有未刊闺秀诗稿，希寄示为荷。妹抄录后印当寄缴也。

这封信写于11月5日，被收录在胡适遗稿中，可以看到她在对单不庵家经济安排上的用心，并且信中也透露出她在继续搜集闺秀诗文。

时隔不久，单士厘在收到上海家人来信后，又修书一封对胡适前去看望单不庵表示感谢之余，继续探听兄弟的病情——"舍侄信来，知又承适之先生枉驾看视舍弟，深情厚谊钦感无既，不知舍弟近状若何，究竟能否复原。舍侄年幼，他人代书，不能详告，妹回北平倏将二月，相隔数千里，心旌摇摇不能自己，昨开具研究院薪已止，不稔确否？……"想到弟弟壮年得重病，为求医家中债台高筑，若是断了顶梁柱，"欲讫若竟不能复原，则如何是好，债台累累，来日大难……"她实在不敢想下去。

时间无情，该来的来，该走的走，不问人世的情与意。

1930年1月13日，单不庵去世，年仅53岁。

钱玄同在1930年1月14日的日记里这样写道："晨回家，婠云昨晚得受璧电话，知不庵于昨天死矣，伤哉！……我但觉为学术界痛惜而已。年来，王静安与梁任公之死，我最痛心，因其若在，则对于学术上之贡献尚多也……"①

兄弟英年早逝，年过七旬的姐姐哀痛甚深。这是继丈夫钱恂、孙女钱亚新离世之后，带给单士厘又一次巨大的创伤。娘家唯一的嗣弟去世了，单家本来人丁单薄，所以单不庵承祧两房，是单家的希望和栋梁。这位弟弟才华横溢，且处于做学问的黄金期，本有机会重振单家的书香门风，现在留下尚未成年的稚子撒手而去，谁来撑单家的门楣，谁来管他的身后之事啊？

钱玄同当然懂得单不庵的逝世带给嫂子的凄凉与悲痛。次日，他就来到受璧胡同慰问，一起缅怀这位亲人。听嫂嫂说单不庵在13日中午离世，而且死之前因为腿臂患疡，呻吟痛苦之极。②他的内心同样充满了悲伤。

4月20日，钱玄同与陈百年、沈兼士、沈尹默、朱希祖、傅斯年等在《北京大学日刊》上发布单不庵的追悼会启事。为了纪念这位著名的学者，

---

① 钱玄同：《钱玄同日记》，北京大学出版社，杨天石整理本，第745页。
② 钱玄同：《钱玄同日记》，北京大学出版社，杨天石整理本，第746页。

他们在北大召开了追悼会，有50多位北大及北平教育界的人士出席。会上，钱玄同以长篇演说讲述了单不庵生平和治学经验，后经整理以"亡友单不庵"为题发表在《大公报》的《文学副刊》上。钱玄同甚至马上准备为老友整理一部遗集、一篇详传，为此他开始编写单不庵遗书目录，并向嫂嫂借来日记，翻阅整理。

在翻阅日记整理单不庵年谱的时候，他陷入了对好友深深的怀念之中。单不庵比他年长10岁，一生深研宋明理学，重考据，长训诂，曾重新校勘段氏《说文解字注》，对中国历史和哲学极有研究。赴日与钱玄同相识后，因对传统文化的共同爱好，个性不同的两人成了知己。日本相处仅半年，分开就书信不断，一旦相见就是连夜彻谈畅聊，在学问上互相切磋，友情日益深厚。他用"健实"两个字来形容挚友的治学精神，没想到他竟会在步入学术黄金之年突然去世，钱玄同为好朋友年岁不永而难过，也为国学界失去了一位大学者而痛心。与钱玄同一般在思忆着单不庵的，还有海宁蒋百里和张宗祥，他们自小相识，友情绵长，堪称挚友。当单不庵伤寒复发，病势垂危时，蒋百里曾与张宗祥约定，一旦好友撒手西去，他们两人即携款前去帮助料理后事。但当单不庵去世，张宗祥按约打电话给蒋百里，蒋却无法前去，当时百里先生因参加唐生智反蒋介石的行动失败，被便衣监视居住，暂时失去了行动自由。虽近在咫尺却不能把酒祭奠，真是痛何如之。

1930年1月，胡适也为单不庵去世而痛惜不已。他在当年出版的《胡适文存》第三辑的扉页上郑重地写下了这样一段话："纪念四位最近失掉的朋友：李大钊先生、王国维先生、梁启超先生、单不庵先生。"在书中，胡适还写道："单不庵先生的遗文散在各地，不易收集。我的日记内，留有这几封信，故我收在《文存》里，纪念我生平敬爱的一个朋友。"①

对于这样一位博学大儒，他的书籍就显得特别珍贵，因此，单不庵去世之后，蔡元培、胡适、钱玄同等著名教授致函浙江教育厅（当时的教育厅长是陈布雷），要求对这位著名学者的遗书进行保护，妥善保存单不庵藏书，"其遗书多手批校本，于学术文化颇有关，不可任其散失，应由公家保存，云云"。钱玄同还与蒋梦麟校长协商，拟由北大编印单不庵遗书，1931年元

---

① 曹聚仁：《文坛三忆》，三联书店，1999年版，第58页。

旦，钱玄同给胡适写信，信中说，单不庵"其子既已夭折，其妾又不能守，单不庵身后已无家可言，不趁此时由我们为之征集刊布，不久必致零落散失，无法搜集了"。[①]胡适复函表示赞同，也愿附名发起，并建议发起人不能局限于北大同人，而应加入钱稻孙、张宗祥和潘尊行。最终，单不庵藏书由蔡元培亲自出面协调，先由浙江省立图书馆保管。1932年，《浙江省立图书馆月刊》刊出单不庵遗像，并谓其遗书共有8000卷，已归浙江省立图书馆，这批遗书最终以1600元的价格收购，大部分经过单不庵亲手校订批注的图书，有经史子三部，

单不庵遗像

添注过十几回的很多。北京大学也成立了单不庵教授遗著整理委员会，希望为之整理编纂遗著遗文，但出于种种原因也没有出版。钱玄同积极搜罗他的遗稿，希望为他作传，最终亦没有完成单不庵详传的撰写。且单不庵死后只过了一年，他的儿子行中即夭折，年方10岁。一代鸿儒最终隐入尘烟，归葬于海宁硖石东山南麓，带不走亲人和朋友无尽的哀伤。

尽管年事已高，尽管亲人在不断地离开，但单士厘还要在伤痛中继续生命的远行。

幸好儿子儿媳都很孝顺，愿意抽空陪着老母亲出行。孙辈也爱着这位老祖母，探望、陪伴，也时不时带着她参加聚会，吃西餐、喝啤酒、尝冰淇淋等，变着法子哄她开心，令单士厘感觉新鲜有意思的内容，逐渐注入她的晚年生活，如源头仍有活水进入，如初冬森林最后的色彩斑斓，《一家三代共饮于德国饭店用稻俟孙辈归来韵》记下了相聚的欢乐。

---

① 胡适：《胡适书信集》上册，耿云志、欧阳哲生编，北京大学出版社，1996年版，第529页。

莫道吾年过七旬，西餐入口尚津津。椿庭倚户忻归省，麦酒深杯不厌频。

风扇送凉忘盛暑，星期奏乐恰今晨。白须朱履神仙客，天上多应忆世尘。①

单士厘与儿孙的合影

当时她已年过七十，身体还算康健，能将西餐吃得津津有味，可以喝多杯的啤酒，盛夏吹着风扇，听着悦耳的音乐，潇洒而"新派"。她不由忆及已到天上做"神仙"的"红履公"，祈盼丈夫能看到俗世的亲人之快乐，多多想起还在凡间的他们吧。同样在《七月十四日长孙端仁夫妇奉我游公园饮于来今雨轩》诗中，这位仍能听懂日文，爱吃西餐的"寿星"感叹——"忝享人生福，孙曾乐耄年。鹊填星乍会，人寿月将圆。东语闻稍解，西餐味胜前。电灯千万盏，争及广寒仙？"②

单士厘轮流在两个儿子家庭里住，可惜这样的幸福时光并不长久。在她给知己夏穗嫂的诗中出现了"心牵儿病未曾瘳，醉不成欢却膳馐"之句，那是1936年春日时分。她所担心的生离死别，又将出现在她的生命里。白发人送黑发人，这真是人生的大不幸！

次子钱稻孙于1936年夏天去世，单士厘的心遭受着巨大的创伤。在她的人生长途旅行里，有不少情感创口：除了少年失母，老年失伴这样的重大创伤，也还曾经失去过两个小女儿，但幼童早殇与失去成年孩子，对心灵的伤害程度完全不同。晚年丧子这份创痛之巨，某种程度上超过了丈夫去世造成的伤害，她一遍遍地回忆幼子成年的过程，以至于怀疑是因为自己的修养不够而导

① 单士厘：《单士厘文集》，中国文史出版社，2022年版，第86页。
② 单士厘：《单士厘文集·受兹室诗存》，中国文史出版社，2022年版，第100页。

致无法保有母子亲情的长远。钱稷孙出生时，他的父亲尚在国外奔波，由她含辛茹苦一手抚育。自小随父母东渡扶桑渐渐长大，英俊的少年学有所成，却时时漂流在外，那些亲人相聚的时光如流水去了又还，电影般重现眼前。可斯人已去，此生母子缘尽，甚至再也无法拥抱一下，说上一句话，再也不能一起吃顿饭，举一次杯，天地是何等无情，人生是何等无奈哪！

当又一年新春来临，别人家在欢度佳节，她却抚摸儿子的遗像不肯放下，回忆去年此时全家团聚的融融之乐，今夕新岁来临却已是天人永隔。这首《阳历除夕悼次儿稷孙》写尽了一位母亲的锥心之痛：

嗟予之不德兮，致汝养之未终；长埋地下兮，欲见无从！幸摄影之留像兮，依然愉色与婉容；终朝凝视而不得通一语兮，魂惝恍兮怔忡！去年此日汝回家兮，饮屠酥兮举室融融；今兹又届除夕兮，抚遗胤兮摧心胸！①

这种伤悲绵绵不绝，直到两年后看到孙辈的孝服已除，犹不能释怀。单士厘在1938年的立秋那日，再写下一首悲伤难抑的诗《立秋日计次子逝世已廿七个月孙辈释服感赋》：

北窗高卧听蝉鸣，大火西流节序更。乱世得居安稳地，老年倍切别离情。亲朋犹自嗟遥远，母子何堪隔死生。绕膝孙曾宁不足，时时老泪为儿倾。②

秋风将至，季节更迭，转眼又是两年，若能将次子去世前的时间按下暂停键该多好啊！只是等到那日在北窗下听到蝉鸣声声，才知道时光终究是无情的。明知道在乱世之中有一个安稳的居所已属不易，可想到母子之间生死已隔，一把老泪忍不住又流了下来。

但生活还得继续，让单士厘重新坐回了书桌前的力量来自文化，她用诗记录伤痛，也用诗来疗愈心灵。当然，爱和亲情也在回报这位善良慈悲的女子。

---

① 单士厘：《单士厘文集·受兹室诗存》，中国文史出版社，2022年版，第93页。
② 单士厘：《单士厘文集·受兹室诗存》，中国文史出版社，2022年版，第98页。

北京的四合院里四季分明地来来去去，早晨窗外阳光透过树枝照在院子里，地面光影斑驳，宛似池塘水面漂浮的落叶。兵荒马乱的年代，她总是不由得想起童年，想起江南水乡古镇——碛石，这是护航她生命真正的起点。她在碛石出生，接受了爱与教育，有良好家教和深厚学养。未婚前，她是单家聪慧内秀的女儿；出嫁后，是钱家贤惠能干的媳妇。她倾心抚育钱恂的儿女，以及孙辈十数人，得其温暖照拂的还有两位弟弟，"仁心乐与人为善，便是慈航普渡船"。①从未停止生命精进的她一直在远行，培育子女和孙辈，泽及亲友。同样值得尊敬的是她胸怀宽广，把母爱施于钱恂前妻董氏所出的两个女儿，这两位继女也将她视作亲娘，甚至长女去世12年后，长婿徐昭宣再娶妻子，续配还唤单士厘为母亲，这份难得的情缘令她深感安慰。她以《长婿断弦十二年始续娶呼予为母颇觉亲爱感赋》为题作诗赠之：

细语颙颙日影移，廿年前事记依稀。此心既慰还惆怅，环佩何曾月下归。②

她的生命旅程向着世界迈出过至关重要的一步，最终仍回归了家族的传统。

现在看来，单士厘秉持着传统的女学观念，并没有颠覆性的革命思维，但她对中华道德教育的坚持，今天仍然值得重视并尊敬。这个温柔温暖的女子是勤劳能干的母亲，也是智慧慈祥的祖母。

她的孙女钱澄，就始终珍藏着祖母送给她的一张扇面，那是单士厘在自己73岁时节录的《女史箴》，将西晋张华所写传统女子教育的典范之作，

刘节、钱澄一家1946年摄于广州

----

① 单士厘：《单士厘文集·受兹室诗存》，中国文史出版社，2022年版，第114页，诗题为《和罗嫂寄示合家至公园原韵》。
② 单士厘：《单士厘文集·受兹室诗存》，中国文史出版社，2022年版，第64页。

手抄在扇面上赠给孙女，作为18岁的成人礼。她在扇面上题下："右录张茂先《女史箴》，时在庚午年元宵后二日，予七十三矣，书不成字，畀三孙女清之作纪念。"这位古稀老人所赠的生日礼物是如此典雅，让人不得不起礼敬之心。4年后，钱澄嫁给了钱稻孙在北京图书馆工作时的同事刘节先生。刘节是从浙江永嘉走出来的清华骄子，是陈寅恪最重要的弟子之一。抗战胜利后，一直在广州中山大学当教授，曾任中山大学历史系主任，所以钱澄长居广州。

单士厘的"母教"理念充分施予家族后辈的启蒙教育，也因此受到了子孙们尊敬。在钱秉雄的回忆文章里有这样的细节——"在过年过节或过生日的时候，伯父伯母有时乘马车来接我们弟兄到德国饭店共进西餐。1940年端午节，伯母家宴，在饮酒时，她想起三强远在巴黎围城中，必然要受危困，写了忆三强诗。"①那时，钱恂去世已经10多年了，年过八旬的单士厘主持召集四代人共庆端午佳节，家宴中，她想起了远在巴黎的侄儿钱三强，得知巴黎也在战火之中，无法归家的小孩让她惦记不已，写下《庚辰端节家宴忆三强侄时在巴黎围城中》：

今岁天中节，阶兰得二雏。一家兼戚党，四代共欢娱。
不尽樽前话，难忘海外孤。烽烟怜小阮，无计整归途。②

耄耋老人挥之不去的思念，真情发自内心。联想到当时的情景，细品此诗，不仅是钱氏家族中一份特别的亲情纪念，也由此发现单士厘晚年仍保持"目注全球"的视野，关注国际新闻，了解时局的发展，与亲人之间保持良性互动。这位钱氏家族的老祖母了不得！

除了直系子孙，钱恂的外甥张菊圃与单士厘保持着密切的书信往来。他因"亲上加亲"娶了钱稻孙的女儿钱亚觉做儿媳，所以过年过节，拜帖问候更是少不了。以诗拜年，单士厘总会礼貌地回应。《和张甥菊寄己卯除夕诗庚辰仲春》两首，就是回复他在1939年除夕的拜年诗。

---

① 钱秉雄、钱三强：《受兹室诗稿·回忆伯母单士厘（代序）》，湖南文艺出版社，1986年版，第2~3页。
② 单士厘：《单士厘文集·受兹室诗存》，中国文史出版社，2022年版，第106页。

春去惜韶华，飞英逐燕斜。别离嗟婉晚，阅历又增加。
世乱难忘国，身安便住家。卅年违故土，饱看上林花。
授课勿忙甚，裁书趁隙余。传家征孝友，教子赖诗书。
且喜鸣阴鹤，何妨学蠹鱼。澄怀如朗月，照彻万缘虚。[①]

诗行间透露出对家乡的思念，盼望子侄保持"诗书传家"的美好希冀，尤其值得重视的是她的晚年，继续在书中远行，以写作寻找安慰，时以佛法开脱的心境。

[①] 单士厘：《单士厘文集·受兹室诗存》，中国文史出版社，2022年版，第106页。

十、晚香争艳逸　寥寂变繁华

　　单士厘的暮年与书斋密不可分，她的身边是寂静的，案头却仍然繁花盛开。

　　千年以降，被重重束缚包围的闺阁女子大多无法接受良好的教育，即便是大家闺秀，能书善画能诗能文，曾经无数次把心底的悲欢离合付诸诗词曲赋，也不得不留在男性家人的背后，等着被时间的灰尘默默掩去。她们的容光与神采，隐于斗室深处，深情挚爱、天人风华隔着层层屏障与深深帷幕，不为人知。

　　女子的生命觉醒，往往显得漫长而寂静。

　　虽然单士厘被不少学者定位成旅行家，但她首先是一位出色的诗人和作家。除了写作，还关注教育，有译著出版。更为了不起的是，衰年的她不惜以几十年的时间悉心收集整理清代才女们的著述，帮助这些动人的诗痕留存于世。她继续在诗歌长河里徜徉，应和着历史与现实的回响，百年之后依然沓沓有声。她还为遥远的才女作传，愿意将最后的时间交给过去，在一个人的长夜，记录下这世界上风吹雨打的声音，并将自己听到的看到的，留给未来。

　　也许在她的人生里，这样的编辑与写作仍然是一次次旅行，在文字里的远行，使她可以在无边无际的心灵世界徜徉。

（一）受兹介福 以诗留史

命运列车带着我们的身体飞驰向前，日复一日，一站接一站。在被称作人生的旅行途中，总有人会在奔驰之时探首远望，看见小巷与河流，街道和广场，看见姿势和面容在时光里的变化，风景似乎相同，又总是相异。

诗，是穿越所有风景的通道，是一双双朝向世界和内心的眼睛。

单士厘的《受兹室诗稿》收录了她自少年至耄年的诗作183题、302首。分上中下三卷，附诗30题、72首。为自己的诗集取名《受兹室诗稿》，是源于她的书斋名"受兹"，取意《易经》晋卦的"受兹介福"，意为将获得极大的福泽，也暗示了遵循正道，居中守正之重要。上卷50题、86首，少半是少女时期的闺阁诗，虽然深闺久居，可是自然真切，韵味悠长。清新的诗作展示着她的才华，如花上的朝露鲜妍欲滴。

《受兹室诗稿》中卷收集了她45岁以前精力弥漫、才藻最旺时的作品。中卷有38题、95首，起自癸卯年（1903）春，迄于乙丑年（1925）是她由中年步入老年时的诗作，既有旅游亚、欧、非的闻见，亦有游览西湖、登临八达岭的感怀，以及对"世衰俗薄"的嗟叹。这些作品直抒胸臆，所见即所得。随着单士厘旅行疆域的扩大，诗也跟着她在广袤的大地上穿行，一起跋山涉水，异国风情和时代特色在她的诗里显现，如《己酉秋夜渡苏异士河》：

岸白沙疑雪，灯红火似星。百年功未竟，三载我曾经。

1986年出版的《受兹室诗稿》书影

缩地长房术，疏河大禹灵。更闻派那马，南美正扬舲。①

那是她与钱恂从欧洲归来时的旅程所见。苏伊士运河，又译苏彝士运河，1869年修筑通航，是一条海平面的水道，在埃及贯通苏伊士地峡，沟通地中海与红海，提供从欧洲至印度洋和西太平洋附近土地的最近航线。现在它仍是世界使用最频繁的航线之一，也是亚洲与非洲的交界线，曾是亚非欧三大洲人民来往的主要通道。随着现代航空业的发达，苏伊士运河已不再将"运送旅客"作为主要任务，伴随石油运输的兴起，这条运河现已成了全球海运贸易的重要"动脉"。

百年前的单士厘多次从这条运河经过，她在这里见识尼罗河三角洲的绝美风光，远眺阿拉伯沙漠的浩瀚苍凉，感受着不同文明在这片大地上的光芒，也领略兴废存亡的变化无情。穿梭在繁华与苍茫间，有现代文明的曙光在引航，她感慨这条改变世界历史的大运河，想到大禹经略神州的伟业。更了不起的是，这位女子的眼光穿越了千里，遥想当时还正在修建之中的沟通大西洋和太平洋的巴拿马运河。当听说新的运河之后，她对海上贸易新通道的出现表示极大的兴趣，充分展示出这位中国女子的新闻触觉，诗作所展现出历史的纵深感和时代的宽广度，让这首小诗风采别具。

她最后十年的诗作，归于下卷，共95题、121首，自壬申年（1932）岁暮至壬午年夏（1942）。步入古稀高龄，她提笔赋诗多半为亲友间的唱酬。在别人的诗境里旅行，有时遇到相似的梦，竟也流着自己的泪，身处不同的环境照样能体会别人的悲苦，大抵是因为有相同的断肠之痛。那日，单士厘抄罢吴氏的哭子诗，不由也赋句自悲，《抄吴女士哭子诗入噍杀集》读来令人为之心酸："身居乐境总含悲，况复抄人哭子诗。肠断心酸同此痛，泪痕墨迹共淋漓。"②

走过少年、青年和壮年，她晚年的诗作明显含有更为复杂的人生况味。经历生命无法承受的伤痛，也拥有儿孙孝顺的幸运。有抚今追昔的感慨，更有突如其来的击打，单士厘将自己的生命体验写进诗里，真诚而坦荡地与人

① 单士厘：《单士厘文集·受兹室诗存》，中国文史出版社，2022年版，第45页。
② 单士厘：《单士厘文集·受兹室诗存》，中国文史出版社，2022年版，第93页。

分享。同辈间的问候与交流，与晚辈酬唱，那是文化家族的情感交往方式。因着闺秀间的唱和传统，刘雪蕉等成为她的新诗友。

单士厘《受兹室诗稿》中与她有诗唱和的人数不少，但绝大多数为女性。和好友"穗卿嫂"是频率最高的，共有30余首诗，有时一韵一叠再叠，往来多个回合。虽然这样的来回唱和，在后世评论家看来多为文字游戏，才华在此用于玩耍嬉闹。但作者认为，诗歌除了表情达意，更有调适心灵的作用，何况诗歌唱和，本身就是朋友之间的精神互动，于身心有极大益处。处于动荡乱世，对于失伴的老年知识女性能够拥有这样的友情，算是平生难得。她与诗友夏曾佑夫人的"诗信"是晚年诗篇的"重头戏"。

夏曾佑死后，家眷迁回杭州居住。单士厘和夏夫人一南一北，彼此牵念，靠着诗书往来，将北方与南方的春天连在一起。如这首《夏穗嫂寄和游园诗再叠前韵》，就是两位诗友在诉说属于春日的思念，家乡春笋，蚕花讯期，都成为心中的歌谣——只缘离别久啊。

读罢琼瑶什，如兰嗅味和。只缘离别久，翻觉唱酬多。
樱笋时将老，蚕花讯若何？思乡归未得，踏踏且赓歌。[①]

诗交是文士交往的一种重要方式，知情知意，知心知肺，诗文圈子与生活圈子正向重合，诗文密友亦常成为生活知己。单士厘与夏穗嫂，仿佛生来就是为了相聚，为了情投意合地唱和，直到彼此老去。

春秋代序，岁月更替，每逢佳节倍思亲。七夕是中华传统节日，是传说中牛郎织女鹊桥相会的日子，被称为"七巧节"，取谐音"乞巧"，闺中女儿常有月下乞巧之举，也算是中国的"女儿节"。夏夫人送来一封信，就是一首咏七夕的诗：

今日七月七，瓜果未陈设。忽讶朵云来，即此酬佳节。从古巧难求，自笑真痴绝。每读故人诗，使我常心折。天孙若下窥，当亦增怡悦。无以报琼

---

① 单士厘：《单士厘文集·受兹室诗存》，中国文史出版社，2022年版，第94页。

瑶，深惭徒饶舌。①

单士厘遥想江南的习俗，陈年往事如梦浮现。那时每家都会供香烛，有女儿在家里的话，还会有些特别的设计。她记得南宋时记录杭州杂忆的《武林旧事》乞巧一节提到过，妇人女子，至夜对月穿针，饾饤杯盘，饮酒为炙，谓之乞巧。海宁也有这样的习俗，家里庭前放一大碗清水，供到凌晨，见水上结起一层"皮"，此时将缝衣针一枚，轻轻投到水面，针便会停在水面上不沉入水，若水面上的针在碗底投下的影子呈细针状，那么女孩子长大之后就会是巧手姑娘。想起这些游戏似的闺阁旧事，单士厘提笔以《和夏穗嫂七夕原韵》作为回应——

垂髫女孙辈，瓜果略陈设。回忆在闺时，亦尝逢是节。穿过羊毛针，月下夸奇绝。老年邀胜侣，未晚柬已折。只今人事改，赖有吟朋悦。新诗解郁陶，说法广长舌。②

美好的回忆在诗里延续。闺阁女儿的快乐映着月光荡漾。单士厘则回忆起曾经有一年的七夕，钱恂发愿为她过节，专程去买来瓜果糕饵等七类供品，每类七样，共七七四十九碟，午后即供。待新月初升，清光流泻，人影双双。想到"只今人事改"——钱恂已经离世多年，她和夏夫人都是"未亡人"，幸有"吟朋"，诗意还在，佳节的气氛因着诗韵往来而氤氲。

她找人马上把诗送去。夏穗嫂读罢，击节赞叹，不觉重回小女儿心态，在绿柳垂荫、丹桂将折之时，只有这样的诗情才能让老病的女子开怀心悦，于是她又提笔回赠一诗。当再收到密友的"六十字"，单士厘也不由得诗兴又起，拿起笔再作《和夏嫂再叠前韵》，以文字的切磋得内心喜悦。因互动，老友的快乐加倍。一而再，再而有三，穗嫂又回了一首诗，诉说自己原来卧病在床多日，吃饭不香，饮食起居没有定时，连请医问药都不想的现状，是精神的力量来了——"丽句起沉疴"。单士厘感叹在岁月更迭，时序变幻之

---

① 单士厘：《单士厘文集·受兹室诗存》，中国文史出版社，2022年版，第89页。
② 单士厘：《单士厘文集·受兹室诗存》，中国文史出版社，2022年版，第88页。

中，人世间的情谊珍贵。七月七过了，马上就是中元节，"忽惊时序更，已届中元节。魂梦绕松槚，吾亲悲祝绝"。①思念故去的亲人让心悲催，文字的安慰胜于满街的莲灯。她的《和穗嫂三叠前韵》表达出她们同病相怜，依依相惜的心境。

创作和编辑，就是她晚年最重要的精神支柱，而这背后站着的是人。

当淞沪战争卷袭江南，浙地遍地狼烟。单士厘许久没有收到夏夫人的来信，便日夜牵念着这位年事已高的良友，千里之外，人在乱世中如飘蓬浮萍，她祈祷好友能够尽早结束颠沛流离的难民生活。步入老年，又逢乱世，身体和精神备受摧残，单士厘珍惜人间情谊，对朋友真诚关怀，诗是个体叩击历史和时代的深切回响。她与夏夫人之间的一唱一叹，不仅深深地汇入她的情感长河，滋润着她的残年，同样为战火纷飞、离乱动荡的时代留下"诗证"。

1938年春《戊寅春日忆夏穗嫂》道出了她急切担忧的心情——

> 良朋千里隔，垂老叹飘蓬。闻道干戈急，多应颠沛中。
> 十旬音信断，终夜梦魂通。何日重相见，苔岑契合同。②

在她牵挂好友之时，夏夫人在杭州经历了至暗时刻。杭城陷落后，残年逢乱世的偷生苟活"乡居如作客，家食似侨氓"。因为"避地无良策，迁居亦寡俦"，遍地狼烟，向何处去？凡到市场去购买物品都不敢流连，若警笛突然鸣响，连避也没地方避，"匆匆稍瞬目，惘惘怕回头"的日子，身在自己国家，游人都像是戴罪的囚犯。好友回复的诗信描绘了被敌寇占领后的惨状。单士厘在北京也同样在经历血雨腥风，在"举国遭颠沛"之时，她看到空战，看到杀戮与死亡，看到文明的倒退，"十旬空际战，百旅阵前倾"，"荣华悲往事，禾黍感遗氓"。③

不久，单士厘终于等到了逃难进京的老友。夏夫人经历了长途颠沛流

---

① 单士厘：《单士厘文集·受兹室诗存》，中国文史出版社，2022年版，第89~90页。
② 单士厘：《单士厘文集·受兹室诗存》，中国文史出版社，2022年版，第96页。
③ 单士厘：《单士厘文集·受兹室诗存》，中国文史出版社，2022年版，第95页，诗题名为《和夏穗嫂战时寄示二首步韵（二首）》。

离，从战火燃烧的杭州一路向北奔走，与家人带着行李奔出城开始的艰辛历程，终于可以握着单士厘的手细细诉说了——她先到桐庐小住，再转到兰溪，过衢州，听着飞机轰炸声狼狈逃命。坐上拥挤不堪的火车，在浙赣线上奔波，途中吃的喝的都没有保障，只嫌火车行速太慢，又饥又渴几乎丧生。经过三天三夜的挣扎忍耐，才好不容易到了长沙。这座春秋战国时期建城的"楚汉名城"，将战火阴影下的沧桑容颜呈现在他们面前，逃难的民众从四面八方来到此地，岳麓山承受着巨大的战争压力。长沙所有的空房都塞得满满当当，不仅旅馆中无立足之地，每一辆抵达长沙的火车，送来的都是人，长沙的各中小学专门设立了收容站也不够。她向单士厘描述着亲身经历的乱世景象，"如流民般的日子真是太难了，幸好家人带着我继续往南走，等来到了广州，再转香港九龙，才听不见可怕的飞机声"。等搭上轮船抵达上海，脚不停地又立即转往天津，最后大家下决心回到北京，"我才能见到了你啊！"白发老友落着泪，感慨此生能够再相逢，有如梦寐般的不真实。单士厘的《喜穗嫂重来北京用前韵》一气呵成——

　　五载重相见，霜添两鬓蓬。互将衣袂执，非复梦魂中。
　　智脱干戈外，情深感应通。书痴有病福，依旧唱和同。①

听老友诉说一路的苦难，战争硝烟仿佛就在眼前。等女友离开后，回想她一路颠簸，几度遇险，差点丧生，又提笔写下《和穗嫂自杭州避难至京原韵》，这首长诗叙事为主，雄浑厚重，将故朋千里奔驰的离乱经历写得沉郁之极。且录全诗于此：

　　天上神仙亦受惊，剧怜衣锦古名城。壮丁慷慨临前敌，杜子仓皇赋北征。
　　七里泷过稍缓缓，三瞿旅宿复行行。人因避难增强力，诗为伤时擅盛名。
　　千里奔驰嗟厄运，一朝脱险庆重生。离乡不作无家别，失地仍为故国氓。
　　涉历关河增智识，经过湘粤忆途程。从今无复飞机警，到此重闻冰碗声。
　　忽睹新民兴旧校，时闻遗老说前清。花看上苑犹无禁，春满芳郊正卖饧。

---

① 单士厘：《单士厘文集·受兹室诗存》，中国文史出版社，2022年版，第96页。

城市繁荣忘乱世，亲知多半住神京。吟朋最喜重相聚，细诉睽违数载情。

尽管诗人愿望是美好的，但现实是残酷的。单士厘祝老友来到依旧繁华的京城，能够过上太平日子，忘却乱世烽烟，可到上苑看花，在郊野踏春，不再听闻飞机轰鸣和跑警报的声音。可在那个时代，这样的祈盼无异于痴人说梦。这两位"书痴女子"的惊痛和离乱，百年之后读来仍然令人动容。

当人生走到暮年，突然收到了硖石亲友寄来的父亲墨迹，是什么感觉？

在烽火连天的战争年代，这份礼物简直珍贵如同奢侈品，令她又悲又喜，唯有以诗言之。情谊显出沧桑底色，如同到了冬日，才能触摸岁月质感。遥望远方，故土久违，寄居京华的白发老妇，在狼烟四起的年代，今生再也无法重回熟悉的故土，但是家乡记忆，并没有因为她远离而淡去。

她一遍遍地想起少女时代，那些单纯而温润的时光重回眼前。她的《题吴宝懿世兄寄示先考墨迹》一诗就记录下这个人生瞬间——

航空信来忻且讶，开启瑶缄眼帘射。先人遗墨赖珍藏，题跋诸公半凋谢。去年得读诗续抄，祖父叔弟诗笺研。（去年承洪表弟寄示《硖川诗续钞》所载先祖、父、叔、弟诗）两君高谊薄云霄，千里邮传等无价。忆昔垂髫侍亲侧，研墨拂笺况如昨。至今已逾七十载，荏苒光阴驹隙蟆。频年烽火念故乡，翘望松楸泪如泻。可怜家国感沧桑，弟侄已先即长夜。曙后孤星仅独存，风前残蜡犹无化。漫言程门盛桃李，唯此陆庄堆禾称。摩挲手泽悲更喜，仿佛当年依膝下。①

乡情、亲情、诗情交杂在一起，再次唤醒了她的记忆。想起当年垂髫侍亲，研墨拂笺的情景，叹息时光转换太过无情，70多年很快就过去了，昔日少女已经风烛残年，烽火连天，家国沧桑，老屋的窗前有一双长泪横流的眼。

她反复摩挲着父辈手泽，情不自禁地想起了故乡海宁，不仅是作书画之人已经仙逝，连题跋的诸位先生也有半数离世，联想到去年由表弟寄来的《硖川诗续钞》，便马上找出来放到桌上。在这部由她的舅父主持编纂的硖川

---

① 单士厘：《单士厘文集·受兹室诗存》，中国文史出版社，2022年版，第109页。

诗选集里，选录了她的祖父、父亲、叔父、舅父的诗，这些教书先生里有她最难忘的亲人啊。她抚过这些墨迹，恍若看到当时雅集，那是他们流连于古典世界的声音，也是海宁文化版图里的精彩篇章。读到父亲朋友写下的《西湖咏古》之一："狱兴三字久埋冤，漫说衣冠此地存。胜有精忠留草木，南枝森竦赋招魂。"[①]不由得忆及她与丈夫钱恂在杭州时也曾走

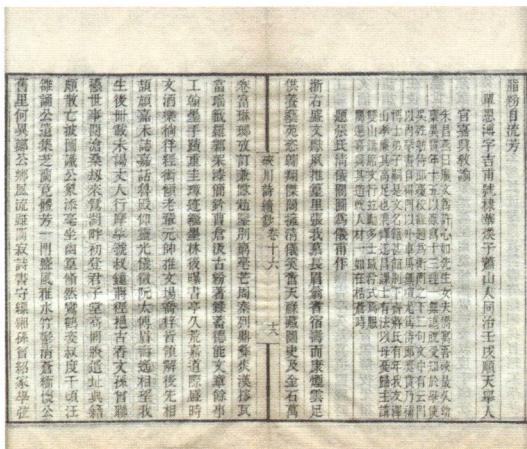

《硖川诗续钞》

读西湖名胜，留下系列的诗歌唱和，不同时代的从事教育的读书人在忠烈坟前"同频共振"，不知道那些草木是否知晓人间深情，是否懂得在一场场远行之间，默默生长的红尘情意呢？

（二）收集编录　才女方阵

单士厘于1914年以后，将大量精力投入国故整理工作。默默致力于有关清代才女著述的收集，不管多次遭遇亲人离世、病痛折磨，始终不曾放弃，晚年更是将此作为重要的事业，一个人踽踽独行于这条寂寞的长路。

封建时代，崇尚女子无才便是德。除了出生于高贵门第或书香世家的女子受一些基础识字教育之外，系统完整接受教育的妇女极少，能作诗写文章的极少。即便是少数有学养的知识女性，偶尔吟诗作赋，或有与闺阁好友唱和之作流传，能汇成专集的少之又少。已经结集的红香小册，往往只是小范围地流传在亲友间，绿窗零帙，刊刻极少，流传于外间更少，搜求极难。

———————————

① （清）许仁沐等续辑：《硖川诗续钞》卷十六"杨炳尧"条，清光绪十八年（1892）刻本。

《明史·艺文志》所著录的女作家，不过30余人。

当新世界从外部靠近她们，闺房的界限开始渗透。随着日益发达的印刷术和商业书坊的广泛出现，士绅之女饱览家中藏书，观看建于厅堂舞台上的戏剧，不用越出家族围墙，就能与远近的来访者进行一定程度的交往。于是，文化家族的女性在这样一个潮流性的氛围中拓展着读和写，不少女子因其出众的才华而被视为大家族的骄傲。家族资助她们的作品出版，女性才华结晶融进了家族文化。

女子显露的智慧灵性，在文学领域中理应取得了一个清晰的位置，她们因为运用自己的才智和想象，得以眺望无边无涯的诗意远方，栖居在远大于闺阁的精神世界。

而这一位置，从前是男性文人的垄断特权。

自明代以来，就有辑录历代女性诗文的专集，如《彤管遗编》等在闺阁间流传。在清一代，满族才女完颜恽珠收集汇编在闺秀间流传的女子的诗词作品，于道光年间先后汇编了《国朝闺秀正始集》20卷、《续集》10卷，大量的女性诗作得以保存。

单士厘立志继承这项伟大的工程。在完颜恽珠的基础上整理并继续进行补充，照亮在幽暗斗室里蒙尘的诗文。她先从家藏图书中检出恽珠未采编的专集32部，定名《清闺秀正始再续集》初编于1911年出版。随后又续编了三卷。并把已知专集而未见书者的199部收录于书目中，编在第四卷。全书共收录309人诗作1281首，填补了清末女性文学著作的空白。

初编一卷，她以"恽珠作冠首，用志仰止"——把恽珠的作品放在卷首，用来致敬这位前辈，表达高山仰止的敬慕之情。

单士厘按照作者时间排序的惯例，先安排作者介绍，再把作品捧上。她小心翼翼地推开被时间尘封之门，考证这些几十年甚至百年前的女诗人生平，用心照亮昔日的吉光片羽。那些生在承平之世的深宅闺秀，或在动荡岁月里苟活的聪慧女子，经由她们的文字重新开始呼吸。也许每一颗热爱文化的心灵会深知，一首诗的背后都承载着鲜活的喜怒哀乐。女子们为春天的生发而感动，为秋日的落叶而伤神，同样的朱唇、同样的芳香和如同瀑布般倾泻的秀发在飘荡，她们的呼吸和感情从极远方传来，让单士厘深深共情。

她的身旁就有这样一个群体。

自己的亲属中就不乏才华横溢的女诗人，她认定自己有义务和责任收拢她们的作品，标注她们的生平，不让这些才女渐渐隐没进黑暗的长夜。不断地收集和编辑，总是会有新的发现：原来自己的祖上能诗善文的女子，远比她所知道的还多。

如初编之一下的严永华，字少兰，浙江桐乡人，归安沈秉成的继室。著有《纫兰室诗钞》三卷、《鲽砚庐诗钞》二卷，又《鲽砚庐联吟集》一卷，多为夫妇唱和之作。单士厘提笔亲手为她写上这样的介绍语——"严夫人于士厘为长亲，隐居吴门时，屡亲謦欬，展读遗集，敬录数首。"那是她在苏州居住时有密切交往的长辈，出生于海宁"隔壁"的桐乡，地缘的亲和血缘的亲交叠在一起。

初编之二，许渊，字碧漪，浙江海宁人，著《绣余剩稿》，那是她的母亲许仁林之姑母。海宁许家屡出才子，但才女芳名不彰，仅在家族之内闻名。少女单士厘就捧读过她的作品。她这样描述这位出生于书香世家，能够写诗但又不轻易动笔的长辈："此先慈之姑母，未嫁而卒，诗不多作，尝谓查安人善诗且多，尚不自存，况余诗乎？查安人者，初白翁孙女为女史之曾祖母，而士厘先慈之高祖母也。"从这段短短的叙述里，至少可以得知这位在硖川生长的女子，温柔又自谦，关于身份的三个信息对于地方史研究颇为有用：一是这位才女未嫁而卒，人生短暂；二是许渊的曾祖母查氏也善写诗，作品数量多，但没有很好地保存，可见当时女子对于自己的才华并不珍视；三是查家与许家均为诗书传家，女儿们受到过良好的诗教，能作诗。世家联姻，多有交互，清代著名诗人查慎行的孙女，即单士厘母亲许仁林的高祖母。虽然这些女子出身世家，但显然她们秉持传统封建的思想让自己隐身于内宅，才华是用来浪费的。

而在钱氏家族中，能作诗的女人同样很多。钱振伦的夫人翁端恩，大概可算是第一个有影响的女诗人，"夫人为士厘伯姑，常熟翁文端公女文恭公姊"，标注她官宦世家的出身。翁端恩身世显赫，都知道是"帝师"翁同龢的姐姐，鲜为人知的倒是她的才华。其诗集为《簪花阁集》，除《清闺秀正始再续集》收录之外，叶恭绰的《全清诗钞》、徐世昌的《晚晴露诗汇》、徐乃昌的《小檀栾室汇刻闺秀词》也有收她的部分诗作。她的闺居"绿庄严馆"为道光癸卯年（1843）时阮元书额，后被钱振常购归，藏于家中。单士厘在《清闺秀正始再续集》中将翁端恩列于家族女性最前，以示敬重。并在刊印时也将自己的诗放在诗稿之后，说明这是"昔年先舅命士厘题簪花阁集，曾遵拟四绝句，刊时载稿帙末"。从单士厘的题诗所写"愿奉瓣香资诵习，宣文座右幸瞻依"，可以得知诵习前辈诗文，当作女德训育"座右铭"也是家族闺秀传统的内容之一，亦见舅舅对她的教育和影响之深。

除翁端恩外，钱家女性能诗文者众多。单士厘用心将这些长辈或同辈的亲友作品收集，认真研读，并注明了亲属关系。在她编辑过程中，将这一传统贯彻得很好，考据类的信息保存了这些女子的身份和渊源。如钱振伦之妹钱福履，为李联璘继室，著《芝仙胜稿》；钱振伦的三个女儿，长女嫁同科状元钮保福之子钮承范，卒年早，无著作；二女钱启綑，字仲绪，为吴丙湘继室，著有《晚香楼诗余》；三女为钱云辉，字织孙，为俞钟銮继室，著有《慎因室诗稿》《冰凝镜澈之斋诗文集》。钱云辉女俞承禾有《椒花吟馆诗草》，钱云辉的三位儿媳妇，均有诗作：姚鸿苴有《纫芳室集》《南湘室诗集》；李莹有《玉青馆诗稿》；杨元箴有《靖宇室诗钞》；孙女俞树繁有《丽江阁吟稿》。家族的姊妹、姑嫂、姻亲、婆媳人人能诗文，相互之间往来唱和，互赠诗文，如此繁茂之景象，构成了传统文化家族中特有的女性文化空间，即单士厘所谓"慈姑贤妇兼师友，闺阁能诗萃一家"①之生动写照。

单士厘与钱云辉年龄相近，交往极为密切，她羡慕这位在七夕节出生的才女能与丈夫唱随至乐，两个媳妇均有才，一人擅画，一个工诗。在这个文化家族里，"阃范流传家政举，读书种子自绵绵"。②她称钱云辉为"织孙女妹"，两人经常通信，互致问候。当钱恂即将启程赴京时，还约了一起到杭州游玩，西子湖畔登塔远眺，古寺佛院思古幽情，"数日追陪仙侣共""白头姑嫂互相扶"。③两人直到老年时还经常书信往来，诗歌唱和，"昔虽远别，万里书传。停云落月，笔犹可宣"。④钱云辉60岁做寿时，单士厘写诗祝贺。

---

① 单士厘：《单士厘文集·受兹室诗存》，中国文史出版社，2022年版，第65页，诗题为《和织孙女妹六十自寿诗》。
② 同上。
③ 单士厘：《单士厘文集·受兹室诗存》，中国文史出版社，2022年版，第57页，诗题为《次织孙女妹西湖鸿印原韵》。
④ 单士厘：《单士厘文集·受兹室诗存》，中国文史出版社，2022年版，第65页，诗题为《写金刚经毕书尾焚致织孙女妹》。

后闻说钱云辉去世时，她含着悲痛沐手敬书《金刚经》祈福，并作诗记之。"乍喜危机转，俄闻噩耗驰。卅年知己痛，三载别离思。南国花开日，西湖分袂时。恐伤夫子意，有泪暗中垂。"①她与钱云辉的亲情和友谊延展到了后一辈，步入晚年，还与钱云辉的媳妇姚鸿苣写诗，烽火狼烟起，亲友流离各天涯，感叹"别路遥遥千里程，坠欢历历忆分明。至亲况复遭离乱，骨肉何堪隔死生。遗墨重观心恍恻，瑶笺读罢涕交并"。②她细心地把逝去亲友的遗诗检出寄还，字里行间寄托了至深的人间情意。

在女子留下的诗稿前，单士厘被深深地感动着。亦由此感知到，在她生活的每一个十字路口——总有许多同样神秘而亲切的人——站在那里目送着她。

生活在这片大地上，在她们经过的地方，所遗留之物如同草叶上的露珠，很快就消散在时光里。单士厘时常触摸着这些诗篇，仿佛这些已经在这世界销声匿迹的人，在某个美好的日子里，会突然从虚无中出现，闪闪发亮，随即又不见了。

屋梁窥落月，倚枕听孤鸿。她守着一屋子的诗，仿佛守护着百年间那些秀雅的女子。百年文化的星芒穿越而至，女子心灵间散发出来的幽幽芬芳，需要悉心照拂。

这样的日子虽有快乐，只是过程极为艰辛，耗用了她长达几十年的精力。她发动亲戚朋友搜集闺秀的诗稿，甚至连写信给胡适夫人为兄弟单不庵求医问药时，也不忘向她"征稿"。在她的能力范围里，尽力而为，但收集编辑好的稿子要出版，却也是一个难题。时事艰难，家中可以倚仗的人越来越少，自己辛苦劳碌多年编成的书，若不能妥善保管就会像落花一样随风散失。无奈她只能先将这些稿子手工抄录下来，希望有一天可以实现将诗稿印刷出版的心愿。为此，自律的她每天都安排好时间静静待在书房里，甚至将旅行的爱好也搁置一旁，不顾年老眼花，勤勤勉勉地做着这件她认为值得付出之事。"闭户抄诗懒出游，清闺名作冀传留。稿成惟叹无资印，此志难伸

① 单士厘：《单士厘文集·受兹室诗存》，中国文史出版社，2022年版，第57页，诗题为《悼织孙女妹》。
② 单士厘：《单士厘文集·受兹室诗存》，中国文史出版社，2022年版，第100页，诗题为《和俞甥妇姚纫芳感怀原韵》。

已十秋。"[①]在《丙子春答夏嫂询近况》这首诗中，单士厘向闺密透露出自己晚年虽然固守初心，持之以恒地进行这项工程，但最后还有遗珠。因为无资费印刷而难以留住这些清闺诗作，十分惆怅。

（三）汇录艺文　闺秀立传

时至暮年，夕阳犹红，年老的单士厘依然笔耕不辍。

在整理《清闺秀正始再续集》的同时，编纂《清闺秀艺文略》，并将看到听到的感动之事编入《清闺秀言行录》。中华文化，是她终生永无止境的远行之地。

她所撰写《清闺秀艺文略凡例》讲述了作品的缘起。通过序言，我们得知这部著作也与"夫子"钱恂有关。因他们夫妻俩都酷爱阅读，平时爱搜集各类散佚的古书，在得到这些稿子后，时不时有遗憾萌发。当时她就对"夫子"表示出自己的想法："现在存稿就有不少阙误，若没有编辑专集，这些平时很少外出的闺秀，她们的作品和人生故事随着时间久远，肯定会散佚，如沧海遗珠，沉没而无人知晓。"钱恂深以为然，"那你就去做吧，我支持！"收集清代女子的诗稿编作专集的心愿发起后，他们就在亲戚朋友圈里打"小广告"，让大家将自己家族里现有的女诗人作品集寄来，一来二

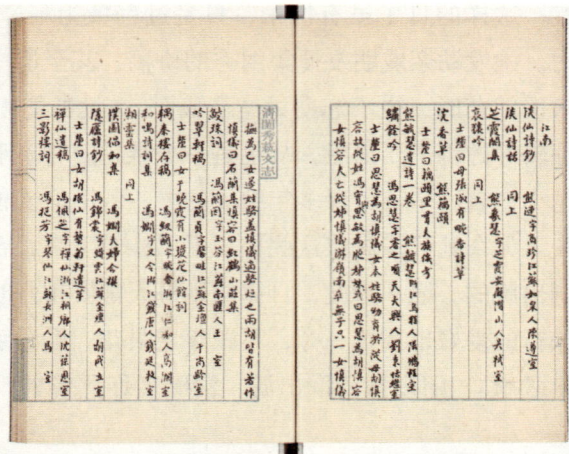

《清闺秀艺文略》手稿

① 单士厘：《单士厘文集·受兹室诗存》，中国文史出版社，2022年版，第92页。

去，收的诗稿越来越多。她的年纪越来越大，而工程却变得更为庞杂。

一件事真正铺开做之时，令单士厘为难的地方还真挺多。

首先就是断代。考虑再三，她决定"上以入关为限而前史有未收者，下以辛亥为断而鼎易之初"；其次是先后排序，她想以生卒之年排定先后次序，但要详细考证这么多的女作家也是非常艰苦的事。于是决定从姓氏韵脚来排，便于检索。并且还在作者著作之后，注明该女作家的族系之中有文采的女眷，"此编凡遇母女姑妇、姑侄姊妹能诗文者，每就所知者互举之，借以识其渊源也"。她定下了努力方向，要让这些在时光长河里幸运留下吟稿的女子互相印证家学渊源。在汇编诗集的过程里，考证人物关系，引证相关知识，有疑问处，则注明待考，引用旧文献还不忘进行勘误说明。她亲笔写下此书的编辑序言的最后结语："大凡若此，阙漏知多，纠谬补遗悬有待焉。"一派虚怀若谷的学者之风。[①]

《清闺秀艺文略》这部书稿能够最终成集，堪称姐弟、叔嫂合作的结晶。她的兄弟单不庵曾于1928年整理部分书稿，发表在《浙江图书馆报》上，次年他不幸因病去世，修整刊发工作由此中辍。单士厘又集数十年的功力，终于在此基础上将书集成，相较原稿的体量增加许多。此间，钱玄同给予了很大的学术支持。由于各位女诗人生卒年不详，排列作者的顺序就成了一桩难事。擅长考据和音韵学的钱教授，帮助单士厘依广韵编排了诗人的顺序，甚至不顾自己高度近视和高血压等疾病，对全书内容进行校对和抄写。在钱恂去世之后，钱玄同拖着自己日渐多病的身体，不忍心看着单士厘独自在衰年从事着这样一个浩大的文化工程，尽心尽力助大嫂完成著作。

但天不假年，1939年52岁的"小郎"因病早逝。从钱玄同日记可以发现，他在去世之前的几个月里，还在为这件事奔忙。当时战乱频仍，亲戚中再无人帮助单士厘校对，全书难以定稿。年逾八旬的单士厘眼神不济，力不从心，只能以补遗、补注的形式继续。

虽然年老体弱视力不佳，意志却非常顽强，她将此部著作当成晚年最大的事业。她一一告别了琴瑟和谐的丈夫钱恂、强闻博记的兄弟单不庵、身处壮年的次子钱稻孙，以及学识渊博的小叔钱玄同，当年的闺友更是"十不存

---

① 单士厘：《单士厘文集·清闺秀艺文略后记》，中国文史出版社，2022年版，第480页。

一"，物是而人非。且由于当时自家经营的印刷局已经关闭，付排印刷中止。为了让自己著述的书稿能够"活"下去，她亲自手抄了十余部，留给子孙，分送好友。多寿的单士厘，把这件事做得专注，也抄得寂寞。

单士厘编写的《清闺秀艺文略》最终共辑录清末女性作家 2760 人（另有 2787 人一说）的著作目录及考证，为后人研究清末女性文学史提供了宝贵的资料，这部作品被称为"第一部断代女子艺文志"。她在序跋中有言："倘延风烛之年，必重抄修改。"女学者的严谨治学态度实在令人感佩。在临终前，五卷书稿全部抄成。回想胡适先生在 1929 年 4 月所写的《三百年中的女作家〈清闺秀艺文略〉序》中说："钱夫人十年的功力便能使我们深信这三百年间有过 2300 多个女作家，这是文化史上的一大发现，我们不能不感谢她的。"①

"女教需从文字生，辑诗敢为博微名。由家而国方称治，以顺为屡最不平。"②单士厘是从传承和教育的高度，来看待自己所从事的编辑和收集工作，并非为自己博得虚名。某种意义上，她也是一个执拗之人，不愿令"广陵散"消逝于时间里。当时她年事已高，孜孜不倦地从事着这样的一个大工程，是缘自闺秀文化的坚守，我更愿意理解为对中华文化根脉的珍视。《清闺秀艺文略》这部我国最早收录有清一代 2000 余位女性作家著述目录的作品，对清代女性文学的研究有着重要的价值。当 1938 年基本完成修订稿，已较前在"浙馆"发表的文章有很大的增幅，按她在跋言

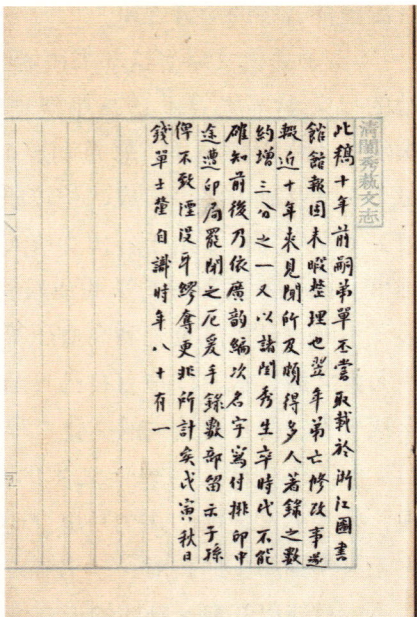

单士厘手稿

---

① 胡适：《胡适文集·三百年中的女作家——〈清闺秀艺文略〉序》第 4 册，欧阳哲生编，北京大学出版社，1998 年版，第 591 页。

② 单士厘：《单士厘文集·受兹室诗存》，中国文史出版社，2022 年版，第 71 页，诗题为《和胡辛盉星使原韵偕夫子同行》。

中说"约增加三分之一"，总计有2700余位女性作家的著作目录、思想和考证，但这部完整稿在单士厘有生之年却是出版无望，"写付排印中途遭印局罢闭之厄"。所以有些才女始终无法见到这部载有自己名字的作品。

如罗振常之女罗庄。她与单士厘生活在同一时代，互相钦慕，却无缘得见；才情卓绝，却命运多舛。单士厘为收集她的作品集，曾有过通信联系。

罗庄这位浙江上虞姑娘，命运的开篇与单士厘颇有相似之处。父亲罗振常是罗振玉的堂弟，工诗、古文辞，精于校勘，与王国维交好。母亲张筠亦是名门之后，著有《练潭书屋遗集》传世。罗庄出身书香门第，能诗会写，才华横溢。且也是大龄晚婚，嫁与南浔周延年为继室，但后半生坎坷辛苦，以致英年早逝。上海辞书出版社2013年出版的《初日楼稿》有罗庄之子周世光所撰之跋，简述了母亲的生平："本可从容吟咏，然九年内三子一女出生，抚儿女，料米盐，不胜辛劳；又值倭寇侵华，屠戮劫掠，避乱流离，饱受惊吓；更遭次子世禄五岁夭亡、伯父雪堂公病逝切肤之痛，致生母心力交瘁，气体渐衰，病肺三载，竟致不起。"当1939年罗庄病重之际，单士厘自北京致书问疾，并请罗庄告知近著，欲将其作补入所著《清闺秀艺文略》中，可惜信未送到枕边，罗已离世。获知罗庄病亡，感伤之余，单士厘连写二首悼亡诗，诗边又注明了她们神交已久，却无缘相见。"莫嗟年寿促，千载有诗文。"①单士厘坚持认为，告慰这位才女最好的方法就是将《清闺秀艺文略》等书编好出版，让她在文字里永远保持芬芳的模样。

单士厘的"艺文略"，可谓名副其实，除了罗庄这样以诗文为胜的女子，还有多位女画家也进入了她的"才女图览"，体现出审美视野的广泛。除了清代之外，将当代能书会画颇具声望的丹青妙手采录进来，史料性也更为增加。

如安徽吴娟淑，她记下了"十八省名胜图及西湖、黄山各图印行于世，意大利王后见其画于博览会，大为赞赏，购藏宫闱，中西报界特著专评"。对于嘉兴女画家钱斐仲，单士厘则记录了自己亲眼所见的斐仲巨幅画，款题"斐仲印"，其印章又有"篛石翁曾孙女"一方；在《清闺秀艺文略》卷

---

① 单士厘：《单士厘文集·受兹室诗存》，中国文史出版社，2022年版，第111页，诗题为《悼初日楼主人罗孟康二首》。

二，她对钱守璞的《梦云轩集》下注："予见钱氏所画仕女，款注'钱璞'又名'守璞'，字莲因，又字'莲缘'，印章符合，又见《枯树寒鸦图》则称'钱守璞'"，[1]标注出这位既能写诗也会书画的蕙质女子。另有名为廖云锦的女子，诗画俱佳，曾拜钱塘画家贺永鸿为师，一位名叫王述庵的侍郎赏识她的画艺，甚至将自己所藏的恽南田名画让她临摹，使其技法日益精进。廖女士家庭优裕，交友广泛，有不少诗友画友，她的作品在单士厘看来是"妍丽中独具秀骨，粉墨间时露清姿"。可见她交往人物，以及所涉范畴已超出文学诗词，兼具书画。

才女李因，是明末清初的著名画家，自然能够进入她的"才女方阵"。李因家贫误入风尘，被海宁人葛征奇欣赏而接纳。婚后，李因随葛征奇职务调动"溯太湖、渡金焦、涉黄河、泛济水、达幽燕"，15年中几乎跑遍半个中国。她聪明好学，嗜书成癖，即使在旅途中、车船里、驴背上，均孜孜不倦读书吟诗。有一次，随葛征奇乘舟过宿州，兵变猝起，行李首饰尽失，李因独抱诗稿而逃。明崇祯十六年（1643），32岁的李因出诗集《竹笑轩吟草》和《续竹笑轩吟草》各一卷，共260余首，多为旅途之作，其诗笔清奇，有中唐遗韵。丈夫葛征奇为其诗集作序，称其诗"清扬婉妩，如晨露初桐，又如微云疏雨，自成逸品，即老宿臣公不能相下"。葛征奇去世，李因当时才34岁，此后40年中，穷困凄凉，四壁萧然，以纺织为生，兼作画自给，以诗书绘画为伴。单士厘将这位"海宁媳妇"的诗稿辑录其中，并为她作一小传，记录下当时就有专人仿李因的作品在市场上流传，可见这位擅长画鹰的传奇女画家的影响力。

展读之余，她也就萌发为这些女作家留下简略小传的想法。于是，《清闺秀言行录》在她的书斋里诞生了。

"予既辑《闺秀艺文略》，每见孝义贞节诸事，辄摘录附注于其著作之后；乃亲族见者，佥谓不合于艺文志格式，不得已一一删去，其中如毕韬文之孝勇，吴六宜之仁智，丁玉如之论屯边，沈文肃夫人之计守危城，皆可传颂，是固人所共知；其中有纯孝苦节，居穷乡僻壤间，旌表所不及，志乘所不载，有著作者，其名尚有人知，若无著作，则幽闺潜德，将湮没无闻，胡

---

[1] 单士厘：《单士厘文集·清闺秀艺文略》，中国文史出版社，2022年版，第359页。

可不传耶？"①这是她内心真实的声音，是心灵与心灵碰撞而产生的激荡，是文字远行路上采撷的一束束小花。

入选单士厘的"才女图览"，须德才兼备，为人敬仰。尤其是有"女德"，如善治家事、德行贤良等，素为她所看重，编辑阐述闺秀故事，她当然有自己的选择方向，希望能够用文字留住美德嘉言。她感怀那些逝去的才女，人生或长或短，除了慧光照耀下诞生的诗歌，还有曾经的所爱所思、所恨所憾。于是，她想要留存那些人性的光辉瞬间，拥有"富贵不能淫，贫贱不能移"的清气和正气，是非常值得珍视的生命状态。她希望后人看到女子温柔而聪慧的心灵，一样有星辰闪烁。

在她的《清闺秀言行录》里，记下了一位名为钟令嘉的女子两个非常感人的生命场景。钟令嘉嫁给一位姓蒋的读书人，生活过得非常清苦。春节将至，第一个场景是"家贫不能举火，尝于除夕大雪天寒，检囊中得三钱，市酒对饮"。一段夫妻对话展开了——

丈夫问妻子："这样的生活，你感到悲伤吗？"

钟令嘉说："古人处于如此境地的人很多啊，你难道在书里没有读到过吗？"

当时她的儿子刚出生两个月，初为人母的青年女子，安贫乐道，颇具孔门弟子颜回之风。

等儿子4岁，钟令嘉就开始口授读书。在极寒冬夜，没有取暖的情况下，她坐在被子里，解开衣服将儿子抱在怀里，一边用母亲的体温温暖幼子，一边教读诗文。孩子年幼无力执笔，就削根竹枝给他当笔，一点一画，教子成才。

时光匆匆，儿子高中进士，成为翰林，将母亲迎到京师奉养。第二个场景展开，则是母亲跟儿子的对话。

看到儿子在官场上举步维艰，母亲向儿子提议告归回家，用钟令嘉的话说："子才非今时所适，不如归也。"身处不适合的环境，怎么办？这位才女给出了答案。孝顺的儿子依着母亲建议，告别了京城回归故里。她在回家的船上写诗："馆阁看儿十载陪，虑他福薄易生灾。寒儒所得要知足，随我扁

---

① 单士厘：《单士厘文集·清闺秀言行录（自序）》，中国文史出版社，2022年版，第482页。

舟归去来。"①看着中年儿子的长须，想着自己的白头，能够一家子团圆出去，团团圆圆地返家，她知足。这是知识女性用智慧之眼看到宦海的险恶，及时知止，所以单士厘称她"识力清卓"。

她思考，她选择，她记录。"国之盛衰，端赖人才；而人才之蕴育，又赖母教。故女教关系全国教育之基础。"所以她在晚年最后的时光写下这部《清闺秀言行录》，饱含着为女子教育提供具体案例的良苦用心。

如范贞仪，7岁能诗，在出嫁之后管理家务，孝敬长辈，精心女红之暇，还潜心于经史。可惜好日子很短，不到10年，公婆和丈夫相继而殁，遗下丈夫的三位幼弟，还有自己所出的两个幼子。她坚强面对残酷的命运，独力支撑家庭重担，在精心抚养教育下，三位小叔和两个儿子皆能登仕，单士厘认为她"以嫂兼母，以母兼父与师，于古不多见，可谓节孝完人矣"②。而另一位也是以节孝著名的才女纪映淮，在乱世中忍耐坚强。身逢明末大乱，她的丈夫死了，她奉着婆婆在深山避难，毁了自己的面容到处觅衣食供给婆婆活命，而她携着只有6岁的幼儿靠吃野草度日，终年茹素，忍饥挨冻30多年，坚忍之志动天感地。

翻阅她的书，其中记录的多位"节妇"身世凄凉，她虽然记录下了她们的节义，却同时折射出古代女子受到封建道德束缚之深之惨烈，愚昧落后的价值观之"吃人"特质。如一个名为曙云的女子，"美仪容，时有丽人之目"。当丈夫突然去世时，她才19岁，"无子，舅姑又前卒，惟母仅存，无可依倚者"。在这样的境遇下，她的母亲怜惜她，劝其改嫁，她咬破手指发誓守节，家人再三劝导，竟然引刀断喉，绝食。为了守节，终生闭门不出，忍饥受冻也没有走出家门。因她自幼就能作诗，乡里人将她的诗称为"李节妇诗"。而另一位颜氏女子，在丈夫死时，誓死不食。在婆婆的劝勉之下才停止这样的自杀式殉情。书中还收录有为未婚夫的死亡而殉节的痴情女子，令人扼腕叹息。

一位列入节烈祠的才女之经历，更是摧人心肝。这位名叫施婉贞的女子，在嫁给吴姓男子后，丈夫的继母只爱自己的儿子。"恶婆婆"甚至用厌胜术诅咒她的丈夫，施婉贞的丈夫临死之时对她说："我的父母刚死还未落葬，我也

---

① 单士厘：《单士厘文集·清闺秀言行录》，中国文史出版社，2022年版，第488页。
② 单士厘：《单士厘文集·清闺秀言行录》，中国文史出版社，2022年版，第493页。

无子，谁来为我料理后事？你是个纯孝之人，希望忍耐不要自杀，来成全我的后事吧。"施婉贞含泪答应，果然，"恶婆婆"以她还年轻的理由逼其改嫁，她不从；婆婆又夺走她的财产，断绝往来继续逼迫。在没有经济来源的拮据状态下，施婉贞忍饥寒守志，因她素有才名，便设闺塾为邻家女子讲课，以微薄的收入维持生活。过了5年，婆婆越逼越急，她知道自己难免被"嫁"。于是用辛苦攒下的钱买了一块坟地将丈夫葬下，这件大事完成之后，把自己的经历用信告诉父母和丈夫的伯母，嘱咐家人将她所居之屋卖掉，用来为公婆落葬。信中，居然还关照娘家人切勿用自己的死来牵累"恶婆婆"。所有的事安排好，她作诗四章，粘在墙壁上，上吊而死，当时才23岁。

单士厘记录下的这些才女，生活的时代先后不同，命运也各不相似。有像李因、黄媛介等当时就非常著名的女士，也有许多并不闻名于世的普通女子，如明末家国巨变时，在丈夫与父亲殉国后，祝发为尼的女诗人等①。这些才女逢家难，因战乱，身世可哀，纯孝苦节，居穷乡僻壤间，坎坷艰难的悲剧人生，却只是流散在坊间的传说，终被田垄上的风吹走，为旌表所不及，志乘所不载。

单士厘仿佛在泅渡一条跨越百年，关乎爱与痛、生与死、梦想与生存的诗歌长河，看到无数孤独的心灵在暗夜里发出的或冷或暖的光。人生漫长的旅途，跨越江河大海，她更懂得此生存在的意义和远行的价值。

晚年的她埋首书斋，却并没有因此封闭自己。她继续朝向生命的远方，以诗文交往的方式，把自己的视野从家族向外延展，把关注点向不同的时空延伸，将女性人际交往的文化背景构筑成有故事的风景。"老年无所事，消遣惟清吟。晨起即握管，夜深犹拥衾。"②在单士厘的《清闺秀艺文略》和《闺秀正始再续集》中，可以看到她与诸多非家族圈子的女性有诗文往来，或唱和，或写序跋，此种形式一直到晚年仍是单士厘人际交往的主要内容，读书编辑，吟诗撰稿令她继续保持了与多维世界的连接。为了实现将女子才华和美德广为宣扬的作用，她将《清闺秀言行录》汇编成册，发表在1944年《妇女世界》。这一年，她已是86岁高龄，也是一生中最后一次发表作品。

---

① 单士厘：《单士厘文集·清闺秀言行录（自序）》，中国文史出版社，2022年版，第482页。
② 单士厘：《单士厘文集·受兹室诗存》，中国文史出版社，2022年版，第84页，诗题为《和穗嫂见示原韵》。

单士厘晚年与儿孙的合影

　　而用了几十年工夫的《清闺秀艺文略》全稿是否能面世，她只能祈祷上苍护佑，留待岁月的恩惠了。最后时光，她仍在抄录，仿佛这部作品永远在定稿的路上。

　　1945年3月27日，单士厘在北京逝世，享年87岁。

　　钱稻孙在讣词中，列出了母亲一生的著述，共计11种，"其经刊印者《癸卯旅行记》三卷、《家政学》二卷、《家之宜》《育儿简谈》各一卷、《正始再续集》五卷，其刊而未竟者《归潜志》十卷、《清闺秀艺文略》五卷，其未刊者有《受兹室诗录》《发难遭逢记》《懿范闻见录》《噍杀集》，惟《懿范闻见》之稿俱在，《诗钞》已不全，他二种更因寄递失佚不归。晚年惟手写《艺文略》数本，分存海内外各图书馆，然犹未以为定稿也"。①

　　这些存世的著作十分厚重珍贵，足见单士厘的勤奋与执着。

　　她在晚年汇集自己的诗文稿，手抄了数十份，除留予子孙之外，其余则分送好友同道。令她没想到的是，其中一位小友将她的诗稿珍藏了几十年，

---

① 单士厘：《单士厘文集》，中国文史出版社，2022年版，第625页。

单士厘为罗守巽节录《诗经·小雅》贺新婚扇面

直到1986年正式由湖南文艺出版社出版。

为她尽心守护诗稿的那名女才子,是罗振玉的侄女、罗振常之女罗守巽。

罗守巽认识单士厘的过程也很传奇。那是1928年前后,她在奉天图书馆工作时认识了著名的旅美女画家杨令茀,两人谈得兴起,于是来往频频,过从甚密,罗守巽回忆说杨令茀女士"才气纵横,常当众挥毫即席赋诗作画,从容不迫"。她第一次看到《癸卯旅行记》就是在杨令茀的寓所,一见之后,惊叹不已。

因杨的介绍,她得以面见单士厘。

她称为"钱太夫人"的单士厘比她年长许多,但相识之后,彼此都留下了非常好的印象。罗家与钱家是世交,钱恂与罗振玉交好,单士厘与罗家女眷也多有交往。她与罗守巽之姐罗庄有过诗信往来,却缘悭一面,现在面前这位小她一辈的女子同样腹有诗书,惹人怜爱。单士厘对她直言"吾先君子与子大父交,吾犹尔姑也",并因此聊起自己母家零落,仅剩一妹,如今见到她这样的女孩,不经意间竟有"亲若家人"之感。

罗守巽自幼受家庭熏陶,能作诗著文,有学者认为她是"罗家巾帼中文字有成就者"。她和单士厘非常谈得拢,有空暇之时就常去单士厘处,成了"忘年交"。等到单士厘因次子去世而回北京时,她前往车站送行"恭送长亭,不尽依恋。无何汽笛一响,目睹火车奔驰而去。斯时,予憬然悟前此之聚,只是际会风云,从兹难再矣"![1]不料,数月后,单士厘即把亲手抄写

---

[1] 罗守巽:《受兹室诗稿·〈受兹室诗稿〉跋》,湖南文艺出版社,1986年版,第131页。

的《受兹室诗稿》一册寄赠给罗守巽这位小友。"慨践临时诺言也"，并说："孙曾虽众，但无治国学者，后必散失"。罗对这份情谊十分重视，收藏诗稿30余年，辗转多地，贫病交缠，却始终视若珍宝，直到1986年才由湖南文艺出版社付梓刊行。罗作跋即以"因杨令莱女士瞻谒钱太夫人（单士厘女士，因其夫系姓钱名恂，故称钱太夫人），始依令莱执卑幼礼"句开端。此时，杨、单等人均已作古，她的闺友也几十不存一。而她抱守遗编"话旧无人，抚今追昔，每至终夜彷徨，怆然泪下"。

单士厘手书的诗集经由一位才女的手，传至今天，不能不说也是一种奇缘。

百年倏忽而过，如白驹轻轻一跃。

生命仿佛一次漫长的远行，乘兴而来，兴尽而归，沿途风景，最终归于内心。

是的，我们终会明白——百年前的她或他，出现在生命当中的价值。

每个人都不能选择自己出生的时代，每个时代都有属于自己的痛与歌。

人生如逆旅，精彩在路上，所有经历终将流向深处。有的写出了标记着独特感受的心灵史诗，有的永远沉默如山。正如法国作家帕斯卡所写的那样：人既高贵又渺小，人因思想而高贵，高贵到知道自己渺小和高贵。人在自然界中极为脆弱的，但因为会思考，即便是一根芦苇，仍然可以囊括宇宙，可以通向无穷，这就是人在宇宙中的全部尊严。

人若真是一枝会思考的芦苇，随风摇曳，那么除了那时的声响，其珍贵亦在能越过时空的樊篱，启迪后来者。当那一阵阵思想的微风轻轻拂过我们的脸庞，纪伯伦的诗句悠然浮现：

给我一支芦笛，歌唱吧！
歌声是永恒的欢欣。
笛声悠扬，萦回不息。
万物泯灭，笛声犹存。

附录：单士厘生平大事记

1858年

7月9日（农历五月二十九日）出生于海宁。

父亲单恩溥，出自萧山西河单氏，丁酉年七月二十九日生于海昌张氏外祖家；母亲许仁林，为海宁许汝霖六世孙女。

1860年

太平天国战乱，随母辗转于萧山、湘坞、海宁之间。

1861年

全家迁往硖石，居住在水月亭路南至洛塘河一段，老地名"石路街"，曾有小地名"石路上"。

1862年

单士厘祖父单焕于农历十月十一日去世。

父亲单恩溥被选为遂昌教谕，带着家眷上任。单士厘跟着父母一起到遂昌，祖母张太安人同行。她的《侍祖慈母氏游妙高山》《听遂昌老妪说虎》等多首诗，当作于那段时期。

1880年

农历腊月初八，生母许仁林因病在遂昌学署内去世，卒年不过45岁。

母亲去世后，单士厘回到硖石，随舅父许仁沐读书。许仁沐是同治四年（1865）举人，许汝霖的六世孙，历任分水、建德、常山、平湖等县教谕。

1884年

作《甲申立夏日作》二首诗。

是年，单士厘嫁给了比她年长5岁的钱恂，时年26岁。钱恂，1854年1月10日生人，初名学嘉，号念劬，别号受兹室主人，积跬步斋主。父亲为吴兴钱振常（1825—1898），母亲为海宁姚佩玖（1828—1864）。单士厘为钱恂继室，原配浙江仁和董氏（1851—1882），生育二女，长女钱蕴辉，次女钱润辉。单士厘与钱恂结婚时，钱已入宁绍道台薛福成的幕府。

1885年

写《乙酉人日舟中望雪》二首诗，思念宦游在外的丈夫。

是年农历九月十八日，单士厘的叔叔单恩培去世。

1886年

祖母张太安人离世，父亲单恩溥回乡奔丧，后在海宁双山讲舍作主讲人。

1887年

12月5日，单士厘诞下长子钱稻孙（1887—1966）。是年，钱振常之侧室周氏于9月12日生一子，即钱玄同（1887—1939）。当时钱恂在外游幕，单士厘随公婆居住在苏州。钱玄同与钱稻孙均出生于苏州城区大石头巷租居。

是年，钱振伦之子钱幼楞东渡日本留学，是中国最早留日学生之一，钱幼楞即中国著名的文史学家钱仲联之父。

1890年

1月20日，作《己丑除夕》二首，描写钱家过年的情景，纪念独自度过的除夕之夜。

农历正月，钱恂作为薛福成随员，以"直隶候补县丞"的身份随薛出使英、法、意、比诸国，正式开启外交生涯，历时一年四个月。

7月12日（农历五月二十六日），单士厘在苏州诞下了次子钱稻孙（1890—1936）。

1891年

春，单恩溥被选授嘉兴县学教谕，七月履新任职，仍继续在双山讲舍主讲了2年。

是年至翌年，钱恂在许景澄处担任驻俄、德公使馆随员，曾奉命参与制作德国地图和联邦形势图，撰写了《帕米尔图说》和《中俄界约注》（7卷）。

单士厘继续在苏州持家孝敬公婆，抚育幼儿。

1892年

钱恂出洋3年期满回国，由捐纳"同知"循例保升"知府分省补用"。

1893年

四川布政使龚照瑗接替薛福成出使英、法、意、比，钱恂被奏留继续当差。是年，钱恂取道俄罗斯短暂回国，与家人团聚。

1894年

农历九月二十二日，生父单恩溥去世，享年58岁。

钱恂担任驻英、法、意、比四国公使龚照瑗的参赞（驻法公使馆随员），在欧洲旅居。

1895年

张之洞调请钱恂提前回国，成为张的洋务文案，参与了湖北洋务、外交等活动。

1896年

6月28日，钱恂被张之洞任命为主管自强军物资调配的"洋操提调"。

农历九月，由单不庵亲自到苏州迎接回海宁娘家，作《丙申九月伯宽弟亲至吴门迓迎回硖川途次秀州感赋》一诗。

11月，钱恂出任由张之洞设立的武备学堂首任提调，主管学堂行政工作。

1897年

2月1日，客居苏州的单士厘写下了《丙申除夕》，表达出欲与丈夫团圆之意。

农历二月二日，钱恂奉张之洞之命，为招聘湖北武昌两湖书院教员拜访陈庆年。陈庆年是江苏镇江人，在两湖书院教授《兵法史略学》。

5月24日，钱恂被任命为湖北枪炮局提调。

是年秋，钱恂接夫人并携子女赴楚。途中单士厘作诗《舟过小孤山适看湘军记戏赋》。钱家由大石头巷迁至泗井巷，人丁减少，便租小一点的房子，以节省开销。

11月16日，单士厘到达湖北武汉，诸事顺利，马上写家信报平安。为祝贺兄弟单不庵大婚，送去一只西洋小银表和表链为贺礼。

12月，钱恂由于深谙外洋情形，善办中外交涉，由张之洞保举，获军机处记名。钱恂受张之洞吩咐接待来访湖北的日本陆军大佐神尾光臣。

1898年

3月16日，钱恂被委派湖北农务学堂和工艺学堂的事务。

7月19日，张之洞保举使才，其中又有钱恂。

农历七月二十五日，张之洞给总理衙门的电报中，写明钱恂将带湖北留学生赴日本。

农历七月二十八日，钱恂作为张之洞的特使，以湖北补用知府的身份赴京。

农历八月一日，被光绪帝召见。翌日，将谒见情形通过电报传达给张之洞。

9月16日（农历八月初二），钱振常去世，钱恂闻讯从北京转湖北，带领全家回苏州奔丧。办完丧事后，钱恂将幼弟钱玄同带到湖北，居住在武昌水陆街。

是年，钱恂、单士厘为钱蕴辉挑选了归安的徐昭宣，作为"上门女婿"。次女钱润辉嫁于仁和的董鸿祎（字恂士）。两位女婿都跟随着钱恂。

1899年

3月22日，钱恂受张之洞委托，任湖北留日学生监督。

6月，单士厘的继女钱蕴辉因病去世，年仅28岁。其独子也随即夭折，单士厘作《五月十二日悼长女德莹并序》四首以纪念。

6月16日，钱恂、单士厘到东京。

10月，钱玄同奉母命回苏州。

是年，钱恂兼任浙江留日学生监督，钱玄同及两子钱稻孙、钱穟孙等赴日本。女婿董恂士作为学部候补主事成为官费生一起赴日本留学。

是年，许仁沐逝世，终年57岁。单士厘前往海宁奔丧，写下《江行感念舅氏许壬伯先生》。女婿董恂士的长子董大酉在杭州出生。

1900年

春季，义和团运动爆发。钱恂之师钱景澄受难而死。

1月23日，钱恂、单士厘搬到镰仓附近居住，时常一起出游。在日本，单士厘自学日语，为钱恂作翻译，与日本教育界人士交往，翻译教育学著作。随着钱恂外出考察游览，先后至神户、镰仓、箱根等地，作长诗《庚子四月十八日舟泊神户》《二十世纪之春偕夫子住镰仓日游各名胜用苏和王胜之游钟山韵》等以纪游。中途归国回海宁途中，作诗《庚子年重过秀州》，怀念父母。

1901年

农历三月二十日，钱恂受张之洞之命从日本返回湖北，4月再返回东京。

5月18日（农历四月二十日），钱恂和张之洞的儿子张君立等同行来日本。在日本期间，时常受张之洞的命令，为湖北采购军备物资，联系相关的军政方要员。

钱稻孙、钱穟孙入日本学校读书，儿媳包丰保亦在日本女校就读，单士厘称"送合门子女入彼学校之创举"。

10月13日，钱恂被张之洞委任为"湖北交涉委员"。每半年回湖北一次，每次停留三个月。

1902年

8月13日，钱玄同之母周氏去世，钱玄同主持丧事。

9月，钱恂作为随员在上海签订有关中英通商的条约。此行，他携夫人等回国，到湖州扫墓，送钱玄同《世界地理》《万国历史》《国家学》《法学通论》4种新学方面的书。

11月15日，钱恂带湖北30名留日学生从上海出发到达横滨。

1903年

2月17日，钱恂以"湖南高等师范学堂总教习"的身份从上海赴日本。

是年春，胡惟德出使俄国，奏调钱恂为参赞。钱恂结束在张之洞的幕府生活，开始新的外交官生涯。单士厘随夫而行。

3月15日，钱恂、单士厘从东京出发，开始了她的癸卯旅行。20日，考察日本第五回国内博览会，结束后，赴神户，登上"西京丸"出洋。28日，一行抵达上海。钱幼楞、单不庵、表弟许可庄等人在候，入住晋升客栈。

4月1日，单士厘与单不庵等人乘汽船回海宁省亲。2日，拜访舅家。单不庵的两位海宁小友前来向她请教有关"女学"等教育问题。5日，离开海宁回沪上，访问友人，书信多封。11日，乘越洋轮"弘济丸"离沪。13日，抵长崎，住福岛馆。18日，搭乘"伊势丸"起航，驶向俄罗斯。20日，抵达朝鲜釜山港。因风雨滞留港口，游釜山，见朝鲜乡村的真实状况。28日，出港。30日，抵元山港。

5月2日，到达海参崴，单士厘等一行9人在商务署投宿。游海参崴。6日，乘火车沿铁路前往圣彼得堡。10日，与同行者前往游览新哈尔滨城。11日，上车启行。13日，抵达满洲里站。15日，到贝加尔湖畔。游世界第一大淡水湖，坐破冰船，渡冰封的贝湖。23日，抵达莫斯科，钱恂的好友陆徵祥到车站迎接。24日，单士厘等人游俄国博物院，作长诗《游俄都博物馆》；考察了莫斯科的育婴院。25日，游莫斯科克里姆林宫、圣母升天大教堂等。26日，乘车离开莫斯科，到达圣彼得堡。

7月，陆徵祥邀请钱恂与单士厘一起到俄罗斯乡间避暑，见到"洋夫人"培德。

10月5日，作《癸卯中秋》诗二首，想念远在东洋留学的儿女。

1904年

5月，钱玄同与方青箱、张定界、潘芸生等创刊《湖州白话报》，单士厘写信鼓励。

12月，钱恂怕钱玄同留在湖州荒废学业，多次去信催促他去上海读书。钱玄同于是月去上海考取了苏氏民立中学堂。是年冬，钱恂作主为弟弟钱玄同定亲，绍兴徐显民之女徐婠贞。

是年，《癸卯旅行记》由东京同文社出版，这部日记体旅行著作，记录她在中、日、朝、俄等国70余天旅行，分上中下3卷，是中国女姓出版的第一部跨国游记。

是年，单不庵在双山学堂任堂长、教习。之后，任教于嘉兴秀水学堂、开智学堂等校，与姐姐保持着密切的书信往来。女婿董恂士从早稻田大学国语政治科毕业。

1905年

4月，钱恂与单士厘离开俄国，与陆徵祥大使及夫人告别，作诗《乙巳秋留别陆子兴夫人》四首。归国后，在杭州逗留了半年。

9月28日，为了实现宪政政体，考察各国宪政，清廷派遣了特派使节（称为"考察宪政大臣"）前往欧洲、美国和日本。考察团成员包括载泽、戴鸿慈、端方、尚其亨、李盛铎五人。其中，载泽、尚其亨、李盛铎主要负责访问日本、英国、法国、比利时等国，而戴鸿慈和端方则分别负责美国、德国、奥地利、俄罗斯等地的考察任务。钱恂以参赞官身份随同载泽等使节考察日本。

10月29日，钱恂夫妇与张謇一起到南通，参观张謇的企业、农业牧场等。

12月9日，钱恂和单士厘，带着钱玄同、女婿董恂士等人乘日本"镇安号"海轮赴日。14日，钱玄同来到钱恂在东京的寓所，与钱稻孙夫妇、钱稹孙、钱润辉及其子女团聚。19日，钱恂和钱玄同的姐姐之子张菊圃，名国华，奉母命来找舅舅钱恂，钱恂喜与外甥相会。20日，载泽使节一行从上海向日本出发。已经在日本的钱恂，为迎接从比利时来加入一行的吴宗濂做准备。29日，钱恂带全家旅行至箱根，入住箱根汤本的万翠楼，泡温泉。

是年，钱恂、单士厘的长孙女，钱稻孙的长女钱亚新出生。

1906年

1月1日，早上饮屠苏酒，吃年糕，全家在日本度过了非常热闹的新年。6日，钱恂农历生日，在上野的西餐厅精养轩设宴，钱家10人，加上董恂士及子女，外甥张菊圃，共14人，餐毕参观博物院。20日，钱恂给赴美的载泽使节一行送行。24日，农历除夕，全家到中餐馆吃午餐，算是吃年夜饭。25日，日本明治天皇宴请中国考察宪政大臣及其随员，钱恂受邀参加。晚餐，董恂士宴请全家人。

2月6日，夏穗卿到钱家留宿多日，钱玄同多次聆听钱恂、夏穗卿、董恂士、蒋观云等人的高谈阔论，听之不厌。夏夫人穗卿嫂堪称与单士厘相伴时间最长的"闺密"，诗歌唱和的作品多见于单士厘的诗集。

3月13日，单不庵受姐夫邀请到日本，帮助抄写钱、董编纂的《日本法规大全解字》。同来的还有单士厘妹夫蒋觐圭，他们居住在农浓馆旁的大盛馆。钱玄同与单不庵经常交谈，成为好友。

3月28—29日，全家一起去镰仓、江之岛旅行，赏樱花、泡温泉，观看海上日出。

4月4日，钱恂夫妇与钱玄同、单不庵、张菊圃等一起去上野看樱花。

4月26日，钱玄同遵照兄长之命回沪成亲，长兄长嫂赠上花瓶作纪念，并一路送行到横滨。5月11日，钱玄同与徐婠贞在上海举行婚礼。

6月1日，钱恂、单士厘的长孙，钱稻孙的长子钱端仁（亚猛）于日本出生。

6月15日，钱恂给早稻田大学教授高田早苗（1860—1938）写信。信中表达了对有关董恂士和刘崇杰的"入校研究"的感谢，将单士厘的《癸卯旅行记》赠送。

8月，钱恂设法帮钱玄同获得了官费留学日本的资格，收到从湖州汇来的留学公款，为弟留学打点一切。

9月，钱玄同婚后赴日本留学。14日，钱恂前往迎接，陪同到东京。次日，陪到早稻田大学报到注册，购买教科书，经钱恂建议，钱玄同选学史地预科。当钱玄同在早稻田大学报到时，单不庵已回国。25日，晚餐后，钱玄同告别兄嫂开始住校生活。

9月28日，钱恂偕夫人单士厘，带上外甥张菊圃等随员，起程赴南洋考察侨务与华侨学业。当时钱恂已晋升为知府（亦称太守）职衔，受学部特派为南洋查学委员，随行还有学部特派的专门司行走董恂士。临行前，单士厘有诗作《丙午秋留别日本下田歌子》《赠别大鸟夫人》等。钱恂带着董恂士等人，用一个多月的时间，到南洋各岛屿巡视。在爪哇岛得知约有30名华侨学生"志切归国读书，选地南京"。于11月给学部和端方发了电报（因端方当时已担任两江总督，南京属于他的管辖范围之内）。端方对侨生回国读书的事，给予大力支援。当时，单士厘带着其他的家眷在新加坡，等他们回来后一起启程，前往荷兰。

1907年

1月20日，钱恂、董恂士亲率第一批爪哇归国侨生21人，从新加坡乘船东渡回国。2月底，侨生返抵国门。以培养侨生为主的暨南学堂得以创办，在3月间开学上课。

2月，钱恂以分省补用知府的身份出使西欧，先后出任驻荷兰、意大利的外交大臣。单士厘作为大使夫人随其同往，途中有诗《自新加坡开行风浪大作》。从新加坡到马赛，再到巴黎，行了一个月，在巴黎见到清政府任命的驻法国、西班牙大使刘式训。刘与夫人陪同他们游览巴黎多处博物馆。3月18日，抵海牙，住使馆的租屋。

4月，钱稻孙将随父母赴欧洲，留学日本的湖州同乡会和钱玄同、钱润辉等人先后设宴钱别，钱玄同于11日送钱稻孙至汽车站。

5月22日，钱玄同长子钱秉雄出生于绍兴外婆家。

6月，第二次海牙和会于6月15日召开，清政府派陆徵祥、福士达（即科士达，J.W.Foster，曾任美国国务卿，此前为中国驻美国使署顾问）、驻荷兰公使钱恂为全权专使。单士厘作为外交官夫人同行。

9月18日，钱恂递交国书。在他担任驻荷兰大使期间，单士厘在荷兰作诗《和兰海牙》。

是年，儿媳包丰保（钱丰包）在南通的通州女子师范学堂任教，科目为日文、铅画、算术三门课程。

1908年

2月26日，钱恂改任为驻意大利大使。接任驻荷兰大使的是陆徵祥。

7月23日，钱恂担任清朝驻意大使，单士厘跟随丈夫一起前往意大利罗马。驻意期间，长子钱稻孙进入了意大利大学攻读美术和医学，次子钱稻孙在日本札幌读农科大学，长媳包丰保在罗马又为钱家生育一男，取名为亚获。钱恂的二女儿也在罗马诞下一名男婴，取名亚良，单士厘与钱恂一起游历罗马等欧洲古城，以及瑞士、德国柏林等地，到威尼斯探访马可·波罗的故乡。

11月，在意大利召开世界万国农业会，清政府派钱恂参加。

11月9日，钱恂谒见了意大利国王，并呈递了国书。在回国前，钱恂获得了意大利国王所授的勋章。

1909年

4月13日，钱稻孙的第二个儿子钱端义（亚获）出生于意大利罗马。

6月27日，通过军机处的电报，钱恂得知他被免去出使意国大臣的职务，新任大臣是吴宗濂。但他仍然继续向上级报告有关意大利和欧洲的外交形势，直到正式离任。

9月18日，钱玄同收到钱恂来信，说打算11月回国。归途上，单士厘作《己酉秋夜渡苏黎士河》一诗。

农历十一月二十九日，按《清季中外使领年表》记载出使意国大臣离任。钱恂向清政府告长期病假。

1910年

3月，钱玄同从日本回国，到嘉兴中学任国文教员，5月由朱希祖介绍到海宁州学堂任国文教员，讲授小学和《左传》，直到年末。

农历三月，回湖州，暂时住在李松筠家，不久租下潜园部分房屋。潜园是湖州著名藏书家陆心源的府邸，位于湖州市区东南隅。

7月，湖州府中学堂的校长沈谱琴请钱恂到湖州府中学堂代理"校长"，仅一个月左右。

是年，搬入潜园后，单士厘以游西欧的经历为主干，将自己的所闻所见与所思所得的内容进行整理，名为《归潜记》；并有《潜园五石草堂》等诗作。

1911年

武昌起义爆发，钱恂在家乡响应湖州首义，湖州军政府成立，钱恂任分府民政长。

春季开学，钱玄同受长兄之邀，到湖州中学堂教经学和小学。即从绍兴接来了妻子徐婠贞和长子钱秉雄，一起入住潜园。

10月15日，钱玄同的夫人馆贞在潜园产下一女，单士厘照顾产妇及家中幼儿。

12月10日，次子钱稻孙回国过春节。

是年，《清闺秀正始再续集》初编出版，是她从家藏图书中检出未编入的诗集32部，由此开始为清代闺秀诗集汇编拾遗的浩大工程。钱稻孙的第二个女儿钱亚觉出生。

1912年

1月，钱恂为纪念中法战争时镇海战役陶焘绘制的《蛟川奏凯图》题词，抄录单士厘律诗一首。

2月，钱恂到杭州，任浙江图书馆总理（馆长），单士厘也随之来杭，积极参与浙江图书馆的古籍整理工作，并请单不庵前来。是月，钱稻孙进教育部任职。是年，女婿董恂士任教育部秘书长、次长。

5月6日，钱稻孙回杭州，一家人游西湖、茅家埠、灵隐寺，在香积寺食素斋，单士厘在冷泉亭写诗示长子。

9月25日，中秋节，钱恂在壶春楼设午宴，请浙江图书馆馆员。晚上钱家一起吃团圆饭，留宿圣因寺。

10月18日，重阳节。邀请钱玄同、朱希祖、沈尹默等人到新住处坚匏别墅。

11月，钱恂因把文澜阁《四库全书》搬进红楼，得罪了浙江军政权贵们，导致被撤职。临走前，向省政府申请了公费4000元，用作文澜阁《四库全书》的补抄。钱恂在北京设立补抄文澜阁四库全书馆，并亲自负责其事。在浙江图书馆后任馆长龚宝铨的支持下，在浙江聘请单不庵、陈瀚为驻杭补抄文澜阁书分馆校理。

12月17日，钱稻孙的第三个女儿钱亚澄出生。

是年，作《和夫子系匏卅咏即步原韵》，30首诗吟咏杭州美景和人文古迹。

1913年

1月18日，为钱恂在杭州过61岁生日举行家宴，随后全家摄影留念。

年初，钱恂到北京，在教育部社会教育司任职。女婿董恂士时任教育部次长，5月担任代理教育部总长。儿子钱稻孙任普通教育司主事，兼任京师图书馆分馆主任，并在北大、女师大和医专兼课。

3月底，钱恂回到浙江，接家眷前往北京，并处理在浙的相关事宜。

6月28日（农历五月廿四日），家人从上海一起乘轮船出发，钱玄同的长子钱秉雄等随行。

7月1日，过塘沽，抵天津，住亲戚家。2日，钱稻孙来津门迎接父母。3日，乘火车进京，二女儿钱润辉到车站相迎。这一天是农历五月二十九日，正逢单士厘生日，家人在京城聚餐庆祝。全家入住西四北石老娘胡同的新居。

9月，钱玄同到京，任国立北京高等师范学校附属中学国文、经学教员。与长子钱秉雄一起住在钱恂家中。他的妻子徐婠贞因怀孕被徐家接回娘家待产。10月16日在绍兴徐宅生下第三子钱三强。

11月9日，钱玄同到北京后事业不顺，收入不多，不能自立门户。

是年，钱恂被任命为总统府顾问，不久即辞职。当时的大总统是袁世凯（1859—1916）。

1914年

5月，董恂士担任平政院庭长。

6月16日，钱稻孙第三个儿子钱端礼（亚猑）出生。

6月22日，钱恂与杨度一同被任命为参政院的参政，似是陆徵祥推荐。"参政院"是在袁世凯时期设立的大总统咨询机构。在袁世凯去世后，于1916年6月解散。

9月14日，钱恂、单士厘设家宴为钱玄同过生日。

9月底，钱玄同把家眷从浙江绍兴接到北京，租房在东安门北河沿北头北箭亭子，全家团聚。

1915年

1月11日，钱恂的生日宴，邀请钱玄同带着长子一起出席。

1月13日，农历除夕，钱恂、单士厘在家安排祭祖仪式，钱玄同带着儿子前去参加。14日，大年初一，钱玄同夫妇携长子到兄嫂处吃午饭。

夏，钱玄同搬到相对宽敞的宣武门外香炉营头条所赁之屋。

是年，钱恂被蔡元培聘为北京大学国史编纂所纂辑系的纂辑员。钱稻孙从帝国大学农科毕业回国，进入农商部任职。单不庵任教于浙江第一师范。钱稻孙第四个儿子钱端智出生。

1916年

1月14日，全家观看梅兰芳主演的《黛玉葬花》，钱玄同作陪。

1月15日，长婿徐昭宣在瑞记为钱恂过生日。

2月9日，钱玄同去看望长兄，钱恂昨晚腰部麻木，医生说老年人体虚。

3月，女婿董恂士去世，享年仅38岁。

9月12日，中秋节，钱玄同带着长子秉雄到大兄家，拜了祖先，再一起喝中秋酒。中秋前，钱恂家从石老娘胡同搬迁到了受璧胡同9号的新屋。

是年，钱恂编纂的《吴兴钱氏家乘三卷》（铅印本1册）出版。钱稻孙第四个女儿钱亚慎出生。

1917年

1月2日晚，北大新任校长蔡元培来访钱恂。蔡元培是钱恂和钱玄同之父钱振常的得意门生。钱玄同当晚在大兄家与蔡元培首次见面。

1月5日，张菊圃到京，住在钱恂家中，并在钱家过了春节。

1月12日，钱玄同迁居琉璃厂西北园的新居，次日即发生煤气中毒事故，全家患病，单士厘上门慰问。

1月22日，除夕，钱恂、单士厘邀请钱玄同全家过来吃年夜饭，拜祖先。

3月，钱稻孙参与整理"大内档案"，意外地发现了钱振常的廷试卷，拿回家给父亲过目。钱恂正患病，才初退烧，看到父亲的廷试卷马上自己写上"识语"，单士厘"敬观"，又为钱玄同代作"识语"，并令钱玄同将他两人的"识语"用篆、楷两体录至角花笺上。

6月27日，携孙游三贝子花园，写诗纪游。

是年秋天，钱玄同被北京大学聘为教授。

1918年

2月10日，除夕，钱家举办家祭典礼，邀请钱玄同一家参加，一起吃年夜饭。

3月，钱恂补抄文澜阁《四库全书》缺简33种，及购入旧抄本182种，由教育厅交给浙江图书馆。

1919年

1月5日，钱恂生日宴，在东兴楼吃饭，邀请钱玄同家人一起。

1月31日，钱恂家照常在除夕祭祖，单士厘与钱恂带着外孙董亚粹、钱玄同带着钱秉雄等一起到北京饭店吃晚餐。是月，钱稻孙的第五个儿子钱端信（亚猗）出生。

1920年

单不庵赴京，应聘担任北京大学国文系讲师，教授国故概要，时年43岁。住姐姐家。

是年，钱稻孙最小的女儿钱亚满出生。

1921年

1月9日，钱玄同到钱恂家为长兄祝寿。20日，钱恂夫妻请钱玄同去吃生日宴。23日，钱玄同一家在大陆饭店为钱恂设生日宴，约请单不庵夫妇、钱稻孙夫妇、钱穟孙夫妇、俞九思、钱润辉作陪。

6月，钱恂、单士厘以"合做生日"为名，在中山公园的来今雨轩宴客，钱玄同夫妇带着钱秉雄和钱三强，以及丈人徐显民均参加。并在长美轩请吃晚饭。

重阳节，在两儿子陪伴下登上长城，作长诗《辛酉重九登八达岭》。

是年，钱玄同仅10岁的次子因患肺病死亡后，家又从西北园搬到东城赵堂子胡同。

1922年

1月，国立北京大学研究所国学门成立，所长蔡元培，单不庵任委员。

1月9日，钱恂办生日宴，钱玄同偕夫人及儿子到东华饭店吃午饭。13日，钱稻孙、钱穟孙为父亲摆生日宴。

1月27日，除夕，钱玄同独自一人去钱恂家参加家祭，拜祖宗。

6月24日，单士厘生日，单不庵在东华饭店设生日宴，邀请钱玄同夫妇作陪。下午，钱恂外孙、董恂士的儿子董大酉来辞行。他从清华学校毕业，将赴美留学去学建筑。

6月29日，董大酉出国留学，之前，钱恂、单士厘专门设宴为他送行。

8月，单不庵升任教授，并随钱玄同、马幼渔到北师大兼课。

9月16日，钱恂夫妇在中央饭店设宴，请钱玄同夫妇。时日为农历七月二十五，钱玄同的农历生日。

10月5日，游汤山故宫。时值中秋，作《汤山对月呈夫子》。

11月12日，单不庵请钱恂夫妇、钱玄同夫妇、稻孙夫妇、穟孙、蒋觐圭夫人在石驸马大街之太平湖饭店吃西餐。

12月，单不庵继李大钊之后任北京大学图书馆主任，以博学家著称。

12月3日，钱恂约北京饭店吃午饭，钱恂兄弟与单士厘、单不庵、钱稻孙五人，餐价每人2元归各人自出，酒及零碎钱归钱恂。10日，钱恂夫妇到钱玄同家中拜访，带着钱秉穹到东单的聚丰楼吃饭，为庆祝钱稻孙、蒋觐圭、钱秉穹的生日。

12月31日，钱恂夫妇请钱玄同到家里"过年"。

1923年

1月1日，钱恂的元旦家宴，钱玄同受邀参加。

1月28日，钱恂70岁生日之际，钱恂和单士厘约钱玄同夫妇、单不庵以及钱亚新、钱亚猛、钱亚获等孙辈，在姚家胡同3号的钱稻孙家吃生日宴，晚上留吃晚饭。

2月7日，马幼渔、马叔平、沈士远、沈尹默、沈兼士、马夷初为祝贺钱恂70大寿，送一张东华饭店的酒席券，钱恂即在饭店请吃西餐，同席的有单不庵、钱玄同、单士厘、钱稻孙等。

2月15日，钱玄同携二子到钱恂处，参加农历除夕的祭祀。

2月20日，正值大年初六，钱恂夫妇逛书市，遇钱玄同。

3月4日，单士厘患流行感冒，钱玄同前去探望。钱恂约他到德国饭店吃，单不庵、钱稻孙同席。

4月9日，钱恂夫妇在西车站为徐婠贞补生日宴，钱玄同夫妇、钱亚获和蒋巽圭夫人出席。是月，钱稻孙再赴日本留学。

5月13日，钱恂夫妇在新西安饭店请吃饭，钱玄同一家前往。

6月29日，单不庵为姐姐庆生，把住在对门的洋人的厨子请来做西餐，请钱玄同、钱稻孙夫妇作陪。

7月25日，钱玄同夫妇为大嫂祝寿，请钱恂夫妇到西车站吃饭，同席的有钱稻孙、钱稻孙夫人、单不庵。

9月8日，得到驻日使馆消息，在9月1日的关东大地震中，留学日本的钱稻孙安然无恙。

9月10日，钱幼楞的儿子钱仲联到京，他当年以第一名成绩考入无锡国学专修学校。钱恂夫妇在西车站请他吃饭，钱玄同夫妇带着儿子前去作陪。

10月26日，钱恂病，钱玄同前往探望。

11月1日，钱玄同去电问大嫂，得知钱恂昨夜痔疮发作，痛了一整夜，早晨去了德国医院。2日，钱玄同去医院探望钱恂，接下去几天都去医院探望。

1924 年

1月17日，钱恂农历生日，钱稻孙中午请生日宴，钱玄同夫人携儿前往。

3月4日，钱润辉的女儿董亚胜去世。5日，钱玄同前往道济妇婴医院看望钱润辉，得知丧事已办好。

4月8日，钱稻孙的女儿钱亚新与翁之龙结婚了，这是单士厘的孙辈里第一个成家的女儿。

6月20日，钱玄同得知钱恂前几天夜半起床如厕，忽晕厥约一小时，现已痊愈。

7月5日，单不庵向钱玄同作别，次日回江南。他因家事南归，被浙江省立二中聘为教员，旋任浙江图书馆中文部主任，管理文澜阁《四库全书》及善本工作。

8月20日，钱玄同夫人徐婠贞得了重病，单士厘前往探视，之后多次单独或携子媳等亲人探望慰问。

9月18日，单士厘与钱润辉到钱玄同家看望徐婠贞。

1925年

1月6日，钱恂农历生日，傍晚请钱玄同等到东安饭店吃生日宴。

1月21日，钱恂夫妇前往钱玄同家，探望生病的徐婠贞。

1月23日，钱家除夕家祭，钱玄同因妻病而没有前往。

3月15日，钱玄同提前为徐婠贞在西车站设生日宴，请了钱恂夫妇、钱稻孙、钱润辉、钱穟孙夫人、翁之龙等。

1926年

钱恂身体日益衰弱，经常患病，精神不佳。单士厘坚持编写《清闺秀正始再续集》《清闺秀艺文略》等书稿。

1927年

1月15日，钱恂农历生日，钱玄同夫妇到姚家胡同钱稻孙家吃生日宴。

2月22日，钱玄同看望钱恂，请名中医陆仲安诊治，说绝无丝毫希望。23日，钱恂心脏衰弱，继续靠强心药。钱玄同前往看望。24日，钱恂去世。25日，钱恂小殓，钱玄同抄写了钱恂自挽联，又为大哥撰写了一副挽联。

3月1日，钱玄同傍晚到受璧胡同，哀启已完。钱稻孙请单不庵、乔大壮、洪芰舲撰写钱恂的墓志铭。丧事办毕后，钱稻孙全家曾一度搬到受璧胡同，和单士厘一块居住。

是年，张作霖进京，社会动乱。钱稻孙在家执丧，再没去教育部任职，以后就只是在各大学专心教书。

1928年

2月14日，钱玄同到受璧胡同的钱家参加钱恂的周年祭。

3月3日，钱玄同到大嫂处借来祖宗像，与家中的父像、生母像、父小照，拟拿去摄影翻拍装成一本。

3月6日，二儿子钱稻孙派妻子前来迎母亲，到大连暂住，钱玄同等人送行。

是年，单不庵离开浙江图书馆，赴沪中央研究院襄理院事，担任中央研究院汉籍图书室主任。钱稻孙任清华大学外文系讲师。

1929年

3月，单不庵在沪患脑膜炎，单士厘极为担心。在兄弟缠绵病榻十个月之间，她千方百计寻医问药，让儿子钱稻孙向胡适求助，自己也多次亲笔书信给胡适、江冬秀（胡适之妻）等人。

1930年

1月4日，钱玄同接到单士厘信，称单不庵病危。13日，单不庵去世，年仅53岁。14日，钱玄同到单士厘家里慰问。

2月21日，钱恂三周年忌辰，钱稻孙主持家祭。钱玄同到受璧胡同参与家祭，慰问大嫂。

4月20日，钱玄同前往单士厘家中借她的日记，开始翻阅整理，编写单不庵遗书目录，希望整理一部单不庵遗集和一篇详传。

1931年

1月25日，钱玄同访单士厘。告知姚文甫愿出资刊印她编辑的《清闺秀艺文略》，钱与她一起合计了刊印设想。

3月19日，单士厘将赴大连，钱玄同到大嫂处了解情况。24日，钱玄同校阅大嫂的《清闺秀艺文略·人名韵表》，发现有不少差错要校改。26日，下午钱玄同走访大嫂，将稿本交还，晚上钱玄同夫妇在德国饭店为大嫂饯行，钱家多人出席。30日，单士厘启程赴大连，钱玄同等人一大早到东车站送行。

1932年

钱稻孙成为清华大学外文系与历史系合聘教授，讲授"源氏物语""日本通史"等课程。

1933年

9月8日，长孙钱亚猛在日本结婚，妻子为日本人。

是年，单士厘的《懿范闻见录》，收藏于清华大学图书馆。

1934年

2月8日，钱玄同到大嫂处还其日记。

4月20日，钱玄同前来告诉印刷装订《清闺秀艺文略》共需400元，单士厘很高兴。29日，亲赴钱玄同家，交《清闺秀艺文略》稿。随后，钱玄同走访吴晓芝，请其承印大嫂的书。

5月1日，收到钱玄同交来的估价单，决定用八开毛边印500部，加书皮、装订，共500元。9日，钱玄同为大嫂校对《清闺秀艺文略》。24日，钱玄同为大嫂书稿补录24人。

6月3日，钱玄同约单士厘、钱稻孙夫妇、钱稯孙等到长美轩吃中饭，饭后到同生摄影纪念。晚上徐森玉在同和居请单士厘、钱玄同、钱稻孙夫妇、钱稯孙等吃晚饭。

6月4日，单士厘随次子钱稯孙赴大连，钱玄同一家送行。

6月25日，钱玄同将单士厘的书稿校完二校送出。

9月23日，张菊圃的幼子张恩虬考入清华物理系，到钱玄同家拜访。

1935年

1月20日，钱稻孙仲子钱端义与袁氏订婚，钱玄同夫妇等前去吃订婚宴。

7月8日，钱稻孙三女钱亚澄与永嘉的刘节定亲。后，刘节为燕京大学副教授，两人在东京结婚后，11月9日，刘节夫妇在北平举行婚宴请客，客人有老师陈寅恪、燕京大学同事顾颉刚、郭希汾、黎锦熙、唐兰，以及清华国学研究院的同学刘铭志、谢国桢、王力等70余位。

1936年

6月，次子钱𣯶孙去世。年末写《阳历除夕悼次儿𣯶孙》述锥心之痛。

9月9日，单士厘给钱玄同送去贺其50岁的寿礼。13日，钱玄同夫人和长子钱秉雄在东兴楼宴请单士厘等亲戚。

11月18日，钱玄同为钱𣯶孙书写墓碑，碑文为钱稻孙所撰。

12月24日，钱玄同晤大嫂。自辽宁回北平后，两人还没见过面，《清闺秀艺文略》印事一有眉目，即去做个交代。

是年，钱稻孙接替朱自清，掌清华图书馆。

1937年

4月11日，徐媛贞52岁生日，单士厘等送礼上门，钱玄同中午请他们在墨蝶林吃大餐。

7月6日，钱玄同敬录《诗·小雅》中诗句："如月之恒，如日之升，如南山之寿，如松柏之茂"写成一纸，祝大嫂80大寿。次日带上三个儿子一起给大嫂祝寿。

七七事变发生，抗日战争自此全面爆发。因时局突变，钱玄同催促钱三强提早到上海登轮赴法留学，全家人简单为他送行。

1938年

3月21日，徐媛贞生日前夕，单士厘派人送去长寿面、花生糖、牛肉、鸡等，还有一把单士厘亲笔书写扇面的折扇。

1939年

1月17日，钱玄同因病逝世，时年52岁。

1940年

端午节，单士厘主持召集家庭聚会，作诗《庚辰端节家宴忆三强侄时在巴黎围城中》，牵挂远在巴黎的侄儿钱三强。

1945年

3月27日，单士厘在京去世，享年87岁。

一生著作共计11部，刊印有《癸卯旅行记》《家政学》《家之宜》《育儿简谈》《清闺秀正始再续集》；刊而未竟有《归潜记》《清闺秀艺文略》；未刊有《受兹室诗稿》《发难遭逢记》《懿范闻见录》《噍杀集》，其中《发难遭逢记》《噍杀集》因寄递失佚。这些作品，大部分进入国家图书馆、上海图书馆、复旦大学图书馆等馆藏。

附：1981年，湖南人民出版社出版《走向世界丛书》第一辑中，收录了单士厘的《癸卯旅行记》和《归潜记》，她是列入此专辑的唯一女性作者。1985年，岳麓书社再版《走向世界丛书》。专收1840至1911年间中国人到欧美、日本通商、留学、出使、游历和考察等所留下的日记、笔记和游记。出版的专辑计三十六种，十大册。在鸦片战争失败后，一些具有先进思想的近代中国知识分子亲往西方进行接触和交流的记录得以进入现代人的视野，这是近代中国人睁眼展望现代文明的第一次，是中国人开始走向世界的早期脚印。单士厘这个名字，重新为世人所知，研究者开始关注这位知识女性，研究她的著作和思想。是年，湖南人民出版社出版《受兹室诗稿》，陈鸿祥根据单士厘晚年寄赠罗守巽的藏本所校。1986年，罗守巽珍藏几十年的书稿《清闺秀艺文略》，由湖南文艺出版社出版。2022年，《单士厘文集》由海宁市文联编，中国文史出版社出版。

后 记

在海宁这块土地上，名人辈出，星光耀眼。近年来，海宁市政协教科卫体与文化文史学习委（简称市政协文史委）致力于挖掘本地名人史料，传承海宁文脉，厚植海宁文化土壤，让历史名人的精神穿越时空，为潮城文化建设提供借鉴和启示。

单士厘，一双小脚走世界，目注全球，是首位撰写跨国游记的中国女子。她身上既有传统的标签，也引领着时尚的先风。她在海宁出生、成长，终生与这块土地保持着密切的联系。海宁市政协文史委专门立项研究，旨在通过对这位传奇女性的传记，来剖析百年来女子走出闺阁，走向世界的历程里，生命的觉醒、自强、远行和独立的价值，看到深厚中华文化在一位时代女性身上的传承，揭示出唯有不忘根本，迈步向前，才能不断拓展远方。这是件很有意义的事，更有着丰富而深刻的现实参照作用。

海宁市政协委员、地方文化文史研究者朱利芳申领完成这项文化研究工程。经过多年研究及资料收集，实地寻访单士厘在北京、杭州、苏州、湖州等地留下的足迹，以时代女性的视角，看历史潮流的缩影。通过大量史料的架构与重组，力求真实地还原历史场景，绘写一个历史人物的生命历程，丰富地展示出单士厘身具宽容慈爱的女性特质、锲而不舍进行思考创作的学者风范。历时两年多，朱利芳终于完成初稿。市政协文史委进行初审后，决定进一步修改完善后编辑出版。

感谢为本书顺利出版而给予帮助与关心的部门单位和余连祥、杨自强、虞坤林、童圣江、王学海、钟妙明、徐国华等专家学者。

由于编辑者时间和水平等因素所限，本书在编辑出版中还存在不足之处，真切期待方家良师不吝赐教，指瑕纠谬。

编　者

2024年12月